SDIC 国投电力
SDIC POWER

ASSEMBLY PRODUCTION MAGAGEMENT SYSTEM STANDARDS OF NEW ENERGY POWER GENERATION ENTERPRISES

新能源发电企业
生产管理体系标准汇编

国投电力控股股份有限公司　编著

中国电力出版社
CHINA ELECTRIC POWER PRESS

内 容 提 要

本书结合新能源发电企业生产管理需要，从规范企业生产管理，提高运营效率角度出发，根据国家及行业有关规定编制而成，内容涵盖全面，层次分类合理，可满足新能源企业各层级人员的查阅需要。本标准汇编按照新能源发电企业生产管理流程分为运行管理、设备管理、技术管理、基础管理、技术监督管理、生态资源管理、工程管理等七个部分，共计37个分项标准，为新能源发电企业生产管理体系的建立提供了有力支撑。

本标准汇编可作为新能源电站生产管理人员的参考用书。

图书在版编目（CIP）数据

新能源发电企业生产管理体系标准汇编/国投电力控股股份有限公司编著. —北京：中国电力出版社，2021.8

ISBN 978-7-5198-5701-1

Ⅰ. ①新… Ⅱ. ①国… Ⅲ. ①新能源－发电厂－工业企业管理－生产管理－标准－汇编－中国 Ⅳ. ①F426.61-65

中国版本图书馆 CIP 数据核字（2021）第 108601 号

出版发行：中国电力出版社

地　　址：北京市东城区北京站西街19号（邮政编码100005）

网　　址：http://www.cepp.sgcc.com.cn

责任编辑：畅　舒（010-63412312，15001354104）

责任校对：黄　蓓　李　楠　郝军燕

装帧设计：王红柳

责任印制：吴　迪

印　　刷：三河市万龙印装有限公司

版　　次：2021年8月第一版

印　　次：2021年8月北京第一次印刷

开　　本：880毫米×1230毫米　16开本

印　　张：22.75

字　　数：674千字

印　　数：0001—1000册

定　　价：220.00元

《新能源发电企业生产管理体系标准汇编》

编委会

主　　编　李　斌

副 主 编　丁　一

编写人员　陈宝义　范相林　赵永红　宋　威　杨　进
樊建军　李育波　章遐林　关玉文　骆　伟
孙　旭　汪　洋　刘炳志　杨兆辉　冯智宇
陈　钊　林建维　郭思思　冯丛丛　罗　帆

前言

为贯彻落实国家开发投资集团有限公司“专业化”管理要求，进一步提升国投电力控股股份有限公司（以下简称“国投电力”）生产管理水平，同时也为国投电力所属新能源企业的生产管理工作提供指导，现根据国家及行业相关法规及上级有关管理制度、规范要求，结合国内同类型企业生产管理制度、标准及国投电力实际情况，按照生产管理流程，组织编制了《新能源发电企业生产管理体系标准汇编》（以下简称《体系标准汇编》），供所属新能源企业使用或参考。

新能源企业可按本标准汇编建立健全企业生产管理体系，规范生产管理工作，不断提高电力生产的安全性、可靠性、经济性、环保性，预防重大事故的发生。

《体系标准汇编》共计有制度（含规定）37 项，其中运行管理制度 8 项、设备管理制度 8 项、技术管理制度 7 项、基础管理制度 3 项、技术监督管理制度 9 项、生态资源管理制度 1 项、工程管理 1 项。

《体系标准汇编》从 2020 年 3 月启动编制工作，2020 年 7 月完成第一稿，经多次征求控股新能源企业意见后，于 2020 年 12 月完成内部发布稿。

在编制过程中，得到国投白银风电有限公司、国投云南风电有限公司、国投哈密风电有限公司、国投江苏新能源有限公司、国投广西风电有限公司、定边县昂立光伏科技有限公司等所属企业的大力支持，在此表示感谢！

希望新能源企业在执行《体系标准汇编》的过程中不断总结经验，为《体系标准汇编》提出宝贵意见。以便进一步修订完善。

编著者

2021 年 5 月

目录

前言

Q/SDIC-GL-SC01-2020　新能源发电企业生产管理体系导则 ······ 1

1　运行管理 ······ 10

Q/SDIC-GL-YX01-2020　运行管理制度 ······ 10
Q/SDIC-GL-YX02-2020　生产调度管理规定 ······ 21
Q/SDIC-GL-YX03-2020　设备巡回检查管理规定 ······ 26
Q/SDIC-GL-YX04-2020　设备定期切换试验管理规定 ······ 31
Q/SDIC-GL-YX05-2020　生产对标管理规定 ······ 36
Q/SDIC-GL-YX06-2020　生产指标管理规定 ······ 42
Q/SDIC-GL-YX07-2020　重大工作（操作）到岗规定 ······ 49
Q/SDIC-GL-YX08-2020　文明生产管理规定 ······ 53

2　设备管理 ······ 59

Q/SDIC-GL-SB01-2020　设备管理制度 ······ 59
Q/SDIC-GL-SB02-2020　设备检修管理制度 ······ 74
Q/SDIC-GL-SB03-2020　设备缺陷管理制度 ······ 92
Q/SDIC-GL-SB04-2020　设备可靠性管理制度 ······ 100
Q/SDIC-GL-SB05-2020　监控自动化逻辑修改及联锁保护投退管理规定 ······ 112
Q/SDIC-GL-SB06-2020　继电保护及电气联锁回路解投管理规定 ······ 118
Q/SDIC-GL-SB07-2020　风/光功率预测系统管理规定 ······ 123
Q/SDIC-GL-SB08-2020　构建筑物、风机塔基沉降观测管理规定 ······ 126

3　技术管理 ······ 129

Q/SDIC-GL-JS01-2020　生产技术管理制度 ······ 129
Q/SDIC-GL-JS02-2020　技术改造管理规定 ······ 134
Q/SDIC-GL-JS03-2020　科技创新管理规定 ······ 153
Q/SDIC-GL-JS04-2020　信息化管理制度 ······ 179
Q/SDIC-GL-JS05-2020　网络和信息安全管理规定 ······ 188
Q/SDIC-GL-JS06-2020　技术档案管理规定 ······ 204
Q/SDIC-GL-JS07-2020　技术文件归档及报送管理规定 ······ 215

4 基础管理 ……… 223
Q/SDIC-GL-JC01-2020 并购项目接收生产管理办法 ……… 223
Q/SDIC-GL-JC02-2020 生产费用管理办法 ……… 227
Q/SDIC-GL-JC03-2020 物资管理办法 ……… 233
5 技术监督管理 ……… 243
Q/SDIC-GL-JJ01-2020 技术监督管理制度 ……… 243
Q/SDIC-GL-JJ02-2020 电测技术监督实施细则 ……… 254
Q/SDIC-GL-JJ03-2020 电能质量技术监督实施细则 ……… 261
Q/SDIC-GL-JJ04-2020 化学技术监督实施细则 ……… 272
Q/SDIC-GL-JJ05-2020 继电保护技术监督实施细则 ……… 282
Q/SDIC-GL-JJ06-2020 金属技术监督实施细则 ……… 290
Q/SDIC-GL-JJ07-2020 绝缘技术监督实施细则 ……… 306
Q/SDIC-GL-JJ08-2020 监控自动化技术监督实施细则 ……… 313
Q/SDIC-GL-JJ09-2020 风力发电机组技术监督实施细则 ……… 328
6 生态资源管理 ……… 335
Q/SDIC-GL-ZY01-2020 资源节约与生态环境保护管理制度 ……… 335
7 工程管理 ……… 348
Q/SDIC-GL-GC01-2020 工程建设基本管理制度 ……… 348

新能源发电企业生产管理体系标准汇编

Q/SDIC-GL-SC01-2020

新能源发电企业生产管理体系导则

新能源发电企业生产管理体系导则

1 总则

1.1 为规范国投电力所属各控股投资企业生产管理，不断提高运营效率，根据国家及行业有关法规及上级有关制度、办法，结合国投电力实际，特制定《新能源发电企业生产管理体系标准汇编》。
1.2 本标准汇编按照电力生产管理流程分为七个部分，包括运行管理、设备管理、技术管理、基础管理、技术监督管理、生态资源管理、工程管理。内容遵从投资企业法人治理结构要求，根据电力生产管理特点，按照“安全生产、规范有序、效益更佳、环保经济”原则编写完成。
1.3 安全生产：生产必须安全，明确职责、落实责任，通过全员全过程的管理，保证生产设备及其支持系统安全可靠。
1.4 规范有序：健全完善工作运行机制，实现责任明确、领导有力、运转有序、保障到位。
1.5 效益更佳：优化运行、精心维护、科学检修、合理改进，控制生产成本，增发效益电量。
1.6 环保经济：落实设备运行、维修的精细化管理要求，实现生产设备节能高效运行，生产指标达到同类机组领先水平。
1.7 本标准汇编拟通过为控股投资企业生产管理体系提供标准规范的方式，指导、协调所属控股投资企业提升生产管理水平，促进企业不断提高生产管理和创新能力，实现可持续发展的目的。
1.8 本标准汇编由国投电力技术管理部负责起草。
1.9 本标准汇编适用于新能源发电企业（以下简称公司），从机组满负荷试运结束（或兼并收购完成）到项目退出期间的安全生产管理工作。

2 规范性引用文件

下列文件中的内容通过文中的规范性引用而构成本文件必不可少的条款。其中，注日期的引用文件，仅该日期对应的版本适用于本文件；不注日期的引用文件，其最新版本（包括所有的修改单）适用于本文件。

GB/T 15496　企业标准体系　要求
GB/T 19001　质量管理体系　要求
GB/T 22384　电力系统安全稳定控制系统检验规范
GB/T 23331　能源管理体系　要求
GB 26164.1　电业安全工作规程　第 1 部分：热力和机械
DL/T 448　电能计量装置技术管理规程
DL/T 666　风力发电场运行规程
DL/T 686　电力网电能损耗计算导则
DL/T 724　电力系统用蓄电池直流电源装置运行与维护技术规程
DL/T 961　电网调度规范用语
DL/T 1040　电网运行准则
DL/T 1051　电力技术监督导则
DL/T 1100.1　电力系统的时间同步系统　第 1 部分：技术规范
DL/T 1773　电力系统电压和无功电力技术导则
Q/GDW 432　风电调度运行管理规范

Q/GDW 552　电网短期超短期负荷预测技术规范
中华人民共和国环境保护法
中华人民共和国安全生产法
中华人民共和国节约能源法
中华人民共和国清洁生产促进法
中华人民共和国环境影响评价法
中华人民共和国固体废物污染环境防治法
中华人民共和国环境噪声污染防治法
国能安全〔2014〕161 号　防止电力生产事故的二十五项重点要求
（80）电技字第 26 号　电力工业技术管理法规

3　术语和定义

3.1　运行中的电气设备：是指全部带有电压，一部分带有电压或一经操作即带有电压的电气设备。

3.2　交接班：一个工作日分多个班进行工作，由于时间段的不同，由上一班工作人员将值班权交于接班人员而进行工作。

3.3　倒闸操作：电气设备分为运行、热备用、冷备用、检修四种状态；电气设备由一种状态转变为另一种状态的过程称为倒闸操作。

3.4　有功（或无功）出力：电厂发电机有功（或无功）出力多少。

3.5　两票：“操作票”“工作票”。

3.6　文明生产：是指生产的科学性，要创造一个保证质量的内部条件和外部条件。内部条件主要指要均衡生产，物流路线的安排要科学合理，要适应于保证质量的需要；外部条件主要指环境、光线等有助于保证质量。生产环境的整洁卫生，包括生产场地和环境要卫生整洁，光线照明适度，设备、零部件、工夹量具放置整齐，设备仪器保持良好状态等。

3.7　调度：是指为保障电网及公司生产各系统安全、稳定、经济、环保运行，调动生产所需的人力和物力资源进行的组织、指挥、指导和协调工作。

3.8　电力系统：是指由发电、供电（输电、变电、配电）、用电设施和为保证这些设施正常运行所需的继电保护和安全自动装置、计量装置、电力通信设施、自动化设施等构成的整体。

3.9　上级调度：是指依法对电网运行进行组织、指挥、指导和协调的机构。

3.10　运行状态：是指设备的断路器及隔离开关都在合上位置，将电源至受电端的电路接通（包括辅助设备如电压互感器、避雷器等）；所有的继电保护及自动装置均在投入位置（除调度有要求的除外），控制及操作回路正常。

3.11　热备用状态：是指一经断路器合闸，该回路或设备即转为运行的状态。

3.12　冷备用状态：是指该回路或设备的所有断路器、隔离开关均断开，保护装置未退出运行，控制电源未断开。

3.13　检修状态：是指该回路或设备的所有断路器、隔离开关均断开，保护装置退出运行，控制电源已断开，接地开关在合位或已挂接地线。

3.14　操作命令：是指值班调度员对其所辖的设备变更运行状态和事故处理所发布的倒闸操作命令。

3.15　合上断路器：使断路器由分闸位置转为合闸位置。

3.16　断开断路器：使断路器由合闸位置转为分闸位置。

3.17　合上隔离开关：使隔离开关由断开位置转为接通位置。

3.18　拉开隔离开关：使隔离开关由接通位置转为断开位置。

3.19　倒母线：是指线路、变压器等设备从所在的一条母线改为接在另一条母线上运行的操作。

3.20　同期并列：是指两个带电系统，使其检同期并列在同一个系统的操作。

3.21 解列：将一个电力系统分成两个或多个独立系统运行。
3.22 AGC：是指自动发电控制（Auto Generation Control）。
3.23 AVC：是指自动电压控制（Auto Voltage Control）。
3.24 OMS：是指调度生产管理系统（Operation Management System）。
3.25 生产指标分析：是指对一定时期内的全部或部分生产活动过程及结果进行分析研究，找出实际与计划、本期与上期、实际与设计、实际与先进的差距，分析原因，揭示矛盾，挖掘潜力，提出措施，进而改进工作的一种管理方法。其内容包括指标完成情况分析、与目标值偏差主要原因分析、为完成指标的技术组织措施与执行情况的分析等。
3.26 发电量：是指发电机进行能量转换产出的电能数量。
3.27 上网电量：是指统计周期内风电场/光伏电站主变压器高压侧或开关站出线侧的正向有功电量。
3.28 下网电量：是指统计周期内风电场/光伏电站主变压器高压侧或开关站出线侧的反向有功电量。
3.29 年利用小时数：也称为年等效满负荷发电小时数，是指统计周期内风电机组、光伏逆变器发电量折算到其满负荷运行条件下的发电小时数，且利用小时数的统计仅针对统计期之前已达到稳定运行的风电机组、光伏逆变器。
3.30 送出线损率：是指统计周期内消耗在风电场/光伏电站送出线的电量占全场发电量的百分比。
3.31 年平均风速：是指在给定时间内瞬时风速的平均值。测风高度应与风电机组轮毂高度相等或接近，由场内有代表性的测风塔（或若干测风塔）读取（取平均值）。
3.32 风电场发电量：单机发电量是指统计周期内在单台风力发电机出口处计量的输出电能，一般从风电机组 SCADA 系统读取，风电场发电量是指统计周期内风电场所有风电机组发出电量的总和。
3.33 弃风电量和弃风率：弃风电量是指受电网传输通道或安全运行需要等因素影响，风电场可发而未能发出的电量。该电量不包括风电场因风机自身设备故障原因未能发出的电量。风电场弃风电量计算方法一般采用样板机法，即调度机构要求风电场限电时，对风电场的“样板机”不限电，以其发电量作为同类风机的理论应发电量，减去同类各机组实际发电量，再进行汇总得出风电场弃风受限电量的计算方法。弃风率＝弃风电量/（风电实际发电量＋弃风电量）。
3.34 风电机组可利用率：是描述统计期内机组处于可用状态的时间占总时间比例的指标。可用小时数为运行小时和备用小时的总和。备用小时数为调度停运备用小时与受累停运备用小时的总和（不含风机定期维护和巡检时间）。
3.35 风电场可利用率：是描述统计期内风电场整体处于可用状态的时间占总时间比例的指标。当统计风电场指标时，把因场内原因（如升压站电气设备或场内线路故障等）受累停运备用状态的机组视为不可用，其受累停运小时计入不可用小时。这时的风电场可用小时反映到每台机组各状态指标的统计中等于运行小时、调度停运备用小时和场外原因受累停运备用小时之和。场外原因受累停运备用小时是指风电机组处于场外原因受累停运备用状态的小时数。场外原因受累停运备用状态指场外原因（如外部输电线路、电力系统故障等）造成风电机组被迫退出运行的状态，以及由于恶劣天气（雷电、冰冻、台风等）的影响造成的风电机组停运备用状态（风电场可用小时：运行小时＋调度停运备用小时＋场外原因受累停运备用小时）。
3.36 平均气温：是指在统计周期内通过环境监测仪测量的光伏发电站内的环境温度的平均值。
3.37 相对温度：是指空气中的绝对温度与同温度下的饱和绝对湿度的对比值，以百分比（%）表示。
3.38 水平面总辐射量：是指在统计周期内照射到水平面的单位面积上的太阳辐射能量。
3.39 倾斜面总辐射量：是指在统计周期内照射到某个倾斜表面的单位面积上的太阳辐射能量。
3.40 日照时数：也称为实照时数，指在统计周期内太阳辐射强度达到或超过 120W/m^2 的时间总和。
3.41 逆变器输入电量：是指在统计周期内，光伏方阵中向逆变器输入的直流电量，即逆变器直流侧电量。
3.42 逆变器输出电量：是指在统计周期内，发电单元出口处计量的交流输电量，即逆变器交流侧电量。
3.43 等效利用小时数（年利用小时数）：是指在统计周期内，电站发电量折算到该站全部装机满负荷运行条件下的发电小时数，也称为等效满负荷发电小时数。

3.44 弃光电量：是指受电网传输通道或安全运行需要等因素影响，光伏电站可发而未发出的电量。该电量不包括光伏电站因设备自身故障原因未能发出的电量，即理论可发电量与实际上网电量的差值。

3.45 弃光率：是指在统计周期内，弃光电量占光伏电站实发电量和弃光电量之和的百分比（%）。

3.46 光伏电站整体发电效率：整体发电效率 $PR_E=PDR/PT$，式中：PDR 为测试时间间隔（Δt）内的实际发电量，kWh；PT 为测试时间间隔（Δt）内的理论发电量，kWh，其中 $T=I_i/I_0$，T 为光伏电站测试时间间隔（Δt）内对应 STC 条件下的实际有效发电时间。

3.47 最大出力：是指在统计周期内，电站并网高压侧有功功率的最大值。

3.48 逆变器转换效率：逆变器转换效率是指在统计周期内，逆变器将直流电量转换为交流电量的效率。$\eta_{INV}=E_{AC}/E_{DC}\times100\%$。

3.49 光伏方阵效率：是指光伏方阵的能量转换效率，即光伏方阵输出到逆变器的能量（逆变器输入电量）与入射到光伏方阵上的能量（按光伏方阵有效面积计算的倾斜面总辐射量）之比，$\eta_A= E_{DC}/(A\cdot H_T)\times100\%$。

3.50 光伏发电时长：是指在太阳能辐射强度达到光电设备正常发电的条件下，全站逆变器在统计时间内的正常发电小时数。

3.51 光伏停机时长：是指在太阳能辐射强度达到光电设备正常发电的条件下，全站逆变器在统计时间内的正常停机和故障停机总小时数。

3.52 光伏中断时长：是指在太阳能辐射强度达到光电设备正常发电的条件下，全站逆变器在统计时间内的通信中断、恒值数据和数据丢失总小时数。

3.53 场用电率：是指电场自身维持生产所需的设备运行的耗电量占发电量的比例。

3.54 生产指标对标：是指对一定时期内的全部或部分生产指标进行分析研究，通过锁定行业中的最优水平，对照标杆提高自身的绩效和竞争能力，找出实际与计划、本期与上期、实际与设计、实际与先进的差距，分析原因，挖掘潜力，提出措施，持续改进，进而提升生产安全、经济运行水平的一种管理方法。

3.55 电力设备异动：是指发电、送电、变电、配电等设备因增容、扩建、改建、检修（消缺）、技术改造更新的变更造成一、二次接线方式的变更、发电设备技术参数的变化、设备的型号、材质、数量的变化、增减与初次投入使用的情况有变化者均属于设备异动。

3.56 设备缺陷：是指公司在生产过程中，运行或备用的设备、系统、重要建构筑物以及影响设备安全、稳定、经济运行，或影响文明生产的状况、异常现象。具体如下：运行设备和备用设备发生异常，设备或部件的损坏造成设备的被迫停止运行或安全可靠性降低；设备或系统的部件失效，造成运行参数长期偏离正常值，接近报警值或频繁报警。

3.57 设备可靠性管理：是指电厂的主机、主要辅机及输变电设备可靠性管理，是电厂设备的全面质量管理和全过程安全管理的重要组成部分，是设备现代科学管理的重要内容之一，设备可靠性管理是用系统工程的观点对设备的可靠性进行控制，即对设备寿命周期中各项可靠性工程技术活动进行规划、组织、协调、控制、监督，以实现确定的可靠性目标，使设备寿命周期费用最低。

3.58 发电设备可靠性：是指设备在规定条件下和规定时间区间内完成规定功能的能力。

3.59 可靠性事件：是指在电力生产中出现因设备可靠程度降低或失控而影响生产的事件。

3.60 可靠性管理：是指用系统工程的观点对设备的可靠性进行控制，即对设备全寿命周期中各项可靠性工程技术活动进行规划、组织、协调、控制、监督，以实现确定的可靠性目标，使设备全寿命周期费用最低。

3.61 设备可靠性指标：是设备可用性的量化描述，是衡量设备运行技术状况的重要依据，是度量规划设计、设备制造、安装调试、运行维修等环节的综合水平，是改进各自工作的依据。

3.62 技术管理：是指根据公司组织战略和运营目标，围绕生产业务开展的以技术标准管理、技术方案管理、技术监督管理、技术分析及改进管理为核心的，旨在规范生产技术工作，实现技术能力和持续提升创新能力的管理活动。

3.63 技术标准：是指针对公司生产、设计、发电作业、维修作业过程中的技术事项所编制的基准。

3.64 技术方案：是指为了使技术产品（发电作业、维修作业）达到、保持或高于基准标准，有针对性、系统性地提出的方法、应对措施及相关对策，并依据设计标准而编制的方案。

3.65 对标管理：又称为标杆管理，是指企业持续不断地将自己的产品、服务及管理实践活动与最强的竞争对手或那些被公认为是行业领先的企业的产品、服务及管理实践活动进行对比分析的过程。对标管理实质上是指一种为促进企业绩效的改进和提高而寻找、分析并研究优秀的产品、服务、设计、机器设备、流程及管理实践的系统方法和过程。

3.66 定期试验：是指对运行或备用设备进行动态或静态启动、传动，以检测运行或备用设备的健康水平。

3.67 定期轮换：是指将运行设备与备用设备进行切换运行的方式。

3.68 巡回检查：是指在发电设备正常运行期间或停运后，按规定的时间周期对所管辖的设备和系统进行的定时间、定路线、定标准、定岗位的检查。

3.69 专项检查：是指根据生产需要结合季节性开展的专项检查，包括节日、特殊天气、季节性安全大检查等。

3.70 两票三制：两票是指工作票、操作票；三制是指运行交接班制、运行巡回检查制和设备定期试验和轮换制。

3.71 有功：是指交流电路中，一个周期内发出或负载消耗的瞬时功率积分的平均值。即电能用于做功被消耗，转化为热能、机械能、光能或化学能等称为有功。

3.72 无功：是指用在电路内电场与磁场的交换，并用在电气设备中建立和维持磁场的电功率。它不对外做功，而是转换成其他形式的能量，不被消耗掉，因此称为无功。

3.73 一次调频：由发电机组调速系统的频率特性所固有的能力，随频率变化而自动进行频率调整。即发电机调速系统频率静态特性而增减发电机出力所起到的调频作用称为一次调频。

3.74 技术改造：是指投入到发电生产领域且会形成固定资产的项目，主要指利用国内外成熟和先进实用的新技术、新工艺、新设备、新材料，对现有生产性设备和设施进行更新、改进、增容、提高性能或添置新设备的资本性支出项目。技术改造项目性质包含安全、节能、环保、污染物治理、设备更新、资源综合利用、小型基建等。

3.75 固定资产零星购置：是指生产、办公等活动中需要的无须按照建设项目进行管理的固定资产简单购置。其分类包含仪器仪表、机器设备、运输工具、办公设备等。

3.76 维修：是指维护与检修。维护一般泛指消缺、定期维护、日常计划性检修、抢修；检修是指单项工程和机组年度 ABC 级计划性检修。

3.77 设备消缺：是指通过对发生异常的设备进行测试、校验、解体、更换、紧固、焊接、润滑等工作，使异常设备恢复正常工作的过程。

3.78 定期维护：是指根据历史积累的设备状态数据和维修经验，对设备进行定周期、定人、定计划的维修。

3.79 日常检修：是指根据日常巡点检发现的设备劣化趋势、上级公司安排的生产任务、隐患的消除、行业同类型发电机组发现的缺陷、技术监督、安全通报等相关业务来源，按月、周进行统筹安排的日常维修工作。

3.80 抢修：是指当某一设备发生突然事件造成机组或系统功能特性异常，有可能危及正常运行安全而进行的紧急修理或修复工作。

4 管理子系统

新能源生产管理是新能源发电企业生产设备安全、经济、有序运转的基础，涉及新能源发电设备运维、检修等多个方面，工作贯穿整个生产流程。

制订本生产管理制度，确定有序的管理流程，可提升公司管理效率，保障企业持续健康发展，加强应对外部环境变化的能力，为企业的安全生产提供可靠保障。据此，根据新能源生产特点，特制订本国投电力新能源企业生产管理体系，其包含子系统如下：

4.1 运行管理

运行管理的主要目标是促进发电资产经济、可靠运转，防范运营风险，提高投资企业运行标准化和经济运行专业化水平。运行管理制度汇总见表 1。

表 1　运行管理制度汇总

序号	管控制度名称	主要内容
1	运行管理制度	(1) 建立科学、高效的运行管理机制。 (2) 明确运行管理的规范、程序、标准等
2	生产调度管理规定	(1) 明确生产调度作为作业控制的中心，明确各级生产人员的岗位职责。 (2) 规范生产设备运行原始数据的记录、保存，确保资料的准确性、完整性
3	设备巡回检查管理规定	(1) 明确设备巡回检查的职责分工、管理办法。 (2) 明确设备巡回检查的流程和管理要求
4	设备定期切换试验管理规定	(1) 明确设备定期切换试验的职责分工、管理办法。 (2) 明确设备定期切换试验的流程和管理要求
5	生产指标管理规定	(1) 明确生产指标的职责分工、管理办法。 (2) 明确指标分析的流程和管理要求
6	生产对标管理规定	(1) 明确生产对标的职责分工、管理办法。 (2) 明确对标分析的流程和管理要求
7	重大工作（操作）到岗制度	(1) 规定重大操作的内容、到位人员。 (2) 明确重大操作到位人员的管理职能、管理内容
8	文明生产管理规定	(1) 规范文明生产管理职责。 (2) 明确文明生产管理标准

4.2 设备管理

设备管理的主要目标是通过指导、协调、服务、督促企业以合理的投入使资产能达到需要的可靠性和效率。设备管理制度汇总见表 2。

表 2　设备管理制度汇总

序号	管控制度名称	主要内容
1	设备管理制度	(1) 明确设备管理体系及各部门职责。 (2) 规范设备管理流程
2	检修管理制度	(1) 明确检修管理体系及各部门职责。 (2) 规范检修管理流程
3	设备缺陷管理规定	(1) 明确各部门职能和各级人员的岗位职责。 (2) 规范设备缺陷管理流程和行为。 (3) 规定设备缺陷的定义、分类，奖励考核办法等
4	设备可靠性管理规定	(1) 明确各部门职能和各级人员的岗位职责。 (2) 明确可靠性数据的统计，分析方式方法。 (3) 规范设备可靠性管理内容与要求、检查与考核。 (4) 辅机停服役申请规定
5	监控自动化逻辑修改及联锁保护投退管理规定	(1) 规范监控自动化装置投退审批流程，严格执行自动装置的定期工作。 (2) 规定了自动化装置投退、联锁保护投退的管理职能、内容与要求、检查与考核

表 2（续）

序号	管控制度名称	主要内容
6	继电保护及电气连锁回路解投管理规定	（1）规范公司继电保护及电气联锁回路解投的管理标准。 （2）明确各部门管理职责
7	风光功率预测系统管理规定	（1）明确风光功率预测系统各部门的管理职责。 （2）规定风光功率预测系统的功能主要包括术语和定义、预测建模数据准备、数据采集与处理、预测功能要求、统计分析、界面要求、安全防护要求、数据输出及性能要求
8	构建筑物、风机塔基沉降观测管理规定	（1）规范公司构建筑物、风机塔基沉降监测的管理标准。 （2）明确各部门管理职责

4.3 技术管理

技术管理的目的是促进生产管理专业化水平的不断提升，保障发电设备设施安全、稳定、经济、环保运行。技术管理制度汇总见表 3。

表 3 技术管理制度汇总

序号	管控制度名称	主要内容
1	生产技术管理制度	（1）明确技术管理组织机构，各部门职责。 （2）明确各技术标准、技术体系的定义
2	技术改造管理规定	（1）明确技术改造各部门职责、技术改造的基本原则、技术改造的主要内容。 （2）规定项目审报及年度投资计划安排、技术改造项目资金管理、项目实施过程管理、技术改造分析、总结和后评价等要求
3	科技创新管理规定	（1）明确科技创新组织机构、职责。 （2）制定科技及技术创新项目选题、立项、实施、验收及经费管理模式；确定知识产权、QC 活动、创新工作室、科技创新奖励办法
4	信息化管理制度	（1）规范信息化项目实施要求。 （2）明确信息化运维管理要求
5	网络和信息安全管理规定	（1）网络和信息安全通用要求。 （2）明确计算机软件和硬件、物理环境、人员、制度的安全要求等
6	技术档案管理规定	（1）明确技术文件管理各部门的管理职责。 （2）规定规程标准、图纸、技术资料、设备台账、三措一案的编制格式、使用及评价等内容和要求
7	技术文件归档及报送管理规定	（1）明确技术文件归档各部门的管理职责。 （2）规定技术档案主要内容、统计、管理等要求。 （3）规定生产信息报送的内容及要求等

4.4 基础管理

目的是规范并购项目接收、生产费用、生产物资等管理工作，实现并购项目生产管理的平稳过渡，确保生产费用、生产物资合理安排和使用。基础管理制度汇总见表 4。

表 4 基础管理制度汇总

序号	管控制度名称	主要内容
1	并购项目接收生产管理办法	（1）规定并购项目接收机构与职责、内容和要求等。 （2）并购项目接收工作管理程序和管理的主要内容
2	生产费用管理办法	（1）明确生产费用各部门的管理职责。 （2）规定生产费用管理遵循的基本原则、生产费用范围及标准。 （3）规定生产费用预算编制；生产费用确定、使用及调整方式方法
3	物资管理办法	（1）明确技术改造各部门职责、技术改造的基本原则、技术改造的主要内容。 （2）规定项目审报及年度投资计划安排、技术改造项目资金管理、项目实施过程管理、技术改造分析、总结和后评价等要求

4.5 技术监督管理

技术监督管理是提高发电设备可靠性，保证发电设备安全、稳定、经济和环保运行的重要基础工作，按照专业不同开展具体的技术监督工作。技术监督管理制度汇总见表5。

表5 技术监督管理制度汇总

序号	管控制度名称	主要内容
1	技术监督管理制度	（1）规定监督机构与职责、技术监督的范围、内容和要求等。 （2）技术监督工作管理程序和管理的主要内容
2	电测技术监督实施细则	（1）明确监督机构与职责、技术监督的范围、内容和要求等。保证电测计量量值传递准确、可靠。 （2）规定检定计量器具、配置标准计量器具要求，明确对电能计量装置、测量系统和计量产品的验收、现场试验、基建调试、运行检修、技术改造等各阶段实行全过程电测技术监督
3	电能质量技术监督实施细则	（1）明确监督机构与职责、技术监督的范围、内容和要求等。 （2）规定受监设备的范围、内容和要求等
4	化学技术监督实施细则	（1）明确监督机构与职责、技术监督的范围、内容和要求等。 （2）通过对水、油、六氟化硫等进行技术监督，及时发现变压器、齿轮箱、GIS 等设备潜伏性故障，提高机组运行的安全经济性，延长发、配电设备使用寿命
5	继电保护技术监督实施细则	（1）明确监督机构与职责、技术监督的范围、内容和要求等。 （2）宣传、贯彻、执行国家、行业及电网颁发的各种规程、规定、条例和反事故措施，对继电保护进行全过程技术监督管理，即对继电保护的工程设计、初设审查、设备选型、安装、调试、验收、运行维护及技术改造、反事故措施工作进行监督，不断提高继电保护设备健康水平
6	金属技术监督实施细则	（1）明确监督机构与职责、技术监督的范围、内容和要求等。 （2）通过对受监部件的检验和诊断，及时了解并掌握设备金属部件质量状况，防止机组在设计、制造、安装中出现与金属材料相关的问题以及运行中材料老化、性能下降等因素而引起的各类事故，从而减少机组非计划停运次数和时间
7	绝缘技术监督实施细则	（1）明确监督机构与职责、技术监督的范围、内容和要求等。 （2）落实国家、行业绝缘技术监督有关制度、规程和标准，规定绝缘技术监督指标统计、分析工作要求
8	监控自动化监督实施细则	（1）明确监督机构与职责、技术监督的范围、内容和要求等。 （2）贯彻国家及行业有关规程、规定、条例和反事故措施，明确对监控自动化设备及控制系统的设计、选型、安装、调试、验收、运行维护、检修检定、技术改造和技术管理等各个环节进行全过程的监督与管理要求
9	风力发电机组技术监督实施细则	（1）明确监督机构与职责、技术监督的范围、内容和要求等。 （2）严格执行有关规程、制度与反事故措施，防止风力发电机事故，不断提高风力发电机设备的安全、经济、稳定运行水平

4.6 生态资源管理

节能与环保管理旨在加强环境保护管理工作，促进公司生产经营活动中满足国家地方环保法律法规要求，合法有限排放。生态资源管理制度汇总见表6。

表6 生态资源管理制度汇总

序号	管控制度名称	主要内容
1	资源节约与生态环境保护管理制度	（1）明确资源节约工作机构、职责。 （2）制定了经济运行指标管理、设备检修维护试验及项目节能管理、设备指标管理、非生产用能管理等要求

1 运行管理

Q/SDIC-GL-YX01-2020

运行管理制度

运行管理制度

1 总则

1.1 为规范公司生产运行管理，保证生产秩序正常运转，特制定本制度。
1.2 本制度适用于公司各运行管理部门。

2 规范性引用文件

下列文件中的内容通过文中的规范性引用而构成本文件必不可少的条款。其中，注日期的引用文件，仅该日期对应的版本适用于本文件；不注日期的引用文件，其最新版本（包括所有的修改单）适用于本文件。

GB 17167 用能单位能源计量器具配备和管理通则
GB/T 19001 质量管理体系 要求
GB/T 22384 电力系统安全稳定控制系统检验规范
GB 26164.1 电业安全工作规程 第1部分：热力和机械
DL 408 电业安全工作规程（发电厂和变电所电气部分）
DL/T 666 风力发电场运行规程
DL/T 724 电力系统用蓄电池直流电源装置运行与维护技术规程
DL/T 838 燃煤火力发电企业设备检修导则
DL/T 961 电网规范调度用语
DL/T 1040 电网运行准则
DL/T 1100.1 电力系统的时间同步系统 第1部分：技术规范
Q/GDW 432 风电调度运行管理规范
Q/GDW 552 电网短期超短期负荷预测技术规范
中华人民共和国安全生产法
中华人民共和国节约能源法
国能安全〔2014〕161号 防止电力生产事故的二十五项重点要求

3 术语和定义

3.1 运行中的电气设备：全部带有电压，一部分带有电压或一经操作即带有电压的电气设备。
3.2 交接班：一个工作日分多个班进行工作，由于时间段的不同，由上一班工作人员将值班权交于接班人员而进行工作。
3.3 设备状态：电气设备分为运行、热备用、冷备用、检修四种状态。
3.4 倒闸操作：电气设备由一种状态转变为另一种状态的过程叫称为倒闸操作。
3.5 有功（或无功）出力：电厂发电机有功（或无功）出力多少。
3.6 两票：“操作票”“工作票”。

4 职责和分工

4.1 生产分管领导

4.1.1 组织公司生产运行管理工作。
4.1.2 负责批准生产运行规程、生产技术标准。

4.1.3 主持生产运行分析会，协调解决生产运行管理中存在的问题。
4.1.4 审批新、改、扩建项目启动方案。

4.2 生产管理部

4.2.1 组织公司生产运行管理工作。
4.2.2 负责组织编审生产运行规程、生产技术标准。
4.2.3 主持生产运行分析会，协调解决生产运行管理中存在的问题。
4.2.4 审批新、改、扩建项目启动方案。
4.2.5 负责设备、保护及自动装置定值单的审核、监督、检查。
4.2.6 负责审批设备运行方式的调整方案。
4.2.7 负责审核、批准停电计划。
4.2.8 组织设备运行状态技术分析。
4.2.9 组织运行管理反事故措施的制定并监督实施。
4.2.10 组织分析运行生产过程中的异常、事故原因，制定技术处理方案。
4.2.11 组织召开公司运行分析会议。
4.2.12 对现货交易工作中存在的问题，进行督促整改。

4.3 安健环管理部

负责组织运行事故调查、处理。

4.4 运行管理部门

4.4.1 为公司运行管理的实施部门。
4.4.2 参与新、改、扩建项目启动工作，配合项目实施。
4.4.3 负责设备运行监控，组织项目现场进行倒闸操作。
4.4.4 负责经济运行方式的优化和设备经济运行分析。
4.4.5 负责向调度申请设备检修、停电计划。
4.4.6 负责电网调度业务联系，及时向调度部门申请负荷。
4.4.7 负责执行调度指令及运行工作相关指令的下达、执行、回令。
4.4.8 负责一种工作票值长审批流程。
4.4.9 负责操作票、操作风险控制卡值长审批流程。
4.4.10 组织现场运行设备异常及事故的处理，参与事故调查和分析。
4.4.11 负责生产设备的命名和编号的审批工作。
4.4.12 负责生产报表、信息的编报。
4.4.13 负责调度信息披露、通报。
4.4.14 负责开展现货交易工作。
4.4.15 负责缺陷填写、消缺过程监管及缺陷数量统计分析。
4.4.16 负责运行异常参数统计分析。
4.4.17 负责两个细则统计分析。

5 管理活动的内容与方法

5.1 运行安全管理

5.1.1 运行管理部门每年应根据公司安全管理目标，结合实际情况制定本部门年度安全管理目标，并与班组签订年度安全目标责任书，班组与个人签订安全责任书。
5.1.2 每季度对运行安全管理目标的完成情况进行总结和分析，对存在的问题提出改进措施。
5.1.3 运行管理部门对运行安全管理进行监督、检查，提出考核意见。
5.1.4 运行管理部门每月召开部门月度安全工作会议，总结、分析上月运行管理存在的安全问题，并制定改进措施和计划。

5.1.5　运行管理部门根据公司安全管理活动计划和方案开展运行管理安全活动。

5.1.6　运行管理部门每周开展安全活动，安全活动由值长主持，并做好活动记录；若遇特殊、重大安全活动，应组织全体成员集中学习。

5.1.7　安全活动应结合近期设备运行、人员不安全现象、班组管理等问题开展，学习讨论事故报告、事故及安全检查通报、安全简报、违章行为以及有关安全生产的规章制度等，进行危险点分析，制定安全预控措施、防范措施。

5.1.8　运行管理部门每月安全活动检查，检查各运行值安全管理工作开展情况，对存在的问题及时进行纠正和处理。

5.1.9　运行管理部门在开展安全活动时，应检查、总结本值的安全工作情况和“两票三制”的执行情况，对照检查存在问题和不安全因素，特别是对人员违章违纪、设备隐患、安全工器具、安全设施和措施等进行检查，制定防范和改进措施。

5.1.10　对公司下发的各类安全大检查整改方案，要制定详细的整改计划，按期完成整改。

5.1.11　安全活动记录应真实、清晰、完整，参加人员必须手动签名。

5.2　运行日常管理

5.2.1　运行管理部门所辖设备的巡视、倒闸操作，事故和异常的就地处置。

5.2.2　运行管理部门实行 24 h 时值班，按公司批准的值班模式值班。

5.2.3　当班运行人员应根据各项目设备缺陷、薄弱环节做好事故预想。

5.2.4　运行监盘人员应认真监盘、定期巡屏，分析判断设备运行参数和报文信息。

5.2.5　当班运行人员在进行调度业务联系时，应将联系内容填写在《值班记录》中，并对通话进行录音。

5.2.6　当班运行人员应对当班出现的报警信息、设备异常现象认真查看和分析，汇报值长。

5.2.7　发现设备异常或故障应汇报值长，填写登记缺陷，通知检修人员安排处理。

5.2.8　发生事故时，当班运行监盘人员汇报值长，同时查看保护动作、开关跳闸情况和报警信息，将查看情况记录在《值班记录》中，当班运行人员和检修人员按值长令进行事故处置。

5.2.9　现场值班人员应按相关规定进行设备巡视、设备定期试验和轮换工作，并做好相关记录和报告填报工作。

5.2.10　当班运行人员必须根据各项目风/光资源和电网情况，及时申请调整负荷。

5.2.11　当班运行人员应加强对各场站母线电压和无功补偿装置的运行监视并配合调整，当系统电压超过允许的偏差范围而又无法调节时，运行当班值长应立即汇报调度值班员进行处理。

5.2.12　运行值长当班期间负责调度业务联系和调令执行、设备事故处理指挥、操作控制指令下达。

5.2.13　运行管理部门全面负责开展现货交易工作，每日、月分别对现货交易工作进行统计、分析。

5.2.14　运行管理部门对每日现货交易工作中存在的问题，每日在晨会进行通报说明，提出整改意见并进行落实整改。

5.2.15　运行管理部门每月组织召开现货交易分析会，通报存在的问题，提出整改意见并进行落实整改。

5.2.16　运行管理部门每日记录各区域限负荷情况，及时联系调度部门，减少限负荷损失，对限负荷情况进行统计、分析。

5.2.17　运行管理部门每月月底及时联系调度部门，申请下月电量负荷，确保发电负荷。

5.3　运行交接班管理

5.3.1　运行值班人员交接班时间按规定时间进行，在未办理交接班手续前，交班人员必须坚守工作岗位。

5.3.2　交接班过程中发生事故应停止交接班，由交班值负责处理，需要时接班值予以协助。

5.3.3　运行交班前应提前 30min 准备交班内容；熟悉各场站设备运行情况，由交班值值长主持进行交接班。

5.3.4　当班值在交班前应召开交班会议，总结各岗位当班工作及需要交接的内容和注意事项。

5.3.5　接班值接班后召开班前会，各岗位汇报接班情况，安排本班工作任务和相关值班要求。

5.4 运行操作管理

5.4.1 操作方式分为 3 种：远程操作、现场操作和远程与现场相结合的操作方式。对转为热备用或冷备用的操作和开停机、负荷调整，采用集控操作；对转为检修状态的操作采用现场操作为主、集控配合操作的方式；对工作票中安全措施隔离、检修过程中需要进行的操作及运行管理部无法远程操作的在现场操作。

5.4.2 运行管理部统一负责运行操作管理，风机启、停远程操作由集控中心执行，升压站、输变电设备（含箱式变压器）操作由项目现场操作。

5.4.3 现场值班人员或其他有权限改变设备控制方式的人员，需要改变现场设备的控制方式时必须经运行管理部当班运行值长许可，方可进行切换，并做好切换记录。

5.4.4 运行设备的操作、调节指令必须由运行管理部当班值长下达，调度直接下达至现场的调度令，除紧急情况外，须经运行管理部当班值长同意后执行。

5.4.5 发布和接受操作指令时，发令人和受令人互报单位、姓名，下令全过程必须严肃认真，并执行监护、复诵、录音和记录制度。

5.4.6 当班运行值长在安排操作任务或下达操作指令前，应向现场操作人员说明操作目的，明确操作任务及要求。

5.4.7 运行当班值长发布倒闸操作综合指令和逐项指令时必须填写操作命令票，填写操作命令票前，当班值长应仔细核对有关设备状态（包括继电保护、自动装置、远动设备等）。

5.4.8 需执行操作票的操作任务，运行值应提前通知项目现场，由项目现场值班人员安排做好有关操作准备工作。

5.4.9 对单项操作指令，当班运行值长直接下达至项目值班人员。

5.4.10 运行管理部操作命令票由主值班员填写，值长审核后下达。

5.4.11 操作票和危险点预控分析由操作人填写，监护人审核，由运行管理部当班值长批准后方可开始操作。

5.4.12 遇有大型或复杂的操作，运行管理部应提前制定操作方案、安排操作人员准备操作票、操作工具。

5.4.13 单项远程操作由两人进行，采用双机监护，运行管理部当班值班员为操作人，运行管理部当班值长为监护人。

5.4.14 远程操作必须核对项目名称、设备名称、设备编号无误后方可进行操作，操作不成功，重试一次，仍不成功，停止操作，联系有关人员检查处理。

5.4.15 遥控设备无法进行远程操作时，当班值长应通知现场值班人员到就地进行检查或现场进行操作，操作后应及时检查无法远程操作的原因。

5.4.16 现场操作前应向运行管理部运行当班值长申请，许可后方可进行。

5.4.17 现场操作时，现场退出远程操作权限。

5.4.18 现场操作时，运行管理部当班值班人员应监视、核对所操作设备 SCADA 画面状态及相关信息，判断操作条件是否具备，发现异常或疑问立即联系现场操作人员检查，确认无问题后方可继续。

5.4.19 操作中产生疑问或发现电气五防闭锁装置动作，应立即停止操作，汇报运行管理部当班值长，待查明原因处理完成后再决定是否进行操作。

5.4.20 操作结束后应及时向运行管理部当班值长汇报，当班值长复核与下令指令一致，方可认为该项操作完毕；需要汇报调度的由运行管理部当班值长向当值调度员汇报。

5.4.21 新项目启动、全场停送电等大型操作，运行管理部值长、项目负责人、安全专工应就地进行监督、指导。

5.4.22 已执行的操作票应按月汇总装订存档，保存期为 1 年。

5.4.23 雷电时禁止进行户外设备倒闸操作。

5.4.24 设备操作应遵守《电业安全工作规程》、调度规程和公司倒闸操作管理的有关规定。

5.5 工作票许可和终结管理

5.5.1 工作票经运行管理部当班值长批准后，由运行值班人员现场办理许可和终结。

5.5.2 第一种工作票应至少提前一日提交运行值，其他工作票可在当天办理前提交。

5.5.3 第一种工作票和动火工作票由运行管理部当班值长接收，其他工作票由运行管理部主值班员接收。

5.5.4 工作票接收人接收工作票时，应初审工作票，审核工作的必要性及检修工期、安全措施是否存在问题，初审合格后，联系运行管理部值长安排运行值班人员许可工作票。

5.5.5 运行值班人员接到办理工作票任务后，全面审查工作票的工作任务、工作负责人、计划检修时间、安全措施等是否正确和满足现场实际条件，如有疑问向工作票签发人询问清楚，必要时要求补充。

5.5.6 现场值班人员在许可工作票时，应根据现场实际情况，补充工作地点保留带电部分的标识和安全措施，补充安全措施填好后提交运行管理部当班值长审核，审核无误后工作票许可人按工作票所列安全措施到现场进行安全措施隔离。

5.5.7 升压站设备工作票的安全措施由现场值班人员执行，升压站外设备工作票安全措施由工作票负责人负责执行。

5.5.8 工作票安全隔离措施执行人应严格按照工作票所列安全措施，逐项执行措施隔离。

5.5.9 升压站内电气第一种工作票许可人现场安全措施执行完毕后，与工作票负责人一同检查无误后，汇报运行管理部当班值长，当班值长远程核对现场所做安全措施与工作票所列安全措施完全相符后，签字批准工作许可。

5.5.10 升压站外设备工作票经工作票许可人许可后，安全隔离措施由工作负责人执行，执行完毕后由工作票许可人与工作票负责人电话核对，确认工作票所列安全措施已全部正确执行，方可开始工作。

5.5.11 现场检修工作完成后，工作负责人填写作业交代，提交运行管理部当班值长申请终结工作票。

5.5.12 运行当班值长安排现场值班人员办理工作票终结手续，在办理工作票终结手续前，需要进行试运行和验收的，执行《检修管理标准》和《设备缺陷管理标准》。

5.5.13 现场值班人员在办理工作票终结手续时，应审核作业交代，全面掌握设备检修情况、检修过程中发现和遗留的问题、设备及安全措施是否恢复至开工前的状态，无问题后汇报运行管理部当班值长申请办理工作票终结手续。

5.5.14 运行当班值长审核作业交代及验收报告，无问题后，批准现场值班人员办理工作票终结手续，并下令拆除检修设备所做隔离措施。

5.5.15 对升压站设备，由工作票终结办理人拆除检修设备安全隔离措施，恢复设备运行。

5.5.16 对升压站外设备的检修工作，工作票隔离措施的拆除由检修工作负责人在办理工作票终结申请前执行完毕，运行人员在审核工作票终结申请时，应检查、确认工作票所做安全措施是否全部拆除和检修设备状态是否恢复至开工前的状态，无问题后方可同意办理工作票终结手续。

5.5.17 已执行的工作票应按月装订存档，保存期为 1 年。

5.5.18 工作票许可和终结执行《电业安全工作规程》和《工作票和操作票管理标准》。

5.6 设备定值管理

5.6.1 设备、保护及自动装置定值单管理和升压站内设备定值的定期核对由现场完成，风机、逆变器设备定值的定期核对由运行管理部完成。

5.6.2 新设备和保护及自动装置投入运行或定值改变后，现场值班人员必须打印整定后的定值和定值通知单进行核对，确认实际整定定值与定值通知单相同；对由电网管辖的送出线路，还需与调度员核对相应保护及自动装置的全部定值，确认正确无误后方可投入运行。

5.6.3 保护及自动装置和设备定值的改变必须由现场申请，生产管理部下发定值修改通知单，无定值通知单任何人不得改变保护及自动装置和设备定值参数。

5.6.4 现场人员在修改升压站外设备定值参数前，必须经运行管理部当班值长许可，办理工作票手续。

5.6.5 现场值班人员应每季度打印 1 次保护及自动装置整定定值，与下发定值单进行核对，同时检查保护连接片位置与定值单投退一致;现场值班人员定期在风机后台监控系统上核对风电机组各设备定值参数。

5.6.6 保护及自动装置和设备定值的核对，必须由两人进行，一人监护，一人操作，严格执行唱票、复诵制度。

5.6.7 设备定值单应保留最新版本，已作废的定值单应盖“作废”字样章，现行定值单和作废定值单应分开保存，作废定值单保存期限为3年。

5.6.8 保护及自动装置定值核对人员核对完后应在打印定值单上分别签字,并注明核对日期和核对结果，打印定值单应单独存放保管，保存期限为3年。

5.6.9 运行管理部、现场设备定值单每年复核后，应按期装订成册。

5.7 运行方式管理

5.7.1 运行管理部负责各现场设备运行方式方案编制和调整操作。

5.7.2 属电网调度设备的运行方式正常情况下按电网下发运行方式运行，需要改变运行方式时，必须经调度批准。

5.7.3 运行管理部每月编制月度经济运行分析报告。

5.7.4 电网调度下达的运行方式调整由运行管理部当班值长按调令执行，对站管设备的运行方式调整按生产管理部下发的方式执行。

5.7.5 检修计划申请管理。

5.7.6 检修计划执行《检修管理标准》。

5.7.7 运行管理部负责向电网调度管理部门报送《年度检修计划》和申请设备检修计划。

5.7.8 生产管理部每年下发下年度检修计划,运行管理部向各区域电网公司有关部门报送年度检修计划。

5.7.9 现场每月将下月设备检修计划报送运行管理部，运行管理部向各区域电网公司有关部门报送月度检修计划。

5.7.10 每周运行管理部当班值长向调度申请下周检修计划。

5.7.11 根据调度要求由运行管理部当班值长向调度申请次日停电检修时间。

5.7.12 设备检修计划申请后，运行管理部应将调度批复的停电检修时间及时通知现场负责人和值班人员，提前准备停电、检修工作。

5.7.13 非计划检修由现场审核后提交运行管理部进行申请。对停电时间长、停电范围大的非计划检修需分管生产领导批准后方可申请，涉网设备非计划检修由运行管理部当班值长向调度申请停电检修。

5.7.14 非调度管辖设备的临时检修或事故检修申请，项目负责人向运行管理部当班值长申请，当班值长根据实际情况进行批复。

5.7.15 对带电检修维护工作，直接办理工作票许可手续。

5.7.16 申请检修的现场，凡设备在恢复送电时有核相、冲击合闸、带负荷检验和做与系统有关的试验等要求的，在申请检修的同时，需报试验方案或要求说明，该方案或要求必须在试验前提出。

5.7.17 现场必须严格按照已申请的检修计划执行检修工作，检修计划一经批准，不得随意调整。

5.7.18 各现场要积极利用电网计划检修、临修时间开展本项目设备检修、消缺、维护工作，尽量减少设备重复性停电。

5.8 运行事故处理管理

5.8.1 运行管理部当班值长是生产设备事故处理的总指挥，事故处理必须服从运行管理部当班值长的指令。

5.8.2 发生设备事故后，现场配合运行当班值操作，隔离事故设备。

5.8.3 事故发生后，当班运行值长向安健环管理部和生产分管领导汇报事故及处理情况，并通报项目负责人，涉网设备当班运行值长向调度值班员汇报。

5.8.4 事故或紧急情况下当班运行值长直接下达口头指令，现场值班人员在接受指令复诵无误后，立即执行并复令。

5.8.5 在事故处理过程中，当班运行值长协助、指导项目值班人员进行事故隔离操作、故障查找和现象分析。

5.8.6 在交接班时发生事故，应中止交接班，由运行管理部交班值长指挥处理事故，接班值长协助处理。

5.8.7 事故发生时，运行当班值长应迅速、正确判断事故性质和范围，快速消除事故的根源，限制事故发展，消除对人身和设备的威胁。

5.8.8 事故处理过程中运行管理部当班值长和运行有关值班人员，必须使用规范、标准的调度术语进行指令的下达、复诵、操作、处理、检查后的复令汇报。运行当班值长应做好调度命令、领导指示和处理指令等的记录和录音，记录时尽可能采用原话记录方式，与录音保持一致。

5.8.9 处理事故时，公司领导有权对运行管理部当班值长发布指示，但其指示不得与电网调度值班人员的指令和事故处理规程相抵触。

5.8.10 处理事故时，集控中心负责人应监督运行当班值长正确处理事故，必要时给值长相应的指导，如认为运行当班值长处理事故不当，应及时纠正，必要时可直接指挥事故处理，但应对系统事故处理承担责任。

5.8.11 事故处理过程要及时与调度、公司和部门领导交换意见，听取对事故处理的指导意见。

5.8.12 事故处理完毕后当班值长应将事故情况详细整理，按有关要求立即向调度值班员和公司分管。

5.8.13 领导汇报事故简况，其他事项按照《事故事件管理标准》执行。

5.9 运行分析管理

5.9.1 运行管理部门负责编制《月度生产运行分析报告》，并报送生产管理部。《月度生产运行分析报告》要结合各场站发电量、上网电量、风/光资源情况、设备故障情况、损失电量情况、设备故障恢复时间、运行异常参数、消缺率、故障处理率等进行统计分析，找出在运行、生产管理和技术方面存在的问题及影响设备经济运行的因素，对两个细则统计分析，对现货交易情况进行统计分析并通报，优化运行方式，提出改进措施和解决建议。负责缺陷填写、消缺过程监管及缺陷数量统计分析。

5.9.2 生产管理部负责按照公司模板编制《月度经济运行分析报告》，每月按时报送。生产管理部应综合分析公司各场站生产运行情况和设备健康状况，对影响设备运行存在的问题制定整改、技术改造计划。

5.10 新项目运行管理

5.10.1 新项目投产准备工作由运行管理部和项目按照职能划分分工负责。

5.10.2 项目现场负责运行规程、设备编号、运行技术培训等有关运行管理方面的准备工作，负责设备设台账、设备设施标识管理、现场办公、后勤保障等方面的准备工作。

5.10.3 运行管理部门应根据项目投产进度，适时到项目熟悉新设备、新系统，系统学习新项目设备知识和运行操作规定。

5.10.4 各项生产准备工作，安排专人收集、整理新设备各类技术资料，修改完善运行规程、典型操作票、反事故措施、运行图册等。

5.10.5 项目启动前，项目现场应完成运行安全工器具、设备标识配备工作。

5.10.6 运行管理部门人员应参加新项目设备的启动验收工作，熟悉设备和操作方法。

5.10.7 设备台账、技术资料、设计施工图纸等由项目负责。

5.10.8 运行管理部门应参与项目交接验收和新项目的启动。

5.10.9 接入后由运行管理部门负责新项目的运行管理工作。

5.11 工器具管理

5.11.1 现场设备钥匙和运行工器具的管理由现场负责。

5.11.2 各类钥匙、工器具应分类明晰、存放有序，存放地点均有名称并对号放置。

5.11.3 设备钥匙和工器具的借用严格实行登记、许可制度，借出和收回时检查外观和功能的完好性。

5.11.4 五防紧急解锁钥匙由现场管理，使用时需向运行管理部门当班值长申请、由运行管理部门负责人批准后方可使用，并填写《五防钥匙使用登记记录》。

5.12 报表管理

5.12.1 运行管理部门负责公司生产运行报表的编报。

5.12.2 非常规性对外报送的生产报表、数据等，必须征得生产管理部经理、生产分管领导同意后报送。

5.12.3 各相关部门所需生产数据应在已审核的生产报表上自行收集。

5.12.4 所有报表数据均与信息系统数据统一。

6 检查与评价

6.1 生产管理部组织对本制度进行检查。

6.2 本制度考核如与《绩效管理标准》相冲突的按《绩效管理标准》执行，如构成事故、异常等安全事件的按《安健环管理标准》执行，如本制度与其他制度考核相抵触的按最高考核标准执行。

6.3 生产管理部对本标准规定的管理活动进行检查并对表 1 所列的指标进行评价，依据评价结果提出考核意见。

表 1 评价项目与指标

序号	评价项目	评价标准	责任部门	考核部门
1	报表内容正确性	出错数量	项目运行管理部门	生产管理部
2	报表报送及时率	及时率＝按时报送次数/统计期间报送次数×100%	项目运行管理部门	生产管理部

7 附则

7.1 本制度适用于公司运行管理工作。

7.2 本制度由公司生产管理部负责解释。

7.3 本制度自颁布之日起开始执行。

8 附件

8.1 交接班记录本（见附表 1）。

8.2 钥匙借用登记本（见附表 2）。

附表1 交接班记录本

<table>
<tr><td colspan="5">日期：______</td><td>班次：______</td><td>值班员：______</td><td>风速：______</td><td>天气：______</td></tr>
<tr><td rowspan="15">运行接班记录</td><td rowspan="4">风能情况</td><td colspan="2" rowspan="2">今日天气预报</td><td colspan="5">白天：高温______；风向______；风力______</td></tr>
<tr><td colspan="5">夜间：低温______；风向______；风力______</td></tr>
<tr><td rowspan="2">今日</td><td>风能</td><td colspan="2">平均风速：______m/s</td><td colspan="3">总发电量：______万 kWh</td></tr>
<tr><td>电量</td><td colspan="2">一期发电量：______万 kWh</td><td colspan="3">二期发电量：______万 kWh</td></tr>
<tr><td rowspan="11">设备运行情况</td><td colspan="7">升压站电气设备运行情况：</td></tr>
<tr><td colspan="7"></td></tr>
<tr><td colspan="7"></td></tr>
<tr><td colspan="7">场内辅助设备运行情况：</td></tr>
<tr><td colspan="7"></td></tr>
<tr><td colspan="7"></td></tr>
<tr><td colspan="7">风机、箱式变压器、集电线路运行情况：</td></tr>
<tr><td colspan="7"></td></tr>
<tr><td colspan="7"></td></tr>
<tr><td colspan="7">继保室、通信室设备运行情况：</td></tr>
<tr><td colspan="7"></td></tr>
<tr><td rowspan="5">运行接班记录</td><td rowspan="3">钥匙借用及卫生情况</td><td>1</td><td colspan="6">中控室钥匙柜：</td></tr>
<tr><td>2</td><td colspan="6">继保室工器具柜：</td></tr>
<tr><td>3</td><td colspan="6">中控室地面及各柜内卫生：</td></tr>
<tr><td rowspan="2">注意事项</td><td>1</td><td colspan="6"></td></tr>
<tr><td>2</td><td colspan="6"></td></tr>
<tr><td rowspan="13">运行接班记录</td><td colspan="8">交接班内容</td></tr>
<tr><td>1</td><td colspan="7"></td></tr>
<tr><td>2</td><td colspan="7"></td></tr>
<tr><td>3</td><td colspan="7"></td></tr>
<tr><td>4</td><td colspan="7"></td></tr>
<tr><td>5</td><td colspan="7"></td></tr>
<tr><td colspan="8">班后会</td></tr>
<tr><td>1</td><td colspan="7"></td></tr>
<tr><td>2</td><td colspan="7"></td></tr>
<tr><td>3</td><td colspan="7"></td></tr>
<tr><td>参加人员</td><td colspan="7"></td></tr>
<tr><td rowspan="2">已装设接地线或已合接开关</td><td>序号</td><td colspan="2">地线/接地开关名称</td><td>编号</td><td colspan="2">装设地点</td><td>装设时间</td></tr>
<tr><td>1</td><td colspan="2">无</td><td>无</td><td colspan="2">无</td><td>无</td></tr>
<tr><td colspan="2">交班人：______</td><td colspan="2">接班人：______</td><td colspan="2">交班时间：______</td><td colspan="2">值长：______</td><td>项目：______</td></tr>
</table>

附表 2　钥 匙 借 用 登 记 本

序号	钥匙名称	借用时间	借用人	借用事由	归还时间	归还人	备注

1 运行管理

Q/SDIC-GL-YX02-2020

生产调度管理规定

生产调度管理规定

1 总则

1.1 为规范公司生产调度管理，严明生产调度纪律，确保生产调度命令畅通和公司生产各系统安全、经济、环保运行，特编制本规定。
1.2 本规定适用于公司各生产部门。

2 规范性引用文件

下列文件中的内容通过文中的规范性引用而构成本文件必不可少的条款。其中，注日期的引用文件，仅该日期对应的版本适用于本文件；不注日期的引用文件，其最新版本（包括所有的修改单）适用于本文件。

GB 26164.1 电业安全工作规程 第 1 部分：热力和机械

DL 408 电业安全工作规程（发电厂和变电所电气部分）

3 术语和定义

3.1 调度：是指为保障电网及公司生产各系统安全、稳定、经济、环保运行，调动生产所需的人力和物力资源进行的组织、指挥、指导和协调工作。
3.2 电力系统：是指由发电、供电（输电、变电、配电）、用电设施和为保证这些设施正常运行所需的继电保护和安全自动装置、计量装置、电力通信设施、自动化设施等构成的整体。
3.3 上级调度：是指依法对电网运行进行组织、指挥、指导和协调的机构。
3.4 运行状态：是指设备的断路器及隔离开关都在合上位置，将电源至受电端的电路接通（包括辅助设备如电压互感器、避雷器等）；所有的继电保护及自动装置均在投入位置（除调度有要求的除外），控制及操作回路正常。
3.5 热备用状态：是指一经断路器合闸，该回路或设备即转为运行的状态。
3.6 冷备用状态：是指该回路或设备的所有断路器、隔离开关均断开，保护装置未退出运行，控制电源未断开。
3.7 检修状态：是指该回路或设备的所有断路器、隔离开关均断开，保护装置退出运行，控制电源已断开，接地开关在合位或已挂接地线。
3.8 操作命令：值班调度员对其所辖的设备变更运行状态和事故处理所发布的倒闸操作命令。
3.9 合上断路器：使断路器由分闸位置转为合闸位置。
3.10 断开断路器：使断路器由合闸位置转为分闸位置。
3.11 合上隔离开关：使隔离开关由断开位置转为接通位置。
3.12 拉开隔离开关：使隔离开关由接通位置转为断开位置。
3.13 倒母线：线路、变压器等设备从所在的一条母线改为接在另一条母线上运行的操作。
3.14 同期并列：两个带电系统，使其检同期并列在同一个系统的操作。
3.15 解列：将一个电力系统分成两个或多个独立系统运行。
3.16 EMS：是指能量管理系统（Energy Management System）。
3.17 AGC：是指自动发电控制（Auto Generation Control）。
3.18 AVC：是指自动电压控制（Auto Voltage Control）。
3.19 OMS：是指调度生产管理系统（Operation Management System）。

4 职责和分工

4.1 生产管理部

4.1.1 负责贯彻执行调度部门、公司领导的各项指令、规定和规程、制度，对各场站的运行方式进行研究并制定最优运行方式。

4.1.2 负责组织对设备异常运行情况进行分析，并制定相应的预防措施；负责所管辖范围内的生产设备的检修维护工作的技术管理及对外协调，组织按期完成调管设备的检修工作。

4.2 安健环管理部

负责生产调度过程中安全监察、监督和事故、事件调查管理。

4.3 运行管理部门

4.3.1 生产调度运行管理部门，受分管生产领导管理，行使公司调度运行管理职能。全公司生产调度业务通过值长或有调度资格的人员实施，完成调度运行全过程管理。

4.3.2 向分管生产劳动汇报有关调度运行管理工作，按照指示，不断提高调度运行管理水平。

4.3.3 负责设备运行方式的日常管理工作，包括倒闸操作、运行设备参数监视、工作票办理、有无功调整、发电单元启停、自动和保护装置的投退及事故处理等。

4.4 项目场站

4.4.1 根据电网当值调度员或值长的命令，正确进行场站内的各类电气操作，进行自动装置、保护装置的投退。

4.4.2 值长负责本场站的日常性设备巡检、定期工作执行、计划性检修安排、工作票办理。

4.4.3 当场站内发生事故或远方无法复位的故障时，在值长的指挥下，进行事故处理或就地进行故障检查处理，并复位故障信息。

4.4.4 场站设备缺陷的登录和汇报。

4.5 值长

4.5.1 在工作中应遵守有关法规文件、规章制度、现场操作规程以及安全、技术措施。

4.5.2 在值班期间，严格落实《工作票和操作票管理标准》《设备缺陷管理标准》《运行管理标准》《设备定期切换试验管理标准》等管理标准的要求，全面负责运行操作的协调指挥，满足主要设备、辅助设备的安全、经济、稳定运行要求，负责本值劳动纪律和规程制度的执行，完成当班期间的各项操作任务，推广先进的管理方法。

4.5.3 值班期间对所下达的命令负法律责任，由于违反法规、规程和上级命令指示而造成的人身设备事故应负相应的行政或法律责任。值长不得越级发布操作命令，紧急情况下可越级向场站运维人员发布命令，但事后应迅速将自己的命令通知场站值班负责人。

4.5.4 作为全公司生产事故处理的总指挥负责人，有权调度必要的各种资源，比如抢修、抢险、消防、调动车辆等。当班期间发生的一切事故、人身伤亡、重大误操作和重大异常等，值长应及时向调度汇报，同时向有关领导和安监人员汇报，并有权召集有关部门负责人和运维人员到场处理。

4.5.5 接班后及时了解电网运行情况。值班期间接到上级调度员的命令和指示，应及时指挥到有关人员执行，并将执行情况及时向上级调度员汇报，并做好调度记录。

4.5.6 参加生产晨会，负责汇报前一日生产运行情况，包括指标、负荷曲线、运行记事、设备缺陷、计划检修等情况。按照《生产设备停、复役管理办法》的要求，负责在调管设备检修前，向设备管辖调度系统提交申请。

5 管理活动的内容与方法

5.1 值长与上级调度员的调度管理

5.1.1 各级调度机构在电网调度业务活动中是上下级关系，下级调度机构必须服从上级调度机构的调度，值长在业务上必须服从上级调度员的领导，值长经上级调度部门考试合格持证上岗。

5.1.2 值长在运行操作关系上归上级调度员领导，并执行调度员对所辖设备的操作指令。调度机构管辖的任何设备，未获值班调度员的指令，值长不得擅自下令操作，但危及人身设备安全时除外。对于未经值班调度员指令许可而进行的操作，事后应立即报告调度员。

5.1.3 值班调度员下达指令，值长必须立即执行，如值长认为值班调度员下达的调度指令不正确，应立即向值班调度员提出意见，如值班调度员仍坚持原指令，则值长必须立即执行；如执行该项指令确会危及人员、设备或系统安全，值长应拒绝执行，并将拒绝执行的理由及改正命令内容的建议，汇报值班调度员和公司生产分管领导，根据公司生产分管领导的命令执行。

5.1.4 任何管理人员不得非法干预调度指令的发布执行，如值长不执行，拖延执行调度命令，均视为不执行调度命令，不执行调度命令的值长和允许不执行调度指令的管理人员均应对不执行调度指令所造成的后果负责。

5.1.5 值长和上级调度员的一切操作联系，必须互相通报单位、姓名，在接受命令和通知时，应进行录音并复诵，确认其是否正确，命令的详细内容应记录在运行日志内，包括发令时间及发令人，执行时间及执行人姓名。在接受、下达调度指令时，双方必须严格使用标准调度术语和设备双重名称（设备名称和编号）。值长只有在接到场站执行调令完毕的汇报后，方可向上级调度汇报执行情况。

5.2 值长与各项目的调度管理

5.2.1 生产调度命令，通过值长下达。发出的指令如涉及系统调度员的权限时，值长汇报调度员得到许可后方可执行。

5.2.2 公司生产系统的各级岗位人员（包括承担生产任务的外来单位及人员）必须服从值长的统一调度。

5.2.3 各级运维人员要正确地执行值长调度命令，如认为调度命令有误，可向发令人员提出；若发令人员坚持其命令时，则必须立即执行，同时汇报有关领导；若发现调度命令有明显错误或直接危及人身和设备安全时，应拒绝执行，并将理由申报发令人和有关领导。

5.2.4 生产调度过程中，接受和发布生产调度令，必须严格使用调度术语。各级生产岗位人员在接受上级发布的调度命令时，应复诵命令，核对无误后立即执行，并记录在值班记录簿内；不允许以任何借口拒绝、拖延执行或不执行调度命令；执行完毕后立即汇报执行情况。

5.2.5 各级管理人员不得干涉调度命令的执行。 生产调度命令应坚持下级服从上级的原则，逐级下达，逐级汇报。正常情况下，各主要设备、系统和主要辅助设备的启、停和切换操作，必须得到值长的命令或许可后，方可进行，并做好详细记录。

5.2.6 涉网检修工作必须场站严格按电网规定提出年、月度、日前检修计划，经运行管理部审核-生产管理部审核-生产副总工程师审核-生产分管领导批准后，由值长向电网调度部门提交。

5.2.7 凡在所发布的年、月度检修计划中已列入的检修项目，仍需在开始工作前完成公司审批流程。值长应在开始工作前24时前向电网调度机构提交检修申请单，待电网调度批准申请后，值长立即汇报有关领导，并通场站按调度指令安排工作。

5.2.8 遇有主要设备故障或事故时，场站人员应在1h内将设备故障或事故情况、初步检查情况汇报运行管理部当值值长、生产管理部运行管理工程师、安健环部安全管理工程师，由当值值长、运行管理工程师、安全管理工程师确定向相关领导汇报；由值长指挥进行事故处理，运行管理工程师、安全管理工程师从技术和安全层面提出建议。

5.3 调度自动化装置与通信装置管理

5.3.1 运行管理部负责监督调管范围内的 EMS、AGC、AVC、OMS、风（光）功率预测系统、通信系统的使用与运行。

5.3.2 调度自动化自动装置及通信系统运行异常或上传调度数据有误时，运行人员应及时督促相关维护人员查明原因并处理。

5.3.3 运行管理部严格按照接入场站 AGC 下达指令曲线调整负荷，在远方调整无效时，及时通知场站侧进行人为调节。

5.3.4 未接入运行管理部的场站应按照AGC下达指令曲线调整负荷，在自动调整无效时，及时进行人为调节。

5.3.5 在场站具备增加发电量的能力时，运行管理部和场站当值值班人员及时提交申请，增加发电量。

5.3.6 凡通信和调动自动化等调管设备检修时，应提前24h向值长提交检修申请，由值长向上级调度、相关部门汇报，获得批准后，按批准时间下令进行相关检修工作；检修工作结束后应汇报值长，由值长汇报调度同意后，将设备投入运行，并检查设备运行正常，上传、接收数据正确。

5.4 奖励与考核

5.4.1 当有扰乱调度纪律的行为发生时，由生产管理部组织调查，并报请生产分管领导批准后进行考核。

5.4.2 生产管理部负责本规定执行情况的检查考核，根据情节轻重对违规行为进行处罚。造成事故损失后果的由安健环管理部依据安全管理规定追加考核。

5.4.3 由于负荷调整不当，造成调度罚停24h者，对责任主体进行处罚。

5.4.4 各部门都必须按本规定的规定，对分管和归口管理的内容实行制度化管理，达到本规定的要求。

6 检查与评价

生产管理部对本标准规定的管理活动进行检查并对表1所列的指标进行评价，依据评价结果提出考核意见。

表1 评价项目与指标

序号	评价项目	评价指标	责任部门	考核机构（部门）
1	调度纪律	生产人员是否严格执行各级生产调度及集控中心值长的生产调度指令	运行管理部 各项目	生产管理部
2	负荷调整	集控中心和各项目是否发生负荷调整不及时，造成调度罚停事件	运行管理部 各项目	生产管理部

7 附则

7.1 本规定适用于公司生产调度管理工作。

7.2 本规定由公司生产管理部负责解释。

7.3 本规定自颁布之日起开始执行。

1 运行管理

Q/SDIC-GL-YX03-2020

设备巡回检查管理规定

设备巡回检查管理规定

1 总则

1.1 为建立良好的生产、工作秩序，规定设备巡回检查管理工作的职责、管理活动的内容与方法、检查与考核、报告与记录等内容，特制定本规定。

1.2 本规定适用于公司各生产部门。

2 规范性引用文件

下列文件中的内容通过文中的规范性引用而构成本文件必不可少的条款。其中，注日期的引用文件，仅该日期对应的版本适用于本文件；不注日期的引用文件，其最新版本（包括所有的修改单）适用于本文件。

GB/T 19001 质量管理体系 要求

DL 408 电业安全工作规程（发电厂和变电所电气部分）

DL/T 666 风力发电场运行规程

DL/T 961 电网规范调度用语

DL/T 1040 电网运行准则

Q/GDW 432 风电调度运行管理规范

3 术语和定义

3.1 设备巡回检查：对所管设备进行周期性定时、定路线和定项目的检查，其目的是为了掌握设备的运行情况，及时发现设备故障并采取相应处理。

3.2 特殊巡视：在设备异常、特殊天气、自然灾害情况下，对有关设备进行巡视。

4 职责和分工

4.1 生产分管领导

4.1.1 负责审核、批准本规定。

4.1.2 负责落实各级人员的岗位责任，有效开展各项活动内容。

4.2 生产管理部

4.2.1 公司设备巡回检查工作的归口管理部门。

4.2.2 负责制定设备巡回检查管理标准，并监督落实和考核。

4.3 安健环管理部

负责执行情况的安全监督、检查、考核。

4.4 运行管理部和项目

4.4.1 负责具体落实设备巡回检查管理标准各项工作。

4.4.2 编制设备巡回检查路线、周期、内容等。

4.4.3 对本项目人员设备巡回检查情况进行监督、检查。

5 管理活动的内容与方法

5.1 总则

各项目应根据本标准及有关设备资料，结合具体人员情况，制定项目设备巡检标准，应至少包含以下内容：

5.1.1 明确正常情况时，设备巡回检查工作的巡检路线、检查内容、标准、周期。

5.1.2 明确设备特殊巡检的条件、内容及注意事项；重要设备还应明确正常状态的标准和参数，明确预警值和报警值。

5.1.3 新设备投产或设备更新改造后，10个工作日内要修订完成设备巡检标准。

5.1.4 原则上，各项目每2年应修编并公布最新版本的设备巡检标准。

5.1.5 备用中的设备应参照运行设备的巡回检查标准，开展巡回检查工作。

5.2 巡检周期

5.2.1 设备巡检类别分为正常巡视和特殊巡视，巡视结果填入《设备巡检记录表》（见附表1）。

5.2.2 正常巡检：发电设备原则上1次/月，可根据设备状况适当调整；输电系统（含箱式变压器）1次/月；升压（开关）站设备和辅助设备设施（消防及安全保卫设施等）1次/日。

5.2.3 特殊巡视：根据实际情况具体开展，巡检周期不能小于正常设备巡检周期，必要是要进行夜间闭灯巡检。

5.3 巡检要求

5.3.1 项目人员巡检发电设备和输电系统（含箱式变压器）设备时必须办理工作票。

5.3.2 对热备用、冷备用或停用的设备，不论是否带有电压，都应同运行设备一样进行定期巡视和维护。

5.3.3 巡检人员在离开值班地点到巡检设备前，必须报告当班值班人员，工作过程中不得做与巡回检查工作无关的事情或其他未经批准的工作。

5.3.4 应携带手电筒、测量表记、测温仪等必要的检查用具，及时填写有关数据和检查结果。

5.3.5 应按照《电业安全工作规程》要求，做好个人安全防护，携带必要的安全用具。

5.3.6 高压电气设备的巡回检查，还应遵守《国家电网公司电力安全工作规程（变电部分）》相关规定。

5.3.7 巡检工作需要打开的设备房间门、开关箱、配电箱、端子箱等，在检查工作结束后应随手关好。

5.3.8 工作应做到“六到一不漏”，即：走到、看到、听到、摸到、嗅到、分析到、不漏过一个可疑点。

5.3.9 进入危险区（如地下孔洞、沟道）或接近危险部位（如高压电气设备）检查时，应遵守DL 408相关规定，携带必要的安全工器具，并做好针对性的安全防护措施。

5.3.10 注意保持与带电、转动、运行和试验设备之间的安全距离，不得移开或越过常设安全遮栏，不得移动、拆除已设备类标示牌和安全遮栏。

5.3.11 严禁乱动设备，严禁触摸设备的带电部分、转动部分和其他影响人身或设备和电网运行安全的危险部分。如确需操作设备，必须按照DL/T 666及现场安全生产管理相关规定征得当班值长或值班负责人的许可。遇紧急情况按DL/T 666要求处理。

5.3.12 注意各类孔洞盖板、吊物孔、爬（楼）梯，防止坠落、滑跌与碰撞等人身意外伤害，防止设备。

5.3.13 巡检人员到达现场后应首先检查是否有明显异常情况，如漏水、漏油、漏气、设备变形、异常声音、异常气味等，然后再根据巡检项目对设备进行检查。

5.3.14 部分设备或系统停电检修，巡回检查人员应检查现场安全措施有无变动，安全标识牌是否齐全，工作人员有无违章行为等，发现问题予以纠正或责令停止工作。

5.3.15 因设备启动、事故处理等不能按规定时间巡回检查时，当值班人员或项目值班负责人同意后，可变更巡回检查时间。

5.3.16 当设备发生事故时，巡回检查人员应停止巡视，返回参加事故处理，事故处理结束后继续执行巡回检查工作。

5.3.17 工作过程中，应遵守DL 408相关规定，不允许随意拆除检修安全措施或挪动遮拦，不许擅自变更安全措施或设备运行方式。

5.3.18 工作过程中，巡回检查人员应与当值班（值）长保持通信畅通。对巡回中发现的工作人员违章现象，巡回检查人员有权制止其违章行为，并尽快汇报当值班（值）长。发现有未经许可而进行的工作应予以制止，并报告当值班人员。

5.4　特殊巡检要求

5.4.1　火灾、地震、冰雪、洪水、泥石流、沙尘暴等灾害发生时，应尽量不安排或少安排户外设备巡回检查工作。

5.4.2　下列情况下应针对性地进行设备特殊巡检：

5.4.2.1　设备异常或带缺陷运行时；

5.4.2.2　机组运行方式特殊或主要辅助设备失去备用时；

5.4.2.3　电网或厂用电系统处于特殊运行方式时；

5.4.2.4　气候条件变化后（如洪水、地震、雷雨、大风、大雪、大雾、高温、低温）对其有影响的设备；

5.4.2.5　新投产设备、大修或改进后的设备第一次投运时；

5.4.2.6　发生事故的同类设备或可能受其影响的设备。

5.5　巡检管理要求

5.5.1　巡检结束后应立即向当值班（值）长汇报检查和工作情况；

5.5.2　及时保存（上报）《设备巡视检查记录》；

5.5.3　及时在缺陷管理模块中录入发现的设备缺陷；

5.5.4　将安全用具、检查用具及时进行归还。

6　检查与评价

生产管理部对本标准规定的管理活动进行检查并对表 1 所列的指标进行评价，依据评价结果提出考核意见。报告与记录见表 2。

表 1　评价项目与指标

序号	评价项目	评价指标	责任部门	考核机构（部门）
1	设备巡视完成率	$巡视完成率=\frac{实际完成巡视次数}{应完成巡视次数}\times100\%$	运行管理部	生产管理部

表 2　报告与记录

序号	编号	名称	填写人	保存地点	保存期限
1	Q/××××	设备巡检记录表	巡检人员	运行管理部	3 年

7　附则

7.1　本规定适用于公司设备巡回检查管理工作。

7.2　本规定由公司生产管理部负责解释。

7.3　本规定自发布之日起施行。

8　附件

设备巡检记录表（见附表 1）。

附表1 设备巡检记录表

<table>
<tr><td colspan="9">部门（项目）：</td></tr>
<tr><td rowspan="2">序号</td><td rowspan="2">巡检设备</td><td rowspan="2">巡检项目</td><td rowspan="2">项目标准</td><td rowspan="2">周期</td><td rowspan="2">巡检方法</td><td colspan="2">检查情况</td><td rowspan="2">情况描述</td></tr>
<tr><td>合格</td><td>不合格</td></tr>
<tr><td>1</td><td></td><td></td><td></td><td></td><td></td><td></td><td></td><td></td></tr>
<tr><td>2</td><td></td><td></td><td></td><td></td><td></td><td></td><td></td><td></td></tr>
<tr><td>3</td><td></td><td></td><td></td><td></td><td></td><td></td><td></td><td></td></tr>
<tr><td>4</td><td></td><td></td><td></td><td></td><td></td><td></td><td></td><td></td></tr>
<tr><td>5</td><td></td><td></td><td></td><td></td><td></td><td></td><td></td><td></td></tr>
<tr><td>6</td><td></td><td></td><td></td><td></td><td></td><td></td><td></td><td></td></tr>
<tr><td>7</td><td></td><td></td><td></td><td></td><td></td><td></td><td></td><td></td></tr>
<tr><td>8</td><td></td><td></td><td></td><td></td><td></td><td></td><td></td><td></td></tr>
<tr><td>9</td><td></td><td></td><td></td><td></td><td></td><td></td><td></td><td></td></tr>
<tr><td>10</td><td></td><td></td><td></td><td></td><td></td><td></td><td></td><td></td></tr>
<tr><td>11</td><td></td><td></td><td></td><td></td><td></td><td></td><td></td><td></td></tr>
<tr><td>12</td><td></td><td></td><td></td><td></td><td></td><td></td><td></td><td></td></tr>
<tr><td>13</td><td></td><td></td><td></td><td></td><td></td><td></td><td></td><td></td></tr>
<tr><td>14</td><td></td><td></td><td></td><td></td><td></td><td></td><td></td><td></td></tr>
<tr><td colspan="9">表格填写说明：设备正常运行中合格用△表示，设备出现故障用×表示，当天设备未投运用 B 表示，设备正在检修用 R 表示。</td></tr>
<tr><td colspan="5">巡检人：</td><td colspan="4">巡检日期：</td></tr>
</table>

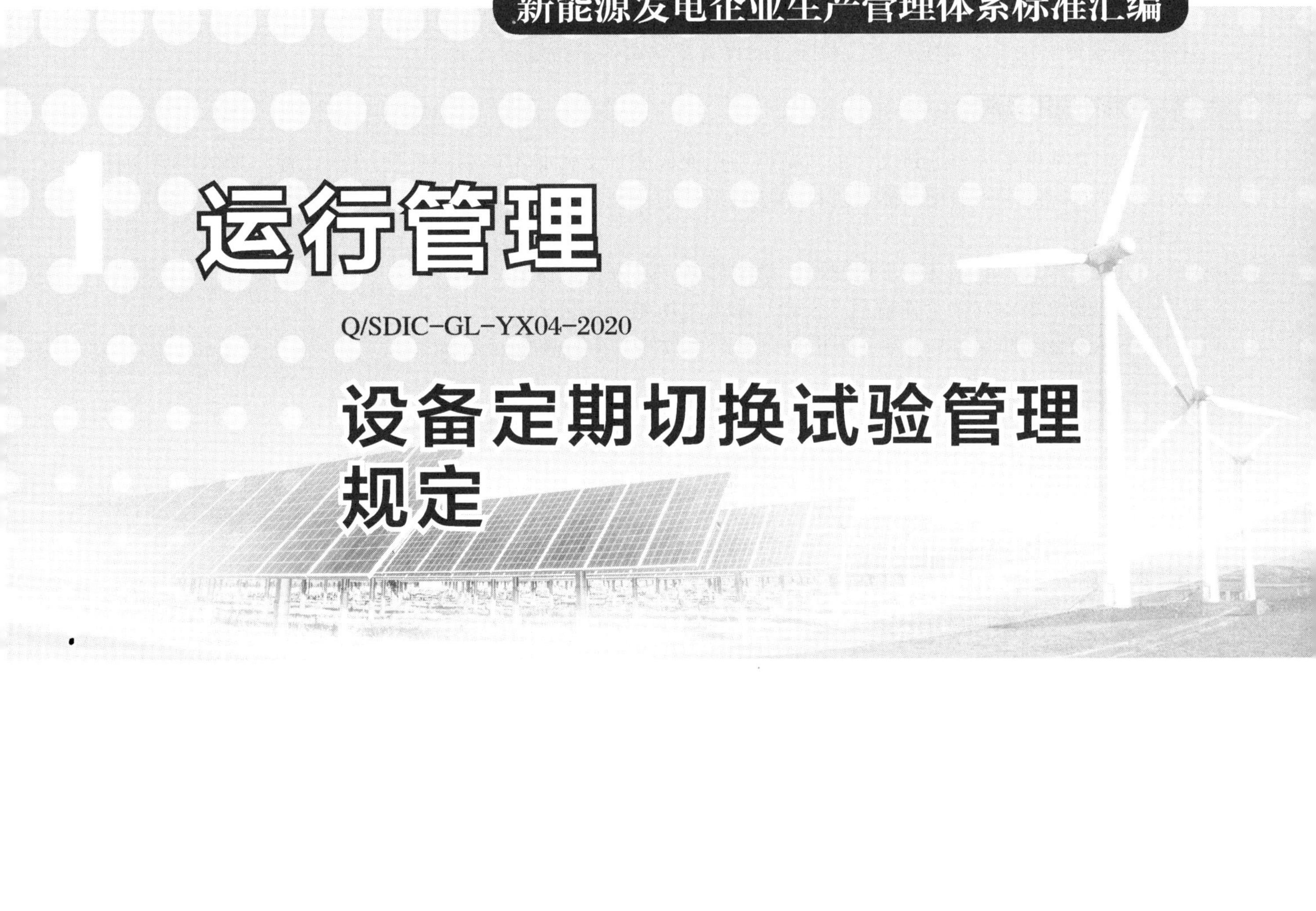

1 运行管理

Q/SDIC-GL-YX04-2020

设备定期切换试验管理规定

设备定期切换试验管理规定

1 总则

1.1 为了规范设备定期切换试验工作管理，夯实设备管理基础工作，不断提高设备的维护管理水平，结合公司实际情况特制定本规定。
1.2 本规定适用于公司生产部门和岗位的设备定期切换试验过程管理。

2 规范性引用文件

下列文件中的内容通过文中的规范性引用而构成本文件必不可少的条款。其中，注日期的引用文件，仅该日期对应的版本适用于本文件；不注日期的引用文件，其最新版本（包括所有的修改单）适用于本文件。

GB 26164.1 电业安全工作规程 第 1 部分：热力和机械
DL 408 电业安全工作规程（发电厂和变电所电气部分）
国能安全〔2014〕161 号 防止电力生产事故的二十五项重点要求

3 术语和定义

3.1 定期切换：对长期处于备用状态的设备应定期进行轮换运行。
3.2 定期试验：对长期处于备用状态又无切换条件的设备、具备自启动功能的设备以及其他需要做定期试验的设备。

4 职责和分工

4.1 生产分管领导

4.1.1 是公司设备定期切换试验管理的主管领导。
4.1.2 审批公司设备定期切换试验管理标准。
4.1.3 负责特殊情况下重大设备定期试验与切换工作方案的批准。

4.2 生产管理部

4.2.1 是公司设备定期切换试验管理工作的归口管理部门。
4.2.2 负责制定公司设备定期切换试验管理标准，并负责监督落实。
4.2.3 负责特殊情况下重大设备定期试验与切换工作方案的审核。
4.2.4 负责提出检查考核意见。

4.3 安健环管理部

4.3.1 是公司设备定期切换试验管理工作的监督部门。
4.3.2 负责特殊情况下重大设备定期试验与切换工作措施的审批。
4.3.3 对公司设备定期切换试验工作规定提出修改建议。

4.4 各项目/运行管理部

4.4.1 负责制定、审核设备定期试验与切换项目，并监督、检查设备定期试验与切换工作的执行情况。
4.4.2 负责编制、上报特殊情况下重大设备定期试验与切换工作方案及措施。
4.4.3 负责编制设备定期试验与切换工作的操作规程，并实施。
4.4.4 负责按设备定期试验与切换管理标准的要求进行设备定期试验与切换。

4.4.5 负责做好设备定期试验与切换记录。

4.4.6 负责备用设备、控制逻辑的维护，确保设备定期试验与切换正常，并负责设备定期试验与切换过程中的异常处理。

5 管理活动的内容与方法

5.1 管理内容

5.1.1 自动装置、保护装置、信号报警装置的定期试验。

5.1.2 备用设备的定期切换或试转。

5.1.3 备用设备的定期检查与维护。

5.1.4 运行设备的定期检查与维护。

5.2 管理目标

5.2.1 自动装置、保护装置、信号报警装置准确、可靠。

5.2.2 备用设备处于良好备用状态，随时可以投入运行。

5.2.3 保证设备安全稳定经济运行。

5.3 管理要求

5.3.1 生产运行设备应按有关规程规定进行定期切换试验运行。

5.3.2 现场升压站/开关站/开关站内设备定期切换试验由现场操作值值班人员按照规定周期和要求进行；升压站/开关站/开关站外设备由项目现场按规定周期和要求进行。

5.3.3 对于处在备用状态的设备，应定期切换试验运行，确保备用设备处于完好状态。

5.3.4 执行定期工作时，应对测试结果、试验数据或切换后设备运行状态进行分析，及时发现设备异常和存在的问题，并做好定期工作记录。

5.3.5 设备的主要试验，经当值值长同意后方可进行；间隔时间内进行过试验的设备经当值值长同意后可以不进行试验，但应做好记录。

5.3.6 应执行操作票的试验工作应严格执行操作票，设备试验工作进行前应到现场的人员必须到达现场。

5.3.7 因故不能试验的设备或项目，汇报当值值长，并做好记录，将其原因记录在值班记录和试验记录簿内，待具备试验条件时安排补做。

5.3.8 切换、试验中发现问题应立即停止操作或恢复原运行状态，并及时联系有关人员处理，不应无故拖延，并做好异常情况记录。

5.3.9 临时性的试验工作，要有试验措施，当值值长批准后执行。

5.4 试验内容和周期

5.4.1 全场备用设备可根据试验周期结合春检进行试验。

5.4.2 各项目现场和机房蓄电池每月普测 1 次单体蓄电池的电压，对测试结果进行分析判断，与自动测量结果进行对比，并填写测试记录。

5.4.3 现场值班人员每半年对防误闭锁装置的闭锁关系、编码等的正确性进行一次全面的核对，每月对防误闭锁锁具运行状况进行一次检查，并填写记录。

5.4.4 对长期不调压或有一部分分接头位置长期不用的有载分接开关，在一年内有停电机会时，应在最高和最低分接档位间操作几个循环，试验后将分头调整到原运行位置。

5.4.5 备用变压器与运行变压器应半年切换运行 1 次，对长期不运行的站用变每年应带电运行一段时间。

5.4.6 因电网要求长期不投入运行的无功补偿装置，每季度应在保证电压合格的情况下，投入运行一段时间。

5.4.7 带电设备、设备接头、二次端子牌、设备导流接头定期进行 1 次红外线热成像，并进行结果分析，存档。在特殊情况下（设备异常、运行方式特殊、大负荷、气候变化较大等）增加临时测温。

5.4.8 每月一次备自投（BZT）装置定期切换、消防水泵定期试验、生活水泵定期手动自动试验、事故照明定期试验、具有两路电源的设备进行电源切换。
5.4.9 每半年进行 1 次火灾报警装置及探头试验。
5.4.10 进行以上试验后要存有详细的书面记录。
5.4.11 下列情况可不进行切换或试验。
5.4.11.1 事故状态或异常状况（待事故、异常消除补做）时。
5.4.11.2 设备有较大缺陷，不能及时消除时。
5.4.11.3 设备投运时间未达到一个轮换周期时。

6 检查与评价

生产管理部对本标准规定的管理活动进行检查并对表 1 所列的指标进行评价，依据评价结果提出考核意见。

表 1 评价项目与指标

序号	评价项目	评价标准	责任部门	考核部门
1	设备操作率	$设备操作率=\frac{设备总操作次数}{设备应操作次数}\times 100\%$	项目现场 运行管理部	生产管理部

7 附则

7.1 本规定适用于公司设备定期切换试验管理工作。
7.2 本规定由公司生产管理部负责解释。
7.3 本规定自颁布之日起开始执行。

8 附件

8.1 设备定期切换记录（见附表 1）。
8.2 设备定期试验记录（见附表 2）。

附表 1　设备定期切换记录

序号	切换设备	切换日期	操作人员	切换情况	切换周期
1					
2					
3					
4					
5					
6					
7					
8					
9					
10					
11					
12					

附表 2　设备定期试验记录

序号	试验设备	试验项目	试验人员	试验数据	试验周期	试验结果	发现问题	试验日期
1								
2								
3								
4								
5								
6								
7								
8								
9								
10								
11								
12								
13								
14								
15								

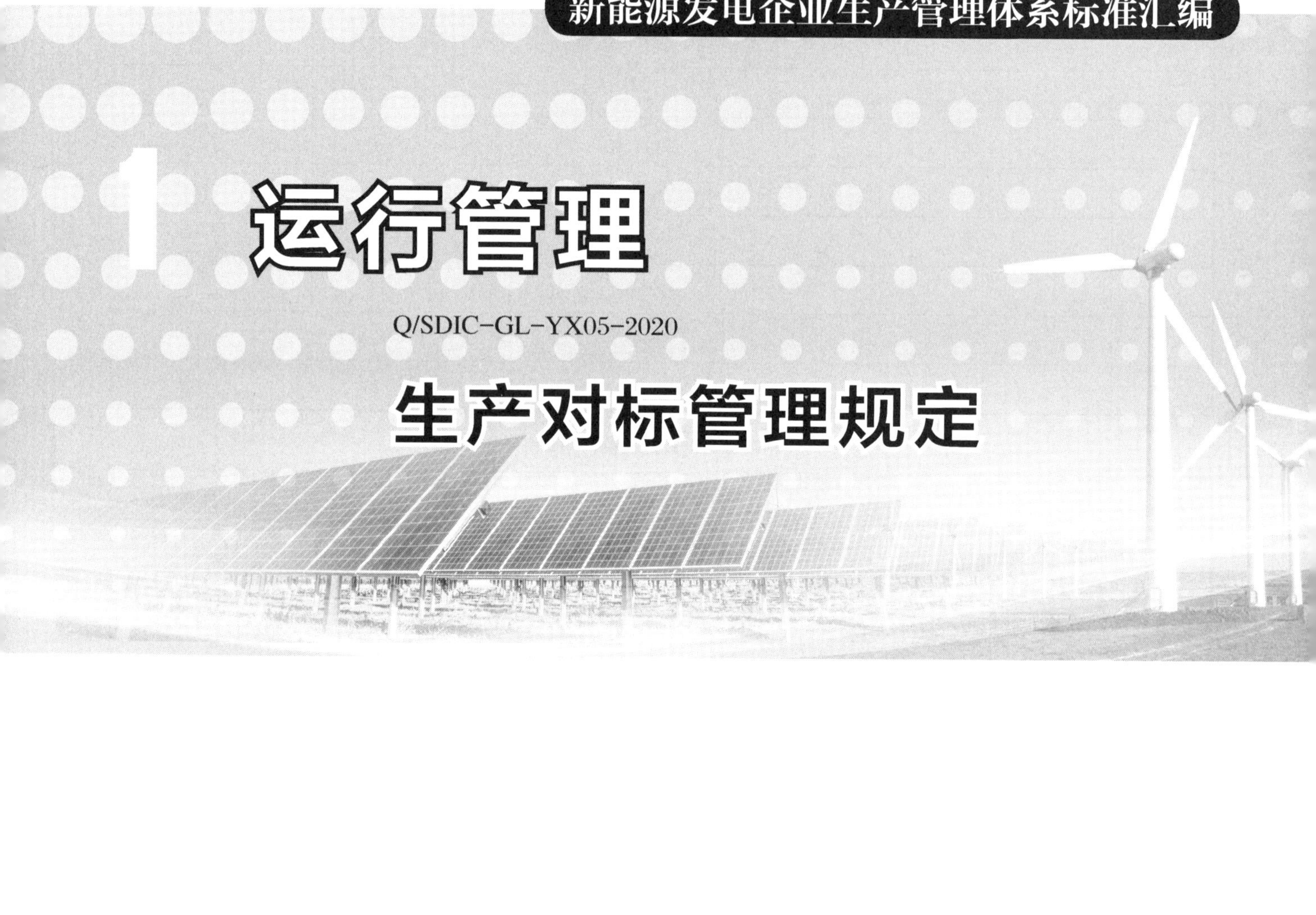

1 运行管理

Q/SDIC-GL-YX05-2020

生产对标管理规定

生产对标管理规定

1 总则

1.1 为了规范生产对标及指标分析的管理，明确对标及分析内容与各级人员职责，分析影响机组安全、可靠、经济、环保的因素，采取有效控制措施降低生产成本，保证机组安全、可靠、经济、环保运行，特制定本规定。
1.2 本规定适用于公司各生产部门。

2 规范性引用文件

下列文件中的内容通过文中的规范性引用而构成本文件必不可少的条款。其中，注日期的引用文件，仅该日期对应的版本适用于本文件；不注日期的引用文件，其最新版本（包括所有的修改单）适用于本文件。

GB/T 16157 固定污染源排气中颗粒物测定与气态污染物采样方法
GB/T 2589 综合能耗计算通则
中华人民共和国节约能源法
全国太阳能光伏电站生产运行 指标对标评比管理办法（试行）
风电项生产运行统计指标体系（2016 版）
全国风电场生产运行统计指标对标管理办法（2016 版）
太阳能光伏电站生产运行指标体系（试行）

3 术语和定义

3.1 生产指标对标：是指对一定时期内的全部或部分生产指标进行分析研究，通过锁定行业中的最优水平，对照标杆提高自身的绩效和竞争能力，找出实际与计划、本期与上期、实际与设计、实际与先进的差距，分析原因，挖掘潜力，提出措施，持续改进，进而提升生产安全、经济运行水平的一种管理方法。
3.2 同业对标：是现代企业管理的重要手段，是运用标杆管理方法从现状分析、选定标杆、对标比较、最佳实践到持续改进的闭环过程，是提升企业安全生产管理水平和绩效水平的重要抓手和载体。
3.3 上网电量：是指统计周期内风电场/光伏电站主变压器高压侧或开关站出线侧的正向有功电量。
3.4 下网电量：是指统计周期内风电场/光伏电站主变压器高压侧或开关站出线侧的反向有功电量。
3.5 年利用小时数：也称为年等效满负荷发电小时数，是指统计周期内风电机组、光伏逆变器发电量折算到其满负荷运行条件下的发电小时数，且利用小时数的统计仅针对统计期之前已达到稳定运行的风电机组、光伏逆变器。
3.6 综合场用电率：风电场/光伏电站综合场用电率是指统计周期内风电场/光伏电站内损耗占发电量的比例。
3.7 送出线损率：是指统计周期内消耗在风电场/光伏电站送出线的电量占全场发电量的百分比。
3.8 年平均风速：是指在给定时间内瞬时风速的平均值。测风高度应与风电机组轮毂高度相等或接近，由场内有代表性的测风塔（或若干测风塔）读取（取平均值）。年平均风速 $V=\frac{1}{n}\sum_{i=1}^{n}v_i$ ，单位 m/s，式中：V 为统计周期内风电场平均风速，m/s；n 为统计周期内场内有代表性的测风塔（或若干测风塔）的个数；v_i 为统计周期内，第 i 个测风塔的平均风速，m/s。

3.9 风电场发电量：单机发电量是指统计周期内在单台风力发电机出口处计量的输出电能，一般从风电机组 SCADA 系统读取，风电场发电量是指统计周期内风电场所有风电机组发出电量的总和。

3.10 弃风电量和弃风率：弃风电量是指受电网传输通道或安全运行需要等因素影响，风电场可发而未能发出的电量。该电量不包括风电场因风机自身设备故障原因未能发出的电量。风电场弃风电量计算方法一般采用样板机法，即调度机构要求风电场限电时，对风电场的“样板机”不限电，以其发电量作为同类风机的理论应发电量，减去同类各机组实际发电量，再进行汇总得出风电场弃风受限电量的计算方法。弃风率＝弃风电量/（风电实际发电量＋弃风电量）。

3.11 风电机组可利用率：是描述统计期内机组处于可用状态的时间占总时间比例的指标。可用小时数为运行小时和备用小时的总和。备用小时数为调度停运备用小时与受累停运备用小时的总和（不含风机定期维护和巡检时间）。

3.12 风电场可利用率：是描述统计期内风电场整体处于可用状态的时间占总时间比例的指标。当统计风电场指标时，把因场内原因（如升压站电气设备或场内线路故障等）受累停运备用状态的机组视为不可用，其受累停运小时计入不可用小时。这时的风电场可用小时反映到每台机组各状态指标的统计中等于运行小时、调度停运备用小时和场外原因受累停运备用小时之和。场外原因受累停运备用小时是指风电机组处于场外原因受累停运备用状态的小时数。场外原因受累停运备用状态指场外原因（如外部输电线路、电力系统故障等）造成风电机组被迫退出运行的状态，以及由于恶劣天气（雷电、冰冻、台风等）的影响造成的风电机组停运备用状态（风电场可用小时：运行小时＋调度停运备用小时＋场外原因受累停运备用小时）。

3.13 平均气温：是指在统计周期内通过环境监测仪测量的光伏发电站内的环境温度的平均值。

3.14 相对温度：是指空气中的绝对温度与同温度下的饱和绝对湿度的对比值，以百分比（%）表示。

3.15 水平面总辐射量：是指在统计周期内照射到水平面的单位面积上的太阳辐射能量。

3.16 倾斜面总辐射量：是指在统计周期内照射到某个倾斜表面的单位面积上的太阳辐射能量。

3.17 日照时数：也称为实照时数，指在统计周期内太阳辐射强度达到或超过 120W/m^2 的时间总和。

3.18 逆变器输入电量：是指在统计周期内，光伏方阵中向逆变器输入的直流电量，即逆变器直流侧电量。

3.19 逆变器输出电量：是指在统计周期内，发电单元出口处计量的交流输电量，即逆变器交流侧电量。

3.20 等效利用小时数（年利用小时数）：是指在统计周期内，电站发电量折算到该站全部装机满负荷运行条件下的发电小时数，也称为等效满负荷发电小时数。

3.21 弃光电量：是指受电网传输通道或安全运行需要等因素影响，光伏电站可发而未发出的电量。该电量不包括光伏电站因设备自身故障原因未能发出的电量，即理论可发电量与实际上网电量的差值。

3.22 弃光率：是指在统计周期内，弃光电量占光伏电站实发电量和弃光电量之和的百分比（%）。

3.23 光伏电站整体发电效率：整体发电效率 $PR_E=PDR/PT$，式中：PDR 为测试时间间隔（Δt）内的实际发电量，kWh；PT 为测试时间间隔（Δt）内的理论发电量，kWh，其中 $T=I_i/I_0$，T 为光伏电站测试时间间隔（Δt）内对应 STC 条件下的实际有效发电时间。

3.24 最大出力：是指在统计周期内，电站并网高压侧有功功率的最大值。

3.25 逆变器转换效率：是指在统计周期内，逆变器将直流电量转换为交流电量的效率，即 $\eta_{INV}=E_{AC}/E_{DC}\times100\%$。

3.26 光伏方阵效率：是指光伏方阵的能量转换效率，即光伏方阵输出到逆变器的能量（逆变器输入电量）与入射到光伏方阵上的能量（按光伏方阵有效面积计算的倾斜面总辐射量）之比，即 $\eta_A=E_{DC}/(A\times H_T)\times100\%$。

3.27 光伏发电时长：在太阳能辐射强度达到光电设备正常发电的条件下，全站逆变器在统计时间内的正常发电小时数。

3.28 光伏停机时长：在太阳能辐射强度达到光电设备正常发电的条件下，全站逆变器在统计时间内的正常停机和故障停机总小时数。

3.29　光伏中断时长：在太阳能辐射强度达到光电设备正常发电的条件下，全站逆变器在统计时间内的通信中断、恒值数据和数据丢失总小时数。

4　职责和分工

4.1　运行管理部

4.1.1　根据上级有关新能源生产对标管理要求，修订生产对标管理办法。

4.1.2　制定生产对标指标工作计划，并组织实施。

4.1.3　加强过程控制管理，考核指标完成情况；组织对生产指标对标管理的相关工作，进行检查和评价，定期上报对标指标数据，并进行分析、改进，提高公司总体生产指标。

4.1.4　组织开展生产对标管理的各类研讨和专题论证，组织开展生产对标业务培训、检查总结和经验交流活动。

4.2　项目现场

4.2.1　贯彻落实公司生产指标对标的相关管理规定。

4.2.2　及时、完整、准确填报生产指标对标数据。

4.2.3　定期开展指标分析和管理评价，制定指标改进的各项管理及安全、技术措施并严格落实。

4.2.4　组织开展生产指标对标培训，不断提高有关人员素质。

5　管理活动的内容与方法

5.1　标杆选定和对标分析

5.1.1　深入开展精益发电的研究与实践，广泛与同区域内先进新能源企业对标，以业内先进发电管理水平为标杆，对安全、经济、环保、管理等各个方面开展全方位综合对标。

5.1.2　把对标管理工作与日常工作有机地结合起来，查找在管理方式、管理手段、技术措施等方面的差距和问题，制定整改措施，持续改进，把对标管理工作规范化、常态化，逐步形成长效机制，不断创新，追求卓越的经营绩效。

5.1.3　分析差距：对收集的全部数据资料和考察成果进行综合分析，分析自身与标杆企业的差距，分析管理手段和内外部环境上的异同，找到存在差距的根本原因。在分析方法上一般采用差异性分析、阶段性分析、典型性分析和综合性分析，并根据实际，灵活运用一种或多种分析类型。

5.2　对标原则

5.2.1　用指标差异查找管理差异，持续改进完善，实现对标管理的常态化、持久化和精细化。

5.2.2　生产指标对标管理与全面预算管理相结合、与节能减排工作相结合、与精细化管理工作相结合、与日常工作相结合。

5.2.3　科学实用、量化可比原则。对标系统各项实际指标必须真实，能准确反映公司生产运营管理水平。通过同行业比较，明确指标先进性与管理有效性、科学性上的差距，确定改进方向，不断完善各项措施和办法，持续提高经营业绩和管理水平。

5.2.4　闭环控制、动态管理原则。不断完善改进管理办法和指标体系，以指标找差距，以差距查管理，以管理促提高，突出流程管理、过程控制和管理手段的不断创新。实现对标管理工作的闭环管理，不断地完善、改进和提高。

5.3　对标指标内容

5.3.1　风电场对标指标主要包含：发电量、上网电量、下网电量、年利用小时数、弃风率、弃风电量、故障损失电量、限负荷损失电量、平均风速、综合场用电率、送出线损率、风电机组可利用率、风电场可利用率等。

5.3.2　光伏对标指标主要包含：发电量、上网电量、下网电量、年利用小时数、弃光率、弃光电量、故障损失电量、限负荷损失电量、平均气温、相对湿度、日照时数、综合场用电率、送出线损率、光伏方阵效率、光伏电站整体效率等。

5.4 对标管理流程

开展对标管理应明确各阶段工作目标、主要工作内容及工作要求，保证对标管理取得成效。对标管理流程一般分为以下阶段：

5.4.1 分析现状，明确对标内容。

5.4.2 选择标杆对象。

5.4.3 收集资料和数据。

5.4.4 指标分析，找出差距。

5.4.5 确定改进目标。

5.4.6 信息报送。内容包括各类生产指标对标指标数据、分析报告、工作总结、专业管理典型经验和其他相关信息。中电联信息报送按照当年相关通知填报。

5.4.7 具体内容见附件：8.1 各项目内部对标表、8.2 生产指标对标分析表。

6 检查与评价

生产管理部对本标准规定的管理活动进行检查并对表 1 所列的指标进行评价，依据评价结果提出考核意见。

表 1 评价项目与指标

序号	评价项目	评价指标	责任部门	考核机构（部门）
1	资源指标	平均风速；采用平均气温、相对湿度、水平面总辐射量、倾斜面总辐射量、日照时数等 5 项指标加以综合表征	项目	生产管理部
2	电量指标	发电量、上网电量、下网电量、年利用小时数及弃风率、弃风电量五个综合指标	项目	生产管理部
3	能耗指标	综合场用电率和送出线损率	项目	生产管理部
4	设备运行水平指标	风电机组可利用率和风电场可利用率两个指标；光伏电站整体效率、最大出力、逆变器转换效率、光伏方阵效率等 4 项指标	项目	生产管理部
5	设备可靠性指标	风电机组可利用率和风电场可利用率；发电时长、停机时长和中断时长	项目	生产管理部

表 2 报告与记录

序号	编号	名称	填写人	保存地点	保存期限
1	Q/2060405-JL01-2020	各项目内部对标表	运维人员	各项目	10 年
2	Q/2060405-JL02-2020	生产指标对标分析表	运维人员	各项目	10 年

7 附则

7.1 本规定适用于公司生产对标管理工作。

7.2 本规定由公司生产管理部负责解释。

7.3 本规定自颁布之日起开始执行。

8 附件

8.1 各项目内部对标表（见附表 1）。

8.2 生产指标对标分析表（见附表 2）。

附表 1　各项目内部对标表

指标名称＼项目名称												
缺陷数量 条												
台平均故障停机时间 h												
无缺陷标杆机长周期运行时间 h												

说明：

1．缺陷数量：缺陷条数必须与 ERP 数据保持一致。

2．台平均故障停机时间：台平均故障停机时间＝总故障停机时间/全场机组总台数。

3．无缺陷标杆机长周期运行时间：单个风机（逆变器）无缺陷运行小时×个数（无故障机组总数）/总装机台数。

4．区域机组考核系数：出质保项目，所有风机消缺工作由自己进行，考虑工作量后给出质保项目台平均故障时间乘以 1.0 的系数，其余项目乘以 1.3 的系数。考核分数与限负荷率、故障损失电量、场用电率、机组可利用率、两个细则考核分数同级。

附表 2　生产指标对标分析表

填报单位：

项目：　　　　　　　　　　　　　　　　　　　　　　　　　　　时间：________年____月

指标级别	指标名称	指标编号	单位	本企业		对标 1 风电场		对标 2 风电场		差距 1		差距 2		对标发现的问题	改进措施	责任人
				本月	累计	本月	累计	本月	累计	本月	累计	本月	累计			
基础信息	装机容量	1	万 kW													
	发电量	2	万 kWh													
	故障损失电量	3	万 kWh													
	限负荷损失电量	4	万 kWh													
一级指标	利用小时数	1	h													
	综合场用电率	2	%													
二级指标	等效故障小时数	1	h													
	限负荷率	2	%													
	设备可利用率	3	%													
三级指标	利用小时排名（同区域）	1	名													
	两个细则考核分值	2	分													
	平均风速（光照强度）	3	m/s（lx）													
	修理费（每半年）	4	万元													

1 运行管理

Q/SDIC-GL-YX06-2020

生产指标管理规定

生产指标管理规定

1 总则

1.1 为了规范生产指标分析的管理，明确指标分析内容与各级人员职责，分析影响机组安全、可靠、经济、环保的因素，采取有效控制措施降低生产成本，保证机组安全、可靠、经济、环保运行，特制定本规定。

1.2 本规定适用于公司各生产部门。

2 规范性引用文件

下列文件中的内容通过文中的规范性引用而构成本文件必不可少的条款。其中，注日期的引用文件，仅该日期对应的版本适用于本文件；不注日期的引用文件，其最新版本（包括所有的修改单）适用于本文件。

中华人民共和国节约能源法

国资委令第 23 号　中央企业节能减排监督管理暂行办法

3 术语和定义

生产指标分析：是指对一定时期内的全部或部分生产活动过程及结果进行分析研究，找出实际与计划、本期与上期、实际与设计、实际与先进的差距，分析原因，揭示矛盾，挖掘潜力，提出措施，进而改进工作的一种管理方法。其内容包括指标完成情况分析、与目标值偏差主要原因分析、为完成指标的技术组织措施与执行情况的分析等。

4 职责和分工

4.1 生产分管领导

4.1.1 对公司生产指标管理工作全面负责，对公司有关生产指标管理方面的问题进行决策。

4.1.2 审批重要的生产指标计划。

4.1.3 主持月度生产分析会。

4.2 生产管理部

4.2.1 各专业工程师应遵守本办法，依据本办法下达月度生产指标计划。

4.2.2 负责对生产指标对标工作的组织、协调和考评。

4.2.3 根据上级公司和对标指标要求，针对市场对标情况，组织专业技术人员提出管理标准及对标的指标内容，建立生产指标对标数据库。

4.2.4 组织完善生产指标对标，加强生产过程管理，考核指标完成情况。

4.3 运行管理部和各项目

4.3.1 全面负责各项目的生产指标落实工作。

4.3.2 制定现场各类生产方案。

4.3.3 安排落实公司下达的各类生产指令。

4.3.4 建立各类生产指标报表。

4.3.5 按照公司生产计划，制定项目生产计划，并安排实施。

4.3.6 总结月度生产指标完成情况，上报生产管理部。

4.3.7 负责统计、分析、上报生产指标数据。

5 管理活动的内容与方法

5.1 指标释义及计算方法

5.1.1 发电量：是指统计周期内风电场或光伏电站发电单元出口处计量的输出电能，一般从监控系统读取。

5.1.2 上网电量：是指统计周期内风电场或光伏电站主变压器高压侧或断路器出线侧的正向有功电能，即上网电量＝正向有功底码×倍率。

5.1.3 下网电量：是指统计周期内风电场或光伏电站主变压器高压侧或断路器出线侧的反向有功电能，即下网电量＝反向有功底码×倍率。

5.1.4 机组故障损失电量：是指风电场或光伏电站发电单元因某元件故障导致机组停机，造成机组不能正常发电的可发电量，机组故障期间样本机组平均发电量。

5.1.5 机组检修损失电量：是指风电场或光伏电站发电单元因定检、巡检等计划检修导致机组停机，造成机组不能正常发电的可发电量，机组检修期间样本机组平均发电量。

5.1.6 设备故障损失电量：是指风电场或光伏电站（不含发电单元）设备故障导致机组受累停机，造成机组不能正常发电的可发电量，设备故障期间受累停运机组台数×设备故障期间样本机组发电量；机组全部受累停机时为发电量预测值。

5.1.7 设备检修损失电量：是指风电场或光伏电站（不含发电单元）设备检修导致机组受累停机，造成机组不能正常发电的可发电量，设备检修期间受累停运机组台数×设备检修期间样本机组发电量；机组全部受累停机为发电量预测值。

5.1.8 电网故障损失电量：是指因电网系统故障导致风电场或光伏电站整体受累停运，造成机组不能正常发电的可发电量，电网故障期间发电量预测值。

5.1.9 电网检修损失电量：是指因电网系统检修导致风电场或光伏电站整体受累停运，造成机组不能正常发电的可发电量，电网检修期间发电量预测值。

5.1.10 应发电量：是指风电场或光伏电站所有设备争产运行，充分利用风能的可发电量，样本机组平均发电量×机组台数；机组全部受累停机时为发电量预测值。

5.1.11 限负荷损失电量：是指风电场或光伏电站因送出受限制情况下，不能充分利用风能损失的可发电量，即限负荷损失电量＝应发电量－发电量－机组损失电量－设备损失电量－电网损失电量。

5.1.12 总损失电量：是指统计周期内风电场或光伏电导致机组不能充分利用风能损失的可发电量，即总损失电量＝应发电量－发电量。

5.1.13 利用小时数：是指统计周期内风电场或光伏电站发电量折算到其满负荷运行条件下的发电小时数，即单机利用小时数＝单机发电量/单机额定功率；全场利用小时数＝全场发电量/全场装机容量。

5.1.14 机组故障损失率：是指统计周期内风电场或光伏电站机组故障损失电量所占应发电量的百分比，即机组故障损失率＝机组故障损失电量/应发电量×100%。

5.1.15 机组检修损失率：是指统计周期内风电场或光伏电站机组检修损失电量所占应发电量的百分比，即机组检修损失率＝机组检修损失电量/应发电量×100%。

5.1.16 设备故障损失率：是指统计周期内风电场或光伏电站设备故障损失电量所占应发电量的百分比，即设备故障损失率＝设备故障损失电量/应发电量×100%。

5.1.17 设备检修损失率：是指统计周期内风电场或光伏电站设备检修损失电量所占应发电量的百分比，即设备检修损失率＝设备检修损失电量/应发电量×100%。

5.1.18 电网故障损失率：是指统计周期内风电场或光伏电站电网故障损失电量所占应发电量的百分比，即电网故障损失率＝电网故障损失电量/应发电量×100%。

5.1.19 电网检修损失率：是指统计周期内风电场或光伏电站电网检修损失电量所占应发电量的百分比，

即电网检修损失率＝电网检修损失电量/应发电量×100%。

5.1.20 限负荷损失率：是指统计周期内风电场或光伏电站限负荷损失电量所占应发电量的百分比，即限负荷损失率－限负荷损失电量/应发电量×100%。

5.1.21 总损失率：是指统计周期内风电场或光伏电站总损失电量所占应发电量的百分比，即总损失率＝总损失电量/应发电量×100%。

5.1.22 站用电量：是指统计周期内风电场或光伏电站站用变压器所带负荷消耗的电能，从站用变压器电能表读取，一般为风电场或光伏电站站用变压器负荷消耗电能之和。

5.1.23 机组损耗电量：是指统计周期内风电场或光伏电站发电单元自身消耗电能，一般从发电单元监控系统读取。

5.1.24 线、变损耗电量：是指统计周期内风电场或光伏电站集电线路和变压器损耗的电能，即线、变损耗电量＝线路损耗电量＋变压器损耗电量。

5.1.25 生产场用电量：是指统计周期内风电场或光伏电站在生产过程中生产设备所消耗的电能，即生产场用电量＝发电量－上网电量＋下网电量－站用电量。

5.1.26 综合场用电量：是指统计周期内风电场或光伏电站在生产过程中所消耗的全部电能，即综合场用电量＝发电量－上网电量＋下网电量。

5.1.27 站用电率：是指统计周期内风电场或光伏电站站用电量所占发电量的百分比，即站用电率＝站用电量/发电量×100%。

5.1.28 机组损耗率：是指统计周期内风电场或光伏电站机组损耗电量所占发电量的百分比，即机组损耗率＝机组损耗电量/发电量×100%。

5.1.29 线、变损耗率：是指统计周期内风电场或光伏电站机组损耗电量所占发电量的百分比，即线、变损耗率＝线、变损耗电量/发电量×100%。

5.1.30 生产场用电率：是指统计周期内风电场或光伏电站生产场用电量所占发电量的百分比，即生产场用电率＝生产场用电量/发电量×100%。

5.1.31 综合场用电率：是指统计周期内风电场或光伏电站综合场用电量所占发电量的百分比，即综合场用电率＝综合场用电量/发电量×100%。

5.1.32 机组运行小时：是指统计周期内风电场或光伏电站发电单元处于运行状态的小时数，机组处于运行状态的时间。

5.1.33 机组故障小时：是指统计周期内风电场或光伏电站发电单元处于故障状态的小时数，机组处于故障状态的时间。

5.1.34 机组检修小时：是指统计周期内风电场或光伏电站发电单元处于检修状态的小时数，机组处于检修状态的时间。

5.1.35 机组备用小时（场内原因）：是指统计周期内风电场或光伏电站发电单元因场内设备原因导致发电单元处于备用状态的小时数，机组因场内设备原因处于备用状态的时间。

5.1.36 机组备用小时（场外原因）：是指统计周期内风电场或光伏电站发电单元因场外设备原因导致发电单元处于备用状态的小时数，机组因场外设备原因处于备用状态的时间。

5.1.37 机组可用小时：是指统计周期内风电场或光伏电站发电单元处于可用状态的小时数，机组运行小时＋机组备用小时（场内原因备用）＋机组备用小时（场外原因备用）。

5.1.38 设备运行小时：是指统计周期内风电场或光伏电站（不包含发电单元）设备处于运行状态的小时数，设备处于运行状态的时间。

5.1.39 设备故障小时：是指统计周期内风电场或光伏电站（不包含发电单元）设备处于故障状态的小时数，即设备故障小时＝设备处于故障状态的时间区间×（设备故障导致机组受累停运的容量/总装机容量）。

5.1.40 设备检修小时：是指统计周期内风电场或光伏电站（不包含发电单元）设备处于检修状态的小时数，即设备检修小时＝设备处于检修状态的时间区间×（设备检修导致机组受累停运的容量/总装机容量）。

5.1.41 设备备用小时：是指统计周期内风电场或光伏电站（不包含发电单元）设备处于备用状态的小时数，即设备备用小时＝设备处于备用状态的时间区间×（设备检修导致机组受累停运的容量/总装机容量）。

5.1.42 设备可用小时：是指统计周期内风电场或光伏电站（不包含发电单元）设备处于可用状态的小时数，即设备可用小时＝设备运行小时＋设备备用小时。

5.1.43 机组可利用率：是指统计周期内风电场或光伏电站发电单元可用时间所占统计周期时间的百分比，即机组可利用率＝统计周期内机组可用小时/统计周期时间×100%。

5.1.44 场站可利用率：是指统计周期内风电场或光伏电站所有设备（包含发电单元）可用时间所占统计周期时间的百分比，即场站可利用率＝［设备运行小时＋设备备用小时－机组备用小时（场内原因）］/统计周期时间×100%。

5.1.45 机组运行率：是指统计周期内风电场或光伏电站发电单元运行时间所占统计周期时间的百分比，即机组运行率＝机组运行小时/统计周期时间×100%。

5.1.46 机组故障率：是指统计周期内风电场或光伏电站发电单元故障时间所占统计周期时间的百分比，即机组故障率＝机组故障小时/统计周期时间×100%。

5.1.47 机组检修率：是指统计周期内风电场或光伏电站发电单元检修时间所占统计周期时间的百分比，即机组检修率＝机组检修小时/统计周期时间×100%。

5.1.48 机组备用率（场内原因）：是指统计周期内风电场或光伏电站发电单元备用时间（场内原因）所占统计周期时间的百分比，即机组备用率（场内原因）＝机组备用小时（场内原因）/统计周期时间×100%。

5.1.49 机组备用率（场外原因）：是指统计周期内风电场或光伏电站发电单元备用时间（场外原因）所占统计周期时间的百分比，即机组备用率（场外原因）＝机组备用小时（场外原因）/统计周期时间×100%。

5.1.50 设备运行率：是指统计周期内风电场或光伏电站（不包含发电单元）设备运行时间所占统计周期时间的百分比，即设备运行率＝设备运行时间/统计周期时间×100%。

5.1.51 设备故障率：是指统计周期内风电场或光伏电站（不包含发电单元）设备故障时间所占统计周期时间的百分比，即设备故障率＝设备故障时间/统计周期时间×100%。

5.1.52 设备检修率：是指统计周期内风电场或光伏电站（不包含发电单元）设备检修时间所占统计周期时间的百分比，即设备检修率＝设备检修时间/统计周期时间×100%。

5.1.53 设备备用率：是指统计周期内风电场或光伏电站（不包含发电单元）设备备用时间所占统计周期时间的百分比，即设备备用率＝设备备用时间/统计周期时间×100%。

5.1.54 平均风速：统计周期内出现风速的平均值，由风速计测量，一般在sdaca系统读取。

5.1.55 最大风速：统计周期内10min平均风速的最大值，由风速计测量，一般在sdaca系统读取。

5.1.56 极大风速：统计周期内瞬时风速的最大值，由风速计测量，一般在sdaca系统读取。

5.1.57 有效风时数：统计周期内介于风机发电机组切入风速与切出风速之间的风速持续小时数的累计值，由风速计测量，一般在sdaca系统读取。

5.1.58 最高风频：统计周期内出现次数最高的风速，由风速计测量，一般在sdaca系统读取。

5.1.59 绝对风向：统计周期内出现次数最高的风向，由风向标测量，一般在sdaca系统读取。

5.1.60 空气密度：统计周期内单位体积空气所具有的质量，一般由环境检测仪测量读取。

5.1.61 相对湿度：统计周期内空气中水汽压与饱和水汽压的百分比，一般由环境检测仪测量读取。

5.1.62 平均气温：统计周期内气温的平均值，一般由环境检测仪测量读取。

5.1.63 光照强度：是指单位面积上所接受可见光的光通量，一般由环境检测仪测量读取。

5.2 生产指标管理

5.2.1 合理安排机组定检、巡检的时间，尽量安排在小风或无风时段开展工作。深入开展隐患排查、专项检查工作，发现缺陷及时消缺处理，提高设备可利用率，提高发电量。

5.2.2 协调厂家及时对易损易坏件进行储备，减少因备件不足引起机组长时间停机，导致故障损失电量增加。

5.2.3 发挥技术专业组能动性，提高专业组人员技术水平，每月进行一次技术交流，针对顽固性故障进行讨论并提出解决措施，在机组故障时提高故障处理效率与质量，减少故障停机时间，机组检修完后及时恢复机组运行。

5.2.4 季节变更时做好防暑防冻措施，保证设备运行温度，降低加热器、冷却器启动损耗。

5.2.5 光伏项目加强光伏组件清洗管理，提高组件清洗效率，有效优化机组的功率曲线，通过技术改造对直流柜进行改造，消除直流抽屉开关触头发热隐患，减少非停次数，提升发电量。

5.2.6 风电项目加强定检维护验收工作，降低定检后机组重复缺陷率，提升定检维护质量，减少因故障重复出现造成的损失电量。

5.2.7 每天对 SCADA 后台报警导出数据进行统计分析，发现缺陷及时消除，做到闭环管理。针对设备遗留缺陷，提前采购所需备件及材料，开展计划消缺，避免机组在大风期间故障停机，减少故障停机次数，减少故障损失电量。

5.2.8 运行值班人员交接班时，着重对标杆机组进行参数核对，对发电量等主要数据进行统计分析，检修工作结束后，核对查看机组参数有无被修改、油泵有无投入等主要定值，确保机组定值参数正确，避免因定值错误导致机组出力降低。

5.2.9 值班人员严格落实巡盘制度，监控各机组设备运行情况，对于未达到额定功率的设备进行参数核查，联系厂家继续优化风机功率曲线，确保机组可利用率。

5.2.10 运行人员对风功率预测准确率实时监督，出现设备故障或未能及时上传数据时，联系厂家及时修正预测模型、调整预测数据，定期向风功率厂家报送预测数据和实际数据，提高风功预测准确率，减少两个细则考核。

5.2.11 运行人员熟练掌握调度规则与现货交易规则，做好现货交易申报、统计、分析工作，值班人员应严格按照省调交易电量申报时间，及时、准确申报日前、日内现货交易。定期分析现场实际功率预测的准确度，及时沟通，了解其他风电场次日发电计划上报值，现场设专人负责实时跟踪交易情况。

5.2.12 日内现货申报，需根据当日风况及计划出力进行申报，若现场风速较小，且实际出力达不到计划出力时，不申报日内电量；日前现货申报时，根据风功率预测情况，酌情进行上报，如已安排计划根据预测最大曲线安排时，剩余容量为 0，不进行日前现货上报；加强报表、指标的填报、核算、审核，防止统计错误造成综合场用电率虚高。

5.2.13 加强与调度机构沟通协调，限负荷情况严重或负荷明显低于同区域同类项目负荷水平时，运行值班人员应及时向调度询问限负荷原因，积极申请计划出力，通过各方渠道了解超发利用小时数，在确保不被罚停的情况下，合理利用超发 2 个利用小时数范围内的发电量。

5.2.14 项目加强 AGC/AVC 系统管理，定期对 AGC/AVC 系统进行检查维护，严格按照调度下发指令执行，避免了因值班人员未及时调整负荷，导致超发、罚停或限负荷现象。

5.2.15 项目限负荷严重时，及时与调度部门进行沟通，掌握限负荷原因，避免出现人员责任性限负荷。积极参与各种电量交易活动，对价格较高的交易与电网公司协同，争取交易电量。

5.2.16 合理的安排机组及公用系统设备检修维护时间，尽可能地利用电网停电时间、无风天气开展设备检修维护工作，降低弃风电量，提高发电量。

5.2.17 限负荷期间运行值班人员根据风速变化趋势，结合全场理论功率曲线，做好出力申请，提高申请值的准确性，避免发生因执行不到位，造成闭锁申请或申请值过小导致电量损失，并且对比其他风电场风资源情况，在其他风电场风资源较小时及时申请负荷。

5.2.18 通过优化 SVC 无功补偿装置性能来降低变压器和线路的无功传输，降低由于无功传输而造成的变压器和线路中的能量消耗，达到节能降损的目的。

5.2.19 每日导出功率报表、OMS 考核明细并报送至风功率预测厂家，积极督促功率预测厂家，要求及时调整预测模型，提高风功率预测精度，利用小风时段开展风机检修工作，提高发电量。

5.2.20 持续优化风电机组功率曲线，提高了机组发电量，降低综合场用电量。

5.2.21 加快推进光伏项目斜单轴支架技术改造工作，提高光伏项目发电量。根据季节、温度变化调整光伏项目逆变器室通道散热风扇运行启动温度、运行时间，降低场用能耗。

5.2.22 开展风电有功智能控制系统升级工作，利用 AVC 调试，合理控制 SVG 和风机无功消耗，降低综合场用电量。

5.3 减少日常损耗

5.3.1 在根据季节、温度变化调整宿舍、办公场所空调、风扇等高耗能设备投用时间，降低生活综合用电量。

5.3.2 夏季在确保设备安全稳定运行的前提下定期启停设备室空调，加强设备室通风，减少空调用电。

5.3.3 项目人员在休假期间关闭宿舍电源开关，减少热水器的运行时间，减少生活用电。

5.3.4 冬季锅炉投运，根据气温变化调整锅炉投入组数及加热温度，现场人员宿舍禁止使用空调等其他加热器取暖，禁止使用大功率电器。

5.3.5 办公室、中控室、宿舍、会议室、食堂等公共区域人走灯灭，打印机、复印机、计算机等日常电子设备下班后及时关闭，减少待机耗电。

5.3.6 控制升压站区域照明时间，夜间巡检后随手关灯，避免出现长明灯。

5.3.7 各项目认真落实以上措施，及时统计分析相关数据，从实际工作出发，确保降低公司各项目综合场用电率。

6 检查与评价

生产指标检查与评价按照《生产对标管理办法》执行。

7 附则

7.1 本规定适用于公司生产指标管理工作。

7.2 本规定由公司生产管理部负责解释。

7.3 本规定自颁布之日起开始执行。

1 运行管理

Q/SDIC-GL-YX07-2020

重大工作（操作）到岗规定

重大工作（操作）到岗规定

1 总则

1.1 为建立良好的生产、工作秩序，保证机组启动停机、事故处理、重要试验等重大操作顺利进行，规范运行、检修操作管理，杜绝各类安全事故的发生，特制定本规定。

1.2 本规定适用于公司各生产部门。

2 职责和分工

2.1 生产分管领导

2.1.1 负责审核、批准本规定。

2.1.2 负责督促到岗人员责任落实，有效开展各项活动内容。

2.2 生产管理部

2.2.1 负责执行情况的监督、检查、考核。

2.2.2 负责定期进行修订、完善。

2.3 安健环管理部

负责执行情况的安全监督、检查、考核。

2.4 运行管理部（运行管理部门）和项目公司

2.4.1 运行管理部具体负责有关工作内容的实施和监督。

2.4.2 项目公司具体负责涉及本项目重大工作（操作）到岗的监督和落实工作。

3 管理活动的内容与方法

3.1 具有预见性的重大操作和重大事件，运行管理部值长或各项目当班值班人员应提前通知相关人员到场；紧急且重大的操作和事件运行管理部值长或各项目当班值班人员应第一时间组织处理，并及时通知相关人员到场。

3.2 发生下列突发情况之一时，公司分管生产的副总经理（副总工程师）、安健环管理部经理、生产管理部经理、各专业专工、项目负责人、项目安全专工接到值长或项目值班人员通知后，应第一时间赶赴现场。

3.2.1 遇有自然灾害或恶劣天气（如地震、洪水、暴风、暴雨、暴雪等），造成重大后果时；

3.2.2 项目发生重大设备事故时（如主要设备着火、风机倒塌等）；

3.2.3 项目发生人身轻伤及以上事故。

3.3 发生下列情况之一时，公司分管生产的副总经理（副总工程师）、安健环管理部经理、生产管理部经理、各专业专工、项目负责人、项目安全专工接到有关通知后，应提前到达现场。

3.3.1 新建项目首次并网投运。

3.3.2 变电站重要设备新投运或重要新系统启动。

3.3.3 变电站重要设备大修后或系统设备重大改造后及新装设备的首次试运时。

3.4 发生下列情况时，项目负责人、项目安全专工接到值长或项目当班值班人员通知后，第一时间前往现场处理，生产部门专工接到值长通知，根据集控运行数据和相关信息立即进行研判，必要时及时赶赴现场，进行指导处理。

3.4.1 项目开展检修预试工作需要技术支持时。

3.4.2 项目设备发生故障原因分析不清楚时。

3.4.3 因设备原因需进行全场停电操作时。
3.4.4 项目开展 SF_6 气体泄漏处理工作时。
3.4.5 风电机组大部件出现普遍性共性故障分析处理时。
3.5 发生下列情况时，项目负责人及安全专工必须到达现场：
3.5.1 项目升压站设备有倒闸操作时。
3.5.2 项目有跳闸事故进行处理时。
3.5.3 风电机组有重大故障处理时。
3.5.4 项目开展电气设备检修预试时。
3.5.5 项目有重大隐患进行处理时。
3.5.6 风电机组进行风机大部件吊装工作时。
3.5.7 升压站公用系统设备及辅助设备出现异常时。
3.5.8 项目开展重大技术改造工作时。
3.5.9 一般技术改造和检修工作完成验收时。
3.5.10 项目处理线路杆塔缺陷，进行高空作业时。
3.5.11 项目直流系统和 UPS 电源有故障时，影响二次设备正常运行时。
3.5.12 升压站内保护设备故障时。
3.5.13 项目与电网通信系统故障，影响负荷时。
3.5.14 项目升压站及风机监控系统故障时。
3.5.15 认为有必要到场的其他情况。
3.6 各级人员到达现场后，必须服从项目统一指挥，按各自职责，积极协助处理事故，不得擅自离开。
3.7 所有到岗人员按照附表 1 签到，项目留存。

4 检查与评价

生产管理部对本标准规定的管理活动进行检查并对表 1 所列的指标进行评价，依据评价结果提出考核意见。报告与记录见表 2。

表 1 评价项目与指标

序号	评价项目	评价指标	责任部门	考核机构（部门）
1	重大操作前项目负责人未及时通知有关人员到现场	发生一次考核 100 元	各项目负责人	生产管理部
2	项目负责人通知后，有关人员未及时到达现场	发生一次考核 200 元	相关部门	生产管理部
3	对未履行重大操作到位职责的部门及个人，导致一定后果的行为	加倍处罚	各项目 相关部门	生产管理部

表 2 报告与记录

序号	编号	名称	填写人	保存地点	保存期限
1	Q/××××	重大工作（操作）到岗到位情况签到表	项目相关人员	相关项目	3 年

5 附则

5.1 本规定适用于公司重大工作（操作）到岗管理工作。
5.2 本规定由公司生产管理部负责解释。
5.3 本规定自发布之日起施行。

6 附件

重大工作（操作）到岗到位情况签到表（见附表 1）。

附表1 重大工作（操作）到岗到位情况签到表

<table>
<tr><td colspan="2">项目</td><td colspan="4"></td></tr>
<tr><td colspan="2">工作任务</td><td colspan="4"></td></tr>
<tr><td colspan="2">开始时间</td><td colspan="2"></td><td>结束时间</td><td></td></tr>
<tr><td colspan="2">工作负责人
或值长/班长签字</td><td colspan="4"></td></tr>
<tr><td colspan="6">到位人员登记栏</td></tr>
<tr><td>到岗人员</td><td>通知时间</td><td>到岗时间</td><td>离开时间</td><td>本人签名</td><td>未到岗原因</td></tr>
<tr><td></td><td></td><td></td><td></td><td></td><td></td></tr>
<tr><td></td><td></td><td></td><td></td><td></td><td></td></tr>
<tr><td></td><td></td><td></td><td></td><td></td><td></td></tr>
<tr><td></td><td></td><td></td><td></td><td></td><td></td></tr>
<tr><td></td><td></td><td></td><td></td><td></td><td></td></tr>
<tr><td></td><td></td><td></td><td></td><td></td><td></td></tr>
<tr><td></td><td></td><td></td><td></td><td></td><td></td></tr>
<tr><td></td><td></td><td></td><td></td><td></td><td></td></tr>
<tr><td></td><td></td><td></td><td></td><td></td><td></td></tr>
<tr><td></td><td></td><td></td><td></td><td></td><td></td></tr>
<tr><td></td><td></td><td></td><td></td><td></td><td></td></tr>
<tr><td colspan="6">主要领导检查签字：</td></tr>
</table>

1 运行管理

Q/SDIC-GL-YX08-2020

文明生产管理规定

文明生产管理规定

1 总则

1.1 为规范公司文明生产的管理，特制定本规定。

1.2 本规定适用于公司各生产部门。

2 规范性引用文件

下列文件中的内容通过文中的规范性引用而构成本文件必不可少的条款。其中，注日期的引用文件，仅该日期对应的版本适用于本文件；不注日期的引用文件，其最新版本（包括所有的修改单）适用于本文件。

GB/T 1.1 标准化工作导则 第 1 部分：标准化文件的结构和起草规则

GB/T 15496 企业标准体系 要求

GB/T 15497 企业标准体系 产品实现

GB/T 15498 企业标准体系 基础保障

3 术语和定义

文明生产：是指生产的科学性，要创造一个保证质量的内部条件和外部条件。内部条件主要指要均衡生产，物流路线的安排要科学合理，要适应于保证质量的需要；外部条件主要指环境、光线等有助于保证质量。

4 职责和分工

4.1 生产管理部

4.1.1 负责制定现场文明生产标准。

4.1.2 负责现场文明生产的监督管理。

4.2 安健环管理部

负责现场安全文明生产的监督与考核。

4.3 项目场站

4.3.1 负责所辖区域生产现场文明生产管理。

4.3.2 负责对生产现场清理的检查、验收以及设备检修后卫生的监督验收。

4.4 外委承包商

4.4.1 负责合同约定范围内的文明生产治理、卫生清扫、保持工作，并接受招标方监督。

4.4.2 临时堆场（检修垃圾）的设置、管理及清运。

5 管理活动的内容与方法

5.1 通用部分

5.1.1 全体员工应自觉遵守公司安全文明生产有关规定，遵循“为自己负责，为家庭负责，为公司负责”的“三负责”精神，讲团结、讲文明、讲奉献，为构建和谐公司而努力。

5.1.2 爱护公物、自觉维护环境卫生，不乱扔杂物，不损坏公共设施。

5.1.3 各办公场所整洁，生活、生产区卫生清洁，无卫生死角，无杂物、无乱堆放设备材料，地面无积水、积灰、积油等。

5.1.4　班容班貌好，行为文明规范。更衣室、休息室、办公室达到“五净”（门窗、桌椅、地面、箱柜、墙壁）、“五整齐”（桌椅、箱柜、上墙图表、柜桌内物品）。

5.1.5　主要工作场所的室温、噪声、有毒有害气体及其作业条件符合劳动保护规定，不得超过国家规定的标准。

5.1.6　在岗员工着装和佩戴标志符合公司统一要求，保持整洁、得体；检修、施工作业时，工作人员应按规定着装，进入生产和施工现场应戴安全帽，坚守岗位，秩序井然。

5.1.7　不乱停放车辆。

5.2　员工行为举止

5.2.1　员工工作时间要保持良好坐姿，禁止各种不文明姿势；运行值班人员监盘时要做到姿势适中，注意力集中，不谈笑嬉闹，运行记录应准确、真实。

5.2.2　禁止在工作场所大声喧哗、谈论与工作无关的事情。

5.2.3　接待来访者应主动热情，礼节得体，不得态度冷漠或有不礼貌举止，做到门好进，脸好看，事好办。

5.2.4　禁止当班喝酒和酒后上班。

5.2.5　禁止串岗、脱岗、不得迟到、早退、旷工。

5.2.6　禁止在上班时间用计算机从事游戏等与工作无关的行为。

5.2.7　办公区域内禁止打牌、下棋、唱歌等娱乐活动。

5.2.8　禁止在公共场所赤膊、穿拖鞋、着装不整洁。

5.2.9　禁止在办公场所就餐（因现场抢修等特殊情况除外）。

5.2.10　禁止带儿童进入生产、办公区域。

5.2.11　禁止在窗台及办公桌面上摆放餐具等与工作无关的物品（公司统一安排除外）。

5.2.12　禁止流动吸烟。

5.2.13　禁止随地吐痰、乱扔瓜果皮核、纸屑、烟头等固体或液体废弃物。

5.2.14　非公司安排，禁止在室内任何地方悬挂或张贴印刷制品。

5.2.15　生产工作人员要自觉遵守劳动作业纪律和规章制度，做到令行禁止。

5.2.16　检修人员要严格执行维修作业标准，文明施工，认真执行检修现场文明管理规定，检修和设备消缺要做到 “三齐”（拆下零部件排放整齐、检修工器具摆放整齐、材料备品堆放整齐）、“四不乱”（电线不乱拉、设备不乱放、杂物废品不乱扔、废油不乱倒）、“三无”（检修或消缺后的设备和地面无油迹、无水、无灰）。每天收工前清扫场地，做到工完料尽场地清。

5.2.17　禁止携带动物、宠物进入生产、办公区域、食堂。

5.3　文明生产规范

5.3.1　办公家具、用品

5.3.1.1　办公家具、用品实行定置管理，摆放应整齐规范。

5.3.1.2　办公用品及文件资料应统一放置，摆放有序。

5.3.1.3　办公家具应保持完整，破损要及时报修。

5.3.2　设备名称与标志

5.3.2.1　机械、电气设备、仪表盘等设备名称标志应齐全、清晰、美观、规范；名称标志使用双重名称。

5.3.2.2　电气开关、接地开关应有明显的拉、合方向标志。

5.3.2.3　设备事故按钮、重要保护装置、消防灭火自动投入装置应有醒目的禁止乱动警示标志。

5.3.2.4　设备检修或消缺后，名称标志应恢复完好。

5.3.3　通道与平台

5.3.3.1 生产场所门口、通道、楼梯和平台等场所应保持通畅，不准堆放杂物。

5.3.3.2 生产场所不得堆放设备材料，检修时必须堆放应按指定地点堆放整齐，不得影响通道畅通。

5.3.3.3 在风机塔筒平台、机舱层等各层不得堆放杂物；检修时临时堆放的设备材料在工作结束后进行归拢、清理。

5.3.4 盖板与栏杆

5.3.4.1 生产场所的井、坑、孔、洞或地沟的盖板应完整、坚固并与地面齐平，电缆沟道盖板应封堵严密。

5.3.4.2 检修工作时如需取下盖板，必须设置临时围栏。

5.3.4.3 临时打的孔、洞必需设置临时围栏和标识，施工结束后，必须恢复原状。

5.3.4.4 所有升降口、大小孔洞、楼梯和平台的栏杆、护板应齐全完整，并符合标准。

5.3.4.5 检修期间需将栏杆拆除时，必须设临时遮栏，并在检修结束时将栏杆立即装回。

5.3.5 防护罩与接地线

5.3.5.1 事故停机按钮、转动机械防护罩等防护设施完好，符合安全要求。

5.3.5.2 电气设备接地线完整，接地良好。

5.3.5.3 设备检修后，应将防护罩、接地线恢复。

5.3.6 盘柜与照明

5.3.6.1 各种仪表控制柜、电源箱、端子箱完好规范，内外干净、整洁，无积灰、无杂物，平常柜门应关好。

5.3.6.2 电源闸刀完好，配电箱保险规范。

5.3.6.3 照明灯盏齐全完好。事故明灯和消防安全应急灯符合安全规范，并定期切换试验合格。

5.3.7 消防设施与器材

5.3.7.1 消防设施、消防器材完善，应在有效期内，定期试验良好。

5.3.7.2 消防设施、消防器材整洁，消防器材摆放有序。

5.3.8 门窗与墙面

5.3.8.1 生产区域的门窗、玻璃应完好。

5.3.8.2 电站场区各门窗和玻璃应经常擦拭，保持清洁无灰尘。

5.3.8.3 场区墙面无污印、无乱涂乱画痕迹。

5.3.8.4 场区内离地面 1.5m 以下墙面应定期清扫，达到无明显灰尘、无蜘蛛网。

5.3.9 地面

5.3.9.1 综合楼地面清洁，达到无杂物、无灰尘、无油迹、无水迹、无污垢、无痰迹、无烟头。

5.3.9.2 风机各层平台整洁，达到无杂物、无烟头、无明显灰尘、无积水、无明显油迹、无跑冒滴漏现象。

5.3.9.3 变配电室内地面整洁，无杂物、无灰尘、无油迹、无烟头。

5.3.10 房屋面

5.3.10.1 场区屋顶面不乱堆杂物，屋面清洁。

5.3.10.2 屋面不漏雨，排水孔畅通。

5.3.11 电缆层、竖井、构架与隧道

5.3.11.1 电缆封堵完好，并符合防火要求。

5.3.11.2 电缆层、电缆竖井、构架和电缆隧道无杂物，电缆无明显积灰。电缆层和电缆隧道内无灰尘、无积水。

5.3.12 设备

5.3.12.1 转动设备及基础见本色，表面无积灰、积垢、积油，轴承端面无积垢，轴承箱无漏油。

5.3.12.2 液压、齿轮箱设备无跑冒滴漏现象。

5.3.13　升压站、GIS 室、主变压器区域
5.3.13.1　升压站、GIS 室、主变压器区道路平整畅通，无杂物。
5.3.13.2　断路器、隔离开关、互感器等绝缘子清洁；变压器、断路器、互感器无漏油，地面无明显积油。
5.3.14　中央控制室
5.3.14.1　中央控制室应保持清洁，窗明几净，达到无积灰、无蜘蛛网、无积水、无废纸杂物、无痰。
5.3.14.2　工作台面物品摆放整齐，各类运行记录整洁、字迹工整、清晰。
5.3.14.3　控制盘、操作盘面清洁见本色，达到盘内外无灰尘、无杂物，表计清晰无污垢。
5.3.14.4　办公桌椅、资料柜、计算机、打印机、饮水机等应保持无灰尘，资料柜内资料摆房整齐。
5.3.14.5　箱柜、工具等应摆放在指定地点，并且定置摆放有序。
5.3.14.6　检修人员办理工作票等应在指定地点进行，不得在中央控制室内逗留和大声说话。
5.3.14.7　交班前对控制室内卫生进行全面清扫。每班清扫出的垃圾必须当班清运，不得在现场存放。清扫出的垃圾或茶羹剩饭不得乱倒，应倒入规定的地点。
5.3.15　现场各生活区、场区、绿化区域
5.3.15.1　现场各区域路灯及交通标识完好，不准流动吸烟。
5.3.15.2　各建筑物外观整洁、门窗严实，不乱丢弃垃圾和杂物。
5.3.15.3　生活楼道卫生干净，爱护场区花草树木，及时清理场区垃圾。
5.3.15.4　通勤车要按秩序，文明乘车，自觉遵守交通规定。
5.3.15.5　除指定地点外，不乱停放自行车和机动车辆。
5.3.15.6　绿化地段和建筑物周围应干净整洁，禁止在绿化草地上堆积器材、杂物。
5.3.15.7　绿化花木应定期修剪，保持整齐美观，禁止践踏、损毁草坪、攀折花木或擅自绑扎绿化植物及其他一切可能破坏绿化、影响美观的行为。
5.3.16　垃圾处理
5.3.16.1　现场各区域、道路边垃圾箱应定位放置，箱盖完整，整齐摆放。
5.3.16.2　垃圾箱体应保持清洁，垃圾箱应定期清理，箱体周围不得堆放垃圾，垃圾不得倒在垃圾箱外，撒在路面或草坪上，严禁乱倒和随意抛撒垃圾。
5.3.16.3　检修及建筑垃圾应遵照谁污染谁清理的原则，对于较宽大、超长、量多的垃圾应倒到指定地点，并及时清运，不得倒入垃圾箱或随意堆放。
5.3.16.4　禁止在垃圾箱内或任何地点焚烧垃圾，污染环境。

5.4　生产现场临时堆放管理

5.4.1　临时堆放物品的所属部门是临时堆放的安全管理部门，对临时堆放物品的搬运、检查、安全堆放、安全隔离、标示负全部责任。
5.4.2　任何部门和单位在生产现场临时堆放，均需办临时堆放许可证。临时堆放许可证一式两联，第一联留项目现场；第二联张贴于临时堆放物品上。临时堆放作业许可证编号由项目现场自行制定。
5.4.3　临时堆放许可证是临时堆放的依据，不得涂改、不得代签，要妥善保管，保存期为一年。
5.4.4　堆放结束后，临时堆放物品的部门应对堆放区域清扫干净，恢复原状，并按照要求办理相关手续。
5.4.5　外委施工单位现场作业的临时堆放由项目现场负责办理许可手续。

6　检查与评价

6.1　生产管理部组织对本规定进行检查评价。
6.2　按《运行管理制度》进行考核。
6.3　生产管理部对本标准规定的管理活动进行检查并对表 1 所列的指标进行评价，依据评价结果提出考核意见。

表 1 评价项目与指标

序号	评价项目	评价指标	责任部门	考核机构（部门）
1	员工行为举止	出现 5.2 中员工行为举止中禁止项目，考核每人 100 元/次	各项目现场	生产管理部
2	文明生产规范	出现 5.3 中禁止项目考核责任人 100 元/次	各项目现场	生产管理部

7 附则

7.1 本规定适用于公司文明生产管理工作。

7.2 本规定由公司生产管理部负责解释。

7.3 本规定自发布之日起施行。

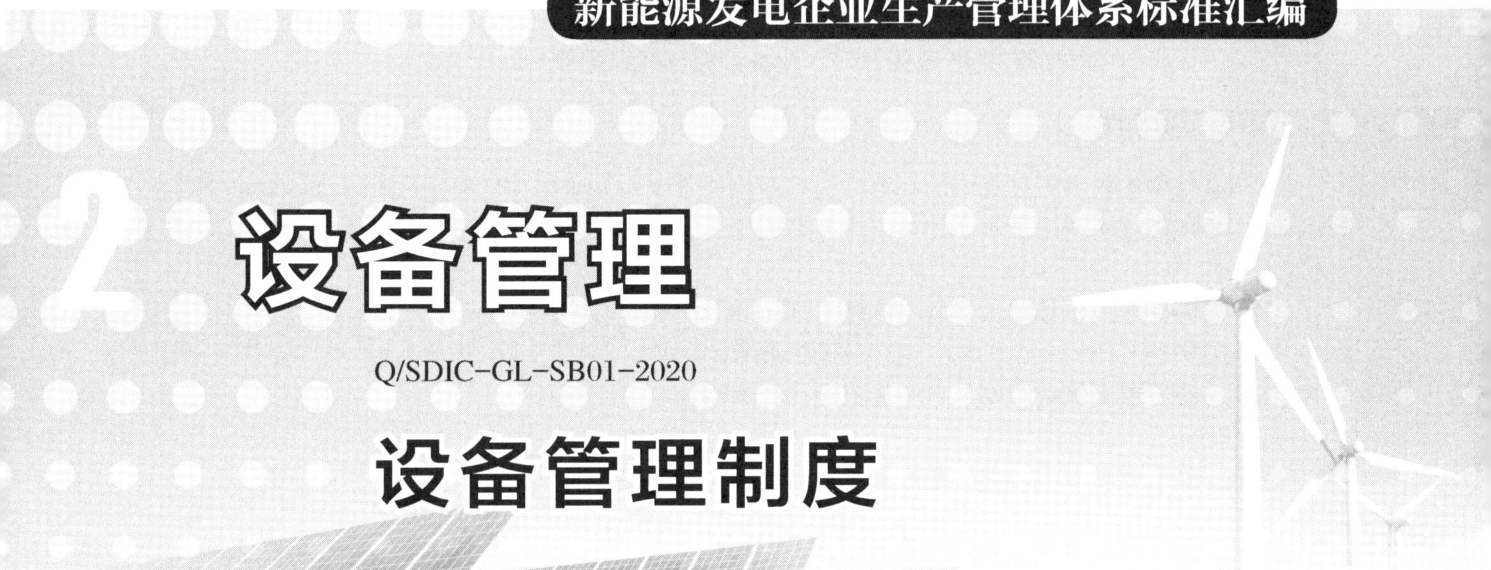

2 设备管理

Q/SDIC-GL-SB01-2020

设备管理制度

设备管理制度

1 总则

1.1 为提高设备安全、可靠、经济、环保运营水平，明确设备管理体系岗位责任，规范设备管理流程，提高设备质量，降低维修成本，持续提升维修管理水平，实现设备全周期寿命效益最大化，制定本制度。
1.2 本制度适用于公司所有生产设备管理，设备管理包括维护检修的所有活动。

2 规范性引用文件

下列文件中的内容通过文中的规范性引用而构成本文件必不可少的条款。其中，注日期的引用文件，仅该日期对应的版本适用于本文件；不注日期的引用文件，其最新版本（包括所有的修改单）适用于本文件。

GB/T 19963 风电场接入电力系统技术规定
GB/T 25385 风力发电机组 运行及维护要求
DL/T 587 继电保护和安全自动装置运行管理规程
DL/T 666 风力发电场运行规程
DL/T 684 大型发电机变压器继电保护整定计算导则
DL/T 796 风力发电场安全规程
DL/T 797 风力发电场检修规程
国电调〔2002〕138 号“防止电力生产重大事故的二十五项重点要求”继电保护实施细则
调继〔2005〕222 号 国家电网公司十八项电网重大反事故措施继电保护专业重点要求

3 术语和定义

3.1 电力设备异动：是指发电、送电、变电、配电等设备因增容、扩建、改建、检修（消缺）、技术改造造成一、二次接线方式的变更，发电设备技术参数的变化，设备的型号、材质、数量的变化，增减与初次投入使用的情况有变化者均属于设备异动。
3.2 设备评级：是指设备运转一个阶段后，根据运转期间的技术状况和经济效果，对设备作出全面评价，定出级别，计算出这一阶段的设备完好率。设备评级标准分为一、二、三类。

4 职责和分工

4.1 生产管理部

4.1.1 负责组织审核设备技术标准、技术规范、质量标准、验收标准、维修规程、检修工艺标准等，负责该类标准的监管、分析、改进和评价，并监督制定持续改进计划。
4.1.2 负责组织审核设备日常巡检、定维、定额、定置、定值、加油脂等工作标准，负责该类标准的监管、分析、改进和评价，并监督制定持续改进计划。
4.1.3 负责组织制订设备分类、评级、后评价管理标准，负责该类标准的监管、分析、改进和评价，并组织制定持续改进计。
4.1.4 负责组织建立设备异动、缺陷管理、保护投退、设备试运及投用、设备退出及隔离等管理标准，负责该类标准的监管、分析、改进和评价，并组织制定持续改进计划。
4.1.5 负责设备管理原则性分工，提出并修订设备设施分工的管理标准，负责各生产部门的接口管理。

4.1.6 负责制订设备管理目标、指标和维修管理策略，组织编制并审核年度、季度、月度维修计划；负责组织计划性检修、重大技术改造、重大修理的策划。

4.1.7 负责组织重大设备的状态分析、异常分析及诊断等工作，提出改造、定修、技术改造等技术措施。

4.1.8 负责组织设备维修合同标段划分，组织编制合同的技术和管理部分，并负责设备维修成本预算，生产费用的分解、控制、监督管理和分析评价。

4.1.9 负责可靠性数据的收集、核对，汇总填报发电设备及辅机设备可靠性事件和数据，编写年度可靠性分析总结。

4.1.10 负责监督生产各部门落实重大风险项目预控措施并签证确认。

4.1.11 负责组织技术改造、重大修理方案编制，审核维修技术方案、试验方案、试运方案、验收方案、施工组织方案，保证标准、规程和方案，并组织正确实施；监督、评价和完善标准、规程和方案。

4.1.12 负责组织维修项目的三级验收，并对验收结果和整改措施进行监督评价。

4.1.13 负责对重大及以上设备维修的安全、质量、工期、可靠性、经济性等要素进行评价，监督机组检修质量评价报告的真实性。

4.1.14 组织分析频发缺陷和一、二类缺陷发生的原因，负责组织编制并审核一、二类缺陷的消除方案和防止缺陷扩大的措施，控制检修过程并参加验收工作。

4.1.15 负责审核维修物资和备品备件需求计划，并负责其监督管理和分析评价工作。

4.2 项目场站

4.2.1 依据公司设备管理策略及管理模式，执行设备管理办法和程序，负责设备管理工作的组织和实施，是设备管理工作的安全、质量、进度、成本的责任部门，对机组运行的安全性、可靠性、经济性和成本指标负责。

4.2.2 负责组织本项目维修人员和所辖外委检修单位人员落实设备管理有关制度、标准和规定，分解、制订和落实维修目标、指标保证措施。

4.2.3 完善检修规程、检修工艺标准、检修文件包，定期评价检修规程、工艺标准、检修文件包的实施效果，并总结应用的经验。

4.2.4 负责编制设备维修技术方案、试验方案、验收方案、施工组织方案，确保设备维修工作有序实施，并报生产管理部审批后执行。

4.2.5 按照设备管理原则性分工和生产部门接口管理原则，制定检修设备分工，设备分工到人。

4.2.6 负责编制各类定期维修计划并组织实施，根据机组运行状态、系统、设备状态分析、风险辨识、缺陷及隐患情况，统筹和平衡年度、季度、月度维修计划的实施；负责组织日常维护、外委加工、土建、保温防腐等项目的策划，并报生产管理部审批后执行。

4.2.7 负责提出设备维修物资和备品备件需求计划及技术标准，负责物资质量验收，参与供应商的服务及产品质量评价。

4.2.8 负责提出设备维修合同标段划分建议，编制外委加工修理、土建、保温防腐项目的合同技术和管理部分，并负责合同的现场管理及实施。

4.2.9 负责设备状态分析和趋势管理，收集管辖范围内设备基础数据台账，建立标准化、信息化的设备状态分析模型，完善设备故障数据库，开展设备寿命管理。

4.2.10 负责编制设备维修预算，按专业分解、控制维修成本并保证有效执行。

4.2.11 负责设备维修项目风险辨识和风险评估，负责建立基准风险、基于问题的风险、持续风险数据台账，并组织落实风险控制措施。

4.2.12 负责执行设备退备、变更、保护投退等管理规定，制定风险评估措施并落实。

4.2.13 负责制定设备隐患治理方案、落实设备隐患治理工作。

4.2.14 负责编制开工报告，审核承包商开工报告，并负责开工条件确认；负责生产承包商的注册、进出场及现场管理，参与承包商评价工作，保证承包商技术管理体系和质量管理体系的有效运作。

4.2.15 负责设备消缺，开展设备定期维护工作，按照计划开展日常维修活动、机组计划性检修和单项工程，并负责过程中的安全、质量、进度及成本的控制、管理和签证。
4.2.16 负责编制设备定期工作的施工/技术方案，并在得到批准后，严格按照方案组织实施设备定期工作，并对其过程实施签证、记录、验收。
4.2.17 负责提出设备异动申请，负责编制异动施工或执行方案；负责逻辑、定值异动后的正确性；负责建立异动设备的有关台账及技术资料；负责设备异动后图纸和备品储备量的修正；根据公司关于固定资产管理的相关制度及资产处置流程，对固定资产异动（如设备新增、报废调拨等）进行处置。
4.2.18 负责定检、检修预试设备的试运申请及质量验收，参与分系统和整套启动试运的质量验收，编制单体、单机设备的试运方案，并报生产管理部审批后执行。
4.2.19 负责检修过程中对检修单位的技术指导，组织检修项目的一、二级质量验收。
4.2.20 负责编写和完善运行人员的设备日常巡检标准，负责组织运行人员对现场设备进行定期巡查，参与设备状态分析，定期形成设备状态评估。
4.2.21 负责设备维修运行方式配合，负责操作检修机组停运、系统（设备）退备和隔离，负责操作过程系统的风险控制，负责维修工作许可。
4.2.22 负责组织设备试运及传动验收，负责保护联锁的验收和逻辑验证，负责分系统、系统（设备）试运及验收。
4.2.23 负责逻辑、定值异动的可行性、必要性论证，提出运行需要的逻辑、定值异动申请。

4.3 安健环管理部

4.3.1 负责设备安健环监督，建立设备安全管理标准，监督建立设备安全管理体系，负责维修过程的安全监察管理。
4.3.2 负责监督设备维修安全管理体系的有效运作。
4.3.3 负责组织基准风险的评估，组织审核重大设备维修项目的风险评估，负责重大风险的控制和应急管理，组织监督设备维修过程中事件、事故的调查。
4.3.4 负责监督设备维修安全资源配置、监督安全投入，负责设备维修人员、许可人员、签发人员的资质管理。
4.3.5 负责监督涉及合同的安全协议签订。
4.3.6 负责设备安全管理体系运作的评价及改进。

4.4 计划经营部

4.4.1 参与公司备品备件及生产物资计划审核、采购。
4.4.2 负责公司生产设备保险、理赔工作。

4.5 财务管理部

4.5.1 参与审核生产物资计划。
4.5.2 负责审核预算外固定资产购置申请表。
4.5.3 负责审核固定资产拆除、处置审批表。
4.5.4 负责审核固定资产的退库、内部转移单。
4.5.5 负责审核固定资产清查表。
4.5.6 负责固定资产的管理与核算工作。
4.5.7 负责年末组织固定资产清查工作。

5 管理活动的内容与方法

5.1 生产设备管辖分工

5.1.1 项目管辖设备范围：项目负责升压站内外生产及后勤设备巡回检查、操作设备检修、维护和管理工作（如有集控中心，负责除运行管理部管辖设备外设备检修、维护和管理工作）运行管理部，主要管辖设备有：

5.1.1.1　升压站变配电设备。

5.1.1.2　变配电设备保护、综自设备。

5.1.1.3　调度通信设备。

5.1.1.4　风机及附属设备。

5.1.1.5　箱式变压器。

5.1.1.6　集电架空线路或电缆。

5.1.1.7　送出线路及通信光纤。

5.1.1.8　外接厂用输、变、配电设备。

5.1.1.9　辅助设备（含升压站、生活区配电、照明设备，生活给水系统，消防给水系统，火灾报警系统）。

5.1.2　所有生产设备的上级归口管理为公司生产管理部。

5.2　设备编号、标识管理

5.2.1　设备编号由项目在设备启动验收前，依据电网调度下发的编号规定进行设备编号。

5.2.2　设备启动验收之前设备标识标牌的制作、悬挂由项目建设管理负责。

5.2.3　运行设备的标识标牌的补充、完善、更新由项目负责。

5.2.4　标识标牌的制作参照《国投电力生产安全设施配置标准（新能源分册）》执行。

5.3　管理内容

5.3.1　生产活动中凡涉及设备管理的环节，必须严格遵守和执行本制度，不得与其相悖。

5.3.2　本制度进行修订，必须对相应的制度和标准进行相应的修改，并对其组织机构、原则规定、管理职责、制度程序、执行标准等进行完善，使整个体系保持一致性。

5.3.3　执行“安全第一、预防为主、综合治理”的设备安全管理方针，推行“风险预控与隐患排查双重预防机制”，实行全过程安全风险控制。

5.3.4　执行“质量为本”的质量管理方针，采取 W、H 点和质量签证点相结合的质量控制方法，以工作票、风险预控票、管理签证包、检修工艺文件（文件包、工艺卡、方案）四种作业文件作为维修作业有效指导文件。

5.3.5　推行全面预算成本管理，以年度预算、成本管理定额为基准分解和管控，按实际业务计划开展。

5.3.6　设备质量验收采用静态验收和动态验收相结合的方式。静态验收采用质检点检查签证、三级验收的方式进行关键工序的质量检测和控制，动态验收采用单体、系统（设备）试运相结合的管理方式，试运合格，风险可控，方可并入系统。

5.3.7　设备管理体系建设采用 PDCA 循环方式推动设备管理体系建设不断完善、持续改进。

5.4　运作标准

设备管理按 PDCA 循环，从计划→职能分配→方案→资源配置→风险→设备退备及隔离→开工→过程控制→设备验收→试运→系统并入等过程来进行运作，并使之不断完善，以保证运作效率得到不断提升和持续改善。

5.4.1　PDCA 循环标准

5.4.1.1　策划阶段（P）：主要工作是根据设备系统的要求，按照维修组织方式，从安全、质量、健康、能源、环保等方面进行策划，形成设备维修项目计划书，主要包括以下方面：统筹规划、确定设备维修目标、制定组织策略、编制设备维修项目、制定设备维修计划、进行职责分配、编制方案及质量标准、配置资源、制订网络进度图、风险辨识与控制。

5.4.1.2　实施阶段（D）：主要工作是根据策划文件的要求，对过程的符合性和质量进行管理，过程管控主要包括以下几个方面：开工管理、安健环管理、质量管理、进度管理、文明施工管理、成本管理。

5.4.1.3　检查阶段（C）：主要工作是在计划执行过程之中或执行完毕后，检查执行情况，检查维修目标是否达到预期，并和计划目标进行比较，并分析偏差。主要检查方法分以下四个方面：设备验收管理、设备或分系统（设备）试运、系统（设备）试运、系统并入。

5.4.1.4 持续改进阶段（A）：主要工作是将检查的结果进行监测、对比、分析、处理和改进完善，对成功的经验加以肯定并适当推广或标准化，对失败的教训加以总结，采取措施和制定整改方案，将未解决或遗留的问题放到下一次维修计划中。本阶段分 6 个步骤：设备分析、总结评价、整改、措施制订、持续改进、考核评价。

5.4.2 设备管理的计划标准

计划是开展设备管理工作的基础，计划管理主要是通过规范化的流程，根据公司总体目标，提供合适的资源配置，使生产设备管理活动得以有效开展。

5.4.2.1 计划标准

5.4.2.1.1 设备消缺：按 ERP 系统（或缺陷管理系统）缺陷记录，根据缺陷严重程度和对机组系统的影响大小，依据当前安全生产状况和系统运行方式进行计划安排。

5.4.2.1.2 日常检修：按照日常维护指标、日常巡检发现的较大设备缺陷、系统分析和设备劣化状态分析的结果、上级和电网公司安排的生产任务、隐患消除计划、行业同类型发电机组发现的缺陷、技术监督、安全通报等要求进行统筹安排，按季度、月度、周进行计划编制。

5.4.2.1.3 定期工作：根据长期积累的经验，对设备进行定周期的检查和维修，在 ERP 系统（或其他管理信息系统）中按周期自动形成，定期工作项目的完成计划应列入周维修计划中。

5.4.2.1.4 单项工程：根据公司设备存在的重大问题和重大隐患，在前一年度制订重大修理计划、年度安全技术劳动保护措施及反事故措施计划，在本年度按系统运行方式和机组运行特性进行统筹考虑和时间安排，也可安排在机组计划性检修时间内实施。

5.4.2.1.5 机组计划性检修：指机组一年期、半年期定检维护工作。在编制年度计划性检修时，应明确检修的重点项目和需解决的主要缺陷，结合当地电网年负荷需求特点以及设备的实际情况选择适当的计划检修时间。

5.4.2.2 计划管理程序

计划管理程序分为设备维护计划管理和设备检修计划管理两类：

5.4.2.2.1 设备维护计划管理：维护计划主要根据日常维护工作、日常检修、定期工作、缺陷消除等业务，按照月度进行安排和立项。

a）项目根据缺陷发生情况、定期工作、状态趋势分析、风险预控、日常维护指标和工作任务，每月召开专业组会议，制订定期维修计划初稿。

b）由生产管理部组织召开月度生产例会和专业例会，与项目共同讨论月度维修计划实施的可行性，并根据电网和风光功率预测统筹安排具体维修时间。

5.4.2.2.2 设备检修计划管理：机组检修计划是指机组一年期、半年期定检维护工作，一年期、半年期定检维护主要按检修周期进行。

a）生产管理部应每年 8 月 15 日前组织生产部门编制下一年度检修计划及三年滚动规划，经公司领导审批，国投电力批复后下发至各生产部门。

b）项目场站根据检修经验、检修标准项目和计划开展的特殊项目，确定项目计划，并上报审批。

5.4.3 方案管理标准

5.4.3.1 设备维修方案分为三类：检修工艺卡、检修文件包、维修方案（技术方案、施工方案、试验方案、运行方案）。

5.4.3.2 设备维修计划经批准后，必须根据项目计划实施的范围和难易程度制订相应的方案，一般维修项目（简单缺陷处理、定期维护等）制订检修工艺卡，工艺较复杂项目的按照检修文件包进行工艺流程控制，对特殊项目制订技术施工方案。

5.4.3.3 在设备维修过程中如风险方案和现场实际不符、运行方式变化或其他原因需对方案进行变更时，必须召开专题会议进行评审，重新制订方案，按照流程重新审批。

5.4.4 风险管理

风险管理是保证维修工作有效和顺利进行的手段，通过风险的识别、预测和衡量，选择有效的应对策略和手段，以尽可能降低工作风险，有计划地处理风险，以保障企业的安全生产。

5.4.4.1 设备退备及隔离

待维修设备和其他设备或系统存在连接时，为保证系统安全运行和维修人员人身安全，必须对设备、系统进行隔离。设备隔离要求必须在工作票中体现，必须符合电业安全工作规程（电气部分、热力与机械部分）的要求，同时必须满足以下条件：

5.4.4.1.1 隔离必须有明显的断开点，易于鉴别设备是否与其他设备或系统隔开。

5.4.4.1.2 电气断开点间必须有足够的安全距离，以保证在过电压情况下，不致引起击穿而危及工作人员的安全。

5.4.4.2 设备退备及隔离管理

5.4.4.2.1 设备管辖专业根据设备退备管理标准提出申请，对退备原因进行审核，评估设备退备后对系统运行和设备造成的影响，制订相应防范措施和预控措施，经批准后可以进行系统、设备的退备。

5.4.4.2.2 设备隔离由设备维修人员按照系统图和现场实际情况，填入工作票，按照工作票审批流程进行审批，值长同意工作票后批准隔离，隔离完成后，工作票许可人和工作票负责人共同到现场核对隔离情况，并签字确认，方可进行工作。

5.4.5 保护投退及逻辑修改

保护投退及逻辑修改是将待维修系统与运行系统有效分离在控制级所采取的一种控制措施，是保证维修人员人身安全和待维修设备安全的需要，是保证电网、系统和设备稳定运行的必然要求。

5.4.5.1 保护投退管理必须满足：

5.4.5.1.1 保护需退出或投入运行时，申请部门必须在 ERP 系统（或其他管理信息系统）提请“保护投退申请单”，批准后才能执行，未经许可任何人不得擅自停退、取消、投入保护系统。

5.4.5.1.2 调度管辖范围内的保护，当值值长根据调度的要求投退保护，并做好记录。

5.4.5.2 逻辑及定值修改管理必须满足以下要求：

5.4.5.2.1 项目场站组织编制全厂逻辑、定值和报警清册，交生产管理部审核，生产主管领导批准后下发各生产部门。新增系统由项目负责人提供系统逻辑、保护定值等，具体见热控、电气保护定值清册。

5.4.5.2.2 逻辑、保护定值的修改和变更由现场设备相关专业人员提出，填写“逻辑及保护定值修改申请单”，交生产管理部审核，公司主管领导批准。

5.4.5.2.3 逻辑、保护定值修改和变更必须严格执行工作票程序，申请手续不能代替工作票。

5.4.5.2.4 逻辑、保护定值修改和变更后，应及时完成对保护定值清册和逻辑图纸的修改，对组态文件进行拷贝，并与保护修改资料一起送档案室存档。

5.4.5.2.5 运行中经过在线修改、变更的有关保护、联锁回路，应按修改（或新编）的试验操作卡逐步进行操作。

5.4.5.2.6 调度管辖设备继电保护装置整定值的修改和变更按调度命令或调度下发保护装置定值通知单要求执行，当值值长接到调度下达的继电保护定值通知单后，通知继电保护人员进行更改，执行完毕后，当值值长应向调度人员汇报，并做好记录。具体按《联锁、保护管理规定》执行。

5.4.6 开工管理标准

开工管理分为开工前准备、维护开工和检修开工。

5.4.6.1 开工前准备

开工前主要是人力资源、备件材料、工器具、技术文件、资源配置、检修方案、风险评估、预控措施的准备，按资源配置管理标准进行准备工作，工作负责人编制检修方案、组织风险评估，制订预控措施。

5.4.6.2 维护开工

5.4.6.2.1 完成工作票的准备和维护资源的配置。

5.4.6.2.2 定期维护和一般消缺项目以工作票管理流程签证、施工方案等为依据。

5.4.6.2.3 复杂消缺项目和日常检修工作以检修文件包或施工方案替代，开工条件确认以文件包和方案进行签证，如有必要，可准备专门的开工报告进行条件确认。

5.4.6.3 检修开工

5.4.6.3.1 单项工程和机组半年期、一年期检修应编制专门的开工报告，开工报告内容应包含：维修项目、维修人力资源到位情况、维修费用预算、维修物资采购到货情况、维修风险评估、合同签订、重点项目三措一案、修前试验及数据测量、维修文件、维修管理策划书及工作票等。

5.4.6.3.2 机组计划性半年期、一年期检修必须编制开工报告。

5.4.7 过程控制标准

过程控制是保证维修活动按照规定的标准化工艺和规范化流程来开展的主要步骤，是保证维修质量受控的重要环节，必须对过程实施全员、全方位的控制。

5.4.7.1 安健环管理：包括安全管理、安全监察、劳动保护、环境保护、文明施工等内容，主要检查工作票和安全措施、隔离措施落实和执行情况；检查人员着装、防护用品的佩戴、现场文明施工情况、废弃物回收等。

5.4.7.2 质量管理：包括质量标准、工艺过程监督、质量事件报告、三级质量验收、质检点 W/H 点签证、不符合项管理等。

5.4.7.3 进度管理：主要表现为工期管理，包括执行网络进度计划，分析进度偏差、召开进度协调会议、调整主线进度、调整进度计划等。

5.4.7.4 成本管理：主要表现为费用管理，包括备件和材料使用情况跟踪、人员和器具调配、费用过程跟踪分析和预测，费用偏差分析、节能节约等。

5.4.7.5 过程控制管理：现场作业控制管理见现场作业管理流程图和过程管理签证包。

5.4.7.6 维修文件管理：维修文件控制是过程有效控制的表现形式，主要包含三种：工作票、工作安全分析表、检修技术文件（工艺卡、文件包、方案）等。

5.4.7.6.1 工作票是现场作业许可开工的法定文件，依从《工作票和操作票管理制度》，是现场系统、设备隔离措施控制的唯一有效追溯文件。

5.4.7.6.2 工作安全分析表是现场作业风险辨识、风险评估的法定文件，依从《作业安全风险预控管理制度》，是现场安全风险管控和控制措施实施的有效追溯文件。

5.4.7.6.3 检修工艺卡、检修文件包、技术方案、施工方案、试验方案等技术文件是维修技术标准的法定文件，依从行业标准、规范、设备厂家技术文件，是标准现场工艺流程控制、检修质量控制和进度控制的唯一有效追溯文件。

5.4.8 验收管理标准

验收管理应针对现场每一个具体设备和系统制定具体的验收方法、内容和标准。验收标准包括静态验收标准（设备质量验收）和动态质量管理标准（设备试运）。具体见《检修管理制度》。

5.4.8.1 静态验收标准

静态验收遵循过程控制程序中质量管理流程，通过质检点检查签证、三级验收、不符合项等来进行关键工序的质量检测和控制，验收工作应包含以下部分：验收方法、验收工具、验收内容及验收标准。

5.4.8.2 动态质量管理标准

动态质量管理根据设备、系统的试运管理，试运标准应针对每个设备、分系统单独编制。

5.5 技术标准

按设备管理的性质，技术标准包括：维护技术标准、检修技术标准、维修质量标准、检修工艺标准。

5.5.1 维护技术标准

维护技术标准是日常维护、定期工作中必须遵循的准则，按照设备定期维护标准开展点检工作，并进行趋势分析；按照给油脂标准进行定期的油脂、油质管理，按照仪器仪表校验规程进行仪器仪表管理，按照定值清册进行热工、电气的定值管理工作。

5.5.2 检修技术标准

检修技术标准是从事检修工作必须遵循的准则，按其在生产流程中控制的作用，建立检修规程和检修文件包、检修工艺卡。检修规程是系统性检修的规则和流程，对系统检修进行原则性、强制性的规定和要求；检修文件包则规定了单独复杂设备的检修工艺流程和检修标准，检修工艺卡规定了技术相对简单的设备工艺流程和检修标准。

5.5.3 维修质量标准

维修质量标准是指在维修活动中对机组设备参数、规格、质量和检验方法所做的技术规定，是维修、质量验收、维护和合同执行的技术依据。

应针对现场每一个具体设备和系统，在维修项目策划的质量计划中，制定具体的产品质量标准，明确检验的方法和手段。维修质量包括但不限于以下：

5.5.3.1 设备维修必须保证设备规格参数和外形完整性。油漆、清洁度、编码、标识满足公司管理标准。

5.5.3.2 设备维修必须满足完好性的要求，维修活动中采用的工艺流程、技术方案、施工组织设计满足公司标准规程规定，现场安全文明生产符合公司维修管理要求。

5.5.3.3 系统设备的试验、检验方法和手段符合规程规范。

5.5.3.4 设备维修质量验收合格，质量状况符合现行的国家、行业和企业标准中规定的具体指标。

5.5.3.5 维修后设备的主要性能满足设计要求，技术参数、型号规格满足厂家说明书、规程规范、国家行业标准。

5.5.3.6 维修后设备经济性指标、安全性、可靠性、环保、管理指标满足公司运营要求。

5.5.3.7 投运后设备参数满足系统设备长期稳定运行要求。

5.6 管理办法

5.6.1 维修定额管理

定额管理是计划管理、成本核算、成本控制和成本分析的基础。定额管理有利于节约原材料，合理组织劳动，调动劳动者的积极性，提高设备利用率和劳动生产率，降低成本，提高经济效益。涉及维修活动的定额管理，至少应包含以下部分：

5.6.1.1 维修人员定额：以公司人力资源部人员定额为基础，《检修发电企业设备检修管理导则》和国投电力《检修管理制度》为依据，结合公司实际制订。

5.6.1.2 维修工时定额：以电力行业《设备检修维护工时定额》为依据，结合公司实际和同区域同行业现行标准进行制订。

5.6.1.3 维修消耗定额：在搜集近年物资备件消耗统计资料，掌握设备备件磨损、腐蚀规律的基础上，结合维修时实际需要和同行业消耗水平，根据设备类型，采用实际查定法、经验统计法和技术计算法等科学方法进行。

5.6.1.4 维修储备定额：考虑供货单位外部条件和公司经济效益，根据消耗定额、供货周期，结合维修资料、资金定额，科学计算经济订货批量，储备定额应包括：库存周期储备定额、事故储备定额、最高储备定额、最低储备定额。

5.6.1.5 维修资金定额：由生产管理部根据设备原值、维修复杂程度、维修备件储备定额和历年统计数据，拟定资维修资金定额草案，报公司审核、确认。

5.6.2 维修定置管理

生产现场的定置管理通过仔细分析生产工艺过程中的物流流程，改进生产现场中人与物的结合状态，将各种物品定位，从而达到避免或减少人的无效劳动，避免发生不安全因素，提高产品质量和生产效率的目的。生产现场定置管理标准包含且不限于以下主要内容：

5.6.2.1 划分定置区域：按标准规定人、物与场地，标识图形和颜色，应用在定置区域中。

5.6.2.2 设计定置图：分析工序操作，设计安全作业定置图，标明区域。

5.6.2.3 按定置图定置：规定生产现场各种物品的合理存放位置，做到图、物、位统一。
5.6.2.4 定置维护：随时根据划定的定置区域进行整理、整顿和清扫。
5.6.2.5 采用工位器具：根据各类物品的不同特点和要求，分别将其存放在各自的工位器具中，防止工件变形、避免相互磕碰或划伤，并制定统一的企业标准在全公司执行。
5.6.3 设备定期工作管理
5.6.3.1 定期工作是维修管理的基础性工作，以定周期、定人、定工艺、定工作程序对设备进行规范性、重复性地检查或维修，以达到设备安全性、可靠性、经济性的实现。
5.6.3.2 定期工作由项目场站根据设备设施特性、系统运行方式和设备状态分析结论，制定定期工作计划、更新的标准与流程，划分定期工作管理职责，落实点检定修原则。
5.6.3.3 项目场站应根据定期工作管理规定，制订定期工作台账，经审批后按不同周期和检修维护范围开展定期工作。
5.6.3.4 项目场站应建立责任范围内的设备定期维护保养标准，规范定期工作管理程序。
5.6.4 设备缺陷管理
5.6.4.1 设备缺陷管理是控制设备劣化趋势、消除设备隐患的重要手段，必须采取措施使设备恢复正常或可接受状态，以保证设备全寿命周期内效益最大化。
5.6.4.2 设备缺陷管理以零缺陷为理想目标，以预控式管理为原则，采用系统综合治理的方式进行管控，以保证设备的安全性、可靠性和经济性。
5.6.4.3 生产管理部应制订缺陷填报、处理与统计评价的管理标准，保证及时发现并消除设备和系统的缺陷、隐患，保持系统处于良好健康水平，具体按《设备缺陷管理规定》执行。
5.6.5 设备状态分析管理
5.6.5.1 设备状态分析管理是维修管理活动的基础，通过设备状态分析，对设备进行技术诊断与劣化倾向分析，及时准确掌握设备的状态和性能。
5.6.5.2 项目场站设备检修人员按照定期工作要求对设备进行巡检，根据运行情况进行状态分析，提出检修或维修计划，根据技术诊断与劣化趋势，提出设备技术改造和修理建议。

5.7 设备异动管理

设备异动是指为了改善设备的运行、监视、检修条件，而对设备、系统及周围相关设施所进行的改动。它包括生产设备或系统改造、换型、移动、增添、拆除以及设备技术性能、参数的改变等。
5.7.1 设备异动管理内容
5.7.1.1 设备系统的改变，如发电单元、主变压器、箱式变压器等设备。
5.7.1.2 设备新装、改装或拆除对设备布置有重大改变。
5.7.1.3 主设备及重要辅助设备的更新改造。
5.7.1.4 各种控制、保护装置硬件上的改变。
5.7.1.5 各种控制、保护装置软件上（含功能）的改变，如监控系统的逻辑修改、定值修改等。
5.7.1.6 改变设备的主要技术规范、参数，如发电机参数等。
5.7.1.7 改变系统连接方式的电气系统、厂用系统、电气二次回路的异动。
5.7.1.8 重要电源系统的改造，如 UPS 设备的改造、控制系统通信方式的改变。
5.7.1.9 技术改造、科技项目或设备的合理化建议。
5.7.2 设备异动管理
5.7.2.1 凡影响设备或系统的统一性和安全性、涉及运行参数、特性、操作变动的设备异动，事先由项目办理《设备异动申请》，同时提供有关的设计资料、图纸、施工方案、安全技术措施、拟更换设备的近期技术鉴定、工期安排、费用预算及来源等技术资料报送公司生产管理部审核，审核后由生产管理部报送公司分管领导审批。
5.7.2.2 《设备异动申请》审批后由生产管理部下发项目组织执行，执行完工后由项目填写《设备异动竣工报告》并报公司生产管理部备案。

5.7.2.3　对设备或系统存在的隐患或缺陷提出的建议、方案作为设备异动来源之一。

5.7.2.4　凡不影响设备或系统的统一性、安全性、经济性，不涉及运行参数、特性、操作方式变动的设备异动，项目事先可不办理设备异动申请，执行后由项目提出设备异动报告并报公司生产管理部备案。

5.7.2.5　计划检修或改进工程等施工计划（方案）中列入的设备异动，如有设计方案，图纸齐全，措施明确，经批准后不必另行申请异动，工作完成后由项目提出异动报告并报公司生产管理部备案。

5.7.2.6　事故抢修时需异动的设备或系统，可先征得公司或项目负责人口头同意后执行，执行后补办异动申请，并提出异动报告。

5.7.2.7　定修、技术改造工程项目的施工方案或公司生产管理部下达的设备变更通知等，如已提出图纸或详细技术说明的，不需办理异动申请；没有提出图纸或详细技术说明的，需要项目检查试验后确认的或安装调试过程发现需要变更设计的，仍应办理异动申请。

5.7.2.8　对异动后的设备、系统的图纸变更，各项目现场均应按照要求在台账和微机中及时登录。

5.7.2.9　异动工程的施工管理及验收，按照《设备检修管理制度》执行。

5.7.2.10　异动工程竣工后，由项目现场办理设备（系统）异动竣工报告一式三份，一份项目现场管理归档，另外两份分别由生产管理相关部门保管。

5.7.2.11　异动工程竣工验收后，由项目现场组织相关人员在竣工后一个月内，将竣工资料移交档案室。

5.7.2.12　设备异动工作完成后，设备有需报废的，项目现场应及时办理报废手续。

5.7.2.13　设备（系统）异动工作完成后一个月内，项目现场专工应及时组织相关人员对相关规程系统图进行修改。

5.7.3　设备异动编号规定

5.7.3.1　设备异动申请编号填写：项目＋专业＋年（4 位）＋月（2 位）＋日（2 位）＋×××，后 3 位为当年专业序号（3 位数字）；电站编号：JCT－捡财塘风电。例 JCTEC20200630006，为捡财塘风电二次专业 2020 年 6 月 30 日第 6 号异动申请。

5.7.3.2　设备异动报告一式三份，项目、运行管理部、公司生产管理部各一份。异动报告编号同异动申请编号；无异动申请的异动报告编号：项目＋专业＋年（4 位）＋月（2 位）＋日（2 位）＋W××，后 2 位数字作为序号。

5.8　设备定值管理

5.8.1　公司各项目的主要设备（发电机组、变压器、公用系统、电气一次、电气二次、机械等设备）的定值由项目负责整定计算、校核，报公司生产管理部审核，分管领导批准后执行。

5.8.2　公司各项目由省、地调管辖设备的各类保护定值，由项目当地调度中心负责整定计算、校核、审批，项目依照保护定值单执行。

5.8.3　设备定值管理方式

5.8.4　项目人员应熟知定值通知单的内容，定值的整定，严格执行核对、签字制度，认真核对被保护设备（装置），如有疑问应及时同生产管理部联系，核对无误后方可执行。

5.8.5　项目人员应将在调试过程中遇到的问题在该定值通知单上写明，注明日期并签字。

5.8.6　定值通知单是现场更改、投停装置的依据，项目按照批准的定值通知单在规定的时间内完成设备定值的调整和更改。

5.8.7　所有设备保护方案的制定或调整，现场运行定值的临时改变，以及提供给其他单位的图纸、数据都必须经过公司生产管理部校审，公司分管领导批准。

5.8.8　运行管理部、项目设备定值单每年复核后，应按期装订成册。

5.9　备品备件管理

5.9.1　备品备件定额管理

备品备件定额标准由生产管理部负责制定，并组织编制《备品备件定额清册》，经分管领导审批后下发项目。

5.9.2 备品备件计划及采购管理

由项目依据备品备件定额标准按季度提出需用计划并进行初审，生产管理部进行审核，分管领导审批后由计划经营部组织采购，备品备件采购具体执行《招标及采购管理标准》《物资管理办法》。

5.10 设备与技术档案管理

5.10.1 设备与技术档案归档

5.10.1.1 设备检修、改造的技术报告、图纸等全套资料由项目负责收集、整理、初审，经公司生产管理部审核后归档。

5.10.1.2 设备检修、技术改造总结与涉及的图纸变更报公司分管领导审批。

5.10.2 生产设备技术台账

5.10.2.1 台账的类别

生产设备技术台账：即设备台账、设备检修台账、主设备运行台账。

5.10.2.2 设备与技术台账的建立与更新

设备台账：由项目在设备安装调试完后 1 个月内建立，每年进行 1 次设备台账的更新。

设备检修台账：由项目在设备安装调试完后 1 个月内建立，并在设备每次检修完成后 1 个月内更新。

主设备运行台账：运行管理部在设备投入运行后 1 周内建立，根据设备运行情况及时更新。

5.10.3 设备档案的保管

设备档案的保管现由各项目暂行保管，保管要求按执行公司《档案管理标准》相关条款。

6 检查与考核

6.1 本制度在到达标准定期评审期限时，生产管理部应组织对制度进行综合评价，提交检查评价报告，并提出相应的改进意见。

6.2 本制度考核如与公司《绩效管理制度》相冲突的按《绩效管理制度》执行，如构成事故、障碍等安全事件的按公司安健环管理制度中的相关考核规定执行，如本制度与其他制度考核相抵触的按最高考核标准执行，本制度中各项管理规定的考核内容见表 1。

表 1 考 核 内 容

考评项目	序号	考评内容	考评单位	被考评部门	被考评金额 元
基础管理	1	对本制度要求、规定、标准、程序未按照部门、岗位职责进行工作任务分解、制定定期工作计划、制定分析、改进、监督、评价标准的部门，不按照管理流程、程序进行运作	生产管理部	责任部门	
	2	对本制度规定和要求的工作出现偏差或擅自变更，未得到公司生产主管领导同意就开始实施	生产管理部	责任部门	
	3	对本制度标准、规定的要求不能在规定时间内完成	生产管理部	责任部门	
	4	规程及技术标准没有及时更新为最新标准	生产管理部	责任部门	
	5	未履行岗位责任造成后果	生产管理部	责任部门	
设备定期维护管理	6	未按本制度编制定期工作标准及计划	生产管理部	责任部门	
	7	未按本制度要求进行设备定期工作	生产管理部	责任部门	
	8	由于定期工作不到位引起设备指标超标	生产管理部	责任部门	
	9	定期工作中，措施不完善、操作失误	生产管理部	责任部门	
	10	未定期加油（油位异常）	生产管理部	责任部门	
	11	给油脂操作时，导致轴承超温	生产管理部	责任部门	
	12	定期工作没有台账或记录不规范	生产管理部	责任部门	

表 1（续）

考评项目	序号	考评内容	考评单位	被考评部门	被考评金额 元
设备状态 分析管理	13	对设备隐患，未组织制定技术防范措施	生产管理部	责任部门	
	14	未按周期进行巡检	生产管理部	责任部门	
	15	巡检策划不周造成设备失修	生产管理部	责任部门	
	16	设备事故、异常、障碍技术分析报告未及时上报未按时提交设备状态分析报告	生产管理部	责任部门	
	17	设备状态分析报告不全面、不真实	生产管理部	责任部门	
	18	在提交审核或正式上报的文字中出现明显错误	生产管理部	责任部门	
	19	技术标准不全	生产管理部	责任部门	
	20	巡检台账不全	生产管理部	责任部门	
	21	巡检项目不全	生产管理部	责任部门	
设备异动管理	22	设备异动后未达到预期效果	生产管理部	责任部门	
	23	计划已审批无故未按期完成	生产管理部	责任部门	
	24	项目批复后未按要求制定施工方案	生产管理部	责任部门	
	25	项目可研报告未按时编写完成或质量不高	生产管理部	责任部门	
	26	计划下达后1个月内无进度或1个月内未安排计划	生产管理部	责任部门	
	27	未履行异动审批手续或手续不完备便开始执行异动	安健环管理部	责任部门	
	28	执行异动过程不规范，经提示仍未整改	生产管理部	责任部门	
	29	未按规定组织开展异动效果跟踪评价，导致现场系统设备出现重大缺陷并造成后果	生产管理部	责任部门	
	30	组织异动技术分析和风险评估存在漏洞，技术措施或安全措施不完善导致异动执行存在缺陷或不足	生产管理部	责任部门	
	31	异动完毕未及时修编、完善技术文件	生产管理部	责任部门	
设备缺陷管理	32	考评内容及标准，见《生产缺陷管理制度》	生产管理部	责任部门	
设备可靠性管理	33	考评内容及标准，见《设备可靠性管理制度》	生产管理部	责任部门	
检修管理	34	管理工作不到位，造成质量事故	生产管理部	责任部门	
	35	未进行修前评估	生产管理部	责任部门	
	36	未按时完成主设备检修计划，或辅助设备检修计划立项目不完善，影响机组经济性或降出力	生产管理部	责任部门	
	37	造成设备失修或过修	生产管理部	责任部门	
	38	发生安全事故，考评按安健环管理标准执行	安健环管理部	责任部门	
	39	对监督单位提出的工程质量问题，未及时组织处理，造成不良后果，每次扣罚	生产管理部	责任部门	
	40	检修总结未能按时报送，总结编制质量不高	生产管理部	责任部门	
	41	未履行项目变更手续，丢项、甩项	生产管理部	责任部门	
	42	检修人员现场违反安全规程，考评标准按安健环管理标准执行	安健环管理部	责任部门	
	43	检修现场脏乱差	生产管理部	责任部门	
	44	未遵照试运规定进行的	生产管理部	责任部门	
	45	未按三级验收程序组织验收	生产管理部	责任部门	

表 1（续）

考评项目	序号	考评内容	考评单位	被考评部门	被考评金额元
检修管理	46	未严格执行质检点（H、W 点）、未及时按质检卡要求签证	生产管理部	责任部门	
	47	机组修后技术指标未达标准	生产管理部	责任部门	
	48	未按检修工艺规程或作业指导书要求进行质量验收	生产管理部	责任部门	
	49	未按检修工艺规程、检修作业指导书执行	生产管理部	责任部门	
质量验收	50	未按检修工艺规程或作业指导书要求进行质量验收，每项扣罚	生产管理部	责任部门	
	51	检修发生质量问题，质量验收作假	生产管理部	责任部门	
监控自动化和继电保护管理	52	不按《监控自动化保护投退管理规定》《继电及电气联锁保护解投管理规定》相关规定执行	生产管理部	责任部门	
	53	保护发生拒动或误动、误操作	生产管理部	责任部门	
	54	主要保护无故退出或退出超期	生产管理部	责任部门	
	55	自动调节系统失灵或退出	生产管理部	责任部门	
	56	保护投退记录不全	生产管理部	责任部门	
	57	保护投退手续不全	生产管理部	责任部门	
	58	保护投退监督不到位	生产管理部	责任部门	
	59	每年未修订热控、电气《保护定值清册》	生产管理部	责任部门	
	60	擅自修改保护定值	生产管理部	责任部门	
退备隔离管理	61	未按规定使用退备申请的退备作业	生产管理部	责任部门	
	62	未履行退备核准程序而开工的退备作业	生产管理部	责任部门	
	63	未履行隔离核准程序而开工的隔离操作	生产管理部	责任部门	
	64	未按风险控制要求，未制定有效措施而进行系统（设备）退备及隔离作业的	生产管理部	责任部门	
	65	作业人员资质不符合规定要求的	生产管理部	责任部门	
试运及投运管理	66	未按规定使用试运申请的试运作业	生产管理部	责任部门	
	67	未履行试运核准程序而开工的试运作业	生产管理部	责任部门	
	68	未按方案执行或方案变更未履行审批手续或方案执行过程出现异常未立即中止	生产管理部	责任部门	
	69	未履行试运许可条件而开工的试运操作	生产管理部	责任部门	
	70	未按风险控制要求，未制定有效措施而进行系统（设备）试运及投用作业的	生产管理部	责任部门	
	71	作业人员资质不符合规定要求的	生产管理部	责任部门	
检修工艺及纪律	72	未按制度要求定期修订设备检修工艺纪律标准	生产管理部	责任部门	
	73	发生设备重大变更后未修订《检修规程》《检修文件包》等	生产管理部	责任部门	
	74	违反设备检修工艺标准	生产管理部	责任部门	
	75	未按工艺流程作业造成影响	生产管理部	责任部门	
	76	未按相关工艺作业文件要求及时签证、记录	生产管理部	责任部门	
	77	未组织检修人员进行相关检修工艺标准学习、分析而造成严重后果的	生产管理部	责任部门	
	78	达检修工作任务时未交代相关检修工艺标准而造成严重后果的	生产管理部	责任部门	

表 1（续）

考评项目	序号	考评内容	考评单位	被考评部门	被考评金额 元
生产机动车管理	79	车辆检修管理过程中的手续及台账有不完善之处	生产管理部	责任部门	
	80	车辆检修管理过程中的技术要求及质量验收标准不准确，影响检修质量	生产管理部	责任部门	
	81	违反管理规定的其他情况	生产管理部	责任部门	
生产区域门禁及工业电视管理	82	违反管理规定，未造成不良影响	生产管理部	责任部门	
	83	违反管理规定且造成不良影响	生产管理部	责任部门	
	84	破坏工业电视监控或门禁系统设备的行为	安健环管理部	责任部门	
沉降观测管理	85	未定期进行责任范围内的构建筑物沉降观测，或沉降观测记录不完整	生产管理部	责任部门	
	86	观测点保护工作不利，造成观测点无法正常作用	生产管理部	责任部门	
	87	损坏沉降观测点的行为	安健环管理部	责任部门	

7 附则

7.1 本制度适用于公司设备管理工作。

7.2 本制度由公司生产管理部负责解释。

7.3 本制度自发布之日起施行。

2 设备管理

Q/SDIC-GL-SB02-2020

设备检修管理制度

设备检修管理制度

1 总则

1.1 为规范公司检修管理，提高设备检修质量和健康水平，有效控制生产成本，特制定本制度。
1.2 本制度适用于公司各部门。

2 规范性引用文件

下列文件中的内容通过文中的规范性引用而构成本文件必不可少的条款。其中，注日期的引用文件，仅该日期对应的版本适用于本文件；不注日期的引用文件，其最新版本（包括所有的修改单）适用于本文件。

DL/T 797 风力发电场检修规程
DL/T 838 燃煤火力发电企业设备检修导则

3 术语和定义

3.1 设备检修计划：是指对某台设备进行检修工作而编制的具体工作计划。主要包括设备名称、检修内容、质量标准、技术监督项目、质检点、验收等级等内容。分为标准项目检修计划、非标项目检修计划等。
3.2 标准项目：一般包括制造厂要求的项目；全面解体、定期检查、清扫、测量、调整和修理；定期监测、试验、校验和鉴定；更换已到期的需要定期更换的零部件；各项技术监督规定的检查项目；消除设备和系统的缺陷和隐患。
3.3 非标准项目：是指在本级别标准项目以外，为消除设备先天性缺陷或频发故障，对设备的局部结构或零件的设计进行改进而不构成新的固定资产的检修项目；重大非标项目指单项费用在50万元及以上的检修项目。
3.4 验收：是指设备检修复装结束后，正式启动前，对检修项目计划完成情况以及检修质量、试验结果进行检查、评价、认可，以确定设备检修后是否达到整体启动条件。
3.5 停役：是指设备由运行或备用状态转入检修状态。
3.6 复役：是指设备检修完毕，转入运行或备用状态称为复役。

4 职责和分工

4.1 生产分管领导

4.1.1 全面负责公司检修管理工作。
4.1.2 负责检修计划、规划的审定，实施方案的批准。

4.2 生产管理部

4.2.1 生产管理部是公司设备检修管理的归口部门。
4.2.2 负责审查、平衡、汇总上报公司《三年检修滚动规划》（见附件8.1）和《年度检修计划》（见附件8.2）。
4.2.3 负责组织、审查重大非标检修项目的方案论证、可研报告。
4.2.4 负责下发《年度检修计划》，并监督检修计划的执行、落实。
4.2.5 负责大部件检修项目的验收工作。

4.3 安健环管理部

4.3.1 负责公司检修项目“三措”的审核。

4.3.2 负责检修项目的安全监督工作。

4.3.3 负责外包工程的安全管理工作，组织签订安全协议。

4.4 运行管理部

4.4.1 负责设备检修过程中的隔离措施落实、试运行的操作。

4.4.2 负责依据公司下发的《年度检修计划》向调度中心提出申请并落实实施时间，及时向公司相关部门发布。

4.4.3 调管设备计划变更后的申请及批准后的发布。

4.5 项目部

4.5.1 负责编制《三年检修滚动规划》和《年度检修计划》。

4.5.2 负责编制及报送检修项目的“三措一案”、检修前分析报告、开工报告、总结等检修过程文件。

4.5.3 负责外委项目作业人员的资质审查，现场的安全管理工作。

4.5.4 负责检修项目的组织、实施。

4.5.5 负责B、C级检修项目的验收、启动及检修项目总结工作。

4.5.6 负责大部件检修项目的启动和总结工作，并参与验收工作。

5 管理活动的内容与方法

5.1 检修管理的基本要求

5.1.1 公司执行“应修必修，修必修好”的原则，以计划检修为主，逐步向状态检修过渡，探索形成一套包括故障抢修、定期检修、状态检修等方式的综合检修体系，保证安全和质量，实现修后长周期安全、经济、稳定运行。

5.1.2 项目应在规定的期限内，完成既定的全部检修工作，达到质量目标和标准，保证设备安全、稳定、经济运行。

5.1.3 发电设备检修应采用PDCA（P—计划、D—实施、C—检查、A—总结）循环的方法，从检修准备开始，制订各项计划和具体措施，做好施工、验收和修后评估工作。

5.1.4 设备检修人员应熟悉系统和设备的构造、性能和原理，熟悉设备的检修工艺、工序、调试方法和质量标准，熟悉安全工作规程；掌握钳工、电工技能，掌握与本专业密切相关的其他技能，看懂图纸并绘制简单的零部件图和电气原理图。

5.1.5 检修施工宜采用先进工艺和新技术、新方法，推广应用新材料、新工具，提高工作效率，缩短检修工期。

5.2 检修分类管理（检修等级）

5.2.1 根据发电设备检修规模和停电时间为原则，将风电机组检修分为半年期定检、一年期定检、大部件检修三个等级；单个光伏方阵的检修分为一年期定检、大部件检修两个等级。其中大部件检修根据设备运行、试验情况确定。

5.2.2 一年期定检：一年期定检半年期定检是指根据设备的磨损、老化规律，有重点地对设备进行评估、检查、修理、清扫。一年期定检可进行少量零件的更换、设备的消缺、调整、预防性试验等作业。

5.2.3 半年期定检：半年期定检是指设备总体运行状况良好，而对主要设备的附属系统和设备进行消缺。半年期定检除进行附属系统和设备的消缺外，还可根据设备状态的评估结果，安排部分一年期定检项目。

5.3 检修计划的编制

5.3.1 检修计划的编制依据：

5.3.1.1 国家、行业颁布的条例、规程、规范、措施。

5.3.1.2 公司发布的规程。

5.3.1.3　本年度有关计划、措施。
5.3.1.4　大部件三年滚动规划。
5.3.1.5　前次检修总结报告所列的遗留问题。
5.3.1.6　设备缺陷。
5.3.1.7　设备制造厂提供的相关资料。
5.3.2　《三年检修滚动规划》的编制：
5.3.2.1　检修滚动规划是项目设备大部件检修计划的预安排。检修滚动规划应每年进行修正。
5.3.2.2　检修滚动规划的内容应包括：项目名称、机组名称、机组容量、前两年及当年机组检修实际级别、下一年度及后三年发电检修级别规划。
5.3.3　《年度检修计划》的编制：
5.3.3.1　《年度检修计划》的编制应结合《三年检修滚动规划》。
5.3.3.2　单项预算金额超过 50 万元的重大非标准项目应编制可行性研究报告，并与年度检修计划以及大部件检修三年滚动规划同时报公司生产管理部审核。
5.3.3.3　项目应在每年×月×日前完成 《年度检修计划》的编制、初审工作。内容包括：项目名称（按机组、公用系统、生产建筑物、非生产设施分列）、检修级别、非标准项目名称及主要的技术措施（立项依据及其费用构成并附专题报告说明）、检修的进度安排、标准项目费用及非标准项目的费用等。

5.4　检修计划的申报

5.4.1　项目于每年×月×日前完成《三年检修滚动规划》和《年度检修计划》的编制、调整工作，连同《检修非标项目建议书》（见附件 8.3）和《检修重大非标项目可行性研究报告》（见附件 8.11）一并报生产管理部审核。
5.4.2　检修计划的审批、下达
5.4.2.1　生产管理部对各项目《三年检修滚动规划》《年度检修计划》《检修非标项目建议书》和《检修重大非标项目可行性研究报告》进行汇总、审核，审核通过后报生产分管领导审批，经总经理办公会审定后于×月×日前上报国投电力生产管理部核定，形成公司《年度检修计划》。
5.4.2.2　生产管理部负责将国投电力批复的《年度检修计划》下达至项目部。
5.4.3　检修计划的调整
5.4.3.1　检修计划经批准后，项目部在执行过程中需调整检修项目等，必须向生产管理部申报，并填写《检修项目变更申请单》（见附件 8.4），审核后报公司生产分管领导审批，经总经理办公会审定后上报国投电力生产管理部核定。
5.4.3.2　依据国投电力生产管理部项目变更批复，由生产管理部下达项目。
5.4.4　检修工期管理
5.4.4.1　风电机组及光伏方阵各等级的检修工期是指机组或光伏方阵从系统解列（或调度同意检修开工）到机组并网（或调度同意检修竣工转备用）之间的日历数。公司风电机组及光伏方阵各等级检修实施状态检修，应结合实际，根据不同外界影响因素开展检修工作。检修工期一般情况下不得超过规定的标准检修工期，见表 1、表 2。

表 1　风电机组各级检修工期表　　单位：天

风场容量	检修等级		
	半年期定检	年期定检	大部件检修
100MW 及以下	≤60	≤60	≤15/台
100MW 以上	≤120	≤120	≤15/台

注：检修停用时间（日数）已包括带负荷试验所需的时间（日数）。

表 2 单个光伏方阵各级检修工期表 单位：天

光伏电站容量	检修等级	
	一年期定检	大部件检修
30MW 及以下	≤30	≤15/单个光伏方阵
30MW 以上	≤45	≤15/单个光伏方阵
注：单个光伏方阵指 1MW 光伏组成的子方阵。		

5.4.4.2 机组检修实施过程中，如发现重大缺陷需要变更检修工期或检修级别时，应在实际检修工期过半之前向公司生产管理部提出申请，并提交“检修项目变更单”，并报请当地电力调度部门许可。

5.5 检修项目确定

公司检修项目由风电机组（或单个光伏方阵）标准检修项目及非标项目、公用系统设备和试验标准项目（指升压站、输变电设备以及集电线路等）组成。

5.5.1 风电机组标准检修项目：

5.5.1.1 风电机组设备半年期定检标准项目（不限于）：参照 DL/T 797 及设备制造商提供的维护项目；重点连接螺栓的力矩紧固、清扫、检查和处理易损、易磨部件，必要时进行实测和试验；消除运行中发生的缺陷；按各项技术监督规定检查的项目；执行年度反事故措施需安排的项目。

5.5.1.2 风电机组设备一年期定检标准项目（不限于）：参照 DL/T 797 及设备制造商提供的维护项目；进行较全面的连接螺栓的力矩紧固、清扫、检查、测量、检验、注油润滑和修理；设备防磨、防爆、防腐检查及处理消缺；按规定需要定期更换零部件的项目；设备和系统缺陷及隐患处理；按各项技术监督规定检查的项目；执行年度反事故措施需安排的项目。

5.5.1.3 风电机组设备大部件检修项目（不限于）：变桨蓄电池更换；风机齿轮箱油更换；风电机组叶片修理或更换；风电机组主轴修理或更换；风电机组齿轮箱修理或更换；风电机组发电机修理或更换；风电机组箱式变压器修理或更换。

5.5.2 单个光伏方阵标准检修项目：

5.5.2.1 单个光伏方阵设备一年期定检标准项目（不限于）：支架螺栓紧固，完成容量的 1/3；电池板接线整理检查，完成容量的 1/3；斜单轴控制系统（如有）检查；斜单轴传动系统（如有）润滑油脂加注；防风固沙措施维护；组件支架防腐处理，完成容量的 1/3。

5.5.2.2 单个光伏方阵大部件检修标准项目（不限于）：单个光伏方阵逆变器修理或更换；单个光伏方阵箱式变压器修理或更换。

5.5.3 公用系统设备和试验标准项目（不限于）：制造厂要求的项目进行较全面的检查、清扫、测量和修理；进行定期监测、试验、校验和鉴定；设备防磨、防爆、防腐检查及处理消缺；按规定需要定期更换已到期的零部件；设备和系统缺陷及隐患处理。反事故措施和技术监督规定进行的一般性检查工作。

5.5.4 检修非标准项目：是指在本级别标准项目以外，为消除设备先天性缺陷或频发故障，对设备的局部结构或零件的设计进行改进而不构成新的固定资产的检修项目；重大非标项目指单项费用在 50 万元及以上的检修项目。

5.6 费用及定额管理

根据《生产费用管理制度》执行，生产费用管理遵循的基本原则：

5.6.1 以安全生产为基础，以提高发电设备的可靠性为目标，以经济效益为中心，以节能降耗为重点，对影响设备安全、可靠、经济运行的内容优先安排。

5.6.2 严格执行公司制定的相关管理制度。生产费用必须用到生产方面，专款专用，不允许挪作他用和拆借。

5.6.3 生产费用的控制应注重过程控制，定期分析，及时发现存在的问题，不断改进和完善，提高资金使用的效率。

5.6.4　加强组织领导，健全生产费用责任制管理，明确专人责任，落实各级责任，责权清晰。

5.7　对外发包工程管理

根据公司《承包商安全信用评价管理制度》《生产外包工程和外用工安全管理规定》《外委工程或外委检修、试验项目等工作安全管理的补充规定》执行。

5.7.1　对外发包工程质量管理

5.7.1.1　项目部应从项目立项开始，明确检修项目的技术负责人和质量验收人，对项目实施全过程质量管理。

5.7.1.2　项目部应编写《检修文件包》（见附件 8.5），并根据工艺要求和作业流程，设置 H 点和 W 点，并向承包方进行书面技术交底，承包方应严格按照《检修文件包》进行作业。

5.7.2　对外包工程的安全管理

5.7.2.1　安全管理部负责签订对外发包工程的《安全协议》，明确双方责任、义务，实行双方共同执行验收制。

5.7.2.2　外委队伍进入现场前，项目应对其进行安全培训教育，经考试合格，向公司安全管理部备案。外委队伍进行现场作业的登高、电焊等特种作业人员应持有相应资质证书，使用的机具和仪表应符合有关安全和技术规定，并有合格的校验证书。

5.7.2.3　外委队伍应执行公司《承包商安全信用评价管理制度》《生产外包工程和外用工安全管理规定》《外委工程或外委检修、试验项目等工作安全管理的补充规定》等相关安全规定。项目对外委队伍日常现场施工作业进行检查，并形成检查记录。

5.7.2.4　项目组织人员对检修项目的“三措一案”，相关作业包及规程等进行培训、学习，使检修人员明确工作内容、程序要求、进度要求、危险点分析及安全控制措施，掌握备件、消耗性材料、专用工具状况，熟悉质量验收、试验的相关标准。

5.8　检修实施前管理

5.8.1　检修目标制定

5.8.1.1　变配电设备检修周期内不发生导致设备停运的故障且一次投运成功。

5.8.1.2　发电设备定检后 3 个月内不发生与定检项目关联性的故障。

5.8.2　检修工期控制

5.8.2.1　运行管理部根据生产管理部下发的《年度检修计划》，提前与调度申请、落实检修项目的实施时间并发布。

5.8.2.2　项目结合年度发电任务、电网调度停电检修计划和气候条件等因素确定检修项目的工期及进度安排。项目根据公司《年度检修计划》，确定月度检修计划和详细的进度安排。

5.8.2.3　对于发电设备大型部件的检修和重大检修项目，项目应编制详细的检修项目进度计划。

5.8.3　检修技术文件的准备

5.8.3.1　项目部编制检修项目的《检修方案》（见附件 8.12）、《检修前分析报告》（见附件 8.13），“三措”提前×日上传信息管理系统，由安健环管理部审核后执行，“一案”、《检修前分析报告》提前×日上传信息管理系统，由生产管理部审核后执行，大型检修项目的“三措一案”、《检修前分析报告》需上传信息管理系统，由安健环管理部、生产管理部、生产分管领导审批后执行。

5.8.3.2　每日检修结束后项目应在日报上填报当日设备检修情况。

5.8.3.3　编制检修用的各类现场记录、表格等（如：《检修文件包》）。

5.8.4　工器具及检修维护辅助设施准备

5.8.4.1　常用工具、专用工具、安全工器具、测量仪器的检查和准备，工程机具和车辆的准备和检验等。

5.8.4.2　检修电源、消防等重要检修保障设施的修前检查工作。

5.8.4.3　外包项目则由项目部对外包队伍的大型设备、工器具的校验报告进行审核、备案。

5.8.5　检修前工作会议

项目部应在检修项目开工前组织召开检修前工作会，内容包括：

5.8.5.1 备品备件及消耗性材料的储备和到货情况。

5.8.5.2 检修维护工器具、保证设施的检查情况。

5.8.5.3 “三措一案”、相关检修文件包及相关检修记录表格的准备情况。

5.8.5.4 检修项目的调整情况。

5.8.5.5 若项目外包，对外包单位的相关要求、对检修项目及检修过程中的相关要求等。

5.8.5.6 设备所有级别检修开工前×日项目部应向公司生产管理部上报《检修开工报告单》（见附件8.6），以确认检修工期开始。

5.9 检修实施过程管理

5.9.1 检修项目开工准备

5.9.1.1 对检修准备工作各方面进行复查，发现遗漏及时补充。

5.9.1.2 提前办理开工手续。

5.9.1.3 检查和配备个人安全防护用品。

5.9.2 检修过程控制

5.9.2.1 现场负责人定期召开检修例会，参会人员应包括：项目负责人、安全技术专工及检修人员，承包项目负责人，设备厂家人员。会议内容主要如下：

5.9.2.1.1 各项检修工作情况汇报及后续检修工作的安排，对检修维护工作进行宏观调制和协调。

5.9.2.1.2 对重大问题提出后续处理措施和方案，明确责任人和完成时间，并有反馈和监督。

5.9.2.1.3 协调有关备品备件到货、人力资源分配、施工机具材料、检修项目变更等影响进度的工作。

5.9.2.1.4 项目要对会议要求的闭环情况进行通报，负责会议纪要的整理和发布。

5.9.2.2 对检修过程中发现的重大设备问题，项目部应组织召开专题会，确定处理方案、措施及完成时间，并报生产管理部审核。

5.9.2.3 检修过程中设备异动应按《设备管理制度》中设备异动管理流程执行。

5.10 检修项目验收管理

5.10.1 检修工作结束后由项目填写《检修竣工报告单》（见附件8.7）。

5.10.2 设备B、C级检修结束后，由各项目部自行组织二级验收，并填写《设备检修验收单》（见附件8.8）。风机定检验收单应在定检结束×日内完成。

5.10.3 设备B、C级检修结束后，项目部提出《检修项目完工验收申请单》（见附件8.9），生产管理部负责组织相关人员进行现场三级验收。验收前要针对检修的项目列出相应验收表单，并逐项验收。对验收中发现的问题，由项目部督促施工方解决，验收合格后参与验收人员应在《设备检修验收单》签字确认。

5.11 检修项目试运行管理

设备B、C级检修结束验收合格后，由项目部编制《设备试运行记录》（见附件8.10），检修项目的试运行启动工作由项目部组织，并将《设备检修验收单》《设备试运行记录》上传信息管理系统，由生产管理部进行备案；B、C级检修项目的试运行启动工作由生产管理部负责组织，由项目部编制《设备试运行记录》，并将《设备检修验收单》《设备试运行记录》上传信息管理系统，由生产管理部审核，生产分管领导审批后，设备可正式运行。

5.12 检修完工资料上报及工作总结

5.12.1 检修维护总结与评价阶段的主要工作内容是：编写《检修预试总结》（见附件8.14），整理归档检修维护资料，修订检修维护规程、图纸、检修文件包等技术性文件。检修结束后×日内由项目部编写《检修预试总结》，同时一并将《检修竣工报告单》上传信息管理系统，由生产管理部审核，生产分管领导审批。

5.12.2 各项目部要在检修后，对检修设备的状态进行跟踪并对检修过程中出现的问题查找原因，进行分析、总结。

5.12.3 项目部对检修中消耗的备品备件及材料进行分析，并对备品备件、材料定额进行修订；对《三年检修滚动规划》进行修订。

5.13 检修文件管理

5.13.1 检修结束后×日内，项目部根据验收、遗留问题、总结等情况，组织对检修作业包等技术文件进行修订，按程序完成图纸、规程、定值设备台账等技术资料的修编工作，修编完成后及时归档。

5.13.2 项目部对检修文件依照公司《档案管理标准》中技术档案归档要求进行全面整理。生产管理部在季度综合检查中对检修资料及检修文件包进行抽查、审核。

6 检查与评价

生产管理部对本标准规定的管理活动进行检查并对表3所列的指标进行评价，依据评价结果提出考核意见。

表3 评价项目与指标

序号	评价项目	评价标准	责任部门	考核部门
1				
2				

7 附则

7.1 本制度适用于公司检修管理工作。

7.2 本制度由公司生产管理部负责解释。

7.3 本制度自发布之日起施行。

8 附件

8.1 三年检修滚动规划（见附表1）。

8.2 年度检修计划（见附表2）。

8.3 检修非标项目建议书（见附表3）。

8.4 检修项目变更申请单（见附表4）。

8.5 检修文件包（见附表5）。

8.6 检修开工报告单（见附表6）。

8.7 检修竣工报告单（见附表7）。

8.8 设备检修验收单（见附表8）。

8.9 检修项目完工验收申请单（见附表9）。

8.10 设备试运行记录（见附表10）。

8.11 检修重大非标项目可行性研究报告（见附表11）。

8.12 检修方案（见附表12）。

8.13 检修前分析报告（见附表13）。

8.14 检修预试总结（见附表14）。

附表 1　三年检修滚动规划

单位：（全称）									
项目名称	机组容量	n-3	n-2	n-1	n	n+1	n+2	n+3	备注
…									

附表 2　年度检修计划

工程项目名称	检修级别	计划实施时间	检修项目	项目名称	立项依据和重要技术措施概要	预算费用
一、机组						
机组名称 1		×年×月×日	标准项目			
		×年×月×日	非标项目			
			重大非标 1			
			重大非标 2			
			重大非标 3			
			重大非标 4			
			其他非标			
机组名称 2		×年×月×日				
		×年×月×日				
二、公用系统			公用系统 1			
			公用系统 2			
			公用系统 3			
三、生产建（构）筑物			建构筑物检修 1			
			建构筑物检修 2			
			建构筑物检修 3			

附表 3　检修非标项目建议书

项目名称	
项目负责人	
项目实施的原因：	
项目技术方案：	
项目估算及概（预）算明细，如设备费、建筑安装费、材料费、人工费、总投资：	
项目实施后预期效果：	

附表 4　检修项目变更申请单

公司名称			
检修名称和检修级别		检修编号	
变更项目	计划资金及简介		
新项目	计划资金及简介		
工期变更情况			
变更原因：			
审定：	审核：	填报：	报送日期：
注：若原项目取消，则新项目栏无须填写；新增项目直接填写增加原因。			

附表 5　检修文件包

检修文件包清单			
序号	名称	页次	备注
1	检修前分析报告		
2	检修工作任务单		
3	危险点分析、环境因素分析及安全措施		
4	检修准备工作		
5	检修工序（验收）卡		
6	检修质量评价表		
7	检修技术记录卡清单		
8	完工报告单		
9	检修总结		
检修文件包附录清单			
序号	名称	页次	备注
1	不符合项申请/处理单		

项目	批准人	
	审定人	
	审核人	
检修承包单位	批准人	
	审定人	
	审核人	
第二次修编		×年×月×日
第一次修编		×年×月×日
首次修编		×年×月×日

附表 6 检修开工报告单

<table>
<tr><td>公司名称</td><td colspan="4"></td></tr>
<tr><td>机组序号</td><td></td><td colspan="2">检修编号</td><td></td></tr>
<tr><td>开工时间</td><td></td><td colspan="2">检修级别</td><td></td></tr>
<tr><td rowspan="2">预计结束时间</td><td rowspan="2"></td><td rowspan="3">预算费用</td><td>材料费</td><td rowspan="3"></td></tr>
<tr><td>人工费</td></tr>
<tr><td>施工单位名称</td><td></td><td>其他（含技术改造）</td></tr>
<tr><td colspan="5">检修及技术改造主要项目：</td></tr>
<tr><td colspan="2">审定：</td><td colspan="2">填报：</td><td>报送日期：</td></tr>
</table>

附表 7 检修竣工报告单

<table>
<tr><td colspan="2">公司名称</td><td colspan="4"></td></tr>
<tr><td colspan="2">检修名称</td><td></td><td colspan="2">检修编号</td><td></td></tr>
<tr><td colspan="2">检修级别</td><td></td><td colspan="2">施工单位名称</td><td></td></tr>
<tr><td rowspan="2">检修工期</td><td>计划</td><td></td><td rowspan="2">检修费用</td><td>计划</td><td rowspan="2"></td></tr>
<tr><td>实际</td><td></td><td>实际</td></tr>
<tr><td rowspan="2">技术改造费用</td><td>计划</td><td></td><td colspan="3" rowspan="2"></td></tr>
<tr><td>实际</td><td></td></tr>
<tr><td colspan="6">检修遗留问题：</td></tr>
<tr><td colspan="2">审定：</td><td>审核：</td><td colspan="2">填报：</td><td>报送日期：</td></tr>
<tr><td colspan="6">注：检修费用如果不能及时统计，可以估算，待检修总结报告中详细说。</td></tr>
</table>

附表 8 设备检修验收单

<table>
<tr><td>序号</td><td colspan="2">内容</td><td>责任人员签字</td></tr>
<tr><td>1</td><td colspan="2">清理工作现场将工器具全部收拢并清点，废弃物按相关规定处理，材料及备品备件回收清点</td><td></td></tr>
<tr><td>2</td><td colspan="2">按相关规定关闭检修电源和拆除临时安全措施</td><td></td></tr>
<tr><td rowspan="2">3</td><td rowspan="2">自查情况记录</td><td colspan="2">技术改造和更换的零部件：</td></tr>
<tr><td colspan="2">遗留问题及处理意见：</td></tr>
<tr><td>4</td><td>验收方式</td><td colspan="2">三级验收 □
二级验收 □</td></tr>
<tr><td rowspan="4">5</td><td rowspan="4">验收并签字</td><td>外委检修队/厂家人员</td><td></td></tr>
<tr><td>班组</td><td></td></tr>
<tr><td>项目</td><td></td></tr>
<tr><td>生产管理部</td><td></td></tr>
<tr><td>6</td><td>缺陷处理情况确认</td><td colspan="2"></td></tr>
<tr><td>7</td><td>备注说明</td><td colspan="2"></td></tr>
</table>

附表 9　检修项目完工验收申请单

项目名称：

公司：

我项目已完成了技术改造工作，现已完成二级验收工作，自检合格，现申请公司组织进行三级验收，请予以验收。

附件：

设备检修验收单（二级验收）。

申请人：
负责人：
日　期：

生产管理部意见：

专业工程师：
部门负责人：
日　　期：

附表 10　设备试运行记录

<table>
<tr><td colspan="2">版次：第____版</td><td colspan="2">设备试运行记录</td><td colspan="2">页码______</td></tr>
<tr><td>设备名称</td><td colspan="2"></td><td colspan="2">设备编号</td><td></td></tr>
<tr><td>设备试运
注意事项</td><td colspan="5"></td></tr>
<tr><td>试运时间</td><td colspan="5">×年×月×日～×年×月×日</td></tr>
<tr><td colspan="6">试运参数记录</td></tr>
<tr><td colspan="2">参数</td><td colspan="2">标准</td><td colspan="2">实际</td></tr>
<tr><td colspan="2"></td><td colspan="2"></td><td colspan="2"></td></tr>
<tr><td colspan="2"></td><td colspan="2"></td><td colspan="2"></td></tr>
<tr><td colspan="2"></td><td colspan="2"></td><td colspan="2"></td></tr>
<tr><td colspan="6">试运中发现的缺陷：</td></tr>
<tr><td colspan="2">缺陷名称</td><td colspan="2">处理情况</td><td colspan="2">备注</td></tr>
<tr><td colspan="2"></td><td colspan="2"></td><td colspan="2"></td></tr>
<tr><td colspan="2"></td><td colspan="2"></td><td colspan="2"></td></tr>
<tr><td colspan="2"></td><td colspan="2"></td><td colspan="2"></td></tr>
<tr><td colspan="2"></td><td colspan="2"></td><td colspan="2"></td></tr>
<tr><td colspan="2"></td><td colspan="2"></td><td colspan="2"></td></tr>
<tr><td colspan="6">试运行情况：</td></tr>
<tr><td colspan="2">检修承包方专业主管</td><td colspan="2">检修承包方负责人</td><td colspan="2">项目检修负责人</td></tr>
<tr><td colspan="2"></td><td colspan="2"></td><td colspan="2"></td></tr>
<tr><td colspan="2"></td><td colspan="2"></td><td colspan="2"></td></tr>
<tr><td colspan="2"></td><td colspan="2"></td><td colspan="2"></td></tr>
<tr><td colspan="2"></td><td colspan="2"></td><td colspan="2"></td></tr>
<tr><td colspan="2"></td><td colspan="2"></td><td colspan="2"></td></tr>
</table>

附表 11 检修重大非标项目可行性研究报告

项目名称：
可研编制人：
负责部门： 项目负责人：
一、 项目提出的背景及实施的必要性
（检修设备的运行简历，设备铭牌、投运时间、运行状况、技术状况及其他有关技术参数，现状、存在的主要问题，从对安全、经济运行、环境的影响等方面论证该项目的必要性）
二、调研报告
（咨询专家意见、国内外解决方案、用户使用情况等）
三、可能方案
（从可能设计的方案中，选出 2 个～3 个可供选择方案，从技术经济及社会效益上全面论证其先进合理性，实施可行性，对应存在问题提出解决方法，对可选方案进行综合比较，推荐最佳方案。灰场、构建筑物其他土建工程，应注意水文、地质、地形等资料收集）
四、工程规模和主要内容
（项目的构成和范围（子项目或分项目），站（厂）址选择，地理位置，线路路径及接线方案，改进后系统的布置，设备性能及有关参数，必要的图纸、生产准备及培训情况）
五、工程实施进度计划
1．工程准备时间安排：
2．项目招标、采购时间安排：
3．项目实施计划安排：
六、项目估算及概（预）算明细
1．设备费：（万元）、建筑安装费：（万元）、材料费：（万元）、人工费：（万元）、总投资：（万元）。
2．项目概（预）算明细表（如有多页，可另附在报告后面）
七、预期效果
（对实施前后安全，经济运行状况，明确项目实施后对于提高系统和本单位安全性、可靠性、节能降耗、环境保护等应达到的指标，从提高效益，降低成本，增加利润等方面进行分析）。

附表 12 检修方案

一、概况
1．本项工作性质。
2．工作任务。
3．计划工作时间。
说明：本部分主要描述该项工作整体情况，重点突出整体工程量（含二次设备），如增加一套 SVC 装置，增加两面 35kV 开关柜等。
二、工作前应做的准备工作
1．施工技术和资料准备；
2．材料准备；
3．工作人员安排；
4．工序总体安排；
5．主要工序和特殊工序的施工方法。
说明：本部分主要描述工作前应做的准备工作，包括技术资料、图纸、材料、人员、工序总体安排（本部分内容为各工序具体安排情况，格式：××负责×工作）、主要及特殊工序（特殊过程的定义是：①产品某些质量特征不能通过后续的质量检验加以验证的工序；②产品质量需进行破坏性试验或采用复杂、昂贵的方法才能测量或只能进行间接监控的工序；③该工序产品仅在产品使用或服务交付之后，不合格特性才能暴露出来）的施工方法，本部分内容要求言简意赅，内容描述清楚即可。
三、工作进度安排计划表

表 1 工作内容及进度安排

序号	内容	计划工作时间	备注
1			
2			
…			

四、工序、作业流程
1．土建施工
……
2．设备安装
3．调试
4．机组定检
说明：本部分要求对各工序具体步骤进行描述，根据检修、安装等规程的要求，确定各工序之间的工艺关系，形成工作作业程序。涉及土建等较大型作业时可参照上述内容编写，小型技术改造、大修、检修预试、重大缺陷处理按实际工序进行编写。按照作业技术的合理性、经济性和可行性的要求，结合工作程序统筹考虑，确定每道工序的施工方法、技术要求与质量控制标准。通过学习该部分内容，必须使工作人员了解整个工作内容、各阶段最关键的危险点及预控措施、各工序具体工作步骤及内容。

附表 12（续）

五、质量目标与保证措施
说明：本部分要求对第六部分提出的质量目标，制定相应的保证措施。
六、验收项目及标准（表格）

序号	验收项目	验收标准	质量控制点（W、H、R）	备注
1				
2				
…				

说明：本部分要求对该项工作验收程序、验收项目及标准进行逐项描述。

附表 13　检修前分析报告

一、设备状态情况分析
上次计划检修投运到此次分析时为止的运行时间：
1．设备主要异常事件：
2．设备当前状态分析：
3．检修项目策划情况：
提出拟不进行的设备检修维护项目及原因：
二、检修前重大问题分析
分析运行指标（设备运行数据、主要监测指标状况）：
三、安全性评价、技术监督等专项检查发现问题的整改建议
根据安全性评价要求、技术监督技术标准及专项检查整改意见，对设备运行情况进行评价，提出满足安全性评价及技术监督要求的检修整改建议。
四、完善系统功能、提高运行性能及反事故措施和对应处理的检修工作建议
根据设备、系统运行情况，提出满足电网运行考核、完善控制与保护逻辑等提高设备运行效率的检修工作建议与措施。根据反事故措施要求，检查反事故措施方面存在的问题，提出处理措施。
五、上次检修遗留问题
分析上次检修遗留问题产生的原因，提出本次检修采取的措施。
六、设备存在缺陷统计
设备缺陷分析，提出处理意见。

缺陷统计表

序号	设备名称	缺陷描述	拟采取消缺措施	负责人	备注

七、检修项目

检修项目汇总表

序号	检修项目	负责人	工时	备注
	标准项目			
1				
1.1				
…				
	特殊项目（非标项目）			
1				
2				
…				
	技术监督			
1	绝缘监督项目			

附表 13（续）

续表

序号	检修项目	负责人	工时	备注
1.1				
…				
2	继电保护监督项目			
2.1				
…				
	安全性评价整改项目			
1				
…				
	反事故措施项目			
1				
…				
	技术改造项目			
1	重大项目			
1.1				
…				
2	一般项目			
2.1				
…				
3	自控项目			
3.1				
…				
	其他			
1				
…				

附表 14　检修预试总结

一、设备概述
介绍设备厂家、型号及近期运行状况等，例子如下：
国投××有限公司××项目 1 至××号风力发电机组，装机容量××MW。
检修预试设备名称、数量、设备型号、生产厂家、主要参数、系统构成、投运时间、上次检修预试时间。
二、检修预试确定的目标及完成情况
1．安全目标：
2．质量目标：
3．工期目标：
计划时间：4 月 10 日～4 月 12 日
实际时间：4 月 10 日～4 月 15 日
三、检修预试工作小组
简述设备检修预试人员配置，例子如下：
1．1 号主变压器及所属设备
组长：××
组员：××、××、××、××
四、检修预试前设备重大问题及处理情况
1．问题 1
处理情况：

附表 14（续）

……

2．问题 2

处理情况：

五、检修预试主要项目完成情况

1．检修预试项目完成情况，见表 1。

表 1 检修预试完成情况统计表

内容	合计	标准项目	特殊项目	技术监督项目	两措整改项目	其他项目	备注
计划数							
实际数							

2．结合检修预试开展的技术改造项目及完成情况，见表 2。

表 2　技术改造项目完成情况统计表

项目名称	技术改造项目	技术改造费用	施工单位	完成情况及实施效果件数	项目性质
计划数					
实际数					

六、检修预试工作完成情况

根据合同技术部分以表格形式列出设备检修、试验项目及完成情况，设备缺陷处理等，例子如下：

本次检修预试过程中，共执行操作票××份，合格率×××%；电气一种工作票××份，合格率×××%；电气二种工作票×份，合格率×××%。

1．1 号主变压器及所属设备检修预试完成情况

（1）1 号主变压器缺陷处理情况，见表 3。

表 3　1 号主变压器缺陷处理情况统计表

设备名称	出现时间	工作内容	处理措施	完成时间及完成情况	负责人	备注

（2）1 号主变压器检修预试工作完成情况，见表 4。

表 4　1 号主变压器检修预试工作完成情况统计表

序号	检修预试设备/部位	工作时间	检修预试内容/项目	完成情况	负责人
1	高压套管检查	20××年×月×日	（1）瓷件外部清扫检查，检查套管有无放电、裂纹、破损、等现象，法兰无锈蚀。 （2）检查密封及油位，套管本体及与箱体连接密封良好，油位正常。 （3）检查导电连接部位无松动，接线端子等连接部位表面无氧化。 （4）套管与升高座法兰连接螺钉检查		
2	低压侧套管	20××年×月×日	（1）套管外表面检查清扫。 （2）引线接头检查。 （3）软连接检查。 （4）连接螺钉检查		
3	有载分接开关	20××年×月×日	（1）操动机构试验检查：两个循环操作各部件的全部动作顺序及限位动作应符合技术要求，各分接位置显示应正确一致。 （2）绝缘电阻测试：采用 500V 或 1000V 绝缘电阻表测试辅助回路的绝缘电阻，其值不应低于 1MΩ		
4	储油柜	20××年×月×日	（1）吸湿器、连管及法兰密封检查。 （2）硅胶检查，必要时更换。 （3）油封杯清洁、检查。 （4）注油管及排油管检查		

附表 14（续）

续表

序号	检修预试设备/部位	工作时间	检修预试内容/项目	完成情况	负责人
5	气体继电器	20××年×月×日	（1）密封良好，无渗漏现象。 （2）阀门位置检查。 （3）气体继电器动作可靠，回路传动正确无误。 （4）观察窗清洁，刻度清晰。 （5）绝缘电阻测试		
6	压力释放阀	20××年×月×日	（1）护罩导流罩、各部油污清扫清理检查。 （2）密封检查，无喷油、渗漏现象。 （3）回路传动正确。 （4）动作指示杆应保持灵活		
7	热电阻温度计	20××年×月×日	（1）温度计内应无潮气凝露，并与顶层油温基本相同。 （2）比较压力式温度计和热电阻温度计的指示，差值应在 5℃之内。 （3）检查温度计接点整定值是否正确，二次回路传动正确		
8	绕组温度计	20××年×月×日	（1）温度计内应无潮气凝露。 （2）检查温度计节点整定值是否正确		
9	油位计	20××年×月×日	（1）表内应无潮气凝露。 （2）浮球和指针的动作是否同步。 （3）无假油位现象。 （4）必要时调整油位		

七、设备技术改造或异动情况

检修预试过程技术改造或设备异动描述，例子如下：

1．技术改造项目名称

实施情况：

2．设备异动项目名称

异动原因：

实施情况：

八、实耗工时统计

实耗工时统计见表 5。

表 5　实耗工时统计表

序号	项目名称	天数	人数	工时
1				
2				
…				

九、备品备件及材料消耗

备品备件及材料消耗描述，例如：

1．1 号主变压器及所属设备备件及消耗性材料统计见表 6。

表 6　1 号主变压器及所属设备备件及消耗性材料统计表

序号	备件/材料名称	数量	备注
备品备件			
1			（备件的厂家、型号）
…	……	……	……
消耗性材料			
1			
2			
3			
…	……	……	

附表 14（续）

十、遗留问题

遗留问题描述，例如：

1. 1 号主变压器及所属设备遗留问题统计见表 7。

表 7　1 号主变压器及所属设备遗留问题统计表

序号	设备部位	遗留问题描述	整改时间	负责人	备注
1					
2					
3					
…					

十一、质量验收情况

设备检修预试验收结果：×××××××。具体验收见附件验收单（附验收单）。

十二、外委单位评价

外委单位评价结果见表 8。

表 8　外委单位评价表

序号	评价项目	评价内容	标准分	实得分
1	管理体系	现场安全管理体系健全	3	
		现场质量管理体系健全	3	
2	人员资质	作业人员是否具有相应工作资质	3	
		人员资质是否在有效期内	3	
3	人员配置	项目负责人与合同要求是否一致	3	
		专（兼）安全管理人员与合同是否要求一致	3	
		技术负责人与合同要求是否一致	10	
		各专业人员配置是否满足合同和现场作业要求	10	
4	仪器仪表	仪器仪表配置满足现场作业要求	5	
5	工器具	工器具配置满足现场作业要求	5	
6	三违情况	人员在作业过程中是否有三违行为	10	
7	质量保障能力	技术负责人是否满足作业要求	5	
		作业人员技术水平是否满足作业要求	5	
		作业完工后自验收工作是否到位	5	
8	进度	进度是否满足现场要求	5	
9	资源分配	劳动力安排合理，与施工进度计划匹配	3	
10	文明生产	作业过程中与现场人员沟通良好	3	
		作业现场是否凌乱	3	
		是否做到工完场清	3	
11	资料	检修资料提交是否及时、准确、完整	10	
总计			100	

注：1. 在评价时一项不满足要求，该项不得分。

2. 90 分以上为优；80 分～90 分为良；60 分～70 分为合格；60 分以下为不合格。

十二、设备检修预试后整体评价

对本次检修预试的评估、总结、暴露的问题、改进措施等。

2 设备管理

Q/SDIC-GL-SB03-2020

设备缺陷管理制度

设备缺陷管理制度

1 总则

为了规范和加强设备管理，建立科学管理机制，提高设备健康水平，明确各级人员责任，确保机组安全、经济、稳定和环保运行，根据国家、电力行业以及国投电力有关政策和规定，特制定本制度。

2 规范性引用文件

下列文件中的内容通过文中的规范性引用而构成本文件必不可少的条款。其中，注日期的引用文件，仅该日期对应的版本适用于本文件；不注日期的引用文件，其最新版本（包括所有的修改单）适用于本文件。

DL/T 666 风力发电场运行规程

DL/T 797 风力发电场检修规程

3 术语和定义

3.1 设备缺陷：是指公司在生产过程中，运行或备用的设备、系统、重要建构筑物以及影响设备安全、稳定、经济运行，或影响文明生产的状况、异常现象。具体如下：运行设备和备用设备发生异常，设备或部件的损坏造成设备的被迫停止运行或安全可靠性降低；设备或系统的部件失效，造成运行参数长期偏离正常值，接近报警值或频繁报警。

3.2 一类缺陷：是指若不及时处理，会直接危及人身安全或影响主要设备、系统、重要建筑物或引起事故进一步扩大的紧急缺陷，需立即将主设备停运，才能进行处理的设备缺陷或技术条件复杂或施工难度大的缺陷。

3.3 二类缺陷：是指设备设施运行参数已超标，但仍能继续监视运行，需要制定预控措施，改变系统运行方式或减负荷、结合机组检修或临停，才能彻底消除的设备缺陷。

3.4 三类缺陷：是指发电主、辅设备及公用系统设备在生产过程中发生的一般性质缺陷，需要改变公用系统运行方式，不需要将主设备停运或降低设备出力运行，在机组运行中可以消除或通过设备倒换、系统隔离等措施即可消除处理的设备缺陷，消除时不影响机组出力或负荷曲线。

3.5 四类缺陷：即非生产设备缺陷，主要指建、构筑物等非生产设施缺陷，主要指主辅设备及其系统以外，对机组、设备的安全经济稳定运行不会构成直接影响的缺陷，包括：建筑物、构筑物（门窗、上下水、屋顶、地面、设备基础等）、一般照明、浴室、卫生间、自来水系统、现场文明生产类、设备标识牌、保温、油漆等缺陷。

3.6 重复缺陷：发生 2 次及以上，间隔时间在一个月内，发生在同一设备同一位置上具有相同迹象的缺陷，或是同一部位同一原因造成的缺陷。

3.7 缺陷消除率：缺陷消除率＝统计期已消除缺陷的总条数/统计期内应消除缺陷的总条数×100%（一类、二类、三类的消缺率分别计算）。

3.8 主设备：是指风电场（光伏电站）风力机传动链、发电机、主变压器、SVG/SVC 等设备。

4 职责和分工

4.1 生产分管领导

4.1.1 全面负责公司设备缺陷管理工作。

4.1.2　负责公司一类缺陷处理的审批。

4.2　生产管理部

4.2.1　是公司设备缺陷的归口管理部门，负责消缺工作的监督、管理、考核，监督发现缺陷、处理缺陷的全面性、及时性；对消缺质量、安全、文明检修进行监督、管理。

4.2.2　负责组织一类缺陷技术措施、处理方案制定，并组织实施。

4.2.3　负责二类缺陷处理方案审核并指导、协调、督促缺陷处理。

4.2.4　负责指导分析主要缺陷发生的原因，提出缺陷处理指导措施。

4.3　安健环管理部

4.3.1　负责公司一、二类缺陷处理“三措”的审核。

4.3.2　负责公司缺陷处理工作的安全监督。

4.3.3　指导、监督现场做一类缺陷隔离及应急处理。

4.4　项目场站

4.4.1　是所管理设备消缺工作的管理和执行部门，是设备缺陷处理的责任单位，对消缺过程的安全、质量、进度负责。

4.4.2　负责缺陷的统计、运行分析及汇报。

4.4.3　负责缺陷的安全隔离措施的审核和执行过程监督。

4.4.4　负责缺陷的发现、确认、录入、注销及消缺验收。

4.4.5　负责备件采购计划上报、物资采购合同（或订单）的执行，办理物资催交等工作。

4.4.6　负责备品备件的催货、验收和领用。

4.4.7　负责所辖区域生产设备消缺处理方案、措施的制订。

4.4.8　负责设备消缺的组织和实施工作。

4.4.9　负责缺陷的现场隔离及应急处理。

4.4.10　负责设备缺陷的判定分类、确认、上报工作。

4.4.11　对消缺的及时性和消缺质量负责，对消缺工作中的安全注意事项负责。

4.4.12　负责缺陷处理的验收工作。

4.4.13　对检修消缺后现场的“工完、料净、场地清”负责。

4.4.14　负责将需要进行设备重大改造才能恢复正常运行的缺陷，列入年度技术改造计划中，并提前做好可行性研究方案。

4.4.15　对所管设备的缺陷进行跟踪分析，找出重复缺陷发生的原因，提出改进措施。对暂不能消除的缺陷进行确认和后续管理，为消缺工作提供备品和技术支持。负责确认备品更换的必要性，提供消缺的材料、备品，负责备件的申购和督促采购。

5　管理活动的内容与方法

5.1　缺陷的发现和登记

5.1.1　运行值班人员通过对设备巡回检查和操作调整，监视设备状况，及时发现设备缺陷。对发现的设备缺陷应采取相应的运行措施，在 MIS（或其他管理信息系统）上填写设备缺陷登录信息，要求登录信息必须明确缺陷名称、缺陷位置，设备名称以运行系统图和规程命名为准。在“缺陷内容”栏内，填写缺陷现象、严重程度，主要的缺陷要经当班值班负责人确认。缺陷登录时运行值班人员应对设备缺陷的类别、专业属性进行准确判断。

5.1.2　项目检修人员应对设备状况进行综合分析，及时发现设备缺陷。对发现的设备缺陷应通知运行采取相应的运行措施。在 MIS（或其他管理信息系统）上填写设备缺陷登录信息，要求登录信息必须明确缺陷名称、缺陷位置，设备名称以运行系统图和规程命名为准。在“缺陷内容”栏内，填写缺陷现象、严重程度。

5.2 缺陷的分类及处置原则

5.2.1 由运行值班人员、项目专工对登记的缺陷认定、分类并反馈缺陷发现人。

5.2.2 当发现一类缺陷时，当值值班员通知项目负责人，由项目负责人汇报生产管理部经理、公司分管生产领导，值班员在 MIS 系统（或其他管理信息系统）内录入设备缺陷；项目主要工作人员在接到通知后第一时间到达现场，立即组织消除设备缺陷工作。

5.2.3 当发现二类缺陷时，当值值班员通知项目负责人，由项目负责人汇报生产管理部经理，做好运行预控措施，在 MIS 系统（或其他管理信息系统）内录入设备缺陷；办理工作票进行消缺工作，值班员接票后根据现场情况安排倒换设备、方式消缺。

5.2.4 当发现三类缺陷时，由当值值班员及时通知设备责任部门值班人员，在 MIS 系统（或其他管理信息系统）内录入设备缺陷，由项目检修人员在运行条件允许时组织消缺。

5.3 缺陷消除时间界定

5.3.1 一类缺陷发生后应立即向公司进行汇报并通知相关专业人员，组织力量迅速处理。需要在停机或计划检修中处理的，不做限时要求，但需要在 24h 内制定防范措施办理完相关手续，纳入月度考核。

5.3.2 二类缺陷检修或停机、停电等措施尽快进行处理，一般限时在 48h 内消除。

5.3.3 三类缺陷一般限时 24h 内消除（扣除由于安全规程规定的特殊天气影响的小时数）。

5.3.4 四类缺陷要根据发展趋势转为一类、二类或三类缺陷管理，一般限时 72h 内消缺。如在计划时间内完不成，设备责任单位须提前 2h 提出相关申请，办理缺陷延期申请单，经生产管理部分管专业专工批准后方可延期。属于装置性违章的缺陷，必须立即消除。

5.3.5 列入技术攻关的缺陷规定为 6 个月内完成，否则技术攻关负责人向生产管理部专业专工须提出申请，经生产管理部经理批准后方可延期。

5.3.6 属于无备品的缺陷在备品到货后转入正常消缺管理，各类备品到货时间规定如下：

5.3.6.1 国内、外备品材料到货时间规定依照《物资采购管理制度》执行。

5.3.6.2 外出加工，7 天完成。

5.3.7 大部件类故障，例如发电机转子开路、齿轮箱轴承点蚀，需采购备件，如因备品备件采购时间超期，考核相关责任部门。

5.4 消缺流程

5.4.1 现场检修、运行人员按岗位责任制和巡回检查制度对系统、设备及现场文明生产巡查，发现一类、二类缺陷要立即互相电话通知责任部门，一类缺陷同时通知生产管理部专业专工，紧急缺陷发生时项目负责人必须通知生产管理部经理、安健环管理部、生产分管领导。三、四类缺陷由当值值班员录入 MIS 系统（或其他管理信息系统），项目检修人员自行查看并处理。如果因计算机或网络系统故障造成缺陷不能输入，运行人员应电话通知缺陷设备所属的项目设备管理人员。

5.4.2 检修人员在接到运行人员或生产管理部专工的消缺通知后，上班时间 20min 内出发，赶往现场消缺，运行人员记录到场时间，任何情况下进行消缺工作必须先向运行人员说明，严格按照两票标准进行。

5.4.3 一、二类缺陷暂时无法消除同时办理延期手续后，检修人员要向运行人员写出书面交代。

5.4.4 设备责任部门提出的缺陷由设备责任部门验收，生产管理部抽查。

5.5 缺陷的遗留

5.5.1 对于符合暂不能消除的缺陷，设备管理人员应在“设备缺陷单”上“后续管理”一栏内注明后续管理的处理意见，并提出挂起或延期要求（一、二类设备缺陷可以进行挂起，三、四类缺陷可以进行延期处理）及检修技术措施，项目运行人员补充运行技术措施，生产管理部审核，一、二类缺陷挂起由分管生产领导批准，三、四类缺陷延期由生产管理部经理批准。挂起缺陷不计入未处理缺陷统计，延期处理缺陷只能延期一次，如此缺陷没有消除，设备所辖项目汇报生产管理部，同意后本缺陷流程终止，缺陷重新登录，并作为重复发生缺陷进行考核。

5.5.2 遗留缺陷应由项目设备管理人员制定措施，由项目设备管理人员对运行值进行交代。项目编制运行防范措施，生产管理部批准，运行人员做好相关事故预想，并在缺陷管理流程状态栏内注明“措施已做”，同时项目运行、检修人员要加强重点巡回检查。

5.5.3 对于需要进行设备技术改造才能消缺的缺陷，要列入年度技术改造计划。

5.5.4 三、四类延期流程：项目检修人员申请→项目安全技术专工（项目负责人）→生产管理部专工→生产管理部经理审批。一、二类设备缺陷挂起流程：项目检修人员申请→项目安全技术专工→项目负责人→生产管理部专工→生产管理部经理→分管生产领导批准。

5.6 消缺工作验收

5.6.1 一类缺陷消缺工作结束后由检修班组进行一级验收，由项目进行二级验收，由生产管理部进行三级验收并填写《三级验收记录表》。

5.6.2 二类缺陷消缺工作结束后由检修班组进行一级验收，由项目进行二级验收并填写《二级验收记录表》。

5.6.3 三、四类缺陷消缺工作结束后由检修班进行一级验收即可并填写《一级验收记录表》。

5.6.4 消缺负责人应在验收记录中详细填写设备故障原因和缺陷处理过程、结果及遗留问题和能否投运结论。

5.6.5 缺陷处理验收完成后，由缺陷处理工作负责人对运行值进行作业交代。

5.7 特殊缺陷处理程序

5.7.1 备品到货后转入正常缺陷管理程序

5.7.1.1 需停主要设备缺陷处理程序：由设备责任部门牵头，生产管理部、安健环管理部共同制定防止缺陷扩大保证安全生产的措施，设备责任部门经理审核，生产管理部经理审批后实施。

5.7.1.1.1 设备责任部门应做好缺陷记录，并制定消缺预案，在有停机检修机会时及时安排消缺。

5.7.1.1.2 生产管理部对此类缺陷也应记录并对消缺及时性进行监督考核。

5.7.1.2 需技术攻关的缺陷处理程序

5.7.1.2.1 设备责任单位提出技术攻关缺陷申请，同时附方案措施交生产管理部专业专工。

5.7.1.2.2 生产管理部专工审核，生产管理部经理审定，生产分管领导审批。生产分管领导缺位时由生产管理部经理审批。

5.7.1.2.3 生产管理部专业专工组织进行技术攻关。

5.8 检修交代的书写要求

5.8.1 在缺陷未得到彻底处理，或者处理后设备系统状态和运行要求与发生缺陷前发生了改变时，检修应对运行人员进行书面交代。

5.8.2 如设备相关单位均未查出缺陷发生的原因而缺陷问题明显存在，应简要叙述检查过程，制订应急保护措施，并说明计划如何处理，不得交代“正常”或“无问题”。

5.8.3 如设备运行操作方式有改动，项目必须向运行值班员进行申请，必须重点注明与处理前不同之处，值长做好记录并将改动内容传达给当值和交接班运行人员。

5.8.4 如设备未恢复正常使用而做出检修交代，必须说明当前具备的功能、存在的问题，并列出处理计划，附临时操作方式或替代设备。

5.8.5 暂不能消除的缺陷，检修人员应写出书面保护措施并将措施实施后，交运行人员存档。项目安全专工制订保证安全运行的措施并督促值班人员执行，做好事故预想，合理安排运行方式，兼顾安全性和经济性。

5.8.6 运行接班人员要对上一班缺陷交代把关，当发现内容不详或不准确时应积极与上班和检修班长核对和确认，相关人员不得推诿。

5.8.7 项目负责人监督检查交接班记录上缺陷的交代情况及值班员对检修交代的把关情况。

5.8.8 一类缺陷生产管理部各专业进行全过程监督，二类缺陷生产管理部各专业抽查验收。

5.8.9 原设计没有部分，不能以缺陷形式出现。

5.8.10　对原设计功能改变的，或者设备、系统状态偏离原正常范围的，如需认定为正常状态而不成为缺陷，则设备责任部门需要按规定办理相关变更手续，运行值班人员接到生产管理部发出的变更通知后不再将其作为缺陷填写。

5.8.11　各项目公司负责每日缺陷发生情况的统计及晨会汇报，并按周、月对各项目设备缺陷的发现、消除、验收等各项措施的执行情况进行汇总分析，形成分析报表，由生产管理部提出考核意见。

6　检查与评价

6.1　生产管理部组织对制度进行评价。

6.2　缺陷考核按《设备管理制度》执行。

7　附则

7.1　本制度适用于公司设备缺陷管理工作。

7.2　本制度由公司生产管理部负责解释。

7.3　本制度自发布之日起施行。

8　附件

8.1　月缺陷统计表（见附表 1）。

8.2　周缺陷分析报告（见附表 2）。

8.3　月度缺陷分析报告（见附表 3）。

8.4　设备缺陷报告（见附表 4）。

附表 1　月缺陷统计表

序号	缺陷类别	发生时间	消除时间	缺陷内容	缺陷发生的主要原因	若缺陷未消除，列出原因及临时措施	备注
一、当月统计							
二、遗留缺陷							
审核人：			填报人及电话：			填报日期：	

填写说明：1.“缺陷类别”请填写“一类”或“二类”。
2．以往的“遗留缺陷”在当月消除完毕，请将此缺陷填写“当月统计”中。
3．填写字体要求采用仿宋-GB2312　12 号字。
4．日期格式“20××-××-××。
5．单元格设置为左对齐，自动换行。
6．设备管理部门25日前把当月缺陷统计报表报送至生产管理部，生产管理部汇总报送至国投电力技术管理部。

附表 2　周缺陷分析报告

序号	缺陷类别	发生日期	消除时间（计划）	缺陷内容	缺陷发生的主要原因	若缺陷未消除，列出原因及临时措施	备注
一、未消除缺陷							
二、重复发生的缺陷							
三、超期缺陷							
四、其他							
本周缺陷总数量：		未消除缺陷数量：		消缺率：		消缺及时率：	
生产管理部审核人：			设备管理部门审核：			填报人：	

说明：1．周缺陷统计上周四 24 时至本周四 24 时为一个统计周期。
2．周缺陷分析，设备管理部门分专业填报，部门缺陷管理负责人审核，生产管理部各专业专工审核并提出考核意见。
3．周缺陷分析报告每周五 15:00 前报送可靠性专工备案。
4．周一可靠性专工生产早会汇报上周缺陷处理情况。

附表 3　月度缺陷分析报告

序号	缺陷类别	发生日期	消除时间（计划）	缺陷内容	缺陷发生的主要原因	若缺陷未消除，列出原因及临时措施	备注
一、未消除缺陷（包括遗留缺陷）							
二、重复发生的缺陷							
三、超期缺陷							
四、其他							
本周缺陷总数量：			未消除缺陷数量：		消缺率：	消缺及时率：	
生产管理部审核人：				设备管理部门审核：		填报人：	

附表 4　设备缺陷报告

填报单位：	填报时间：
缺陷发生时间	
缺陷主要内容	
一、发生经过	
二、缺陷原因	
三、处理过程	
四、防范措施	
五、其他	（若缺陷暂时无法消除或需长时间处理，还应列出消缺计划和预控措施等）
批准：	填报人及电话：

2 设备管理

Q/SDIC-GL-SB04-2020

设备可靠性管理制度

设备可靠性管理制度

1 总则

1.1 为加强公司的发电设备可靠性管理工作，提高发电设备安全、可靠运行水平，根据《发电设备可靠性评价规程》《电力可靠性监督管理制度》以及国投电力《发电设备可靠性管理制度》，结合本公司的实际情况，特制定本制度。

1.2 发电设备可靠性管理工作的主要任务是：统计、分析发电设备可靠性数据；用可靠性指标统计分析结果指导公司的安装、调试、运行、维护、检修及改造等工作；用可靠性指标分析和评价电力生产过程的设备管理水平。

1.3 本制度适用于公司各生产部门。

2 术语和定义

2.1 发电设备可靠性：是指设备在规定条件下和规定时间区间内完成规定功能的能力。

2.2 可靠性事件：是指在电力生产中出现因设备可靠程度降低或失控而影响生产的事件。

2.3 可靠性管理：是指用系统工程的观点对设备的可靠性进行控制，即对设备全寿命周期中各项可靠性工程技术活动进行规划、组织、协调、控制、监督，以实现确定的可靠性目标，使设备全寿命周期费用最低。

2.4 设备可靠性指标：是设备可用性的量化描述，是衡量设备运行技术状况的重要依据，度量规划设计、设备制造、安装调试、运行维修等环节的综合水平，是改进各自工作的依据。

3 职责和分工

3.1 生产管理部

3.1.1 负责对全公司可靠性工作的管理与监督。

3.1.2 贯彻执行上级可靠性管理的各项规定、准则和统计评价规程，制定公司设备可靠性管理制度。

3.1.3 组织开展评价和分析运行可靠性数据的工作，收集可靠性管理工作中的意见、建议和信息。

3.1.4 负责年度电力可靠性管理工作总结和技术分析报告的汇总及编写上报工作。

3.2 运行管理部

3.2.1 负责开展可靠性管理的具体工作。

3.2.2 制定部门可靠性管理制度。

3.2.3 明确可靠性管理工作的人员，负责公司各项可靠性信息统计。

3.2.4 按照有关规程、制度，定期向相关部门提供可靠性数据。

3.2.5 参加可靠性工作业务培训和技术经验交流活动。

3.2.6 重点对机组发电量、利用小时、运行小时、备用小时、可用小时、启动次数等指标进行分析。

3.3 项目场站

3.3.1 根据批准的设备检修计划，合理编制方案和措施，控制检修工期，确保可靠性指标完成。

3.3.2 负责本项目设备缺陷管理，保证设备安全运行和处于良好的健康状态，确保可靠性指标完成。

3.3.3 重点对停运小时（计划停运、非计划停运、强迫停运）、机组降低出力等效停运小时、等效可用系数等指标进行分析。

3.3.4 每月定期进行评价和分析可靠性数据的工作，形成书面报告并上报生产管理部和运行管理部。

3.4 可靠性管理人员

3.4.1 定期按要求完成可靠性数据报送工作，确保报送数据的准确性。

3.4.2 负责可靠性日常管理工作，定期进行可靠性数据分析，发现问题及时报告主管领导及生产管理部。

3.4.3 负责编制月、季、年度可靠性指标分析报告及年度可靠性工作总结。

3.4.4 做好可靠性专用设备维护工作。

4 管理活动的内容与方法

4.1 可靠性统计范围

4.1.1 风电机组（光伏组件）的可靠性统计评价范围以风电机组（光伏组件）出口主开关为界，包括风轮、传动变速系统、发电机系统、液压系统、偏航系统、变频器（逆变器）、控制系统、通信系统以及相应的辅助系统。

4.1.2 风电场（光伏电站）的可靠性统计评价范围包括风电场内的所有发电设备，除了风电机组外，还包括箱式变压器、汇流线路、主变压器等，及其相应的附属、辅助设备，公用系统和设施。

4.2 机组的状态划分和指标定义

4.2.1 机组的状态划分：

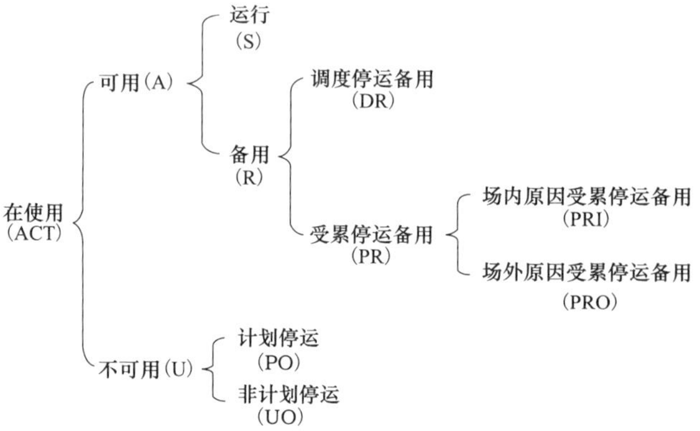

4.2.2 机组的状态定义：

4.2.2.1 在使用（ACT）：机组处于要进行统计评价的状态。在使用分为可用（A）和不可用（U）。

4.2.2.2 可用（A）：机组处于能够执行预定功能的状态，而不论其是否在运行，也不论其提供了多少出力。可用分为运行（S）和备用（R）。

4.2.2.3 运行（S）：机组在电气上处于连接到电力系统的状态，或虽未连接到电力系统但在风速条件满足时，可以自动连接到电力系统的状态。机组在运行状态时，可以是带出力运行，也可以是因风速过高或过低没有出力。

4.2.2.4 备用（R）：机组处于可用，但不在运行状态。备用可分为调度停运备用（DR）和受累停运备用（PR）。

4.2.2.4.1 调度停运备用（DR）：机组本身可用，但因电力系统需要，执行调度命令的停运状态。

4.2.2.4.2 受累停运备用（PR）：机组本身可用，因机组以外原因造成的机组被迫退出运行的状态。按引起受累停运的原因，可分为场内原因受累停运备用（PRI）和场外原因受累停运备用（PRO）。

4.2.2.4.2.1 场内原因受累停运备用（PRI）：因机组以外的场内设备停运（如汇流线路、箱式变压器、主变压器等故障或计划检修）造成机组被迫退出运行的状态。

4.2.2.4.2.2 场外原因受累停运备用（PRO）：因场外原因（如外部输电线路、电力系统故障等）造成机组被迫退出运行的状态。以及由于恶劣天气（雷电、冰冻、台风等）的影响造成的机组停运备用状态。若由于恶劣天气影响造成机组故障发生，从恶劣天气影响风机停运开始至发现风机故障之间的时间为场外受累停运备用状态，从发现故障开始之后的状态为非计划停运状态。

4.2.2.5　不可用（U）：机组不论什么原因处于不能运行或备用的状态。不可用分为计划停运（PO）和非计划停运（UO）。

4.2.2.5.1　计划停运（PO）：机组处于计划检修或维护的状态。计划停运应是事先安排好进度，并有既定期限的定期维护。

4.2.2.5.2　非计划停运（UO）：机组不可用而又不是计划停运的状态。

4.3　状态转变时间界线和时间记录的规定

4.3.1　状态转变时间界线

4.3.1.1　运行转为备用或计划停运或非计划停运，以发电机在电气上与电网断开时间为界。

4.3.1.2　备用或计划停运或非计划停运转为运行，以机组投入正常运行状态时间为界。

4.3.1.3　计划停运或非计划停运转为备用，以报复役的时间为界。

4.3.1.4　备用或非计划停运转为计划停运，以主管电力企业批准的时间为界。

4.3.1.5　备用转为非计划停运，以超过现场规程规定的启动时限或预定的并网时间为界；在试运行和试验中发生影响运行的设备损坏时，以设备损坏发生时间为界。

4.3.1.6　计划停运转为非计划停运，在检修过程中发生影响运行的设备损坏时，以计划检修工期终止日期为界。

4.3.1.7　运行转为非计划停运，以发电机在电气上与电网断开时间达到 4h 为界。

4.3.2　时间记录的规定

4.3.2.1　设备状态的时间记录采用 24 小时制。00:00 为一天开始，24:00 为一天之末。

4.3.2.2　设备状态变化的起止时间，以机组的计算机自动统计记录或运行日志为准，运行日志记录要和计算机自动统计记录相一致。

4.3.2.3　机组非计划停运转为计划停运只限于该机组临近原计划检修的时段。填报按下述规定：自停运至原计划检修开工前或至调度批准转入计划检修前计作非计划停运；或临近原计划检修时并经申请征得上级生产管理部门同意和调度批准转为计划检修的时段，从原计划开工时起为计划停运。

4.4　容量、电能和时间术语定义

4.4.1　最大容量（*GMC*）：是指一台机组在某一给定期间内，能够连续承载的最大容量。一般可取机组的铭牌额定容量（*INC*），或经验证性试验并正式批准确认的容量。计量单位“千瓦”。

4.4.2　期末发电设备容量：是指报告期内的最后一天发电实际拥有的发电机组容量的总和。

$$\text{报告期末发电设备容量}=\text{期初发电设备容量}+\text{本期新增发电设备容量}-\text{本期减少发电设备容量}$$

本期末的发电设备容量即为下一期初的发电设备容量。

4.4.3　期末发电设备综合可能出力：是指报告期末最后一天机组在升压站等设备共同配合下，可能达到的最大生产能力。

4.4.4　“期末发电设备综合可能出力”与“期末发电设备容量”的区别，在于综合可能出力要考虑：

4.4.4.1　设备经技术改造后并经技术鉴定综合提高的出力。

4.4.4.2　机组、箱式变压器、线路和升压站之间配合影响的出力。

4.4.4.3　设备本身缺陷的影响出力。

4.4.4.4　扣除封存的发电设备出力。

4.4.4.5　如果没有上述各种因素的影响，则二者应当相同。

4.4.5　发电设备平均容量：是指发电机组在报告期内按日历时间平均计算的容量。如在报告期内发电机组无增减变化时，则发电设备平均容量等于期末发电设备容量；如发电机组有新增或减少（拆迁、退役、报废）时，则发电设备平均容量应按下述方法计算：

$$\begin{aligned}\begin{matrix}\text{报告期发电}\\\text{设备平均容量}\end{matrix} &= \begin{matrix}\text{期初发电}\\\text{设备容量}\end{matrix} + \begin{matrix}\text{本期新增发电}\\\text{设备平均容量}\end{matrix} - \begin{matrix}\text{本期减少发电}\\\text{设备平均容量}\end{matrix}\\ &= \begin{matrix}\text{期初发电}\\\text{设备容量}\end{matrix} + \frac{\sum\begin{matrix}\text{报告期内新增}\\\text{发电设备容量}\end{matrix}\times\begin{matrix}\text{新增设备容量自投产}\\\text{到报告期末的日历小时数}\end{matrix}}{\text{报告期日历小时数}}\\ &= \frac{\sum\begin{matrix}\text{报告期内减少}\\\text{发电设备容量}\end{matrix}\times\begin{matrix}\text{该机组拆除或报废}\\\text{到报告期末的日历小时数}\end{matrix}}{\text{报告期日历小时数}}\end{aligned}$$

在计算风电场平均容量时，风电机组的增加以通过 240h 试运行为标志。通过 240h 试运行的机组进入统计，通过 240h 试运行之前所发的电量为试运行电量。

4.4.6　实际发电量（*GAG*）：是指机组在给定期间内实际发出的电量。

4.4.7　光伏电站发电量：是指光伏组件进行能量转换产出的电能数量的总和，单位 kWh，光伏电站发电量＝∑光伏集电线路计量点电能表抄见电量。

逆变器对光伏系统的影响最为重要，其次是光伏组件串保护器、光伏组件、交流电路断路器，其重要性见表 1。光伏项目只统计逆变器的可靠性。

表 1　影响光伏电站可靠性的设备优先级

一级 （最重要）	二级 （次级重要）	三级 （相对重要）
逆变器	组件串保护器 光伏组件 交流电路断路器	直流开关 充电控制器 电网保护器 差分电路断路器 连接器 交流开关 蓄电系统

4.4.8　风电场发电量：是指在风电机组出口处计量的输出电能，一般从风电机监控系统读取，单位 kWh。

4.4.9　风电场单机试运行电量：是指在风电机组从并网开始至完成 240h 试运行之间所产生的发电量，单位 kWh。

4.4.10　风电场试运行电量：是指风电场所有风电机组试运行电量的总和。

4.4.11　时间术语定义：

4.4.11.1　运行小时（*SH*）：机组处于运行状态的小时数。

4.4.11.2　备用小时（*RH*）：机组处于备用状态的小时数。

4.4.11.3　用公式可表示为：$RH=DRH+PRH=DRH+PRIH+PROH$。

4.4.11.4　调度停运备用小时（*DRH*）：机组处于调度停运备用状态的小时数。

4.4.11.5　受累停运备用小时（*PRH*）：机组处于受累停运备用状态的小时数。受累停运备用小时又可分为下列 2 类：

a）场内原因受累停运备用小时（*PRIH*）机组处于场内原因受累停运备用状态的小时数。

b）场外原因受累停运备用小时（*PROH*）机组处于场外原因受累停运备用状态的小时数。

4.4.12　计划停运小时（*POH*）：机组处于计划停运状态的小时数。

4.4.13　非计划停运小时（*UOH*）：机组处于非计划停运状态的小时数。

4.4.14　统计期间小时（*PH*）：机组处于在使用状态的日历小时数。

4.4.15　可用小时（*AH*）：机组处于可用状态的小时数。可用小时等于运行小时与备用小时之和，用公式表示为：

$$AH=SH+RH$$

4.4.16 不可用小时（UH）：机组处于不可用状态的小时数。
4.4.17 不可用小时等于计划和非计划停运小时之和或统计期间小时与可用小时之差。用公式表示为：

$$UH=POH+UOH=PH-AH$$

4.4.18 统计台年（UY）：为一台机组的统计期间小时或多台机组的统计期间小时之和除以8760h，即

对一台设备 $$UY=\frac{PH}{8760}$$

对多台设备 $$UY=\sum\frac{PH}{8760}$$

4.4.19 利用小时（UTH）：是指机组实际发电量折合成额定容量的运行小时数。

$$UTH=\frac{GAG}{INC}$$

4.5 状态填报的规定

4.5.1 运行

4.5.1.1 设备每月至少应有一条事件记录。否则，此台设备该月被视为未统计。

4.5.1.2 发电设备在全月运行时，只需填写一条运行事件记录（FS）；若当月发生任何停运事件，只需如实填写停运事件，运行事件可不填写。

4.5.2 备用

4.5.2.1 发电设备因电网需要安排停运但能随时投入运行时，记为调度停运备用（DR）。

4.5.2.2 因发电设备以外的场内设备停运（如汇流线路、箱式变压器、主变压器等故障或计划检修）造成停运时，视作场内原因受累停运备用（PRI）。

4.5.2.3 发电设备因自然灾害（如冰冻）等不可抗拒原因、电力系统故障等外部原因造成停运时，视作场外原因受累停运备用（PRO）。

4.5.3 计划停运

在发电设备计划检修中发生新的设备损坏，且在原来计划检修工期内不能修复时，自计划检修工期终止日期起应转为非计划停运事件。

4.5.4 非计划停运

4.5.4.1 发电设备在非计划停运修复期间，若发生设备损坏或发现新的必须消除的缺陷，除填写原发事件记录外，尚须填写新事件记录。

4.5.4.2 由于设备（或零部件）多种原因造成机组非计划停运时，对于能够区分先后的，以最先发生的事件视作“基础事件”；对于不能区分先后的，以修复时间最长的事件作为“基础事件”。把机组此次停运状态的时间作为基础事件的记录时间。对于设备多种原因造成机组非计划停运，除了要填写“基础事件”外，还必须再将“基础事件”和其他所有事件按实际修复时间进行记录。

4.6 评价指标

4.6.1 通用指标

4.6.1.1 计划停运系数（POF）

$$POF=\frac{计划停运小时}{统计期间小时}\times100\%=\frac{POH}{PH}\times100\%$$

4.6.1.2 非计划停运系数（UOF）

$$UOF=\frac{非计划停运小时}{统计期间小时}\times100\%=\frac{UOH}{PH}\times100\%$$

4.6.1.3 可用系数（AF）

$$AF=\frac{可用小时}{统计期间小时}\times100\%=\frac{AH}{PH}\times100\%$$

4.6.1.4 运行系数（*SF*）

$$SF=\frac{\text{运行小时}}{\text{统计期间小时}}\times 100\%=\frac{SH}{PH}\times 100\%$$

4.6.1.5 容量系数（*GCF*）

$$GCF=\frac{\text{实际发电量}}{(\text{统计期间小时}\times\text{最大容量})}\times 100\%=\frac{GA}{PH\times GMC}\times 100\%$$

4.6.1.6 利用系数（*UTF*）

$$UTF=\frac{\text{利用小时}}{\text{统计期间小时}}\times 100\%=\frac{UTH}{PH}\times 100\%$$

4.6.1.7 出力系数（*OF*）

$$OF=\frac{\text{实际发电量}}{\text{运行小时}\times\text{最大容量}}\times 100\%=\frac{AG}{SH\times GMC}\times 100\%$$

4.6.1.8 非计划停运率（*UOR*）

$$UOR=\frac{\text{非计划停运小时}}{\text{非计划停运小时}+\text{运行小时}}\times 100\%=\frac{UOH}{UOH+SH}\times 100\%$$

4.6.1.9 非计划停运发生率（*UOOR*）（次/年）

$$UOOR=\frac{\text{非计划停运次数}}{\text{可用小时}}\times 8760=\frac{UOT}{AH}\times 8760$$

4.6.1.10 暴露率（*EXR*）

$$EXR=\frac{\text{运行小时}}{\text{可用小时}}\times 100\%=\frac{SH}{AH}\times 100\%$$

4.6.1.11 平均连续可用小时（*CAH*）（h）

$$CAH=\frac{\text{可用小时}}{\text{计划停运次数}+\text{非计划停运次数}}=\frac{AH}{POT+UOT}$$

4.6.1.12 平均无故障可用小时（*MTBF*）（h）

$$\text{对于机组：}MTBF=\frac{\text{可用小时}}{\text{强迫停运小时}}=\frac{AH}{FOT}$$

4.6.1.13 强迫停运率：是指发电设备发生强迫停运的时间概率。

$$EFOR=\frac{\text{强迫停运小时}}{\text{强迫停运小时}+\text{运行小时}}\times 100\%=\frac{FOH}{FOT+SH}\times 100\%$$

4.6.2 光伏电站指标

4.6.2.1 光伏电站的设备可靠性指标：是指统计期内逆变器处于可用状态的时间占总时间比例的指标，可用小时数为运行小时和备用小时的总和。

$$\text{设备可利用率}=\frac{\text{可用小时}+\text{备用小时}}{\text{统计期间小时}}\times 100\%$$

4.6.2.2 光伏电站汇流箱组串电流离散率：是指光伏电站某台逆变器所带汇流箱组串电流的离散率，它反映了该逆变器下所有汇流箱电池组串的整体运行情况，离散率数值越小，说明各汇流箱电池组串电流曲线越集中，发电情况越稳定。某时刻（j 时刻）汇流箱组串电流离散率计算公式为：

$$CV_j=\frac{\sigma}{\mu}$$

$$\mu=\frac{1}{N}\sum_{i=1}^{N}x_i$$

$$\sigma=\sqrt{\frac{1}{N}\sum_{i=1}^{N}(x-\mu)^2}$$

式中：CV_j 为 j 时刻某台逆变器下所带汇流箱组串电流的离散率，此处的 CV 是指统计学中的标准差系数；j 为该逆变器所带汇流箱组串电流的采集时刻点，建议项目选取 10:00～17:30 太阳能辐射较好的时间段进行分析；μ为 j 时刻该逆变器下所带汇流箱组串电流的平均值；σ为 j 时刻该逆变器下所带汇流箱组串电流的标准差；x_i 为 j 时刻该逆变器下所带汇流箱第 i 组串的电流；N 为该逆变器下所带汇流箱电池组串的总数量。

4.6.2.3 全天汇流箱组串电流离散率：是指该逆变器下汇流箱组串电流每个时刻离散率的加权平均值。根据光伏电站生产运维经验要求，汇流箱组串电流离散率取值范围可分为如下 4 个等级：

4.6.2.3.1 若汇流箱组串电流离散率取值范围在 0%～5%以内，说明汇流箱支路电流运行稳定。

4.6.2.3.2 若汇流箱组串电流离散率取值在 5%～10%以内，说明汇流箱支路电流运行情况良好。

4.6.2.3.3 若汇流箱组串电流离散率取值在 10%～20%以内，说明汇流箱支路电流运行情况有待提高。

4.6.2.3.4 若汇流箱支路电流离散率超过 20%，说明汇流箱支路电流运行情况较差，影响电站发电量，必须进行整改。

4.6.2.4 光伏设备等效可用系数：是指项目光伏发电设备在统计周期内实现完全发电能力的程度。

$$\text{光伏设备等效可用系数}=\frac{\text{可用小时}-\text{降低出力等效停运小时}}{\text{统计期间小时}}\times100\%$$

4.6.2.5 降低出力等效停运小时：报告期内，将机组降低出力小时数折合成按毛最大容量计算的满负荷运行小时数。

$$\text{降低出力等效停运小时}=\frac{\text{设备原因损失电量}}{\text{电站容量}}$$

4.6.2.6 光伏逆变器设备月等效可用系数大于等于 99%。

4.6.2.7 光伏项目升压站设备可用系数大于等于 99%。

4.6.2.8 光伏项目汇流线路的设备可用系数大于等于 99%。

4.6.2.9 光伏项目汇流箱设备的年平均等效可用系数大于等于 99%。

4.6.2.10 光伏项目汇流箱组串电流离散率小于 10%。光伏项目汇流箱组串电流离散率作为项目的评价指标，不作为项目的考核指标。

4.6.3 风电场评价指标

4.6.3.1 风电场评价指标是按机组指标的容量加权平均值进行计算。

4.6.3.2 当统计风电场指标时，把因场内原因受累停运备用状态（PRI）的机组视为不可用，其受累停运备用小时（$PRIH$）计入不可用小时。这时的机组可用小时（AH_1）等于运行小时、调度停运备用小时和场外原因受累停运备用小时之和。用公式表示：

$$AH_1=SH+DRH+PROH$$

4.6.3.3 风电场可用系数（AFs）计算公式为：

$$AFs=\frac{\sum(AH_1\times GMC\times PH)}{\sum(GMC\times8760)}\times100\%$$

4.6.3.4 风电场非计划停运系数（$UOFs$）计算公式为：

$$UOFs=\frac{\sum[(UOH+PROH)\times GMC\times PH]}{\sum[(UOH+PROH+SH)\times GMC\times8760]}\times100\%$$

4.6.3.5 非计划停运或受累停运备用电量损失（EL）：机组在非计划停运或受累停运备用期间的发电量损失估计值，按停运小时和停运期间其他状况相似的风电机组平均出力的乘积来计算。

4.6.3.6 单台风机设备月平均等效可用系数：

$$\text{单台风机设备月平均等效可用系数}=\frac{\text{月可用小时}-\text{月降低出力等效停运小时}}{\text{月总小时}}\times 100\%$$

4.6.3.7 风电场风机设备月平均等效可用系数：

$$\text{风电场风机设备月平均等效可用系数}=\frac{\text{所有单台风机设备月平均等效可用系数的总和}}{\text{台数}}\times 100\%$$

4.6.3.8 风电项目风机设备的月平均等效可用系数大于等于97%

4.6.3.9 风电项目升压站设备可用系数：

$$\text{风电项目升压站设备可用系数}=\frac{\text{统计期间小时数}-\text{计划停运小时}-\text{非计划停运小时}}{\text{统计期间小时}}\times 100\%$$

4.6.3.10 风电项目升压站设备包含：10kV 以上电气设备、配电柜、开关、线路。

4.6.3.11 风电项目升压站设备可用系数大于等于 99%。

4.6.3.12 风电项目汇流线路的设备可用系数大于等于 99%。

4.6.3.13 风电项目风机设备的年平均等效可用系数：

$$\text{电项目风机设备的年平均等效可用系数}=\frac{\text{所有单台风机设备月平均等效可用系数的总和}}{\text{台数}}\times\text{风电项目升压站设备可用系数}$$

4.6.3.14 风电项目风机设备的年平均等效可用系数大于等于 97%。

4.7 可靠性数据报送要求

4.7.1 风电项目配合运行管理部每月 2 日 18:00 前将发电设备可靠性数据报送至国投电力可靠性信息平台。

4.7.2 报送可靠性基础数据的范围：

4.7.2.1 100kW 及以上容量风电机组、光伏现场所有逆变器、汇流箱设备。

4.7.2.2 35kV 汇集、110kV 及以上电压等级输变电设施可靠性信息。

4.7.2.3 电力可靠性管理报告和电力可靠性技术分析报告。

4.7.2.4 重大非计划停运、停电事件的分析报告。

4.7.3 可靠性数据和信息的统计及上报工作，应严格执行有关规程的规定，确保可靠性指标的公正性、准确性、完整性。禁止任何部门、个人以任何形式对可靠性数据进行不正当干预。报送信息有误需更正时，应当及时以书面形式说明原因，更改的信息根据规定逐级报送。

4.7.4 生产管理部定期组织开展项目设备可靠性评价。

4.7.5 可靠性管理人员的要求

4.7.5.1 可靠性人员应有一定生产实践经验，经过专门培训的技术人员担任。

4.7.5.2 掌握可靠性理论基础知识及其应用，熟悉行业颁布的规章制度及主要指标的计算和公式含义，各种事件状态的划分，故障原因编码的准确认定。

4.7.5.3 了解所管辖设备的基本结构、工作原理、常见或易发生的故障及故障分析方法和检测方法，能参与有关故障的分析。

4.7.5.4 根据电力设施基础事件数据，能进行分析和提出结论性意见，在确保安全的前提下，提出合理的设备维护周期，设法提高设备可用率，保证电力设备可靠、安全、稳定运行。

4.7.5.5 熟悉操作计算机和使用可靠性应用软件。

4.7.6 数据录入流程

4.7.6.1 基础注册数据的录入

4.7.6.1.1 基础注册数据的录入由项目可靠性管理人员负责。
4.7.6.1.2 基础注册数据的首次录入在可靠性管理系统正式投运后 2 个月内完成。以后设备有变更的，在变更后 7 天内完成相应基础注册数据的修改。
4.7.6.1.3 基础注册数据录入的要求按《发电设备可靠性评价规程》和可靠性管理系统软件的规定执行。
4.7.6.2 运行事件的录入
4.7.6.2.1 运行事件是指设备状态发生改变所引发的事件，具体以《发电设备可靠性评价规程》的规定为准。
4.7.6.2.2 运行事件的录入由可靠性管理人员负责，并对其准确性和真实性负责。
4.7.6.2.3 运行事件的录入必须在事件结束后 48 h 内完成（如遇双休日顺延），但每月 2 日前须完成上月所有运行事件的录入。
4.7.6.3 数据的整理与汇总上报
4.7.6.3.1 数据可靠性管理人员对录入数据的真实性、规范性负责。
4.7.6.3.2 每月 2 日前完成上月度数据的整理与汇总上报。
4.7.6.4 数据的发布

每年 1 月 15 日前，生产管理部运行工程师完成上年度可靠性统计分析报告的编制，经审核后发布。

4.8 奖励与考核管理

4.8.1 风电项目，当月平均等效可用系数大于等于 97%，不考核，当月平均等效可用系数小于 97%，考核项目××元。
4.8.2 风电项目，当月风机利用小时数高于上月，且平均等效可用系数大于等于 98%，则奖励项目××元。如未高于上月则不奖励。
4.8.3 光伏项目，当月平均等效可用系数大于等于 98%不考核，当月平均等效可用系数小于 98%，考核项目××元。
4.8.4 光伏项目，当月利用小时数高于上月，且平均等效可用系数大于等于 99%，则奖励项目××元。如未高于上月则不奖励。
4.8.5 项目汇集站、升压站、辅助设备，当月平均等效可用系数小于 99.5%，考核项目处罚××元，小于 99%时考核项目 5 分，处罚××元，以此类推。
4.8.6 可靠性数据报送错误，视具体情况按次考核项目 3 分～5 分，并报公司审核记录。

5 检查与评价

生产管理部对本标准规定的管理活动进行检查并对表 2 所列的指标进行评价，依据评价结果提出考核意见。报告与记录见表 3。

表 2 评价项目与指标

序号	评价项目	评价指标	责任部门	考核机构（部门）
1	风机可利用率	风电场风机设备月平均等效可用系数大于等于 97%	项目	生产管理部
2	升压站可用系数	项目升压站设备可用系数大于等于 99.5%	项目	生产管理部
3	年平均等效可用系数	风电项目风机设备的年平均等效可用系数大于等于 97%	项目	生产管理部
4	光伏设备月等效可用系数	光伏设备月平均等效可用系数大于等于 98%	项目	生产管理部
5	数据填报	必须准确、及时、完整	项目、运行管理部	生产管理部

表3 报告与记录

序号	编号	名称	填写人	保存地点	保存期限
1	Q/××××	××项目××××年可靠性指标数据表（汇总）	项目	生产管理部	永久
2	Q/××××	××项目××××年可靠性指标数据表	项目	生产管理部	永久
3	Q/××××	××项目××××年机组（逆变器）非计划停运情况表	项目	生产管理部	永久
4	Q/××××	××项目输变电设施可靠性指标汇总表	项目	生产管理部	永久
5	Q/××××	××项目逆变器（汇流箱）组串电流离散指标汇总表	项目	生产管理部	永久
6	Q/××××	国投白银风电有限公司可靠性周报汇总表	项目	生产管理部	永久

6 附则

6.1 本制度适用于公司设备可靠性管理工作。

6.2 本制度由公司生产管理部负责解释。

6.3 本制度自发布之日起施行。

7 附件

7.1 ××项目××××年可靠性指标数据表（汇总）（见附表1）。

7.2 ××项目××××年可靠性指标数据表（见附表2）。

7.3 ××项目××××年机组（逆变器）不可用停运情况表（见附表3）。

附表 1　××项目××××年可靠性指标数据表（汇总）

机组类型	电厂代码	机组容量 MW	周发电量 MWh	月发电量 MWh	年发电量 MWh	利用小时 *UTH*	可用小时		不可用小时及次数						降低出力等效停运小时 *EUNDH*	等效可用系数 *EAF* %	等效强迫停运率 *EFOR* %
							运行小时 *SH*	备用小时 *RH*	计划停运		非计划停运		强迫停运				
									次数 *POT*	小时 *POH*	次数 *UOT*	小时 *UOH*	次数 *FOT*	小时 *FOH*			
填表日期：								制表：						负责人：			

附表 2　××项目××××年可靠性指标数据表

电厂代码	机组编号	投产日期	机组容量 MW	周发电量 MWh	月发电量 MWh	年发电量 MWh	利用小时 *UTH*	可用小时		不可用小时及次数						暴露率 *EXR* %	等效可用系数 *EAF* %	等效强迫停运率 *EFOR* %
								运行小时 *SH*	备用小时 *RH*	计划停运		非计划停运		强迫停运				
										次数 *POT*	小时 *POH*	次数 *UOT*	小时 *UOH*	次数 *FOT*	小时 *FOH*			
填表日期：									制表：						负责人：			

附表 3　××项目××××年机组（逆变器）不可用停运情况表

电厂代码	机组编号	铭牌容量 MW	事件状态起始时间	事件状态终止时间	事件状态	状态持续小时	非计划停运原因
填表日期：				制表：			负责人：

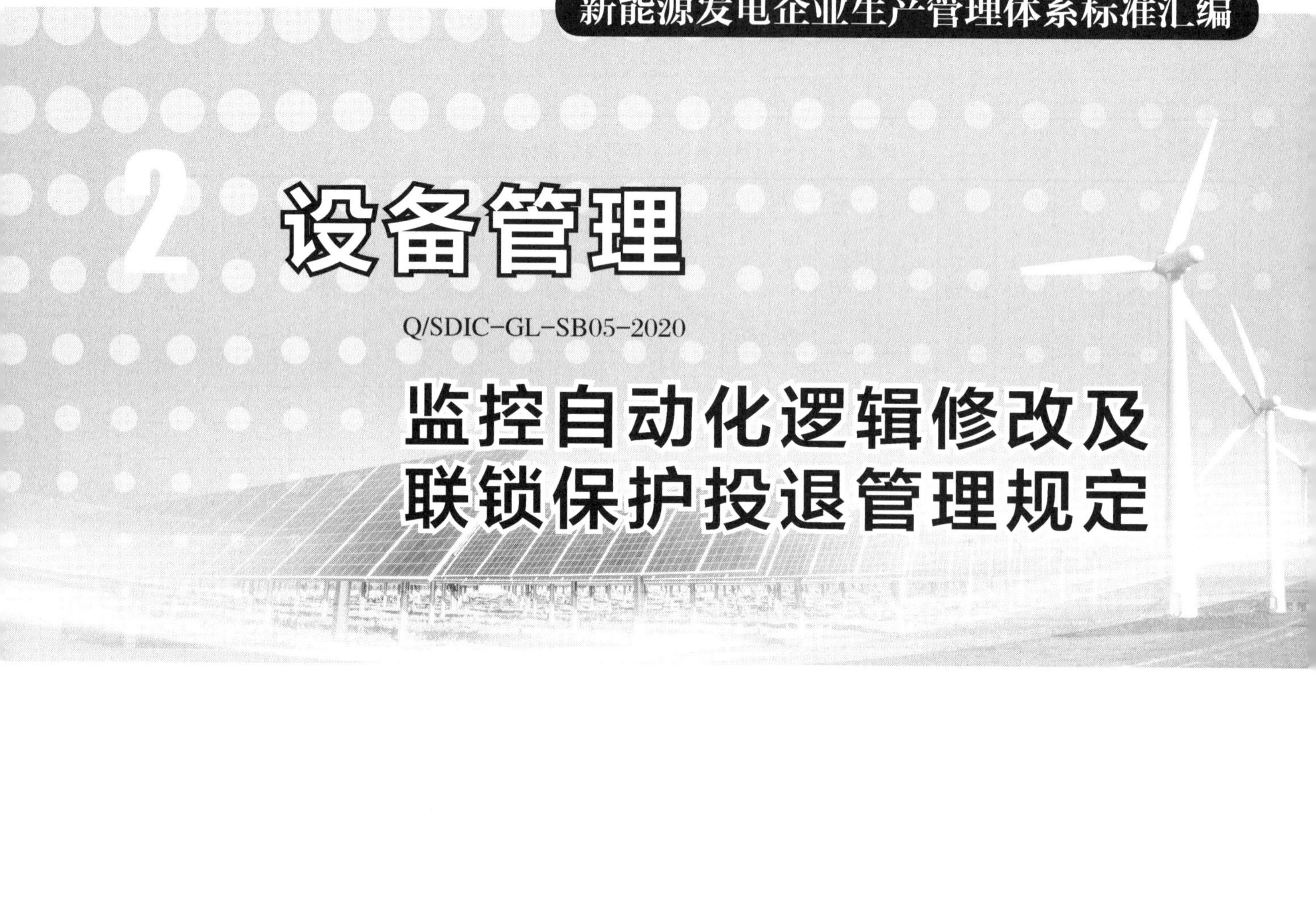

2 设备管理

Q/SDIC-GL-SB05-2020

监控自动化逻辑修改及联锁保护投退管理规定

监控自动化逻辑修改及联锁保护投退管理规定

1 总则

1.1 为规范公司监控自动化逻辑修改及联锁保护投退程序，保证机组安全稳定运行，特制定本规定。

1.2 本规定适用于公司监控自动化逻辑修改及联锁保护投退管理工作，项目场站人员应严格执行本规定。

2 规范性引用文件

下列文件中的内容通过文中的规范性引用而构成本文件必不可少的条款。其中，注日期的引用文件，仅该日期对应的版本适用于本文件；不注日期的引用文件，其最新版本（包括所有的修改单）适用于本文件。

GB/T 18451.1 风力发电机组 设计要求

GB/T 20319 风力发电机组 验收规范

DL/T 796 风力发电场安全规程

DL/T 1999 换流变压器直流局部放电测量现场试验方法

DL/T 5383 风力发电场设计技术规范

NB/T 31004 风力发电机组振动状态监测导则

国能安全〔2014〕161 号 防止电力生产事故的二十五项重点要求

3 术语和定义

3.1 一类保护：风力发电机组安全链跳闸保护。例如振动、超速各项保护等。

3.2 二类保护：除一类保护以外的重要辅机的监控自动化保护。

4 职责和分工

4.1 生产分管领导

4.1.1 负责审批一类保护投退申请单。

4.1.2 负责确定一类保护投退的时间是否合理。

4.2 生产管理部

4.2.1 负责审核一类保护投退，批准二类保护投退。

4.2.2 审查主要设备在保护解除后的安全性和相关技术措施的完善性。

4.2.3 监控自动化专工监督检查逻辑修改及保护投退的执行情况。

4.3 运行管理部

4.3.1 分析并审查逻辑修改和联锁保护退出对机组运行的影响，随时掌握监控自动化逻辑修改及联锁保护退出情况，对监控自动化逻辑修改及联锁保护退出后的设备运行方式负责。

4.3.2 根据监控自动化逻辑修改情况及时更新运行规程。

4.3.3 根据需要执行必要的安全措施。

4.3.4 负责每月检查联锁保护投退情况、二类保护投退的合理性，并根据制度进行通报。

4.4 项目场站

4.4.1 审查逻辑修改及联锁保护投退工作是否必要、可行，制定逻辑修改及联锁保护投退具体修改方案、技术措施和安全措施。

4.4.2 明确监控自动化逻辑修改及联锁保护投退的操作方法、注意事项。

4.4.3 检查安全措施是否正确和完善。

4.4.4 执行前向运行人员说明参数修改对设备系统的影响。

4.4.5 监督检查监控自动化逻辑修改及联锁保护投退的操作。

4.4.6 根据监控自动化逻辑和保护定值修改情况更新检修规程、定值清册及图纸资料。

4.5 申请人

4.5.1 根据设备运行工况或方式，提出监控自动化逻辑修改和联锁保护解除申请。

4.5.2 负责填写监控自动化逻辑修改原因和修改要求。

4.6 执行人和监护人

4.6.1 监控自动化逻辑修改及联锁保护投退由场站专业人员执行。执行人应清楚所投退的联锁、保护的作用、范围、投退方法、注意事项；检查核对安全、技术措施是否正确和完善；负责投退记录登记；对错误的操作命令或申请单内容提出疑义，对执行结果的正确性负责；工作中接受监护人的监督。

4.6.2 监护人需熟知逻辑修改和保护投退对系统的影响、熟知执行过程注意事项，监护人全程陪同执行人开展工作；对执行人给予必要的提醒和指导；检查执行人是否遵守各项规章制度；监督安全技术措施的实施情况。

5 管理活动的内容与方法

5.1 监控自动化逻辑修改及联锁保护投退执行审批制，任何人都不得在未经批准的情况下擅自退出联锁保护和修改逻辑、参数和保护定值。

5.2 监控自动化一类保护的退出需经当班值长、生产管理部专业专工、生产分管领导批准；二类保护的退出需经当班值长、项目场站运行管理专工批准。

5.3 投退监控自动化联锁、保护要求：

5.3.1 确因主辅设备或设备运行工况等原因被迫需临时退出主辅设备联锁、保护时，必须办理《监控自动化联锁、保护投/退审批单》，退出的保护必须在设备或系统运行正常后及时投入。

5.3.2 监控自动化联锁、保护投退时必须由项目场站和运行管理部门进行危险因素分析，制定安全措施，落实处理方案。

5.3.3 夜间或节假日期间，在处理事故的紧急情况下，需临时退出监控自动化一、二类保护时，批准人可口令批准，场站工作人员可先实施并做好记录，但事后有关部门应及时补办签字手续。

5.4 联锁、保护解除程序：

5.4.1 申请人提出保护解除申请，说明保护解除原因，并在《监控自动化联锁、保护投/退审批单》签字。

5.4.2 现场场站、运行管理部门、生产管理部专工审核安全措施方案是否完善，并签字。

5.4.3 批准人审查工作目的和意图，并签字。

5.4.4 执行人、监护人征求运行人员同意后开始信号的解除工作，操作完成后向运行人员交底，运行、监控自动化各保存一份《监控自动化联锁、保护投/退审批单》。

5.5 联锁、保护恢复程序：

5.5.1 当系统工况恢复正常后，运行人员应及时联系场站恢复保护。

5.5.2 场站保护执行人、监护人检查确认该信号状态正常后重新投入保护，完成后在 ERP（或其他管理信息系统）、《监控自动化联锁、保护投/退审批单》签字。

5.6 《监控自动化联锁、保护投/退审批单》填写要求：

5.6.1 保护名称：注明所解除保护的准确名称，属于哪类保护等内容，由申请人填写。

5.6.2 信号名称：解除保护的信号名称，KKS 编号，逻辑地址和操作内容等，由执行人填写。
5.6.3 原因：解除信号的原因，由申请人填写。
5.6.4 解除时间：信号解除的具体时间，由执行人填写。
5.6.5 恢复时间：信号恢复的具体时间，由执行人填写。
5.7 监控自动化联锁、保护资料管理：
5.7.1 各项目场站应做好《监控自动化联锁、保护投/退审批单》记录整理工作，定期将保护装置投退记录情况报生产管理部。
5.7.2 《监控自动化联锁、保护投退审批单》由申请单位（部门）填写 ERP（或其他管理信息系统）流程，签字手续齐全后运行管理部门和项目现场各保存一份保存。
5.8 进行下列工作，必须填写《监控自动化逻辑参数及定值修改单》。
5.8.1 逻辑、保护联锁条件的增减和修改。
5.8.2 软件中用于逻辑判断的定值和开关定值的修改。
5.8.3 自动调节回路的增减、修改和参数的修改。
5.8.4 控制逻辑和各项参数定值变更的依据是设计单位竣工图纸、有关运行规程、主设备的技术规定以及根据实际运行状况经相关专业研究需要变更的情况。
5.9 监控自动化逻辑参数及定值修改管理程序：
5.9.1 场站工作人员填写《监控自动化逻辑参数及定值修改单》，写明原因和内容。
5.9.2 项目场站、运行管理部门和生产管理部相关专业专工审核设备安全系数内的联锁、保护数据，并在《监控自动化逻辑参数及定值修改单》签字。
5.9.3 生产分管领导审核批准《监控自动化逻辑参数及定值修改单》。
5.9.4 现场专业人员制定修改方案和措施，执行逻辑参数及定值修改程序，修改完成后提交现场安全技术工程师或项目负责人验收。
5.9.5 现场专业人员将修改完的逻辑内容交运行值长，并做好交底，妥善保存书面验收手续。
5.9.6 修改后观察、试验和评估。
5.9.7 检修、运行规程及图纸资料的修订。
5.9.8 各项目场站负责对更改的定值进行整理，定期对《监控自动化专业保护定值清册》进行修订，修订后的版本经项目负责人签字、生产管理部各专业审核、生产分管领导批准后重新颁布。

6 检查与评价

6.1 本规定一经发布生效，相关人员必须严格遵照执行。
6.2 生产管理部负责监督、检查和考核本规定的执行情况。

7 附则

7.1 本规定适用于公司监控自动化逻辑修改及联锁保护投退管理工作。
7.2 本规定由公司生产管理部负责解释。
7.3 本规定自发布之日起施行。

8 附件

8.1 监控自动化逻辑参数及定值修改单（见附表 1）。
8.2 监控自动化联锁、保护投/退审批单（见附表 2）。

附表 1　监控自动化逻辑参数及定值修改单

<table>
<tr><td>修改内容</td><td colspan="2"></td></tr>
<tr><td>修改原因</td><td colspan="2"></td></tr>
<tr><td>改前情况</td><td colspan="2"></td></tr>
<tr><td>改后情况</td><td colspan="2"></td></tr>
<tr><td>修改方案</td><td colspan="2">必要时另附件</td></tr>
<tr><td colspan="2">申请人：
年　月　日</td><td>项目负责人意见：</td></tr>
<tr><td colspan="2">运行管理专工意见：</td><td>生产管理部专工意见：</td></tr>
<tr><td colspan="2">生产管理部经理意见：</td><td>批准：</td></tr>
<tr><td colspan="3">执行情况：
执行人：　　监护人：　　年　月　日</td></tr>
<tr><td colspan="3">验收情况：　项目场站：
运行管理人员：　　年　月　日</td></tr>
<tr><td colspan="3">交底情况：
交底人：　　运行人员：　　年　月　日</td></tr>
<tr><td colspan="3">注：1. 本表分别由运行管理部门、项目场站、生产管理部各留存一份。
2. ERP 审批流程同上表，可留存电子档案（若有）。</td></tr>
</table>

附表 2　监控自动化联锁、保护投/退审批单

保护名称	××××××（__类保护）		
解除原因	申请人：		
信号操作具体内容			
安全措施	必要时另附件		
项目场站		值长	
生产管理部		批准人	
退出执行人		退出监护人	
退出时间	年　月　日　时　分	运行人员	
投入执行人		投入监护人	
投入时间	年　月　日　时　分	运行人员	

项目场站保存栏

__号机组监控自动化联锁、保护投/退审批单

保护名称	××××××（__类保护）		
解除原因	申请人：		
信号操作具体内容			
安全措施	必要时另附件		
项目场站		值长	
生产管理部		批准人	
退出执行人		退出监护人	
退出时间	年　月　日　时　分	运行人员	
投入执行人		投入监护人	
投入时间	年　月　日　时　分	运行人员	

注：1．本表分别由运行管理部门、项目场站各留存一份。
　　2．ERP 审批流程同上表，可留存电子档案（若有）。

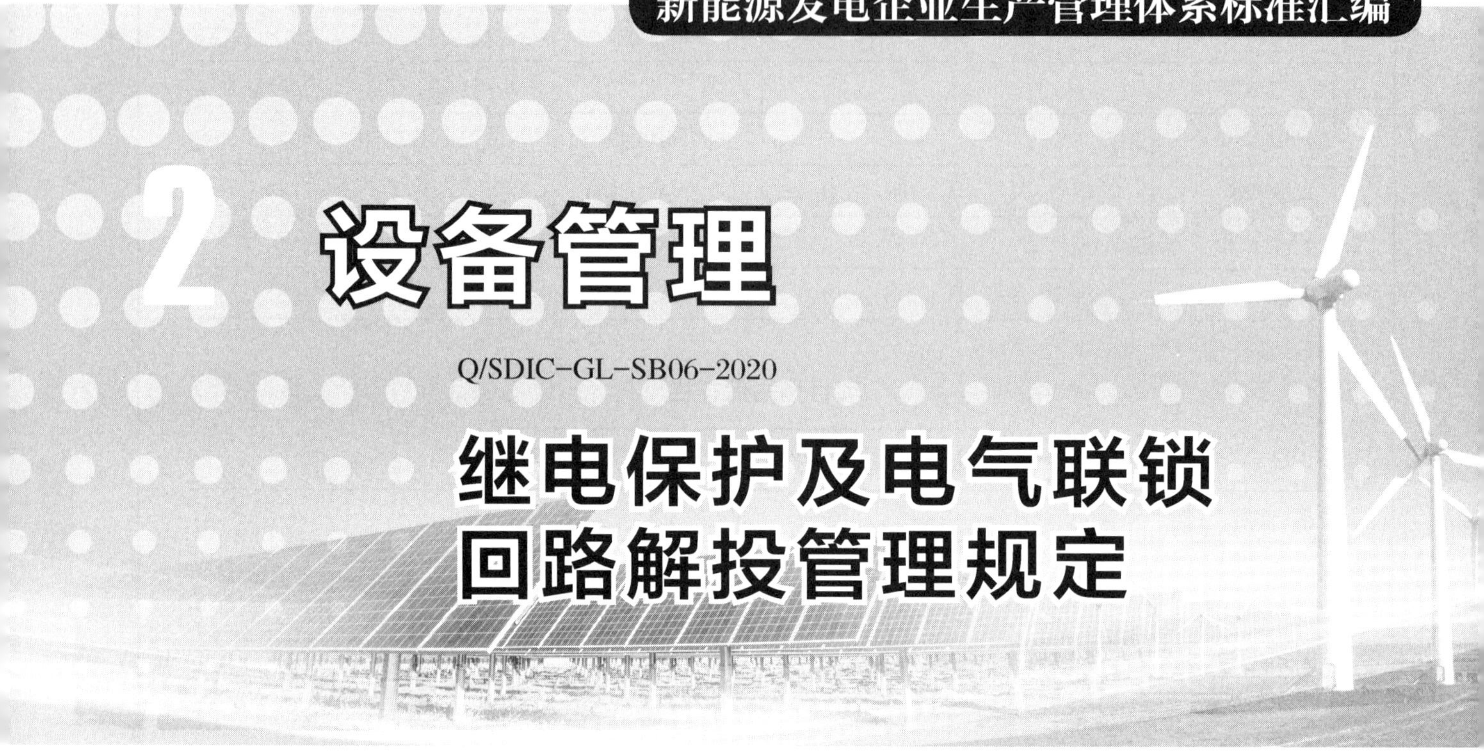

2 设备管理

Q/SDIC-GL-SB06-2020

继电保护及电气联锁回路解投管理规定

继电保护及电气联锁回路解投管理规定

1 总则

1.1 本规定对继电保护及电气联锁回路的临时投退的审批程序作出了规定。适用于保护的投退、联锁回路的投退等临时性工作。
1.2 在继电保护、电气联锁回路及其二次回路上进行缺陷处理、定值调整或试验等工作，必须严格遵守《电业安全工作规程》和继电保护专业规程的有关规定。
1.3 运行中的继电保护、电气联锁回路及回路临时改动后，整套装置应安装牢固，其机械及电气部分应动作正确、灵敏、可靠。
1.4 退出整套装置中部分保护功能时，必须保证有相关后备保护在运行并应在登记表中明确指出由何保护实现后备及可能造成的影响。任何电力设备和线路，不得在任何时候处于无保护状态下运行。如因保护装置故障有可能造成误动需退出保护而又不能满足上述要求时应停用一次设备。
1.5 继电保护的临时投退和电气联锁回路运行方式的临时改变、联锁回路的投退等临时性工作，执行逐级审批制。执行人在执行时必须严格执行《继电保护和电网安全自动装置现场工作保安规定》和《电业安全工作规程》继电保护、仪表等二次回路上工作的规定。

2 规范性引用文件

下列文件中的内容通过文中的规范性引用而构成本文件必不可少的条款。其中，注日期的引用文件，仅该日期对应的版本适用于本文件；不注日期的引用文件，其最新版本（包括所有的修改单）适用于本文件。

DL 408 电业安全工作规程（发电厂和变电所电气部分）
DL/T 587 继电保护和安全自动装置运行管理规程
DL/T 623 电力系统继电保护及安全自动装置运行评价规程
Q/GDW 267 继电保护和电网安全自动装置现场工作保安规定
国能安全〔2014〕161 号 防止电力生产事故的二十五项重点要求
国家电网设备〔2018〕979 号 十八项电网重大反事故措施（修订版）

3 术语和定义

3.1 继电保护：是指对运行中电力系统的设备和线路，在一定范围内经常监测有无发生异常或事故情况，并能发出跳闸命令或信号的自动装置。
3.2 电气联锁：是使电气设备相互制约的关系。

4 职责和分工

继电保护及电气联锁回路投退人员分工：
4.1 申请人：对由于设备故障、检修维护、试验等原因需临时退出部分保护、改变安全自动装置运行方式及临时改动二次回路等的情况，本着谁主张谁申请的原则由项目现场申请人提出申请。申请项目现场对工作是否必要负责。
4.2 审核人：审核人为项目负责人，负责落实工作是否可行，是否符合现场实际条件；执行人、监护人是否适当和足够，精神状态是否良好。

4.3 审定人：生产管理部审定人为电气专工，负责落实工作是否有必要，安全技术措施是否完善。集控运行中心审定人为值长，负责审查设备系统及运行方式是否允许，当前开展此项工作是否适宜。
4.4 批准人：批准人为生产管理部经理，缺位时由生产分管领导批准。
4.5 执行人：执行人为项目现场运行人员。临时的改接线以及设备分工中注明由电气专业负责工作由项目维护人员执行，其余相关工作（如继电保护的连接片等）应由运行人员执行。
4.6 监护人：项目现场班组长及以上人员。监护人全程陪同执行人开展工作；对执行人给予必要的提醒和指导；检查执行人是否遵守各项制度；监督安全措施的实施情况。

5 管理活动的内容与方法

5.1 对继电保护及电气联锁回路临时措施的要求

5.1.1 对影响主设备安全运行的继电保护及电气联锁回路，必要时由生产管理部组织相关单位制订相应的安全运行措施，落实处理方案，经生产分管领导批准。
5.1.2 在处理事故的紧急情况下，需临时退出、投入继电保护部分功能或改变电气联锁回路运行方式时，请示生产管理部经理同意，当值值长批准先执行，但必须在处理结束后补办相应手续，相应内容均应遵循相关规定。需改动二次回路的临时措施必须由继电保护专业人员执行。
5.1.3 夜间或节假日期间，发生危及机组或设备安全运行的情况，必须投退继电保护或改变电气联锁回路运行方式，相关领导不在场时，可采用电话联系方式，后续应补办相应手续。

5.2 继电保护及电气联锁回路退出程序

5.2.1 申请人提出申请。申请人应在申请中说明设备继电保护及电气联锁回路退出的确切名称、详细原因及预计恢复时间，从控制范围、对方式的要求、对电力系统可能造成的影响等方面如实说明，并签字。
5.2.2 项目负责人审核设备投退的必要性、可行性、安全性，落实人员情况，并签字。
5.2.3 生产管理部电气专工审核安全、技术措施是否完善，并签字。
5.2.4 集控中心值长审核设备系统及运行方式是否允许，并签字。
5.2.5 生产管理部经理或生产分管领导审查后签字。
5.2.6 退出前通知项目现场运行人员。
5.2.7 执行人必须办理继电保护及电气联锁回路退出工作票后开展工作。
5.2.8 运行人员必须将继电保护及电气联锁回路退出情况在运行记录上记录清楚，并通知和汇报有关人员。

5.3 继电保护及电气联锁回路恢复程序

5.3.1 申请人确认已具备恢复条件，提出恢复申请，并签字。
5.3.2 项目负责人确认设备具备恢复条件后在登记表上签字。
5.3.3 生产管理部审定人签字。
5.3.4 集控运行中心审定人签字。
5.3.5 生产管理部经理或生产分管领导批准后实施。
5.3.6 执行人必须办理继电保护及电气联锁回路的恢复工作票后开展工作。
5.3.7 运行人员必须将恢复的继电保护及电气联锁回路在运行记录上记录清楚。

5.4 继电保护及电气联锁回路投退登记表填写要求

5.4.1 设备及保护名称：注明设备及需退出继电保护及电气联锁回路的具体名称，由申请人填写。
5.4.2 原因及临时措施内容：采取临时措施的详细原因及必要性，临时措施的详细内容（必要时加附页或附图），由申请人填写。
5.4.3 影响范围：对运行机组和电力系统可能造成影响的范围，由申请人填写。
5.4.4 注明后备保护、运行方式等：详细说明对检修准备条件、系统运行方式、后备保护等的要求，由申请人填写。

5.4.5 实际退出时间及退出情况，由执行人填写。
5.4.6 实际恢复时间及恢复情况，由执行人填写。

6 检查与评价

6.1 项目应做好继电保护及电气联锁回路投退资料整理、归档工作。
6.2 项目应按有关规定将临时措施执行情况及设备缺陷处理情况、处理试验报告记入设备台账，以便于掌握设备可靠性。继电保护、电气联锁回路等试验报告应包括试验项目名称、试验要求、过程记录、试验内容、试验结论、存在问题及下一步工作，并分别由工作负责人、参加人员、监督人员签字。
6.3 《继电保护及电气联锁回路投退登记本》放置在项目中控室台，使用中由运行人员管理，用完后由项目资料员归档。
6.4 本规定考评内容及标准按《设备管理制度》相关规定执行。

7 附则

7.1 本规定适用于公司继电保护及电气联锁回路解投管理工作。
7.2 本规定由公司生产管理部负责解释。
7.3 本规定自发布之日起施行。

8 附件

继电保护及电气联锁回路投退登记表（见附表 1）。

附表 1　继电保护及电气联锁回路投退登记表

<table>
<tr><td colspan="3">项目名称：</td><td>日期：　　年　　月　　日</td></tr>
<tr><td>设备及保护名称</td><td></td><td>申请人</td><td></td></tr>
<tr><td>投退原因及实施内容</td><td colspan="3"></td></tr>
<tr><td>影响范围</td><td colspan="3"></td></tr>
<tr><td>注明后备保护、运行方式等</td><td colspan="3"></td></tr>
<tr><td>项目负责人</td><td></td><td>生产管理部审定人</td><td></td></tr>
<tr><td>集控运行中心审定人</td><td></td><td>批准人</td><td></td></tr>
<tr><td>退出前通知运行人员</td><td></td><td>执行人</td><td></td></tr>
<tr><td>监护人</td><td></td><td>实际退出时间</td><td>月　　日　　时　　分</td></tr>
<tr><td>退出情况</td><td colspan="3"></td></tr>
<tr><td>恢复申请人</td><td></td><td>项目负责人</td><td></td></tr>
<tr><td>生产管理部审定人</td><td></td><td>集控运行中心审定人</td><td></td></tr>
<tr><td>批准人</td><td></td><td>恢复前通知运行人员</td><td></td></tr>
<tr><td>执行人</td><td></td><td>监护人</td><td></td></tr>
<tr><td>实际恢复时间</td><td colspan="3">月　　日　　时　　分</td></tr>
<tr><td>恢复情况</td><td colspan="3"></td></tr>
<tr><td>备注</td><td colspan="3"></td></tr>
</table>

2 设备管理

Q/SDIC-GL-SB07-2020

风/光功率预测系统管理规定

风/光功率预测系统管理规定

1 总则

1.1 为规范风/光功率预测系统管理工作，保障风/光功率预测系统及风电/光伏场站的稳定运行，并最大限度避免（减少）两个细则考核，制定本规定。

1.2 本规定适用于公司各部门。

2 规范性引用文件

下列文件中的内容通过文中的规范性引用而构成本文件必不可少的条款。其中，注日期的引用文件，仅该日期对应的版本适用于本文件；不注日期的引用文件，其最新版本（包括所有的修改单）适用于本文件。

GB/T 19963 风电场接入电力系统技术规定

电监安全〔2006〕34 号 电力二次系统安全防护总体方案

发改委令第 14 号 电力监控系统安全防护规定

3 职责和分工

3.1 生产管理部

3.1.1 为公司风光功率预测系统监督部门。

3.1.2 监督各项目风光功率预测系统正常稳定运行。

3.1.3 负责每月各项目两个细则考核统计工作。

3.2 各项目场站

3.2.1 负责本项目功率预测系统运行维护。

3.2.2 负责每月上报本项目的两个细则考核结果及明细。

3.2.3 负责收集保存风光功率预测系统的历史数据。

4 管理活动的内容与方法

4.1 数据采集

4.1.1 数据采集至少应包括测风塔实时测风数据、风电场实时功率数据和机组状态数据。

4.1.2 所有数据的采集应能自动完成，并能通过手动方式补充录入。

4.1.3 测风塔实时测风数据时间延迟应小于 5min，其余实时数据的时间延迟应小于 1min。

4.1.4 测风塔至风功率预测系统的实时测风数据传送时间间隔应不大于 5min。

4.1.5 测风塔宜在风电场外 1km～5km 范围内且不受风电场尾流效应影响，宜在风电场主导风向的上风向，位置应具有代表性。

4.1.6 采集量应至少包括 10、70m 及轮毂高度的风速和风向以及气温、气压等信息，宜包括瞬时值和 5min 平均值。

4.2 功率预测系统功能要求

4.2.1 功率预测系统应根据风电场（光伏电站）所处地理位置的气候特征和历史数据情况，采用适当的预测方法构建特定的预测模型进行功率预测。根据预测时间尺度的不同和实际应用的具体需求，宜采用多种方法及模型，形成最优预测策略。

4.2.2 短期风光功率预测应能预测次日零时起 0 天～8 天的输出功率，时间分辨率为 15min。
4.2.3 超短期风光功率预测应能预测未来 0h～4h 的输出功率，时间分辨率不小于 15min。
4.2.4 短期风光功率预测应支持自动启动预测和手动启动预测。
4.2.5 超短期风光功率预测应每 15min 自动执行一次。
4.2.6 应支持设备故障、检修等出力受限情况下的功率预测。
4.2.7 应支持风电场（光伏电站）扩建情况下的功率预测。
4.2.8 应能对风光功率预测曲线进行人为修正。
4.2.9 应能统计关键性指标，至少应包括短期准确率、超短期准确率、短期考核分数、超短期考核分数、可用功率等。

4.3 界面要求

4.3.1 应支持数值天气预报数据、测风塔数据、实际功率、预测功率的对比，提供图形、表格等多种可视化手段。
4.3.2 应支持统计分析数据的展示。
4.3.3 监视数据更新周期应不大于 15min。
4.3.4 应支持异常数据定义设置，支持异常数据以特殊标识显示。
4.3.5 应具备系统用户管理功能，支持用户级别和权限设置，至少应包括系统管理员、运行操作人员、浏览用户等不同级别的用户权限。
4.3.6 应具备功率预测系统运行状态监视页面，实时显示系统运行状态。
4.3.7 所有的表格、曲线应同时支持打印输出和电子表格输出。

4.4 安全防护要求

4.4.1 风电场/光伏电站的功率预测系统均应运行于电力监控系统安全Ⅱ区。
4.4.2 风电功率预测系统应满足电力监控系统安全防护规定的要求。

5 检查与评价

生产管理部对本规定规定的管理活动进行检查评价与考核。

6 附则

6.1 本规定适用于公司风光功率预测系统管理工作。
6.2 本规定由公司生产管理部负责解释。
6.3 本规定自发布之日起施行。

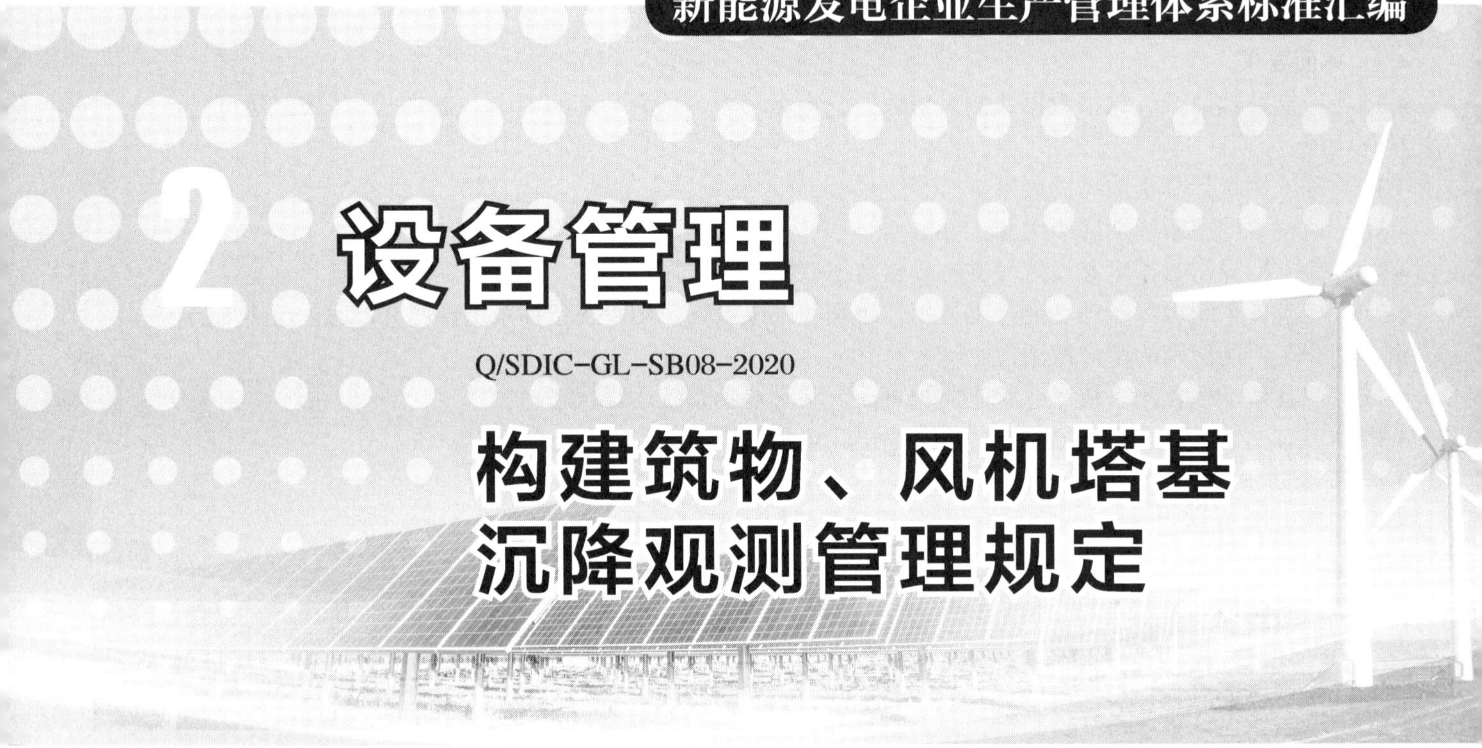

2 设备管理

Q/SDIC-GL-SB08-2020

构建筑物、风机塔基沉降观测管理规定

构建筑物、风机塔基沉降观测管理规定

1 总则

为加强构建筑物、风机塔基沉降观测管理，通过观测沉降数据及时发现沉降隐患和缺陷，统计、分析、总结沉降规律，为科学制定沉降治理措施奠定基础。同时明确各项目沉降工作职责，理顺沉降观测管理流程，将沉降观测和治理纳入部门日常管理工作范围，特制定本管理规定。

2 职责和分工

2.1 生产管理部

2.1.1 负责监督指导沉降外委单位、公司各项目做好构建筑物、风机塔基沉降管理工作。

2.1.2 负责构建筑物、风机塔基沉降观测和治理相关工作事项及整体协调工作。

2.1.3 负责监督指导本规定的具体实施和解释，了解实施中存在的问题，并提出修订意见。

2.1.4 负责分析总结沉降数据，探索沉降规律，出现异常情况及时向公司汇报。

2.2 项目场站

2.2.1 负责所辖范围内构建筑物、风机塔基沉降观测点的保护工作。

2.2.2 负责跟踪、检查沉降观测；组织外委单位定期、真实进行沉降观测工作。

2.2.3 负责对沉降观测工作的现场测量进行监督协调。

2.2.4 负责所辖构建筑物、风机塔基沉降隐患及缺陷上报工作。

3 管理活动的内容与方法

3.1 项目场站可委托相关有资质单位进行沉降观测。

3.2 构建筑物、风机塔基沉降观测每年必须进行一次全面观测，如有特殊工作需求，经公司分管领导同意后增加或删减单项观测项目。

3.3 各项目应准确了解沉降观测点的布设位置，做好沉降点保护工作。

3.4 各项目应指定一名负责人负责构建筑物、风机塔基沉降观测工作，全面履行沉降管理工作职责。

3.5 外委单位沉降观测原始记录报告应在观测完成后一周之内完成。纸质与电子版报告送交各项目、生产管理部。原始记录报告应真实可信，且具有可对比性。

3.6 生产管理部应对沉降数据进行纵向、横向综合分析，做好事故预想，科学预测沉降危害，及时制定切实可行的治理措施。

3.7 生产管理部收到季度沉降观测原始报告后的 2 周内完成归档工作。

3.8 沉降管理由各项目按照所辖范围进行综合管理，各项目应严格按照构建筑物沉降观测分布及责任分工做好所辖构建筑沉降观测及治理管理工作。

3.9 各项目应对沉降观测点以显著标识标记，使沉降观测工作具有连续性和可对比性。

4 检查与评价

4.1 本规定自下发之日起生效，各项目必须严格遵照执行，生产管理部定期对执行情况进行检查。

4.2 各项目都必须按本规定，对分管和归口管理的内容实行制度化管理，并接受有关部门的检查。

4.3 本规定评价内容和标准按《设备管理制度》相关规定执行。

5 附则

5.1 本规定适用于公司构建筑物、风机塔基沉降观测管理工作。
5.2 本规定由公司生产管理部负责解释。
5.3 本规定自发布之日起施行。

6 附件

构建筑物、风机塔基沉降观测分布及责任分工表（见附表1）。

附表1 构建筑物、风机塔基沉降观测分布及责任分工表

序号	建构筑物名称	代码	观测点数量	责任部门
生活区				
1				
2				
3				
风机塔基				
观测点数量总计				

3 技术管理

Q/SDIC-GL-JS01-2020

生产技术管理制度

生产技术管理制度

1 总则

1.1 为规范公司生产技术管理工作，促进生产管理专业化水平的不断提升，保障发电设备设施安全、稳定、经济、环保运行，特制定本制度。
1.2 本制度适用于公司生产技术管理工作。

2 规范性引用文件

下列文件中的内容通过文中的规范性引用而构成本文件必不可少的条款。其中，注日期的引用文件，仅该日期对应的版本适用于本文件；不注日期的引用文件，其最新版本（包括所有的修改单）适用于本文件。

GB/T 13017 企业标准体系表编制指南
GB/T 15497 企业标准体系 产品实现
GB/T 15498 企业标准体系 基础保障
GB/T 19001 质量管理体系 要求
GB/T 19273 企业标准化工作 评价与改进
DLT 800 电力企业标准编写导则
国务院令第 115 号 电网调度管理条例

3 术语和定义

3.1 技术标准：是指对企业标准化领域中需要协调统一的技术事项所制订的标准。企业技术标准的形式可以是标准、规范、规程、导则、操作卡、作业指导书等。
3.2 管理标准：是指对企业标准化领域中需要协调统一的管理事项所制订的标准。管理事项主要指在企业管理活动中，所涉及的经营管理、设计开发与创新管理、设备与基础设施管理、人力资源管理、安全管理、职业健康管理、环境管理、信息管理等与技术标准相关联的重复性事物和概念。
3.3 工作标准：是指对企业标准化领域中需要协调统一的工作事项所制订的标准。工作事项主要指在执行相应管理标准和技术标准时与工作岗位的职责、岗位人员基本技能、工作内容、要求与方法、检查与考核等有关的重复性事物和概念。
3.4 基础标准体系：是指企业标准体系中的基础标准按其内在联系形成的科学的有机整体。
3.5 技术标准体系：是指企业标准体系中的技术标准按其内在联系形成的科学的有机整体。
3.6 管理标准体系：是指企业标准体系中的管理标准按其内在联系形成的科学的有机整体。
3.7 工作标准体系：是指企业标准体系中的工作标准按其内在联系形成的科学的有机整体。

4 职责和分工

4.1 生产分管领导

4.1.1 对公司生产技术管理工作全面负责，对公司有关生产技术管理方面的重大事项进行决策。
4.1.2 批准各专业规程、规范、系统图。
4.1.3 审批重要的生产技术措施、方案，签发有关生产技术的文件，组织开展技术监督。
4.1.4 主持或参加事故分析。
4.1.5 审批反事故措施计划。

4.1.6 审批技术改造、科技创新计划、成果。
4.1.7 审批资源节约与环境保护方面的计划与重大事项。
4.1.8 审批电力监控系统安全防护计划与重大事项。
4.1.9 审批重大合理化建议，推广应用现代技术成果和管理方法，促进技术进步。

4.2 生产管理部

4.2.1 审定各专业运行规程、检修规程、操作规范、技术措施和技术管理制度，并监督执行。
4.2.2 组织编写和审查生产技术文件、技术报告和技术措施，并做好整理分发。
4.2.3 参加有关事故调查分析，组织制定反事故措施计划，并监督实施。
4.2.4 审定运行技术分析报告，审查科技成果，推广应用现代技术成果和管理方法，促进技术进步。
4.2.5 负责分管范围内的生产技术资料归档和台账整理工作。
4.2.6 负责贯彻落实上级有关生产技术的相关法律法规、标准、规范。
4.2.7 负责组织制定公司年度检修预试、技术改造、科技创新工作计划（项目），审定系统运行方式、继电保护方案、设备系统异动变更方案。
4.2.8 组织编制资源节约与环境保护的工作计划、方案措施，并监督执行。
4.2.9 组织编制电力监控系统网络安全防护工作计划、方案措施，并监督执行。

4.3 项目场站

4.3.1 负责项目生产技术方面具体工作的组织开展。
4.3.2 制定项目技术培训计划，组织运维人员学习新能源生产技术业务，不断提高人员的专业技术素质和管理水平。
4.3.3 编制项目运行规程、检修规程、操作规范、系统图、技术措施和技术管理制度，并监督执行。
4.3.4 编制项目的生产技术文件，技术报告和技术结论，并做好整理，分发和归档。
4.3.5 审定各项原始记录，建立健全各项台账资料并做好技术管理工作。
4.3.6 组织实施项目运行维护、检修预试，配合开展技术改造，收集相关技术资料，培训运维人员掌握相关技术。
4.3.7 根据设备系统实际情况和技术改造、异动变更情况，及时修编完善运行、检修规程和系统图。
4.3.8 根据设备系统特点和实际工作需要，结合上级规章制度、标准规程以及安全技术措施和反事故措施，及时修订运行规程，补充完善操作技术措施。
4.3.9 组织或参加事故（异常/故障）调查分析，查清事故原因，采取措施予以消除并制定防范措施。
4.3.10 负责编制本项目反事故措施计划，上报生产管理部。

5 管理活动的内容与方法

5.1 管理机制

生产技术管理在公司生产分管领导的领导下，技术管理部负责策划、监督和指导，项目场站负责具体组织实施，从而建立起强有力的生产技术管理体系，按照本制度中各级人员的职责，做到既有明确分工，又有密切配合，从技术管理上为安全生产提供保障。

5.2 生产技术管理的目标

5.2.1 实现生产技术管理三个标准化，即技术标准化、管理标准化、工作标准化。
5.2.2 从技术角度上保证安全生产达到预定目标，杜绝误操作事故，防止重大设备损坏。
5.2.3 从经济角度上保证降低消耗，节约能源，提高效益，各项技术经济指标达到或接近行业先进水平。

5.3 生产技术管理的内容

5.3.1 管理标准
5.3.1.1 公司要明确主要技术负责人，对公司生产技术工作全面负责，并建立以主要技术负责人为核心的公司、部门、项目三级生产技术管理体系，各级技术负责人对分管范围内的生产技术管理全面负责。

5.3.1.2 公司设置生产技术管理职能部门，配备相应的专业技术人员；在项目现场配置专业技术人员。专业技术人员、运行维护人员应熟悉掌握生产技术管理相关的技术标准，规程规范，并熟悉负责范围设备设施系统结构、性能、参数，具备与其岗位相适应的专业技术素质、技能条件。

5.3.1.3 生产管理部在每年 12 月份，组织开展下一年度生产技术工作计划的编制工作，组织各项目细化分解，并监督执行。

5.3.1.4 项目现场应建立和完善生产技术标准、规程、检验检测、信息预警、教育培训等支撑体系，严格生产技术方案措施的编制、审批、交底、组织实施和监督管理程序。

5.3.1.5 生产技术措施应有针对性、可操作性，从技术上和管理上提出具体措施要求，对危险源、特殊环节进行风险辨识，并制订具体的事故防范措施和应急处置方法。

5.3.1.6 生产技术方案措施经审批后应严格执行，不得随意变更。确因客观原因需要变更时，应按原审查、审批程序办理。

5.3.1.7 对于专业性较强，以及结构复杂、危险性大、特性较强的项目或任务，应单独编制专项技术方案、措施，并由具备相应资质的队伍实施，必要时应进行试验、组织专家论证。

5.3.1.8 技术交底是生产技术方案措施实施的重要环节，实施前，应对所有作业人员及关联人员做好技术交底工作，并做好过程记录。

5.3.1.9 生产管理部应及时识别、获取和使用现行有效的国家、行业、上级公司生产技术相关标准、规范、规程等；在引进、采用新技术、新设备、新工艺、新材料时，应依据使用说明或相关安全操作要求，组织编制企业技术标准、规范或操作规程，并经审批、培训、交底后组织实施，必要时应先试用。

5.3.1.10 生产管理部应积极推广应用先进适用的生产技术，不得使用国家、地方和行业明文规定禁止使用或淘汰的技术、设备、工艺、材料。

5.3.1.11 生产管理部应积极开展技术改造、科技创新等工作，以装备现代化、系统自动化、管理信息化为方向，提高生产现代化、自动化、信息化水平。

5.3.1.12 建设项目承发包工程的生产技术管理工作应纳入公司统一管理，并应制定相关制度或通过签订相关协议，明确承包单位应履行的生产技术管理工作职责。

5.3.1.13 公司应建立生产技术各方面工作的考核、表彰、奖惩制度，开展技术比武、劳动竞赛活动，鼓励广大员工参与生产技术进步与革新。

5.3.2 技术标准

公司生产技术管理包括：技术标准和规程管理、台账资料管理、技术培训管理、生产信息管理、运行管理、设备管理、检修管理、技术改造及科技创新管理等。

5.3.2.1 技术标准和规程管理

5.3.2.1.1 生产管理部应收集国家、行业和上级主管单位颁发的有关标准、规程、导则、规定、制度、反事故措施和管理办法，定期归档保存，并及时更新、完善。

5.3.2.1.2 生产管理部应结合公司各项目实际情况，组织编制标准、规程、规定、制度或实施细则等，经生产分管领导批准后发布执行。

5.3.2.1.3 当设备、系统、逻辑发生更改或异动时，应及时办理异动变更手续。

5.3.2.1.4 公司至少每两年修订一次相关的安全生产技术规程、规定、标准、制度和实施细则。

5.3.2.2 台账资料管理

5.3.2.2.1 公司在新建（扩建）、运行（检修）、技术管理、设备改造、科技创新、物资供应等方面形成的文件材料，均应按期归档。主要包括有关规划、设计、制造、安装、验收、调试、运行和检修工作的各种文件资料；主辅设备、机具、仪器的图纸和技术文件；在质量管理、技术引进、更新改造和标准、计量、监督、环保、科技创新和科技情报管理中形成的技术文件资料等。

5.3.2.2.2 设备更新改造、检修、设备系统重大试验等应在项目完成后一个月内将有关图纸、说明书、试验报告、总结等整理归档。

5.3.2.3　技术培训和技术监督

5.3.2.3.1　生产管理部根据公司《教育培训管理制度》，每年 12 月份组织制定下一年度的生产培训计划，报公司生产分管领导审批后下发执行。

5.3.2.3.2　生产管理部根据公司《技术监督管理制度》，每年 9 月份组织制定下一年度的技术监督工作计划，经公司生产分管领导审批后报国投电力生产管理部，并监督各项目实施。

5.3.2.3.3　公司应建立健全公司、部门、班组三级技术培训网络，明确各级人员的职责。

5.3.2.3.4　公司应建立健全公司、部门、班组三级技术监督网络，明确各级人员的职责，按照《技术监督管理制度》及各专业技术监督实施细则开展好相关工作。

5.3.2.3.5　设备管理：执行公司《设备管理制度》。

5.3.2.3.6　运行管理：执行公司《运行管理制度》。

5.3.2.3.7　检修管理：执行公司《设备检修管理制度》。

5.3.2.3.8　技术改造与科技创新管理：执行公司《技术改造与科技创新管理制度》。

6　检查与考核

6.1　检查

6.1.1　生产分管领导和各职能部门组织贯彻实施生产技术管理办法。

6.1.2　生产管理部负责组织对本制度的实施进行监督检查。

6.2　考核

对不符合生产技术管理办法的行为应进行纠正和处理，并按照公司《安全生产奖惩管理标准》对责任部门、责任人员进行考核。

6.3　评价指标

生产管理部对本标准规定的管理活动进行检查并对表 1 所列的指标进行评价，依据评价结果提出考核意见。

表 1　评价项目与指标

序号	评价项目	评价标准	责任部门	考核部门
1	技术标准和规程管理	至少每两年修订一次，符合公司生产现状	项目场站	生产管理部
2	台账资料管理	台账资料齐全，整理归档符合档案管理要求	项目场站	生产管理部
3	技术培训管理	按月完成现场人员培训计划，培训效果达标	项目场站	生产管理部
4	技术监督管理	按月完成技术监督工作，相关工作应符合《技术监督管理制度》	项目场站	生产管理部
5	生产信息管理	按月完成生产信息报送、归档，生产信息准确率 100%	项目场站	生产管理部
6	设备管理	按公司《设备管理制度》完成月度工作	项目场站	生产管理部
7	运行管理	按公司《运行管理制度》完成月度工作	项目场站	生产管理部
8	检修管理	按公司《设备检修管理制度》完成月度工作	项目场站	生产管理部

7　附则

7.1　本制度适用于公司生产技术管理工作。

7.2　本制度由公司生产管理部负责解释。

7.3　本制度自发布之日起施行。

3 技术管理

Q/SDIC-GL-JS02-2020

技术改造管理规定

技术改造管理规定

1 总则

1.1 为规范技术改造管理工作，提高技术改造管理水平，确保安全、可靠、经济、环保目标的实现，促进本企业技术进步，根据《国投电力控股股份有限公司技术改造管理规定》的要求，特制定本规定。
1.2 本规定适用于×××公司以及被授权其管理的各新能源公司的技术改造管理工作。

2 术语和定义

2.1 技术改造项目：是指投入到发电生产领域且会形成固定资产的项目，主要指利用国内外成熟和先进实用的新技术、新工艺、新设备、新材料，对现有生产设备和设施进行更新、改进、增容、提高性能或添置新设备的资本性支出项目。
2.2 可行性研究报告（简称可研报告）：主要是通过对项目的主要内容和配套条件，如市场需求、资源供应、建设规模、工艺路线、设备选型、环境影响、资金筹措、盈利能力等，从技术、经济、工程和效果等方面进行调查研究和分析比较，并对项目建成以后可能取得的安全、环保、经济效益及社会影响进行预测，从而提出该项目是否值得投资和如何进行建设的意见，为项目决策提供的一种综合性依据。可行性研究具有预见性、公正性、可靠性、科学性的特点。
2.3 项目建议表：根据现场安全、环保隐患排查、生产分析、专题分析等，提出整改及改造项目，按项目的可行性、必要性、经济性分析项目实施目的，提出项目实施方案及投资估算，并对项目建成以后可能取得的安全、环保、经济效果进行预测分析，为项目决策提供依据。
2.4 年度技术改造计划：是指在计划年度内开始实施的技术改造项目和公司跨年实施的技术改造项目。

3 职责和分工

3.1 分管领导

3.1.1 全面负责公司技术改造管理工作。
3.1.2 负责技术改造规划、立项、方案的审定。
3.1.3 负责技术改造实施方案的批准。
3.1.4 负责技术改造效果的最终评审。

3.2 生产管理部

3.2.1 生产管理部是公司技术改造的归口部门。
3.2.2 负责建立公司技术改造管理规定，并落实制度相关要求。
3.2.3 负责对项目的可行性、必要性、经济性等方面提出意见，负责审查、平衡、汇总上报《年度技术改造计划》。
3.2.4 负责组织、审查特别重大、重大技术改造项目的方案论证、可研报告或初设文件。
3.2.5 负责下发《年度技术改造计划》，并监督技术改造计划的执行、落实、检查、指导及评价考核。
3.2.6 负责技术改造项目招标文件、合同中技术标准和要求的审核。
3.2.7 负责技术改造项目方案的审核。
3.2.8 监督技术改造项目的实施，负责组织特别重大、重大技术改造项目的验收工作。

3.3 计划经营部

3.3.1 负责申报、下达技术改造项目费用预算。

3.3.2 负责组织技术改造项目招标工作。

3.4 安健环管理部

3.4.1 负责外包工程安全管理，并组织签订安全协议。

3.4.2 负责项目现场技术改造项目“三措”的审核。

3.4.3 负责项目现场审核改善劳动条件和劳动保护措施相关的技术改造项目实施方案的审核。

3.4.4 负责重大技术改造项目实施过程的安全监管工作。

3.5 财务管理部

负责技术改造项目决算转固工作。

3.6 运行管理部

3.6.1 负责设备技术改造过程中的安全隔离措施落实、试运行的操作。

3.6.2 负责依据公司下发的《年度技术改造计划》调管设备需要停电的技术改造工作向调度中心提出申请并落实实施时间，及时向公司相关部门发布。

3.6.3 调管设备计划变更后的申请及批准后的发布。

3.6.4 负责本部门技术改造项目申报工作。

3.6.5 负责本部门技术改造项目招标文件、合同中技术部分的编制工作。

3.6.6 负责本部门技术改造项目的组织和实施。

3.6.7 负责本部门技术改造项目资料管理工作，及时归档相关资料。

3.7 项目场站

3.7.1 负责本项目技术改造项目申报工作。

3.7.2 负责本项目技术改造项目招标文件、合同编制工作。

3.7.3 负责本项目技术改造项目的组织和实施。

3.7.4 负责本项目外委项目作业人员的资质审查，现场的安全管理工作。

3.7.5 负责本项目技术改造项目申报、组织和实施、总结、后评价，负责一般及以下技术改造项目的验收、启动工作。

3.7.6 负责本项目技术改造项目实施情况统计表、进度统计表、总结、后评价和年度总结的编制和上报工作。

3.7.7 完成本项目特别重大、重大技术改造项目的现场验收工作，配合生产管理部完成特别重大、重大技术改造项目的三级验收工作。

3.7.8 负责本部门技术改造项目资料管理工作，及时归档相关资料。

4 管理活动的内容与方法

4.1 技术改造项目范围

技术改造的内容包括对现有生产设备与设施和相应配套的辅助性生产设施的改进、增容、提高性能，推广新技术、采用先进装备等，以及建设具备独立功能的小型土建工程、零星固定资产（生产相关工具仪器、生产用车辆、轮换性备品）购置等方面，其范围包括：

4.1.1 消除影响公司安全、可靠、经济运行及环保达标排放的设备缺陷和公用系统存在的问题，提高机组效率和出力，挖掘现有设备的潜力。

4.1.2 生产调度通信、自动化控制系统升级改造。

4.1.3 对发电设备和设施进行提效、延长运行年限、增容等方面技术改造。

4.1.4 治理废气、废水、废油、废物和环境污染，满足环保要求。

4.1.5 安健环体系要求改善劳动条件及劳动保护的措施。

4.1.6 小型土建工程，如房屋建造、道路修筑等。

4.1.7 零星购置生产设备或仪器仪表等。

4.1.8　其他形成固定资产项目（不含非生产运输工具、办公设备设施等支出）。

4.2　技术改造项目应遵循的原则

4.2.1　基本原则

4.2.1.1　以安全生产为基础，以经济效益为中心，以推动技术进步为导向，以节能降耗、环境保护为重点，以产业政策为依据，有重点、有计划、有步骤地进行。

4.2.1.2　技术改造须纳入公司预算管理，做好统筹安排，有重点地使用，并进行充分的投资经济效益评估，注重整体效果。

4.2.1.3　应加强工程类技术改造项目的过程管理，对项目实行从可研、招标、合同管理、工程监理、竣工评价到决算的全过程管理，在保证质量的同时，做好费用控制。

4.2.1.4　工程项目中的安全设施、设备以及防治污染的措施必须符合国家有关法律、法规、标准、规程，必须与主体工程同时设计、同时施工、同时投入生产和使用。

4.2.1.5　技术改造项目不仅要注重本公司的技术经济效益，也要注重社会综合效益，充分满足环境保护的要求。

4.2.1.6　各项目部应认真组织好项目立项调研、专家评审工作，项目的立项和资金预算必须通过董事会的批准；项目完成后，各项目现场应按要求积极做好项目总结和评价工作。

4.2.2　技术改造规划编制要求

4.2.2.1　技术改造项目立项应以三年滚动规划为依据，原则上未列入规划的重大及特别重大项目不予立项或列入年度投资计划。

4.2.2.2　各项目应依据国家和电力行业的发展方向，明确技术改造规划方向与目标，在调查研究的基础上统筹安排，优先安排重点项目和关键项目。

4.2.2.3　各项目应立足于实际生产工作，依托安全性评价、技术监督、可靠性管理等工作结果，对设备健康状况、主要经济技术指标、安全生产工作进行调查，分析和研究生产存在的主要矛盾和薄弱环节，进而提出“合理适用，适当超前”的技术改造管理规划。

4.2.2.4　各项目应针对生产中存在的主要矛盾及薄弱环节，拟定技术改造总规模及改造方向，制订技术改造阶段性任务并提出投资规模，资金估算，在充分进行技术、经济效益分析的基础上编制技术改造三年滚动规划。

4.2.3　年度技术改造计划编制要求

4.2.3.1　严禁将不属于技术改造范围的项目列入年度投资计划。

4.2.3.2　严禁将一个独立项目分解成几个项目，或将没有直接联系的几个独立项目捆绑作为一个项目。

4.2.3.3　项目主体工程和与之配套的工程应作为一个项目。

4.2.3.4　结合机组年度检修计划统筹安排，落实主要技术方案和措施。

4.2.3.5　选择实施的项目在技术上应是先进适用、成熟且有成功业绩的，原则上不安排实施首次试用的项目，确需实施在技术上属首次试用的项目，应向国投电力生产管理部进行专题汇报，经审议同意后实施。

4.2.3.6　新投入运行、时间未达到三年的设备或系统原则上不安排技术改造项目。

4.3　技术改造规划的编制与上报

4.3.1　项目部应逐年对三年滚动规划进行修订，每年×月×日前将《技术改造项目三年滚动规划表》（见附件 8.1）报生产管理部。

4.3.2　生产管理部结合各项目现场设备实际情况，围绕提高设备的安全经济运行水平，从采用新技术、新材料、新工艺方面，可对《技术改造项目三年滚动规划表》（见附件 8.1）进行补充、完善。

4.3.3　生产管理部审核完毕报分管领导审批后于×月×日前报送至国投电力生产管理部。

4.4　年度技术改造计划的申报

4.4.1　自行安排项目，由申报部门编制《年度技术改造计划申报表》（见附件 8.2），于×月×日前报送至生产管理部。

4.4.2 一般项目，由申报部门编制《技术改造项目建议表》（见附件 8.4）、《年度技术改造计划申报表》（见附件 8.2），于×月×日前报送至生产管理部。

4.4.3 重大项目，由申报部门负责组织或委托编制《技术改造项目可行性研究报告》（见附件 8.14）、《年度技术改造计划申报表》（见附件 8.2），于×月×日前报送至生产管理部。

4.4.4 特别重大项目，应先开展项目前期工作，由申报部门负责组织或委托编制《技术改造项目可行性研究报告》（见附件 8.14）、《年度技术改造计划申报表》（见附件 8.2），于×月×日前报送至生产管理部。

4.4.5 重大、特别重大项目如需要前期工作费用，各申报部门应先申请，批准后方可开展相关工作（如外委编制可研报告等）。由各申报部门编制《技术改造项目前期费用申请表》（见附件 8.5），于每年×月×日前报送至生产管理部，投资企业初审通过后，每年×月×日前提交国投电力生产管理部。国投电力审批通过后，由申报部门按本标准要求进行后续工作。

4.4.6 所有年度技术改造项目原则上必须当年竣工，如有特殊原因确需跨年实施，各申报部门填报《技术改造项目变更申请单》（见附件 8.10）、《年度技术改造计划申报表（已开工跨年实施项目）》（见附件 8.3），于×月×日前报送至生产管理部。

4.5 技术改造项目的审批

4.5.1 生产管理部于×月×日前将《技术改造项目建议表》（见附件 8.4）、《技术改造项目可行性研究报告》（见附件 8.14）、《可研报告审查意见》、《年度技术改造计划申报表》（见附件 8.2）、《年度技术改造计划申报表（已开工跨年实施项目）》（见附件 8.3）上报国投电力生产管理部。

4.5.2 公司在审核年度技术改造计划时，按照国投电力对新能源企业技术改造项目中自行安排项目和一般项目实行定额管理，具体定额由国投电力根据各企业实际情况核定。各申报部门应综合平衡、统筹规划、合理安排。重大、特别重大技术改造项目在外聘设计院或行业专家对技术改造项目做前期调研和可行性分析时，需形成《技术改造项目可行性研究报告》（见附件 8.14）。

4.5.3 国投电力年度技术改造计划审批意见为各投资企业控股股东意见，公司依此编制下一年度预算、投资计划和董事会议题，经董事会审批通过后方可实施。

4.5.4 依据国投电力批复，生产管理部于次年×月份将技术改造项目年度投资计划分解、下达，并列示已开工建设但未竣工的跨年度实施项目。

4.6 技术改造计划的调整

4.6.1 国投电力每年对年度计划进行一次审批，投资计划下达后，原则上不予调整。

4.6.2 已列入年度计划的自行安排项目因故需要调整的，项目责任部门填写《技术改造项目变更申请单》（见附件 8.10），说明变更的原因及变更事项，报生产管理部审批后执行，并及时向国投电力生产管理部说明原因，总投资不允许超过年度技术改造自行安排项目预算定额，且原则上项目调整率（项目数量及涉及的金额）不超过 30%。

4.6.3 已列入年度计划的一般项目年度内因故需要取消的，项目责任部门填写《技术改造项目取消申请单》（见附件 8.9），说明取消的原因，报生产管理部审核，分管领导审批后执行，并及时向国投电力生产管理部说明原因。

4.6.4 已列入年度计划的重大、特别重大技术改造项目年度内因故需要取消的，项目责任部门编制取消项目的书面报告，说明取消的原因，报生产管理部审核，经分管领导审批、总经理办公会审定后执行，并及时向国投电力说明原因、提交取消项目的书面报告。

4.6.5 确因政策原因或其他不可预见因素，需要在年度投资计划中增加项目、申请重大和特别重大项目前期费用的，由申报部门填写申报材料，经生产管理部审核、分管领导审批、总经理办公会审定后，及时向国投电力提出请示，经批准后项目方可予以调整。

4.6.6 对于需要调整的项目，项目责任部门应及时在技术改造项目实施情况统计表和年度技术改造工作总结报告中进行说明。

4.7 技术改造项目资金的管理

4.7.1 技术改造项目费用主要由前期费（咨询、设计等）、设备及材料费、施工费、试验检验费、其他不可预见费用构成。

4.7.2 技术改造项目资金纳入公司生产经营预算管理，在资本性支出项目中统筹安排。

4.7.3 技术改造项目资金的安排要厉行节约、综合平衡，并根据工程项目的实施进度安排资金计划。

4.7.4 技术改造项目资金必须专款专用，不能擅自进行资金计划的调整，严禁擅自挪作他用。

4.7.5 项目责任部门和相关部门要加强技术改造项目资金的管理工作，严格履行内部审批程序。

4.7.6 对需跨年度实施的技术改造项目，其费用应统一预算，分年度控制。

4.8 技术改造项目的实施过程管理

4.8.1 技术改造项目实施方式分为自行实施方式和对外承包方式。

4.8.2 生产管理部根据技术改造项目金额、难易程度、工作量等方面会同计划经营部确定是否进行业务外包；不需外包则由公司组织实施技术改造。技术改造项目的实施严格按照本标准要求执行。

4.8.3 技术改造项目需对外承包，由计划经营部负责按公司招标管理流程组织招标，确定承包方和供货方，并按照公司合同管理流程签订外包和设备采购合同。

4.8.4 安健环管理部根据项目实际情况负责对承包方的安全资质进行审查，对合同中安全生产责任、措施等方面条款进行审核，并组织签订安全管理协议书。重大技术改造项目由安健环管理部派专人对技术改造项目实施过程进行安全监管。

4.8.5 运行管理部根据生产管理部下发的技术改造年度投资计划，提前与调度申请、落实技术改造项目的实施时间并发布。

4.8.6 公司所有技术改造项目实行项目经理负责制。项目经理应按国投电力、公司有关制度规定对项目进行全过程管理。

生产管理部下发正式文件确定年度技术改造项目、计划投资额、工期安排、项目负责人等内容，特别重大项目负责人原则上由项目现场负责人担任，必须成立管理小组，明确安全、质量管理职责；重大及以下项目负责人可由相关专业人员担任，可根据工程规模及实施难易情况设立管理小组，明确安全、质量管理职责。

4.8.7 公司所有技术改造项目采用项目管理模式。各项目经理在公司技术改造项目年度投资计划下发后×日内在信息管理系统完成项目策划、录入和预测审批，子项目、分子项、关键时间节点按照下发工期填写，项目结构参照项目管理模板。

4.8.8 国家工程建设管理规定需要聘请监理单位的项目，应按要求执行。

4.8.9 技术改造项目开工管理：

4.8.9.1 项目部负责组织人员对技术改造项目的施工图纸和实施方案、三措进行初审。

4.8.9.2 自控项目，提前×日将实施方案及施工图纸、三措上传 OA“三措一案”流程经项目现场、安健环管理部、生产管理部、分管领导审核后执行。

4.8.9.3 一般项目，提前×日将实施方案及施工图纸、三措上传 OA“三措一案”流程经项目现场、安健环管理部、生产管理部、分管领导审核后执行。

4.8.9.4 重大、特别重大技术改造项目，提前×日将实施方案及施工图纸、三措上传 OA“三措一案”流程，生产管理部组织召开施工方案论证审查和施工图设计审查会议，项目部按照会议要求修改方案、三措并经安健环管理部、生产管理部审核、分管领导批准后执行。

4.8.9.5 改善劳动条件和劳动保护措施的一般、重大、特别重大项目实施方案、三措上传 OA“三措一案”流程，经安健环管理部、分管领导审核后执行。

4.8.9.6 项目部负责办理技术改造项目的开、竣工手续；负责组织施工过程中技术、安全交底；负责对项目安全、质量、进度等进行全过程监督。

4.8.9.7 对于国投电力工程管理部确定的受控重大项目（注：在年度计划下达时明确）和特别重大项目，

项目部应在开工前填写《技术改造项目开工备案表》（见附件 8.6）报生产管理部，生产管理部审核后报国投电力工程管理部备案。

4.9 技术改造项目安全管理

项目责任部门是项目安全管理的责任主体，应严格执行公司安全管理各项规定，负责建立和落实项目实施期间安全管理组织措施、制定适用的安全管理规定和安全技术措施，完善安全生产条件，开展安全管理活动并按要求落实各项安全措施。

4.9.1 技术改造项目质量管理

项目责任部门是项目质量管理的责任主体，负责建立和落实项目实施期间质量管理组织措施、制定适用的质量管理规定和技术措施。项目实施中应加强设计管理，重视图纸、施工方案的审核；针对重要项目应开展设备监造工作，做好到场材料、设备的验收（如合同约定规格型号、生产厂家及供货数量），严格执行施工方案及工艺标准，严格质量控制和验收，认真做好设备调试管理。

4.9.2 技术改造项目的检查评价管理

为及时掌握受控重大项目和特别重大项目的实施情况，生产管理部根据需要将安排人员进行现场检查评价工作。

检查评价的目的是了解项目实施过程中管理的规范性程度，重点在项目安全、质量、进度、合同管理、造价控制等方面进行评价检查，发现并纠正项目实施过程中存在的问题，达到提高技术改造项目建设管理水平的目的，具体评价内容如下：

4.9.2.1 项目相关技术方案及批复文件。

4.9.2.2 项目建设组织机构、职责落实、人员配置情况。

4.9.2.3 项目责任部门技术改造管理等制度执行情况。

4.9.2.4 项目相关合同管理（含招投标工作）合规性情况。

4.9.2.5 项目安全管理情况（包含制度、目标、措施、检查及整改等）。

4.9.2.6 项目质量、进度控制等目标的制订与执行情况。

4.9.2.7 项目监理工作开展及取得的实效。

4.9.2.8 项目预算执行、设计变更、造价控制及物资管理情况。

4.9.3 项目责任部门必须严格按照批准的预算控制技术改造项目的投资，合理控制工程造价，如因客观条件变化等导致项目费用可能超出预算，应及时提交书面报告报生产管理部审核，经公司分管领导审批、总经理办公会审定后报国投电力批准，严禁未批准先实施行为。

4.9.4 实施的项目中有需要进行废旧资产处置的设备、器材、材料，在开工前应按有关规定办理完资产处置手续；对项目中需拆除的设备、器材、材料，不能明确其是否报废的，应在实施前制订相应的管理方案。拆除的设备、器材、材料，经鉴定凡是有利用价值的，要妥善保管，按规定进行有偿处理，并登记入账。凡能在竣工前处理的，应尽早处理并按照规定办理有关手续。

4.9.5 一般及以下技术改造项目的实施过程由项目部自行监管，重大、特别重大技术改造项目由生产管理部安排专人到现场监督、管理。

4.9.6 一般及以下技术改造项目的相关资料由项目部自行整理、存档，重大、特别重大技术改造项目相关资料由项目现场、运行管理部和生产管理部同时存档。

4.9.7 技术改造项目竣工验收

4.9.7.1 一般及以下技术改造项目实施结束后，由各项目部自行组织完工二级验收，在《技术改造项目完工验收单》（见附件 8.11）签字确认。

4.9.7.2 重大技术改造项目实施结束后，项目部进行完工二级验收，二级验收合格后提交《重大及以上技术改造项目完工验收申请》（见附件 8.12），经生产管理部专业工程师、部门负责人签字确认后，生产管理部组织相关人员进行现场完工三级验收。验收前要针对技术改造项目列出相应验收表单，并逐项进行；对验收中发现的问题，由项目现场督促施工方解决。验收合格后参与验收人员应在《重大及以上技术改造项目完工验收单》（见附件 8.13）签字确认。

4.9.7.3　特别重大技术改造项目和技术复杂或安全风险较高的重大技术改造项目，由生产管理部组织责任部门、设计、施工、调试、运行、监理（如有）等各单位人员或科研院所专家、行业专家参加的验收会，会议须形成明确记录、验收结论，验收合格后参与验收人员应在《重大及以上技术改造项目完工验收单》（见附件 8.13）签字确认。

4.9.7.4　重大、特别重大技术改造项目竣工验收后一个月内，项目经理填写《技术改造项目竣工报告表》（见附件 8.7）并上传信息管理系统，报送生产管理部审核，通过后报国投电力生产管理部备案。

4.10　技术改造分析、总结和后评价

4.10.1　技术改造统计分析

每月月底前，项目责任部门应将填写完整、准确的《技术改造项目实施情况统计表》（见附件 8.8）、《技术改造项目进度统计表》提交公司生产管理部。

每季度首月×日前，生产管理部应将填写完整、准确的《技术改造项目实施情况统计表》（见附件 8.8），提交国投电力生产管理部。

4.10.2　技术改造总结

每年×月×日，项目责任部门将上年度《技术改造项目总结评价报告》（见附件 8.15）报生产管理部审核，生产管理部审核后编制公司《技术改造项目总结评价报告》（见附件 8.15），经部门审核后于×月×日前报国投电力生产管理部。总结报告内容应涵盖上年度技术改造项目完成情况、资金使用情况、工程管理情况、存在问题及改进措施等。

4.10.3　技术改造后评价

项目责任部门应对照技术改造一般项目建议书、重大及以上项目的可行性研究报告，以及项目实施后的实际效果，认真组织开展技术改造项目的效果评价工作。重大、特别重大项目应编制《技术改造项目后评价报告》（见附件 8.16），在每年×月×日前，各投资企业应将上年度竣工的重大、特别重大项目的后评价报告报国投电力生产管理部备案。

项目责任部门应做好技术改造工作的分析、总结和后评价工作，每年开展的技术改造工作总结及项目后评价情况将作为下年度技术改造项目投资计划的评审依据之一。

4.11　技术改造文件管理

4.11.1　技术改造工作结束后×日内，项目部根据验收、遗留问题、总结等情况，组织对检修作业包等技术文件进行修订，按程序完成图纸、规程、定值、设备台账等技术资料的修编工作，修编完成后及时归档。

4.11.2　项目部对技术改造项目相关文件依照公司《档案管理标准》中技术档案归档要求进行全面整理。生产管理部在季度综合检查中对技术改造项目相关资料进行抽查、审核。

5　检查与考核

公司生产管理部对本标准规定的管理活动进行检查并对表 1 所列的指标进行评价，依据评价结果提出考核意见。

表 1　评价项目与指标

序号	评价项目	评价标准	责任部门	考核部门
1	技术改造项目策划	项目策划太差考核×元/次	项目现场	生产管理部
2	技术改造项目质量	项目质量太差或达不到预期效果，一般及以下项目考核×元/次，重大及以上项目考核×元/次	项目现场	生产管理部
3	技术改造文件质量	文件质量太差或数据错误，考核×元/项	项目现场	生产管理部
4	资料报送及时率	资料报送不及时，考核×元/次	项目现场	生产管理部

表 1（续）

序号	评价项目	评价标准	责任部门	考核部门
5	技术改造进度	子项超期考核×元/（周·项），分子项超期考核×元/（周·项），子项、分子项进度调整考核减半，同一项目多项考核只计最多考核项；年度项目申请跨年实施或当年未竣工、决算转固考核×元/项	项目现场	生产管理部
6	项目调整率	自行安排项目调整率（项目数量及涉及的金额）超过 30%，考核×元/次	项目现场	生产管理部

凡未经批准增加项目、自行安排和一般项目的单项费用超过规定权限、项目执行中随意扩大投资规模、自行权限内定额费用严重超支、因项目决策或管理不力导致项目迟迟无法开工、竣工后未及时向国投电力生产管理部报告、改造效果严重低于预期目标或总结报告明显失实等情况，将按国投电力相关管理规定进行考核。

6 附则

6.1 本规定适用于公司技术改造管理工作。

6.2 本规定由公司生产管理部负责解释。

6.3 本规定自发布之日起施行。

7 附件

7.1 技术改造项目三年滚动规划表（见附表 1）。

7.2 年度技术改造计划申报表（见附表 2）。

7.3 年度技术改造计划申报表（已开工跨年实施项目）（见附表 3）。

7.4 技术改造项目建议表（见附表 4）。

7.5 技术改造项目前期费用申请表（见附表 5）。

7.6 技术改造项目开工备案表（见附表 6）。

7.7 技术改造项目竣工报告表（见附表 7）。

7.8 年度技术改造项目实施情况统计表（见附表 8）。

7.9 技术改造项目取消申请单（见附表 9）。

7.10 技术改造项目变更申请单（见附表 10）。

7.11 技术改造项目完工验收单（见附表 11）。

7.12 重大及以上技术改造项目完工验收申请（见附表 12）。

7.13 重大及以上技术改造项目完工验收单（见附表 13）。

7.14 技术改造项目可行性研究报告（见附表 14）。

7.15 技术改造项目总结评价报告（见附表 15）。

7.16 技术改造项目后评价报告（见附表 16）。

附表 1　技术改造项目三年滚动规划表

公司名称：　　　　　　　　　　　　填报人：　　　　　　　　　　　　联系方式：

序号	项目名称	管理分类	项目属性	建设起止年限		项目投资					项目建设内容				备注
				起始年	竣工年	总投资	*N* 年计划	*N*+1 年计划	*N*+2 年计划	*N*+3 年计划	*N* 年底预计完成	*N*+1 年计划主要建设内容	*N*+2 年计划主要建设内容	*N*+3 年计划主要建设内容	

填表说明：
1．“管理分类”栏中按一般、重大、特别重大分类填写。
2．“项目属性”栏中按安全、节能、环保、污染治理、设备更新、资源综合利用、小型基建、资产购置分类填写。
3．“建设起止年限”为年度完成项目只需填写起始年，跨年度项目则填写起始年至竣工年。
4．*N* 年指填报年度次年，如 2019 年度上报技术改造滚动规划，则 *N* 为 2020 年。
5．投资金额单位为万元。

附表 2　年度技术改造计划申报表

公司名称：　　　　　　　　　　　　填报人：　　　　　　　　　　　　联系方式：

序号	项目名称	管理分类	项目属性	项目主要内容	项目实施目的	计划开工时间	计划完工时间	是否为跨年实施项目	项目总投资万元	__年计划投资万元	附件	备注

填表说明：
1．“管理分类”栏中按自行安排、一般、重大、特别重大分类填写。
2．自行安排项目均为非跨年实施项目，只填写项目名称、管理分类、项目属性及项目总投资。
3．“项目属性”栏中按安全、节能、环保、污染治理、设备更新、资源综合利用、小型基建、资产购置分类填写。
4．请用不超过 200 字概括性描述项目主要内容、项目实施目的。“计划开工时间”“计划完工时间”填写至月，如 2018 年 5 月。
5．“计划开工时间”“计划完工时间”填写至月，如 2018 年 5 月。
6．管理分类为“一般”项目提供“项目建议书”作为附件，“重大”与“特别重大”项目提供“可研报告”作为附件。

附表 3 年度技术改造计划申报表（已开工跨年实施项目）

公司名称：							填报人：										联系方式：
序号	项目名称	管理分类	项目属性	董事会批准项目总投资万元	计划开工时间	计划完工时间	是否为跨年实施项目	开工日期	自开工累计完成投资额万元	工作进度%	已完成工作	__年计划投资万元	__年计划施工开始时间	__年计划施工结束时间	__年计划开展工作	备注	

填表说明：
1. “开工日期、自开工累计完成投资额、工作进度”引用当年 8 月份月报信息。
2. 请用不超过 200 字概括性描述项目已完成工作、下年计划开展工作。
3. 计划施工开始时间、计划施工结束时间请精确至月，如 2018 年 5 月。
4. 非跨年实施项目申请跨年投资计划，须在“备注”中说明原因。

附表 4 技术改造项目建议表

公司名称	
项目名称	
项目负责人	
实施目的	（按必要性、可行性、经济性三方面论述）
实施方案	（内容应包含对环境影响的描述）
投资估算	概（预）算明细，如设计费、设备费、建筑安装费、材料费、人工费、其他、总投资：
预期效果	

技术改造项目建议表编写格式说明：
1. 每个项目编写一个 Word 文档，文件名为《项目建议表-项目名称》。
2. 项目建议书字体要求采用“仿宋小四”，段落行距采用“1.5 倍行距”，每个段落前空两个字符。

附表 5　技术改造项目前期费用申请表

公司名称	
项目名称	
项目分类	（重大/特别重大）
项目负责人	
实施目的	（按必要性、可行性、经济性三方面论述）
实施方案	（内容应包含对环境影响的描述）
申请前期费用额度	
投资估算	概（预）算明细，如前期费用、设计费、咨询费、审查费、其他、总投资：
预期效果	
技术改造项目前期费用申请表编写格式说明： 1．每个项目编写一个 Word 文档，文件名为《前期费用申请表-项目名称》。 2．字体要求采用“仿宋小四”，段落行距采用“1.5 倍行距”，每个段落前空两个字符。 3．正文序号按以下顺序排版： 一、黑体 二、黑体 （一） （二） 1. 2. 3. （1） （2） （3）	

附表 6 技术改造项目开工备案表

公司名称			
项目名称			
项目属性		管理分类	□重大 □特别重大
项目主要内容			
项目实施目的			
国投电力 批准文件			
董事会 批准时间		董事会批准项目总投资 万元	
计划开工时间		计划完工时间	
项目负责人		联系电话	

设备服务提供商	序号	单位名称	提供服务/设备内容
	1		
	2		
	3		
	4		
	…		

开工准备情况	
项目	是否完成检查
监理单位开工准备情况 （人员资质、制度编制等）	
承包商为相关工作提供 的保险情况	
安健环协议签订情况	
承包商安全资质审查、登记、备案情况	
相关人员（含特种作业人员）资格证件审核、备案情况	
施工用工器具及个人安全防护用品配备情况	
施工方案、三项措施、作业文件等编制、审核情况	
施工交底（含图纸会审、安全技术交底等）情况	
工作综合风险分析、书面安全程序完成情况	
备注	

填表说明：
1．“计划开工时间、计划完工时间”具体至年月，例如 2018 年 5 月。
2．管理分类为“特别重大”的项目，须填写“项目小组成员”。
3．“设备服务提供商”须填写设计单位、监理单位、主要施工单位和设备厂家。
4．字体要求采用“仿宋小四”，段落行距采用“1.5 倍行距”，每个段落前空两个字符。
5．开工备案时须同时附企业开工报告扫描件。

附表 7　技术改造项目竣工报告表

公司名称			
项目名称			
项目属性		管理分类	□重大　□特别重大
开工日期		完工日期	
竣工验收报告	□有　□无	竣工验收时间	
决算金额 万元		完成决算时间	
设计单位		施工单位	
项目实施效果			

填表说明：
1. 表中时间具体至年月日，如 2018 年 5 月 1 日。
2. “项目实施效果”填写项目达到的技术经济指标、主要安全、经济和环保效益等。
3. 竣工备案时须同时附企业竣工验收报告扫描件。

附表 8　年度技术改造项目实施情况统计表

公司名称：

序号	项目名称	项目属性	计划开工时间	计划完工时间	开工日期	完工日期	项目投资万元	本年计划投资万元	上年末累计完成投资万元	本年累计完成投资万元	自开工累计完成投资万元	本年投资计划完成率%	项目投资完成率%	本期完成投资额万元	本期工程进度%	是否完成竣工验收	是否完成财务决算	是否完成竣工报告备案	备注
一	自行安排项目																		
	（项目数）																		
二	一般项目																		
2.1	项目 1																		
2.2	项目 2																		
三	重大项目																		
3.1	项目 1																		
3.2	项目 2																		
四	特别重大项目																		
4.1	项目 1																		
4.2	项目 2																		
五	跨年实施项目																		
5.1	项目 1																		
5.2	项目 2																		

填表说明：
1. “项目名称，项目属性，计划开工时间，计划完工时间”按照技术改造项目计划表内容填写。
2. “开工日期，完工日期”具体至年月日，例如 2018 年 5 月 1 日。
3. “本期工程进度”按完成实物工作量的百分比进度填写。
4. “自行安排项目”栏中只填写项目数及投资完成情况。
5. 需要说明的事项请在“备注”中填写。
6. 本表由控股投资企业负责填写，每季度首月 5 日前将本表发送至国投电力生产管理部。

附表 9 技术改造项目取消申请单

<table>
<tr><td>公司名称</td><td></td></tr>
<tr><td>项目名称</td><td></td></tr>
<tr><td>项目预算及主要内容</td><td></td></tr>
<tr><td colspan="2">取消原因：</td></tr>
<tr><td colspan="2">申请部门意见：</td></tr>
<tr><td colspan="2">审定：　　　　审核：　　　　填报：　　　　报送日期：</td></tr>
</table>

附表 10 技术改造项目变更申请单

<table>
<tr><td colspan="2">公司名称</td><td></td></tr>
<tr><td colspan="2">项目名称</td><td></td></tr>
<tr><td>变更项目</td><td>计划资金及简介</td><td></td></tr>
<tr><td>新项目</td><td>计划资金及简介</td><td></td></tr>
<tr><td colspan="2">变更情况</td><td></td></tr>
<tr><td colspan="3">变更原因：</td></tr>
<tr><td colspan="3">审定：　　　　审核：　　　　填报：　　　　报送日期：</td></tr>
</table>

附表 11 技术改造项目完工验收单

<table>
<tr><td colspan="4">公司名称：
项目名称：　　　　　　　　验收日期：　　年　　月　　日</td></tr>
<tr><td>序号</td><td colspan="2">内容</td><td>责任人员签字</td></tr>
<tr><td>1</td><td colspan="2">清理工作现场将工器具全部收拢并清点，废弃物按相关规定处理，材料及备品备件回收清点</td><td></td></tr>
<tr><td>2</td><td colspan="2">按相关规定关闭检修电源和拆除临时安全措施</td><td></td></tr>
<tr><td>3</td><td>缺陷及处理情况</td><td colspan="2"></td></tr>
<tr><td>4</td><td>验收方式</td><td colspan="2">三级验收 □　二级验收 □</td></tr>
<tr><td rowspan="3">5</td><td rowspan="3">验收并签字</td><td>外委检修队/厂家人员</td><td></td></tr>
<tr><td>班组</td><td></td></tr>
<tr><td>项目现场</td><td></td></tr>
<tr><td>6</td><td>遗留问题及处理意见</td><td colspan="2"></td></tr>
<tr><td>7</td><td>备注说明</td><td colspan="2"></td></tr>
</table>

附表 12　重大及以上技术改造项目完工验收申请

<table>
<tr><td>公司名称：
项目名称：</td></tr>
<tr><td>公司：
我项目现场已完成了技术改造工作，现已完成二级验收工作，自检合格，现申请公司组织进行三级验收，请予以验收。

附件：
技术改造项目验收单（二级验收）。

申请人：
负责人：
日　期：</td></tr>
<tr><td>生产管理部意见：

专业工程师：
部门负责人：
日　期：</td></tr>
</table>

附表 13　重大及以上技术改造项目完工验收单

<table>
<tr><td colspan="3">技术改造项目名称：</td><td>验收日期：</td></tr>
<tr><td>序号</td><td colspan="2">内容</td><td>责任人员签字</td></tr>
<tr><td>1</td><td colspan="2">清理工作现场将工器具全部收拢并清点，废弃物按相关规定处理，材料及备品备件回收清点</td><td></td></tr>
<tr><td>2</td><td colspan="2">按相关规定关闭检修电源和拆除临时安全措施</td><td></td></tr>
<tr><td>3</td><td>缺陷及处理情况</td><td colspan="2"></td></tr>
<tr><td>4</td><td>验收方式</td><td colspan="2">三级验收　□　二级验收　□</td></tr>
<tr><td rowspan="4">5</td><td rowspan="4">验收并签字</td><td>外委检修队/厂家人员</td><td></td></tr>
<tr><td>班组</td><td></td></tr>
<tr><td>项目现场</td><td></td></tr>
<tr><td>生产管理部</td><td></td></tr>
<tr><td>6</td><td>遗留问题及处理意见</td><td colspan="2"></td></tr>
<tr><td>7</td><td>备注说明</td><td colspan="2"></td></tr>
</table>

附表 14 技术改造项目可行性研究报告

公司名称：
项目名称：
编制人：
审核人：
批准人：
项目负责部门：　　　　　　　　　　　　项目负责人：

一、项目提出的背景及改造的必要性

需列出改造设备的运行简历，如设备铭牌、投运时间、运行状况、技术状况及其他有关技术参数等，描述设备现状和存在的主要问题，从对安全及环境的影响、经济运行、提升效益等方面论证该项目的必要性

二、调研报告

咨询专家意见、国内外解决方案、用户使用情况等

三、可能方案

从可能设计的方案中，选出 2 个～3 个可供选择方案，从技术经济及社会效益上全面论证其先进合理性，实施可行性，对应存在问题提出解决方法，对可选方案进行综合比较，推荐最佳方案；方案中应对需要进行废旧资产处置的设备提出方案，并考虑其残值对投资收益的影响；灰场、构建筑物及其他土建工程，应注意水文、地质、地形等资料收集；方案中应有环境影响评价内容。

四、工程规模和主要内容

项目的构成和范围（子项目或分项目），站（厂）址选择，地理位置，线路路径及接线方案，改进后系统的布置，设备性能及有关参数，必要的图纸、生产准备及培训情况。

五、工程实施进度计划

（一）工程准备时间安排：

（二）项目招标、采购时间安排：

（三）项目实施计划安排：

六、投资估算及概（预）算明细

（一）前期费用费：______（万元）

设备费：______（万元）

建筑安装费：______（万元）

材料费：______（万元）

人工费：______（万元）

其他费用：______（万元）

总投资：______（万元）

报废拆除设备资产残值：______（万元）

（二）项目概（预）算明细表（如有多页，可另附在报告后面）

七、预期效果

对改造前后安全、经济运行状况进行描述，明确改造后对于提高系统和本单位安全性，可靠性，节能降耗、环境保护等应达到的指标，从提高效益、降低成本、增加利润及对投资回收等方面进行分析，在可研报告中应有明确的成本、收益分析，应准确测算内部收益率、投资回报率、投资回收期等盈利能力指标，并附相关测算表格。

技术改造项目可行性研究报告编写格式说明：

1．每个项目编写一个 Word 文档，文件名为《可研报告-项目名称》。

2．可行性研究报告正文字体要求采用“仿宋三号字”，段落行距采用“固定 30 磅”，每个段落前空两个字符。

3．正文序号按以下顺序排版：

一、黑体

二、黑体

（一）

（二）

1.

2.

3.

（1）

（2）

（3）

附表 15　技术改造项目总结评价报告

一、基本情况
要求：请按公司批准下发的《年度技术改造项目计划汇总表》的内容，对本企业一般、重大、特别重大、跨年实施项目和自行安排项目的实施情况进行说明。
二、年度技术改造项目完成情况
要求：对照《技术改造项目实施情况表》，对年度工作完成情况进行总结。已明确需跨年度完成的项目说明项目进展情况即可；工作进展明显落后于计划、未实施的项目，需说明原因；已完工项目应完成竣工验收、财务决算、竣工报告备案，未完成以上工作的项目，需说明原因。
三、年度技术改造资金使用情况

四、年度技术改造工作取得的经验及存在的问题

五、下一年度技术改造工作思路

六、其他
年度技术改造工作总结报告要求：
1．标题采用宋体、二号字、加粗；
2．总结、评价报告正文字体要求采用“仿宋三号字”，段落行距采用“固定 30 磅”，每个段落前空两个字符。
3．正文序号按以下顺序排版：
一、黑体
二、黑体
（一）
（二）
1．
2．
3．
（1）
（2）
（3）

附表 16　技术改造项目后评价报告

公司名称：
项目名称：
编制人：
审核人：
批准人：

一、项目基本情况及实施背景
（一）项目基本情况
改造项目名称：
项目依据：
设计单位：
施工单位：
设备厂家：
批准概算（万元）：　　；财务决算（万元）：
开工日期：　　年　　月　　日；　　　　　　完工日期：　　年　　月　　日
竣工验收时间：　　年　　月　　日
转增固定资产时间：　　年　　月　　日
（二）项目实施背景
（三）项目改造方案
二、项目实施的主要情况
项目实施过程中的安全管理、进度管理、质量管理、招投标和合同管理、工程监理情况以及其他需要说明的内容。
三、项目运营情况及效益分析
（一）改造后运营情况及分析
从改造后安全、经济运行状况以及对社会环境影响等运营情况分析。
（二）改造后技术及效果评价
对照可研技术方案，从改造后对于提高系统和本单位安全性、可靠性、节能降耗、环境保护等方面进行总结评价。
（三）项目经济效益分析
从提高效益、降低成本、增加利润和投资回收等方面进行总结分析。
四、经验总结与问题分析
（一）经验总结
对项目实施过程中好的经验做法进行提炼，对可借鉴、可推广的新技术、新工艺、新方法进行总结，便于集团内部推广。

附表 16（续）

（二）问题分析
可能出现的工期延期、费用超支、效果不良、设备缺陷等原因分析，以及对存在问题采取的措施。
（三）后续工作建议
五、改造结论
附件：相关资料目录清单（包括项目相关主要图纸资料、运行参数、试验报告、竣工验收材料等的目录清单）。
技术改造项目后评价报告编写格式说明：
1．上报的所有重大、特别重大技术改造项目后评价报告，要求汇总至一个 Word 文档，并编写目录。
2．标题采用宋体、二号字、加粗。
3．总结、评价报告正文字体要求采用“仿宋三号字”，段落行距采用“固定 30 磅”，每个段落前空两个字符；
4．正文序号按以下顺序排版：
一、黑体
二、黑体
（一）
（二）
1．
2．
3．
（1）
（2）
（3）

3 技术管理

Q/SDIC-GL-JS03-2020

科技创新管理规定

科技创新管理规定

1 总则

为了提高公司科技创新驱动活力，紧跟行业先进，实施科技强企战略，以科技进步增强企业的核心竞争力；同时为充分发挥技术专家库的作用，解决现场技术难点问题，提高发电设备运行的可靠性和经济性，改善经营管理效益，增强企业活力，特制定本规定。

2 规范性引用文件

下列文件中的内容通过文中的规范性引用而构成本文件必不可少的条款。其中，注日期的引用文件，仅该日期对应的版本适用于本文件；不注日期的引用文件，其最新版本（包括所有的修改单）适用于本文件。

T/CAQ 10201　质量管理小组活动准则

中华人民共和国科学技术进步法

中华人民共和国专利法

3 术语和定义

3.1　科技研究项目：由公司出资，为解决公司基建和生产经营过程中的重大技术问题，跟踪和研究前沿技术，对新产品、新技术、新工艺、新材料、新标准、新方法的研究开发与应用示范等项目。

3.2　技术创新：以现有的知识和物质，在特定的环境中，改进或创造新的事物（包括但不限于各种方法、元素、路径、环境等），并能获得一定有益效果的行为。创新包括工作方法创新、学习创新、教育创新、科技创新等。包括：解决技术难点，新工艺、新材料的研究及应用、新技术研发、生产流程再造、前沿技术研究、学术理论研究、方法创新等活动。

3.3　知识产权：也称为“知识所属权”，指“权利人对其智力劳动所创作的成果和经营活动中的标记、信誉所依法享有的专有权利”，一般只在有限时间内有效。各种智力创造比如发明、外观设计、文学和艺术作品，以及在商业中使用的标志、名称、图像，都可被认为是某一个人或组织所拥有的知识产权。

3.4　QC：Quality Control（质量管理）的简称。

3.5　QC 小组：在生产或管理岗位上从事工作的员工，围绕公司的经营战略、方针目标和现场存在的问题，以改进质量、降低消耗，提高员工队伍素质和经济效益为目的组织起来，运用质量管理理论和方法的组织。

3.6　PDCA：P（Plan）表示计划，D（Do）表示执行，C（Check）表示检查，A（Action）表示处理。

3.7　工作质量：是指同产品质量直接或间接有关的各项工作的好坏，是能力与责任的双重体现。如经营管理工作、技术工作和组织工作等，是企业或部门的组织工作、技术工作和管理工作对保证产品质量做到的程度。在企业组织中每个人的工作过程与结果都体现能力与责任，不管是生产管理人员，还是后勤服务人员都是一样。

3.8　服务质量：是指服务能够满足规定和潜在需求的特征和特性的总和，是服务工作能够满足被服务者需求的程度。对外是企业为使目标顾客满意而提供的最低服务水平，也是企业保持这一预定服务水平的连续性程度；对内是各职能部门沟通配合、协作的顺畅程度。

3.9　产品质量：是指产品反映实体满足明确和隐含需要的能力和特性的总和，是产品产生、形成和实施过程中各部门、各环节工作质量和服务量的综合反映。

4 职责和分工

4.1 分管领导

4.1.1 贯彻国家、省市及上级管理部门有关科技创新的规定和要求。

4.1.2 推动公司开展科技研究，促进技术水平的发展和提高，为公司的发展和经济效益增长服务。

4.1.3 审定科技及技术创新项目，组织项目的立项、验收工作。

4.1.4 督促检查科技及技术创新工作进展、技术研究和效果评估。

4.1.5 鉴定科技及技术创新成果的验收审定和评奖工作。

4.1.6 QC 小组活动项目成果的评审、表彰。

4.2 生产管理部

4.2.1 生产管理部是公司科技及技术创新管理的归口管理部门。负责科技创新活动的推动、制定、落实。

4.2.2 组织、协调项目资金、设备、材料和人员。

4.2.3 对较大的科技及技术创新项目组织本公司和外单位协作攻关。

4.2.4 组织科技及技术创新项目成果鉴定、评选和奖励申报。

4.2.5 重视科技研究项目的知识产权保护，形成的科技成果应及时申报国家专利。不便申报专利的，应按照技术秘密进行保护。

4.2.6 组织各部门开展科技及技术创新总结和报道工作。

4.2.7 负责公司 QC 小组日常管理，QC 活动年度计划安排、对 QC 小组及课题实施评审及注册登录。

4.2.8 组织班组建设办公室参加开展 QC 活动，组织评审 QC 活动成果项目。

4.2.9 组织公司内部的评审、表彰活动，推选优秀成果参加专业协会或集团的 QC 成果发布会。

4.2.10 负责创新工作室的创建工作，在工作室的设立、设备的配备、成员安排、资金落实等方面负责组织协调，并为创新工作室创造必备的工作条件，提供一定的活动经费和必要的活动场所。

4.3 计划经营部

负责科技项目和 QC 项目预算资金的审批、发放。

4.4 项目负责部门

4.4.1 各部门负责本部门项目的申请、立项、实施、总结、改进、奖励申报、核查和配合验收等工作。按规定的时间和内容要求，报送项目的申请、立项、实施进度总结、项目效果、验收材料等。

4.4.2 负责本部门科技活动、创新项目、创新专利申报和 QC 活动。

4.4.3 应用到生产中的科技及技术创新项目，进行经验总结，提出鉴定的申请报告，编制专利申报材料，上报国投电力和归档工作。

4.5 评审委员会

4.5.1 评审委员会组长由公司分管领导担任，成员由相关部门主任及专工组成。

4.5.2 组织评审科技创新研究成果和 QC 活动项目成果及奖励。

4.5.3 组织评选优秀项目向省市归口管理部门和上级管理部门推荐优秀项目。

4.6 人力资源部

落实科技成果奖励资金，按奖励审批文件发放奖励。

5 管理活动的内容与方法

5.1 科技进步和创新项目内容

5.1.1 在公司范围内首次应用并对经济性、安全性和可靠性具有改进、创新作用，能取得效益的合理化建议和技术改进，包括但不限于生产工艺的改进、设备和工器具的改进、科技成果的推广、先进技术和设备的消化吸收和革新等；QC 小组研究形成的有改进和创新实效的成果。

5.1.2 获得政府科技进步及创新奖励的项目。

5.1.3 自有知识产权的专利、软件著作权的项目。

5.1.4 在专业期刊发表论文的项目。

5.1.5 在行业竞赛活动中获得荣誉的项目。

5.1.6 获得公司科技创新活动突出成果表彰的项目。

5.1.7 其他科技进步和创新项目。

5.2 科技及技术创新项目选题

5.2.1 重大技术研究与高科技产品开发项目应符合以下条件：

5.2.1.1 以科技发展为依据，以安全生产和经济效益为出发点，以前沿技术为方向，为公司生产、运营、重大工程技术和发展需要服务的带有全局性、创新性、先进性和方向性的关键技术。

5.2.1.2 跟踪电力科技发展，在某些关键技术方面能取得重大突破，达到国际先进水平，为公司可持续发展提供技术支撑的项目。

5.2.1.3 公司在发展中亟待解决的重大科技问题，具有较强的引导示范作用或重大影响的项目。

5.2.1.4 对提高公司经济效益和环境改善有较大作用，有广泛的推广应用前景，对技术进步有重要推动作用的项目。

5.2.1.5 能够形成公司新的经济增长点的高科技产品与重大产业化开发项目。

5.2.2 应用理论研究项目应符合以下条件：

5.2.2.1.1 公司在发展中具有全局性、储备性的关键技术的应用理论研究项目。

5.2.2.1.2 对公司技术发展具有重要意义，能够为重大攻关和技术开发奠定重要基础的项目。

5.2.3 科技成果转化项目应符合以下条件：

5.2.3.1 可形成新产品、新工艺、新材料、新产业的项目。

5.2.3.2 对公司技术进步具有导向作用，应用对象明确，推广范围较大，可取得较好经济效益、社会效益的项目。

5.2.3.3 关键技术的工程试验和示范项目，实用化研究项目。

5.3 科技及技术创新项目的立项管理

科技及技术创新项目由各部门提出，每年×月×日前各部门根据部门需求按《科技及技术创新申请表》（见附件 8.1）提出部门科技及技术创新项目，上报生产管理部。生产管理部组织相关部门和专业讨论形成初步项目表上报公司审核。公司审核后的项目，申报部门组织开展调研和项目申请书的准备。

5.3.1 提出立项申请的科技及技术创新项目应符合以下要求：

5.3.1.1 项目应有创新性，目标明确，技术指标可考核，并能够形成成果或相关技术标准。

5.3.1.2 项目完成后能够直接应用或进行成果转化，具有较好的应用前景和推广价值。

5.3.1.3 项目能够组织保障到位并能带动人才发展。

5.3.2 科技研究项目的立项包括申报和审批两个环节：

5.3.2.1 公司各部门均可申请科技及技术创新项目。项目主要负责人由在职员工担任，并具有较高的技术水平，对研究项目涉及领域的国内外技术发展情况有较全面的了解和较强的协调能力。项目申报部门编制《科技研究项目申请书》（见附件 8.2），经本部门批准后，于每年×月×日前报送生产管理部。

5.3.2.2 申请书应包括以下内容：

5.3.2.2.1 项目的背景和意义。

5.3.2.2.2 国内外研究开发现状和发展趋势。

5.3.2.2.3 项目目标、研究内容、考核指标、关键技术和创新点。

5.3.2.2.4 技术路线方案和课题分解。

5.3.2.2.5 经费预算。

5.3.2.2.6 计划进度和年度目标。

5.3.2.2.7 预期成果。

5.3.2.2.8　项目负责人的技术水平和组织管理能力。
5.3.2.2.9　与科技研究项目有关的证明材料。
5.3.3　科技及技术创新项目的审批和上报：
5.3.3.1　公司生产管理部组织对申报项目的评审，可根据情况采用书面评议和专家评审两种方式。经生产管理部提交公司总经理办公会审议通过后预立项，待国投电力正式批复后编入下一年度科技项目研究计划，经费纳入下一年度的全面预算。
5.3.3.2　科技研究项目承担部门依据项目申请书和经费预算，编制科技研究项目任务书，报送生产管理部。
5.3.3.3　科技研究项目任务书应包括以下内容：
5.3.3.3.1　目标与任务。
5.3.3.3.2　预期成果与考核指标。
5.3.3.3.3　项目实施的技术路线。
5.3.3.3.4　年度计划及年度目标。
5.3.3.3.5　经费预算和用途说明。
5.3.3.3.6　承担部门的保证条件与经费来源。
5.3.3.3.7　科技成果及其知识产权的归属和管理。
5.3.4　科技研究项目的实施管理：
5.3.4.1　项目承担部门按照批复要求和项目任务书落实相关配套条件，组织项目的实施，确保科技研究项目按计划执行。项目负责人于项目中期（项目工作量完成一半时）按照要求编制《科技研究项目执行情况》报告（见附件 8.3），并报送生产管理部。实施周期超过 3 年的科技研究项目，应进行中期评估，可组织专家对科技研究项目进行中期评估。
5.3.4.2　在科技研究项目执行过程中，需要目标调整、内容更改、项目或课题负责人异动、关键技术方案异动等对项目执行产生重大影响的情况应及时提交《科技研究项目变更单》（见附件 8.4），并报送生产管理部同意后，项目负责人再进行调整。
5.3.4.3　由于外部因素导致科技研究项目在规定执行期内无法完成的，可由承担部门提出延期一次。
5.3.4.4　如需终止科技研究项目，项目负责人应提出书面申请，内部审核通过后报送生产管理部，经生产管理部审查通过，报公司总经理办公审批。需要终止的项目或课题，在公司总经理办公会做出终止决定后一个月内，项目负责人应对已完成的工作进行书面总结，进行经费决算和财务审计。对于非技术性主观原因造成的损失，公司将追究项目负责人和相关负责人的责任。
5.3.4.5　项目承担部门或课题负责人弄虚作假、剽窃他人科技成果、骗取科研经费，一经查出，将撤销该科技研究项目，项目承担部门 3 年内不得申报科技研究项目。造成严重后果并有违法行为的，依据国家有关法律法规移交司法处理。
5.3.4.6　对不按时报送相关材料以及不接受监督检查的部门，视情节严重进行考核或取消科技研究项目申报的资格。
5.3.5　科技研究项目的验收管理：
5.3.5.1　科技研究项目完成后，项目承担部门填报验收报告报送生产管理部，汇总后报国投电力生产管理部。验收以国投电力批准的科技研究项目申请书、任务书的内容和确定的考核目标为依据，对产生的科技成果、应用效果、攻克关键技术的方案、知识产权、科技人才培养情况以及经费使用等进行评价。

项目承担部门申请验收时应提供以下材料：
5.3.5.1.1　科技研究项目申请书。
5.3.5.1.2　科技研究项目任务书。
5.3.5.1.3　科技研究项目异动单。

5.3.5.1.4 科技研究项目执行情况总结报告。
5.3.5.1.5 科技研究项目研究报告和相关专题报告。
5.3.5.1.6 科技研究项目经费决算表。
5.3.5.1.7 其他支撑性证明材料。
5.3.5.2 科技研究项目验收时根据项目的有关材料和考核目标，对项目的任务完成情况进行总结和评价。科技研究项目的验收程序以下：
5.3.5.2.1 科技研究项目完成后，由项目承担部门组织自验收，自验收合格后，向公司提出验收申请并提交有关验收材料。
5.3.5.2.2 科技研究项目验收工作可视项目的具体情况，采取现场考评、书面评议、专家验收、委托中介机构评估等多种工作方式进行。一般科技研究项目（预算经费在200万元以下）采取现场考评或书面评议的方式验收。重大科技研究项目（预算经费在200万元～500万元）采取专家验收方式，特别重大科技研究项目（预算经费在500万元以上）采取委托中介机构评估验收方式。采取专家验收方式的，验收专家组中技术专家一般不少于3人，财务专家一般不少于1人。
5.3.5.2.3 采取现场考评和书面评议的验收项目，生产管理部形成验收意见，报送国投电力审核。
5.3.5.2.4 采取专家验收的科技研究项目，验收专家在审阅材料、听取汇报、实地考察和提出询问的基础上，形成专家个人意见，经专家组讨论后形成专家验收意见。生产管理部根据专家验收意见，报送国投电力审核。
5.3.5.2.5 采取中介机构评估验收的，由中介机构出具验收意见，报送国投电力审核。
5.3.5.2.6 国投电力将科技研究项目的验收情况以文件形式书面下达。
5.3.5.3 科技研究项目验收结果分为通过和不通过两种。科技研究项目计划目标和任务，按照考核目标要求完成，达到合同规定的技术指标，经费使用合理，为通过验收。
5.3.5.4 科技研究项目验收通过标准：
5.3.5.4.1 凡具有下列情况之一的，为不通过验收：

a）未达到合同规定的主要技术经济指标。

b）提供的验收文件资料不真实，存在弄虚作假。

c）项目研究的内容、目标、技术路线等进行较大调整，但未得到公司的批复同意。

d）科技经费使用存在严重问题。

5.3.5.4.2 验收不通过的科技研究项目，承担部门在接到验收意见通知3个月内，需要再次提出验收申请，国投电力生产管理部组织第二次验收，仍未通过的，验收结果为不通过。
5.3.5.4.3 未通过验收的科技研究项目，按国投电力生产管理部处理意见执行。原则上，未通过验收的项目承担部门2年内不得申报科技研究项目。
5.3.5.4.4 科技研究项目验收结束后，项目承担部门须将全部材料装订成册归档。同时报国投电力生产管理部备案（纸质和电子文档）。
5.3.5.4.5 科技研究项目完成后，原则上在1年～3年内对科技成果进行推广应用。
5.3.6 科技研究项目的经费管理：
5.3.6.1 科技研究项目的经费纳入公司全面预算管理。经费管理和使用原则如下：
5.3.6.1.1 严格按照科技研究项目的目标和任务，科学合理编制和安排预算。
5.3.6.1.2 科技经费单独核算，专款专用。
5.3.6.1.3 跨年度科技研究项目实行经费统一审批，分年度下达。
5.3.6.2 项目承担部门严格按照下达的预算执行，原则上不予调整，确有必要调整，按以下程序进行审批：
5.3.6.2.1 科技研究项目预算总额的调整，由项目承担部门提出调整意见，与年内其他生产费用预算调整一并提交国投电力。

5.3.6.2.2　科技研究项目总预算不变，课题之间预算的调整，报公司审批，同时报国投电力生产管理部备案。

5.3.6.3　项目承担部门应加强对经费的监督和管理，如有外部经费支持的科技研究项目，应与自筹经费分别进行核算。

5.3.6.4　经费的使用范围一般包括设备费、材料费、测试化验加工费、燃料动力费、差旅费、会议费、国际合作与交流费、出版/文献/信息传播/知识产权事务费、劳务费、专家咨询费等。

5.3.6.5　经费使用要严格控制，差旅费的标准执行公司出差有关规定执行。发生国际合作与交流费的，应事先申报，获得公司审核同意后，严格按照集团公司外事管理的有关规定执行，劳务费只能用于本项目无工资性收入人员、临时聘用人员的劳务性费用，专家咨询费不得支付给参与项目的公司相关工作人员。

5.3.6.6　项目承担部门应严格按照本规定规定的经费范围办理支出。严禁使用科技经费支付各种罚款、捐款、赞助或投资等，严禁以任何方式变相牟取私利。

5.3.6.7　项目承担部门在科技研究项目完成后按照规定编制经费决算报告，并作为项目验收的重要组成部分。

5.3.6.8　科技研究项目经审核批准后，无特殊原因当年未开展研究工作，则视为放弃该研究项目，公司取消批准的预算。如确有特殊原因年内未开展但在研究期限内开展并可结题的，可延期开展科技研究工作。

5.3.6.9　科技研究项目验收结束后，科技经费如有结余则收回，不得挪作他用。

5.3.7　知识产权（专利）管理：

5.3.7.1　知识产权管理：

5.3.7.1.1　重视科技研究项目知识产权保护，形成的科技成果应及时申报国家专利。不便申报专利的，应按照技术秘密进行保护。

5.3.7.1.2　在科技经费预算范围内形成的知识产权归公司所有，公司委托研究和开发的科技成果不得与委托单位共享，并签订保密协议。

5.3.7.1.3　与其他单位、个人合作开发的科技成果形成的知识产权，可按照出资比例共享，并签订合同，明确各方的责任和权利。未经公司同意，形成的科技成果和知识产权不得转让，不得以技术入股等方式参与其他企业运作。

5.3.7.1.4　知识产权对外转让时，均须根据法律规定签订书面合同，并经知识产权主管部门审查，重大项目须报知识产权领导小组组长批准。

5.3.7.1.5　在进行新技术、新工艺、新产品的研究开发、技术改造时，在引进国内外知识产权，以及在合资、合作开发经营时，均须事先与知识产权主管部门一同对其法律状态进行调查，确定恰当的研究开发方向和起点，制定正确的生产经营战略、目标，避免重复研究，造成人财物的浪费，防止侵权纠纷的发生。

5.3.7.1.6　科技研究项目形成的技术秘密的保密范围和期限应在合同中规定，开发人员和其他了解、接触技术秘密内容的有关人员，应承担保密义务，签订保密协议。

5.3.7.1.7　属技术秘密的科技成果，在保密期内不得利用论文、书籍、交流等形式披露核心技术。

5.3.7.1.8　参与科技研究项目并掌握核心技术的人员，因离职、退休等原因离开工作岗位的，应与企业签订保密协议，不得泄露科研机密，不得以该技术从事经营活动。

5.3.7.2　专利管理：

5.3.7.2.1　与其他单位或个人共同开发的研究成果，其专利申请权和专利权的归属，应根据事先签订的书面协议执行。

5.3.7.2.2　科研立项、成果鉴定、技术改造和技术进出口等工作，凡涉及专利技术的，主管专利工作的领导和专利工作者必须参加。

5.3.7.2.3　职工对未申请专利和已申请专利但尚未公开的发明创造，均有义务对其实质内容和出处承担保密义务，不得向外泄露，更不得去报纸杂志及其他任何媒体上公开。

5.3.7.2.4 在专利申请公布和公告前，专利工作者和联络员及有关人员对其内容负有保密责任。

5.3.8 科技创新成果转化管理：

5.3.8.1 加强科技创新成果的转化，科技研究项目完成后，原则上在1年～3年内对科技成果进行推广应用。

5.3.8.2 科技创新成果的转化，由项目负责人提出申请，编制《科技创新成果转化计划书》（见附件8.6），报送公司生产管理部审核。

5.3.8.3 公司生产管理部审核通过后，项目负责人根据实际情况，按照相应的制度流程，申报科技研究项目或技术改造项目。

5.3.8.4 科技创新成果转化在工程上实施后，取得的直接经济效益，即扣除实施费用后的净增价值，包括节约价值和创造价值，由项目负责人报送公司生产管理部审核，作为公司科技创新成果奖励的参考依据。

5.3.8.5 科技创新成果转化取得的直接经济效益及增值部分归公司，个人不得直接使用。

5.3.9 科技及技术创新统计与报送管理：

5.3.9.1 各部门应按国投电力《科技创新管理规定》要求填报相关科技创新统计材料，按期报送至生产管理部，汇总后报送国投电力生产管理部。

5.3.9.2 科技创新报送的季度、年度总结分析报告：季度统计主要为及时准确掌握科技创新季度开展情况，并进行及时管理与调控；年度统计主要为掌握公司科技创新活动的总体情况，为公司管理与决策提供参考。季度科技创新情况报告应于报告期满后，次月×日前报送，第三季度的报告报送期限可推迟至×月×日。年度科技创新情况报告应于次年×月×日前报送。

5.3.9.3 统计数据要求：按要求认真撰写总结分析报告，提高统计报表和总结分析报告的质量。科技创新年度统计数据应与季度汇总数据相对应，避免统计数据出现逻辑性错误。

5.3.9.4 报送质量要求：科技创新统计报送质量纳入生产信息报送考核。

5.3.10 QC活动：

5.3.10.1 每年×月底前，各小组确定QC活动的课题并报生产管理部注册备案。生产管理部组织评审后，发布公司年度开展QC活动项目计划。每年×月底前完成本年度QC成果的编写。只有经过注册的QC课题，其活动成果才能参与公司的评审。

5.3.10.2 QC活动课题的来源由公司指定或部门、班组主动申请。

5.3.10.3 需要投入资金的课题完成计划阶段内容后，按照公司项目管理有关制度申请资金，批准后实施。

5.3.10.4 QC活动课题登记确认后，各小组立即组织实施，并在月度计划、周计划中安排实施内容。

5.3.10.5 QC活动课题活动的各个阶段，应该严格遵循PDCA循环，以事实为依据，用数据说话，进行科学的统计分析，取得可靠的证据。

5.3.10.5.1 计划阶段完成后（P），对所注册课题开展情况应进行跟踪，按月填写《QC活动课题活动记录》并公布。

5.3.10.5.2 改善实施过程中（D），专业管理人员应对实施过程进行监督、检查，指导课题组进行过程实施、效果分析和成果资料收集。

5.3.10.5.3 达成目标和效果确认时（C），课题小组组长检查实施前和实施后资料收集的完整性和准确性，要对课题目标的达成情况、效果金额进行核实确认，用统计数据进行说明。组织评审形成《QC小组活动成果发表评审表》存档。

5.3.10.5.4 防范措施和标准化建立时（A），为持续事后管理，把作业方法、顺序、条件等有效果的内容进行标准化，补充、完善到已有规程、制度中。

5.3.10.6 课题完成后部门内部首先组织进行发布，优选参加公司每年年底组织的科技项目评定活动。

5.3.10.7 QC活动课题采用 PPT 格式发表，每个成果信息的发表时间以15min为限。

5.3.10.8 课题发表时由公司评审委员会成员组成评审组，按照评分办法，对QC活动课题小组活动成果进行客观、公正的评价，以百分制打分，所有评委的平均分即为成果信息发布分。

5.3.10.9　奖金由课题组长分配，对在课题中担任了具体任务的课题小组成员依据贡献大小实行奖励。课题组之外人员不得参加奖金分配，部门不许提留或挪用。

5.3.10.10 按照 QC 活动课题排名推荐参加地方行业或国投电力 QC 成果发布，奖励金额由小组分配，荣誉证件由公司统一保存。

5.3.11　创新工作室管理：

5.3.11.1　创新工作室职责：

5.3.11.1.1　创新工作室由公司班组建设领导小组办公室负责组织，围绕工作目标，明确和提出创新课题或任务。创新工作室接受上级管理部门全过程的业务指导和管理，并遵守相关的考核验收程序和标准。

5.3.11.1.2　了解和掌握新技术、新理念、新办法、新经验等信息，收集各专业工作中的需求信息，发现工作中需要创新或微创新的课题，提出建议、推介好做法。

5.3.11.1.3　定期召开工作会议，集中组织工作室成员开展创新活动研究课题。对“QC”成果、群众性创新、专业技术等确定的创新课题进行推进，做好过程中问题的反馈、研究、解决。

5.3.11.2　创新工作室活动办法：

5.3.11.2.1　根据课题或任务研究内容和技术需要，不定期对创新工作进行交流研讨。

5.3.11.2.2　每月召开一次工作室全体人员会议，对创新课题进展情况通报。

5.3.11.2.3　实行集中与分组相结合，各小组围绕工作室目标，自行组织开展技术攻关、技术创新、技术革新和技能培训等活动。

5.3.11.2.4　及时记录活动台账，保持活动资料完整。

5.3.11.2.5　工作室要经常开展团队学习活动，积极引导青年技术人员参与技术创新活动，大力培养技术骨干，促进成员间互相学习共同提高。

5.3.11.2.6　每季度对工作室创新项目进行一次总结分析，对下季度工作进行计划安排，并组织技术骨干开展经验交流。

5.3.11.2.7　年终对工作室活动内容进行全面总结，提出下一年工作计划。

5.3.11.3　创新工作室管理规定：

5.3.11.3.1　工作室坚持创新创效为指导方针，坚持科学严谨的工作作风，有条不紊地发挥劳模、技能人才的示范、指导和辐射作用促进创新发展。

5.3.11.3.2　工作室定期召开会议，谋划布置阶段性的创新工作，研究解决生产创新过程中遇到的困难和问题，并为成员提供自由研讨和交流的平台。

5.3.11.3.3　工作室的成员必须按时参加活动，并做好相关的准备、汇报和反馈。

5.3.11.3.4　工作室每位成员必须按时完成工作室布置的各项工作任务，完成阶段性的创新项目及总结和汇报工作。

5.3.11.3.5　建立项目日常管理档案，所开展的各项工作必须做好活动记录。对于各种技术资料，必须按要求严格存档。

5.3.11.4　创新工作室激励制度：

5.3.11.4.1　创新主要指为了解决问题、实现目标、提高效益，所进行有价值的、能够产生持久影响力的改进和创造活动。包括工作内容上的创新、工作方法上的创新。

5.3.11.4.2　创新激励主要遵循物质激励、精神激励、机会激励相结合原则，对员工的创新奖励将适度的物质奖励与精神激励、机会激励等有机结合，充分发挥各种激励手段的协同作用。

5.3.11.4.3　奖励内容分类：

a）管理方法创新：实施后在行业内被评为先进的管理方法。

b）工作流程创新：建立或调整优化工作流程、工时缩短、成本节约。

c）工艺创新：优化工艺、改进指标、提高劳动效率。

d）技术改造创新：设备改进后性能可靠、操作简便。

5.3.11.5 奖励流程：

5.3.11.5.1 工作室成员必须严格遵守工作室各项管理制度，相互协作配合，共同完成工作室各项年度计划。

5.3.11.5.2 工作室成员提议有关安全生产方面的技术改造项目及合理化建议在付诸实施后，经考评、验证取得明显效果，已达到预期目标。

5.3.11.5.3 “五小”成果获得工作室肯定的，给予奖励。

5.3.11.5.4 “从无到有”或“从有到优”的创造创新行为，根据所评定的产生效益的大小，给予奖励，并进行通报表扬。

5.3.11.6 创新工作室经费管理：

5.3.11.6.1 创新经费分类：

a）新技术、新工艺、新材料引进过程产生的费用。

b）新产品的试验费用。

c）成果申报、评审、鉴定、技术交流、技术咨询费用。

d）购买科普刊物费用。

e）科普工作：包括资料、培训、摄影、音像、复制等费用。

5.3.11.6.2 创新工作室经费的申报和审批：

a）经费由工作室成员申请，申请经费必须具体说明经费使用说明，并在当月会议上报工作室负责人。

b）经工作室会议审核后，由工作室负责人具体实施工作的可行性论证。

c）申请使用的经费由工作室组织审查后，负责人审核批准由财务下发经费。

d）所拨付的经费要专款专用，不得支付与本项目无关的费用。

6 检查与评价

6.1 生产管理部组织对制度进行评价。

6.2 公司科技创新奖励按照《国投电力控股股份有限公司科技创新成果奖励暂行办法》执行。该奖励为公司每年总结上一年度科技创新项目，汇总上报国投电力审批，由国投电力统一奖励。

6.3 各部门每年×月×日前将上年度符合科技创新奖励范围的成果汇总后报送至生产管理部，生产管理部组织项目评审初步意见，报公司审核后，上报国投电力。国投电力每年×月×日前召开评审会对报送的成果进行评审，经国投电力评审委员会审核通过后，发布评审结果。

6.4 科技创新奖励范围：

6.4.1 在公司范围内首次应用并对经济性、安全性和可靠性具有改进、创新作用，能取得效益的合理化建议和技术改进，包括但不限于生产工艺的改进、设备和工器具的改进、科技成果的推广、先进技术和设备的消化吸收和革新等。

6.4.2 QC 小组研究形成的有改进和创新实效的成果。

6.4.3 获得政府科技进步及创新奖励的项目。

6.4.4 自有知识产权的专利、软件著作权的项目。

6.4.5 在专业期刊发表论文的项目。

6.4.6 在行业竞赛活动中获得荣誉的项目。

6.4.7 获得公司科技创新活动突出成果表彰的项目。

6.4.8 奖励的条件是项目或成果应具有创新性和应用价值、应用实效以及获得的相关荣誉。合理化建议和技术改进项目应实施半年以上，且具有稳定的、可测评的实践效果。

6.4.9 奖励标准执行《国投电力控股股份有限公司科技创新成果奖励暂行办法》规定。
6.4.10 获得政府科技进步及创新奖励的奖励标准见表 1。

表 1 政府科技进步及创新奖励的奖励标准

获奖层次	奖励金额
国家级最高奖级	20 万元
国家级次高奖级	10 万元
国家级次高以下奖级	8 万元
部级最高奖级	5 万元
总级次高奖级	3 万元
总级次高以下奖级	2 万元
省级	1 万元～2 万元
市级	0.6 万元
注：以上奖励引用自《国投电力控股股份有限公司科技创新成果奖励暂行办法》（根据国投电力修订内容适时变更）。 （1）科技进步及创新奖励须是企业（电厂）在技术改进和创新工作中形成且获得政府授予的荣誉。 （2）所获荣誉以获得相应的证书或奖牌为准。 （3）如同一项目在不同层次均获奖，以最高奖项为评定依据，不重复奖励。	

6.5 知识产权专利的评审及奖励标准：
6.5.1 专利是指由国家知识产权局颁发的具有有效编号的自有或共有知识产权的专利，且专利权归公司所有。评审及奖励按《国投电力控股股份有限公司科技创新成果奖励暂行办法》执行。
6.5.2 公司获得自有知识产权的国家发明专利每项奖励 3 万元，实用新型专利和外观设计专利每项奖励 0.2 万元。对共有产权专利，根据所占产权的比例可相应给予奖励。
6.5.3 公司专利如获得中国专利金奖、优秀奖，可在原奖励金额基础上分别累加奖励 5 万元和 3 万元。
6.6 创新创效实施管理细则：
6.6.1 奖励项目：创新创效奖、科技成果奖、取得专利授权奖、QC 小组活动奖、项目创新奖、节能减排攻关突破奖、合理化建议奖及公司年度重点推动创新项目；奖励金额按公司年度下达创新创效额度执行。
6.6.2 根据公司年度创效计划，制定《创新战略方案和管理实施细则》进行评价奖励。
6.6.3 技术改进的奖励按取得的直接经济效益，即扣除实施费用后的净增加值，分等级奖励。对安全、环保有重大贡献但不产生直接经济效益的项目可酌情给予奖励。
6.6.3.1 直接经济效益在 50 万以上的项目，经公司批准后上报国投电力公司，由国投电力公司颁发奖励，标准见表 2。

表 2 科技创新奖励标准

等级	年节约或创造价值	奖励金额
一	1000 万元以上	5 万元～10 万元
二	500 万元～1000 万元	3 万元～5 万元
三	100 万元～500 万元	1 万元～3 万元
四	50 万元～100 万元	0.5 万元～1 万元
注：以上奖励引用自《国投电力控股股份有限公司科技创新成果奖励暂行办法》。		

6.6.3.2 直接经济效益在50万元以下的项目以及提高管理和工作效率等无法衡量直接经济效益的合理化建议，由本公司自行评审并安排资金给予奖励，奖励金额可参考表 3 中标准。

表 3 合理化建议奖励标准

等级	年节约或创造价值	奖励金额
一	10 万元～50 万元以上	1000 万元～5000 万元
二	5 万元～10 万元	500 万元～1000 万元
三	5 万元以下	500 元以下
注：以上奖励引用自《国投电力控股股份有限公司科技创新成果奖励暂行办法》。		

6.6.4 对发现影响机组安全、稳定、节能、环保有关的隐患或缺陷，创新制定解决措施，措施可推广的项目。解决建议的人员和班组，个人（班组）申报、部门审核、生产管理部组织专业考评，根据效果奖励。

6.6.5 降低非生产用电（不得将其转移至生产用电），效果可评估、可保持的，经个人（班组）申报，部门审核，生产管理部组织专业测评后奖励。

6.6.6 通过维护、更换轮换备品、消耗性材料等恢复设备原有性能方式均不属于创新奖励内容。

6.6.7 生产管理部不定期对各 QC 活动开展情况进行检查通报，各部门接到反馈后应立即组织整改。

6.6.8 生产管理部每年组织评选优秀 QC 小组，各部门推荐优秀小组并填写《优秀 QC 小组申报表》（见附件 8.16），由评审小组组织评定。

6.6.9 QC 成果项目首先在公司内部进行评比，根据评比结果，取一等奖 1 名，二等奖 2 名，三等奖 3 名，优秀奖若干名进行奖励。对于活动方法规范、有形效果特别突出的焦点课题，经评审委员会审议可另外提议增设特等奖 1 名，报请总经理批准，给予特别嘉奖。凡活动实施步骤完整、达到一定效果、未选入公司发表的焦点课题，确认后都予以适当奖励。

6.6.10 由公司推荐至国投电力公司的项目，按照《国投电力控股股份有限公司科技创新成果奖励暂行办法》评审，获奖的项目由国投电力按照获奖等级给予奖励。

6.6.11 如同一项不同层次均获奖，以最高奖项为评定依据，不重复奖励。

6.6.12 获得上级单位认可或奖励的技术创新项目，按照上级单位奖励标准，经公司总经理批准后奖励。

7 附则

7.1 本规定适用于公司科技创新管理工作。

7.2 本规定由公司生产管理部负责解释。

7.3 本规定自发布之日起施行。

8 附件

8.1 科技及技术创新项目申请表（见附表 1）。

8.2 科技研究项目申请书（见附表 2）。

8.3 科技研究项目执行情况表（见附表 3）。

8.4 科技研究项目变更单（见附表 4）。

8.5 科技研究项目验收报告（见附表 5）。

8.6 科技创新成果转化计划书（见附表 6）。

8.7 科技创新季度总结分析报告提纲（见附表 7）。

8.8　科技创新年度总结分析报告提纲（见附表 8）。
8.9　QC 小组注册登记表（见附表 9）。
8.10　QC 小组课题注册登记表（见附表 10）。
8.11　QC 小组活动记录表（见附表 11）。
8.12　QC 小组活动成果现场评审表（见附表 12）。
8.13　QC 小组活动成果发表评审表（见附表 13）。
8.14　“创新型”课题 QC 小组活动成果发表评审表（见附表 14）。
8.15　“创新型”课题与“问题解决型”课题的不同点（见附表 15）。
8.16　优秀 QC 小组申报表（见附表 16）。
8.17　QC 小组活动成果资料样式（见附表 17）。
8.18　科技研究项目经费决算表（见附表 18）。

附表 1　科技及技术创新项目申请表

序号	申请部门	项目名称	起止时间	预算金额 万元	研究目的	课题设置	指标控制目标
1							
2							
3							
4							
5							
6							
7							
8							
9							
10							
…							

附表 2　科技研究项目申请书

<table>
<tr><td colspan="9">基本情况表</td></tr>
<tr><td>项目名称</td><td colspan="8"></td></tr>
<tr><td rowspan="2">项　目
负责人</td><td>姓名</td><td></td><td>所在部门</td><td colspan="5"></td></tr>
<tr><td>性别</td><td></td><td>年龄</td><td></td><td>专业</td><td></td><td>职称</td><td></td></tr>
<tr><td rowspan="2">项　目
类　型</td><td>技术
攻关</td><td>新技术
开发</td><td>技术引进消化
吸收</td><td>应用理论
研究</td><td>新产品试制</td><td>软科学研究</td><td>新技术推广</td><td>其他</td></tr>
<tr><td></td><td></td><td></td><td></td><td></td><td></td><td></td><td></td></tr>
<tr><td rowspan="2">项目组
人　数</td><td rowspan="2"></td><td rowspan="2">其中</td><td>高级职称</td><td colspan="2"></td><td>中级职称</td><td colspan="2"></td></tr>
<tr><td>研究生</td><td colspan="2"></td><td>初级职称</td><td colspan="2"></td></tr>
<tr><td>协作单位</td><td colspan="4"></td><td>协作形式</td><td colspan="3"></td></tr>
<tr><td colspan="2">申请金额
万元</td><td colspan="7"></td></tr>
<tr><td colspan="2">研究起止时间</td><td colspan="3">年　　月</td><td>至</td><td colspan="3">年　　月</td></tr>
<tr><td colspan="2" rowspan="2">经费来源</td><td colspan="2">资助金额
万元</td><td colspan="2"></td><td colspan="3" rowspan="2">资助经费来源：</td></tr>
<tr><td colspan="2">自筹金额
万元</td><td colspan="2"></td></tr>
<tr><td colspan="9">【项目内容】

【项目意义】

【预期成果】

</td></tr>
</table>

附表 2（续）

一、本研究项目的科技依据 （包括科技意义和应用前景，国内外研究概况、水平和发展趋势；应用理论基础研究项目应阐述学术思想，立论根据，特色或创新之处，主要参考文献目录及出处；推广项目说明成果成熟程度，适用范围，以及成果的知识产权等问题） 【项目背景】 【应用前景】 【国内外研究概况】
二、研究、推广应用内容和预期成果（说明项目的具体研究、推广内容、技术关键和重点解决的技术问题，预计达到的技术经济指标，预期成果和提供的形式及其依托工程，应用该成果的单位落实情况和可能应用的其他工程或单位，经济效益） 【项目内容】 【技术关键】 【技术经济指标】 【预期成果】
三、拟采取的研究方法和技术路线 【研究方法】 【技术路线】
四、研究项目课题设置 【课题 1】 【课题 2】 【课题 3】 【课题 4】

附表 2（续）

五、工作总体安排

序号	时间段	工作内容
…		

六、实现本项目预期目标已具备的条件（包括过去的研究工作基础，现有的主要仪器设备、研究技术人员及协作条件，从其他渠道已得到、已申请或申请的经费情况及金额等）

七、研究项目组成人员情况

序号	姓名	年龄	职务	职称	专业	本项目分工	工作单位	备注
…								

八、项目经费预算

单位：万元

科目	金额	自筹	资助	备注
（一）直接费用				
1．人工费				
（1）劳务费				
（2）专家咨询费				
2．设备及软件费				
（1）购置				
（2）试制				
3．业务费				
（1）材料费				
（2）资料费				
（3）测试化验加工费				
（4）燃料动力费				
（5）差旅费				
（6）会议费				

附表 2（续）

科目	金额	自筹	资助	备注
（7）国际合作与交流费				
（8）打印费				
（9）知识产权事务费				
4．其他直接费用				
（二）间接费用				
1．现有仪器设备使用费				
2．直接管理费				
3．其他间接费用				
（三）协作研究支出				
协作支出 1				
…				
合计				

九、合作单位意见（对合作研究内容、参加人员及保证研究试验等签署具体意见）

合作单位名称：

单位（公章）
年　月　日

合作单位名称：

单位（公章）
年　月　日

合作单位名称：

单位（公章）
年　月　日

合作单位名称：

单位（公章）
年　月　日

注：如有与合作单位的意向书，应注明并随《申请书》一同上报。

十、有关证明材料

附表 3　科技研究项目执行情况表

项目名称			
任务书编号		承担单位	
项目负责人		联系电话	
填报人		联系电话	
项目研究进度及取得的成果：			
经费使用情况（预算和实际发生）：			
存在问题及解决措施： 项目负责人： 年　　月　　日			
项目承担单位意见：			

附表 4　科技研究项目变更单

项目名称			
任务书编号		承担单位	
项目负责人		联系电话	
填报人		联系电话	
变更次数	第__次		
变更内容：			
原因说明：			
项目负责人意见： 单位签字（盖章）：　　年　　月　　日			

附表 5　科技研究项目验收报告

项目名称			
任务书编号		承担单位	
申请验收时间	年　　月　　日		
项目负责人		联系电话	
联系人		联系电话	

附表 5（续）

提供验收的技术文件清单： 1．项目申请书； 2．项目立项的批复文件； 3．项目异动单； 4．项目执行情况总结报告； 5．项目研究报告和相关专题报告； 6．项目经费决算表； 7．其他支撑性证明材料。
申请验收单位意见： 单位领导签字：　　　　年　　月　　日
验收专家组意见： 专家组组长签字：　　　　年　　月　　日
科技管理部门意见： 部门领导签字：　　　　年　　月　　日
公司意见： 公司（盖章）　　　　年　　月　　日

附表 6　科技创新成果转化计划书

原科技创研究项目名称					原科技创研究项目起止时间			
科技研究成果名称					科技研究成果完成人			
成果转化方式				拟申报立项类型	科技研究项目		技术改造项目	
项　目 负责人	姓名		所在部门					
	性别		年龄		专业		职称	
项　目 类　型	技术攻关	新技术开发	技术引进消化吸收	应用理论研究	新产品试制	软科学研究	新技术推广	其他
项目组 人　数		其中	高级职称			中级职称		
			研究生			初级职称		
协作单位					协作形式			
申请金额 万元								
研究起止时间		年　月			全	年　月		
经费来源		资助金额 万元			资助经费来源：			
		自筹金额 万元						

附表 6（续）

科技创新成果转化的价值和预期成果（说明科技创新成果转化的方式、推广内容、价值和意义、重点解决的技术问题、工作进度总体安排、预期成果、合作单位） 【成果转化方式及推广内容】 【价值意义】 【重点技术问题】 【工作进度总体安排】 【预期成果】 【合作单位名称及合作原因】

附表 7　科技创新季度总结分析报告提纲

一、科技经费投入进度执行情况分析 二、重要科研项目或课题开展情况 三、研发机构建设情况 四、其他情况

附表 8　年度科技创新年度总结分析报告提纲

一、科技工作总结 （一）技术创新体系建设情况（研发机构建设等）。 （二）协同创新情况。 （三）科技创新管理制度建设情况。 （四）重大科技成果情况。 （五）新产品开发情况及获得的效益情况。 （六）科研基地建设情况。 （七）重大科研成果产业化情况，产业化基地建设情况。 （八）重大技术转让情况。 （九）科技创新支撑企业转型升级情况。 （十）企业拥有知名品牌情况。 （十一）科研人才奖励情况（制度突破，奖励方式、力度）。 （十二）其他需要说明的事项（主要指企业认为有必要向国家相关部委和公司反映的事项）。 二、次年科技工作安排 三、对公司科技管理工作的意见与建议

附表 9　QC 小组注册登记表

小组名称						
所在部门、班组			成立时间			
登记时间			登记注册号			
小组组长			性别		年龄	
文化程度			职务			
成员姓名	性别	年龄	职务或职称	学历	小组分工	
所在部门意见： 签字： 年　　月　　日						
QC 小组管理职能部门意见： 签字： 年　　月　　日						

附表 10　QC 小组课题注册登记表

课题名称				立题日期			
所在 QC 小组				课题注册号			
课题类型	问题解决型　□ 创新型　□			实施时间			
课题负责人				性别		年龄	
文化程度				职务			
课题组成员	性别	年龄		职务或职称	学历	小组分工	
选题理由与预期效果（可附页）： （主要内容包括：1．现状调查；2．设定目标；3．原因分析；4．拟采取对策简述；5．预期达到的效果等）							
所在部门意见： 签字： 年　　月　　日							
QC 小组管理职能部门意见： 签字： 年　　月　　日							

附表 11 QC 小组活动记录表

活动时间	
活动地点	
参加人员	组长： 成员：
活动内容： （活动的目的、讨论的问题、对策、方案、总结、下一步打算等）	

附表 12 QC 小组活动成果现场评审表

小组名称：		课题名称：		
序号	评审项目	评审内容	评分标准	得分
1	QC 小组的组织	1．要按有关规定进行小组登记和课题登记	7～15	
		2．小组活动时，小组成员出勤情况		
		3．小组成员参与分担组内工作情况		
2	活动情况与活动记录	1．活动过程按 QC 小组活动程序进行	20～40	
		2．取得数据的各项原始记录能妥善保存		
		3．活动记录完整、真实，并能反映活动的全过程		
		4．每一阶段的活动能按计划完成		
		5．活动记录的内容与成果报告的一致性		
3	活动成果及成果的维持巩固	1．对成果内容进行了核实和确认，并已达到所制定的目标	15～30	
		2．取得的经济效益已得到财务部门的认可		
		3．改进的有效措施已纳入有关标准		
		4．现场已按新的标准作业，并把成果巩固在较好的水准上		
4	QC 小组教育	1．小组成员对 QC 小组活动程序了解情况	7～15	
		2．小组成员对方法、工具的了解掌握情况		
总体评价			总得分	
评委签名	年 月 日			

附表 13 QC 小组活动成果发表评审表

小组名称：		课题名称：		
序号	评审项目	评审内容	评分标准	得分
1	选题	1．所选课题应与上级方针目标相结合，或是本小组现场继续解决的问题。 2．课题名称要简洁明确地直接针对所存在的问题。 3．现状已清楚掌握，数据充分，并通过分析已明确问题的症结所在。 4．现状已为制定目标提供了依据。 5．目标设定不要过度，并有量化的目标值和有一定依据。 6．工具运用正确，适宜	8～15	
2	原因分析	1．应针对问题的症结来分析原因，因果关系要明确、清楚。 2．原因要分析透彻，一直分析到可直接采取对策的程度。 3．原因要从末端因素中选取。 4．对所有末端因素都进行要因确认，并且是用数据、事实客观地证明确是主要原因。 5．工具运用正确、适宜	13～20	
3	对策与实施	1．针对所确定的主要原因，逐条制定对策。 2．对策应按“5W1H”的原则制定，每条对策在实施后都能检查是否已完成（达到目标）及有无效果。 3．按对策表逐条实施，且实施后的结果都有所交代。 4．大部分的对策是由本组成员来实施的，遇到困难能努力克服。 5．工具运用正确、适宜	13～20	
4	效果	1．取得效果后与原状比较，确认其改进的有效性，与所制定的目标比较，看其是否已达到。 2．取得经济效益的计算实事求是、无夸大。 3．已注意了对无形效果的评价。 4．改进后的有效方法和措施已纳入有关标准，并实施。 5．改进后的效果能维持，巩固在良好地水准，并用图表表示出巩固期的数据。 6．工具运用正常、适宜	13～20	
5	发表	1．发表资料要系统分明，前后连贯逻辑性好。 2．发表资料要通俗易懂，应以图、表、数据为主，避免通篇文字、照本宣读	5～10	
6	特点	统计方法运用突出，有特色，具有启发性	5～15	
总体评价			总得分	
评委：			年　月　日	

附表 14 “创新型”课题 QC 小组活动成果发表评审表

小组名称：		课题名称：		
序号	评审项目	评审内容	评分标准	得分
1	选题	1．题目选定是否有创新的含义。 2．选题的理由、必要性要具体充分。 3．目标要具有挑战性，并要有量化的目标和分析	13～20	
2	原因分析	1．应充分、广泛地提出方案。 2．确定最佳方案要透彻，事先评价，科学决策，必要时要做模拟试验。 3．工具运用正确、适宜	20～30	
3	对策与实施	1．按“5W1H”的原则制订对策表。 2．按对策表逐条实施，每条对策实施后的结果都有交代。 3．工具运用正确、适宜	13～20	

附表 14（续）

序号	评审项目	评审内容	评分标准	得分
4	效果	1. 确认效果并与目标比较。 2. 经济效益的计算实事求是、无夸大。 3. 注意了活动过程及对无形效果的评价。 4. 成果已发挥作用并纳入有关标准及管理规范	8～15	
5	发表	1. 发表资料要系统分明，前后连贯，逻辑性好。 2. 发表资料要通俗易懂，应以图、表、数据为主，不用专业性较强的词句和内容。 3. 发表时要从容大方，有礼貌地讲成果。 4. 回答问题时诚恳、简要、不强辩	6～10	
6	特点	1. 选题具体务实。 2. 充分体现小组成员的创造性	0～5	
总体评价			总得分	
评委：			年　月　日	

附表 15　“创新型”课题与“问题解决型”课题的不同点

项目	问题解决型	创新型
立题	在原有基础上改进、提高	从未有过的事情
现状	要把现状调查分析清楚	无现状调查，而是研究创新的切点
目标	在原来的基础上，上升一个新的台阶	全新的要求
原因分析	针对现存的问题症结分析原因，找出主要原因	不分析原因，为达到预期目标，广泛提出各种方案，寻找最佳方案
对策依据	用数据说话	评价、比较、选择（有数据时，也要用数据）
应用工具	以数据分析工具为主，非数据分析工具为辅	以非数据分析工具为主

附表 16　优秀 QC 小组申报表

推荐部门：				编号：	
QC 小组名称					
小组负责人		电话		小组成员	
小组简介					
主要活动过程与效果					
推荐部门意见					
评委意见：	评委签字：　年　月　日				

附表 17　QC 小组活动成果资料样式

QC 小组活动成果报告

课题名称：____________

类型：（现场型/管理型/服务型/攻关型/创新型）

QC 小组注册号：____________

QC 课题注册号：____________

小组名称：__________________

年　　月　　日

内　　　容

（问题解决型课题）

1．小组概况

2．课题选择

3．现状调查（在指令性目标课题中不需要）

4．目标设定（在指令性目标课题中增加“目标值的可行性分析”内容）

5．原因分析

6．要因确定

7．制定对策

8．对策实施

9．效果检查

10．巩固措施

11．总结和下一步打算

（创新型课题）

1．小组概况

2．课题选择

3．目标设定

4．制订可行性方案

5．确定最佳方案

6．制订对策

7．对策实施

8．效果确认

9．巩固措施（标准化等）

10．总结和下一步打算

附表 18 科技研究项目经费决算表

项目名称：　　　　　　　　　　　　　　　　　　　　　　　　　　单位：万元

科目	预算金额	实际支出		备注
		自筹	资助	
（一）直接费用				
1. 人工费				
（1）劳务费				
（2）专家咨询费				
2. 设备及软件费				
（1）购置				
（2）试制				
3. 业务费				
（1）材料费				
（2）资料费				
（3）测试化验加工费				
（4）燃料动力费				
（5）差旅费				
（6）会议费				
（7）国际合作与交流费				
（8）打印费				
（9）知识产权事务费				
4. 其他直接费用				
（二）间接费用				
1. 现有仪器设备使用费				
2. 直接管理费				
3. 其他间接费用				
（三）协作研究支出				
协作支出 1				
…				
合计				
结余经费				

单位财务部门意见：

部门领导签字：　　　　　　　　　　　　　　　　（盖章）

年　　月　　日

3 技术管理

Q/SDIC-GL-JS04-2020

信息化管理制度

信息化管理制度

1 总则

1.1 为规范新能源信息化管理工作，提高企业信息化管理水平，确保安全、可靠、经济、环保目标的实现，促进本企业技术进步，根据《国投电力信息化管理制度》的要求，特制定本制度。
1.2 本制度适用于公司各部门。

2 规范性引用文件

下列文件中的内容通过文中的规范性引用而构成本文件必不可少的条款。其中，注日期的引用文件，仅该日期对应的版本适用于本文件；不注日期的引用文件，其最新版本（包括所有的修改单）适用于本文件。

国能安全〔2014〕317 号 电力行业网络与信息安全管理制度

3 术语和定义

3.1 信息系统：包括信息网络、数据中心、业务应用、协同办公、企业网站等。
3.2 信息系统维护：是指为适应系统的环境和其他因素的各种变化、保证系统正常工作而对系统所进行的修改，包括系统功能的改进和解决系统在运行期间发生的问题。
3.3 应用软件维护：即对程序的维护。由于系统的各种业务流程是先于应用程序发生的，因此当业务流程出现问题或有某些变化时，就必然要修改应用程序，以适应新的变化。所以，应用程序的维护是系统维护中最主要的内容。应用软件系统维护的内容主要包括 4 类：完善性维护、纠错性维护、适应性维护和预防性维护。
3.4 数据维护：在系统运行过程中，随着业务流程的变化，对数据的要求也在不断改变，包括删除过时数据，增加新的数据，调整数据结构，备份和恢复数据等。
3.5 代码维护：由于信息系统应用范围和应用环境的变化，系统中的各种代码需要进行某些增加、删除、修改的操作，或者设置一些新的代码，这些工作均属代码的维护。
3.6 计算机硬件设备维护：是保障信息系统运行的物质基础，因此，必须注意对硬件设备的维护，操作人员要严格遵守操作顺序和规则，维护人员要做好对设备的日常维护与管理，及时进行易损件的更换及一般故障的处理。因此，必须时刻监视系统硬件的工作情况，及时发现系统不正常运行的现象或苗头，以便采取预防措施。平日要做好对计算机设备的定期检修与维护，有关备品配件的准备及补充计算机的日常消耗品。同时，做好系统运行记录。
3.7 数据库与代码维护：系统的正常运行有赖于状态良好的数据库提供存取信息的支持。为了防止特殊情况下（如断电、严重的误操作等）对数据库的损害，为了适应业务变化引起的对数据库的某些更改要求，必须加强对数据库的维护。一方面，为防止数据库的丢失、损坏，应定时进行数据库备份，防止因原数据库系统发生问题时，备份数据库能保障信息系统的正常运行。另一方面，系统运行一段时期后，由于对数据库不断进行增、删、改的操作，可能引起数据库物理结构的破坏，影响对数据库存储空间的利用和降低数据的存取效率。为此，需要进行数据库的重组织操作，按原设计要求重新安排数据记录的存储位置。
3.8 网络维护：包括网络设备管理（如计算机、服务器）、操作系统维护（系统打补丁、系统升级）、网络安全（病毒防范）等。

4 职责和分工

4.1 分管领导

4.1.1 负责公司信息化管理的领导与组织工作。

4.1.2 监督生产管理部开展信息系统维护工作。

4.2 生产管理部

4.2.1 信息系统维护的归口管理部门。

4.2.2 负责信息系统的运维管理。

4.2.3 负责信息化建设方案编制、执行。

4.2.4 负责公司级信息系统的招标方案文件的编制。

4.2.5 负责信息系统建设的实施工作。

4.2.6 配合人力资源做好公司信息化的培训工作。

4.2.7 负责公司部门/项目对信息化系统的规范使用的监督、管理。

4.2.8 负责公司 ERP 系统数据的备份。

4.3 其他部门

4.3.1 负责信息系统的使用。

4.3.2 参与信息系统相关业务需求的编制。

4.3.3 提出系统完善的相关目标和要求。

4.3.4 向生产管理部提交信息系统相关业务优化意见，并配合完善。

4.3.5 配合信息系统维护工作。

4.4 项目

4.4.1 严格按照信息系统操作手册进行操作。

4.4.2 对信息系统使用中发现的问题提出优化建议。

4.4.3 参加信息化监管的培训。

5 管理活动的内容与方法

5.1 项目规划

5.1.1 公司应根据发展总体战略和业务，制定 3 年～5 年的信息化规划，并进行定期修编。

5.1.2 制定的规划经公司信息化领导小组审核后，报公司总经理办公会批准后颁布执行。

5.1.3 新建、扩建电厂，在编制项目可研的同时编制信息化规划。扩建电厂编制规划时要注重与已建系统的无缝集成及功能融合，合理降低成本。

5.2 项目分级

5.2.1 按照金额分为特别重大项目、一般项目和零星项目。

5.2.2 特别重大项目：新建、改造各类信息系统、集控调度系统等单项合同估算价在 800 万元人民币及以上的。

5.2.3 重大项目：新建、改造各类信息系统、集控调度系统等单项合同估算价在 800 万元人民币以下，200 万元人民币及以上的。

5.2.4 一般项目：新建、改造各类信息系统，批量硬件、软件购买等单项合同估算价在 200 万元人民币以下，50 万元及以上的。

5.2.5 零星项目：购买服务器、路由等硬件及购买其他软件等单项合同估算价在 50 万元以下的。

5.3 项目立项

5.3.1 应根据信息化规划，提出下年度拟立项信息化项目的名称、目标、功能、预算和实施计划等，并上报上级管理部门。

5.3.2 特别重大、重大项目立项应同时上报项目可研报告和项目方案，经公司信息化领导小组审核后，报总经理办公会决策。特别重大项目还应报董事长办公会决策。

5.3.3 一般项目则可上报项目建议书。

5.4 项目采购

5.4.1 信息化项目采购遵循集团、公司和投资企业采购和招标的相关制度。

5.4.2 采购文件、方案、采购结果应向公司综合部报备。

5.5 项目实施

5.5.1 信息化项目是指涉及网络、计算机软硬件及其相关配套设备组成的系统、数据与信息安全的建设、管理和运维等项目。

5.5.2 项目实施由生产管理部负责。

5.5.3 信息化费用应根据集团和预算管理的相关要求，纳入本企业财务预算管理。

5.5.4 根据项目实际需求，可成立项目组，重大项目应联合实施方成立跨部门、多专业的专职项目组。

5.5.5 重大项目的实施计划、需求涉及报告的，由生产管理部向上级公司报备。长周期的重大项目应按月报送项目进展简报。

5.5.6 信息化费用根据集团和公司预算管理的要求，需纳入公司财务预算管理。

5.6 系统上线

5.6.1 项目实施完成后，进入上线阶段分为测评和试运行两个步骤进行控制和管理。

5.6.2 对于特别重大的项目，由生产管理部向上级公司上报申请，由上级公司组织或本公司组织，成立系统上线测评组。对于重大项目，由生产管理部组织，上级部门参与。对于一般项目和零星项目，由本公司执行组织，测评结果上报上级公司。

5.6.3 系统测评通过后，由生产管理部组织进行试运行工作。试运行时间按合同执行，原则上特别重大、重大项目不少于 3 个月，一般项目不少于 2 个月，零星项目少于 1 个月。试运行结束后，应形成用户使用报告和系统消缺报告。

5.6.4 系统验收，对于一般项目和零星项目，由生产管理部组织。对于重大项目，由生产管理部上报，上级公司组织。对于特别重大项目，由上级公司决定验收方案。

5.6.5 重点评审内容包括系统消缺情况，以及系统功能、性能、文档资料、培训和售后服务等内容是否满足合同要求。

5.6.6 信息系统投运前由生产管理部根据等级保护制度对系统定级，同时上报相关部门备案。

5.6.7 系统投运前，信息系统开发单位和生产管理部配合，确定与该系统相关的网络环境参数、故障处理流程、数据备份流程、系统故障应急预案等。

5.6.8 信息系统开发单位应提供能满足日常运行管理需求的系统开发及运行维护档案和系统软件介质（包括系统进行完全安装和紧急恢复的完整系统软件介质、软件功能说明、软件说明书、程序清单、数据结构清单等）。

5.7 设备管理

5.7.1 信息系统根据设备的类型、用途、软件等因素，分为：

a）网络设备（路由器、交换机、防火墙、入侵检测、综合布线等）。

b）服务器。

c）个人计算机（含便携计算机）。

d）外部设备（打印机、传真机、扫描仪等）。

e）辅助设备（机柜、UPS 等）。

f）工具（网络工具、普通工具等）。

g）软件。

h）其他。

5.7.2 综合管理部负责个人办公信息设备的需求统计、保管、分配等工作。

5.7.3 综合管理部负责个人信息设备的台账。

5.7.4 生产管理部根据综合管理部指定的需求执行。

5.7.5 生产管理部负责对个人办公信息设备的规范化使用监督管理。

5.7.6 生产管理部负责需报废个人办公信息设备的审核。

5.7.7 新信息系统投入使用前，需经过安全加固。

5.7.8 信息系统使用部门应办理资产转固。

5.7.9 生产管理部归口负责公司总部机房信息系统台账，台账中包括设备所属部门、型号、序列号、IP地址等。

5.7.10 信息系统的使用部门负责信息设备的日常管理，包括补丁更新、杀毒软件及系统升级、一般性配置操作、一般性故障排查等，并对信息设备非使用性损坏及丢失负责，并按情节严重程度，依据有关规定追究当事人赔偿责任。

5.7.11 各部门应指定专人协助生产管理部做好所属范围内信息设备台账管理，若有设备变动要及时上报生产管理部。信息组根据实际情况组织设备清查工作，进行设备台账、实物核对，做到账物相符。

5.7.12 每台信息设备都要明确设备负责人（负责人须是公司正式职工），如无具体使用人，则由设备账号所有人负责。信息设备随机资料、软件等应由设备负责人保存。信息设备正常工作环境由设备所属部门负责。各部门之间及部门成员之间不得随意互换计算机或其他相关设备。

5.7.13 严禁任何人私自拆卸信息系统硬件，私自更改计算机配置、网络 IP 地址。

5.7.14 设备负责人负责所属信息系统的日常维护。包括常用软件安装升级、一般性配置操作、一般性故障排除。如涉及更换零件、安装系统等非一般性故障，无法自行处理，及时联系信息组进行故障申告，信息组人员记录故障设备信息及故障处理情况。

5.7.15 属于更换零部件的故障，由设备负责部门填写采购申请，进行更换。

5.7.16 信息系统出现非一般性故障经信息运维人员同意自行处理（含拆装）造成故障扩大，由自行处理（含拆装）的操作人员承担修复费用。

5.7.17 各部门应保证信息系统的相关安全配置，应按照公司规定正确使用信息系统，同时根据实际情况定期对所属信息系统组织自查，发现问题及时整改。

5.7.18 生产管理部通过网络和不定期到现场进行检查，核查信息系统软硬件使用、维护情况。并根据有关规定对违反信息系统使用规定的部门提出整改建议及考核意见。

5.8 网络管理

5.8.1 管理信息网络分为内网和外网。

5.8.2 公司内网与外网不得私自接入无线设备，网络中均实行 IP 地址和 MAC 地址绑定，禁止非授权接入。

5.8.3 公司外网设备与内网设备按照等保 2.0 进行信息安全加固，设置访问权限控制，设置足够强度的用户和密码。

5.8.4 公司外网通过防火墙统一出口接入 INTERNET，其他方式正常情况均被禁止接入。

5.8.5 公司内外网计算机终端、打印机、网络设备的 IP 地址和配置信息由生产管理部统一分配和管理，任何人不得擅自使用他人的地址和未分配地址，不得擅自安装任何网络设备，不得擅自更改网络设备配置信息。

5.8.6 未经计算机网络管理人员同意，任何人不得擅自操作、移动网络设备。

5.8.7 设备接入公司网络需要在办公平台填写接入申请。审批通过后按照批准的地址进行 IP/MAC 绑定并接入公司网络。

5.8.8 接入计算机规范名称格式为部门名称-流水编号。

5.8.9 生产管理部定期对计算机进行安全检查。

5.8.10 生产管理部负责网络设备的运行管理，确保网络备品备件及应急设备在良好状态，尽量在故障发生之前采取保护措施。

5.8.11 生产管理部负责建立详细的安全事件应急处理制度，制订并及时修订信息网络安全应急预案，定期演练，确保应急体系的完备性和可用性，做好应对突发信息安全事件的准备。

5.8.12 发现网络与信息安全问题及时向生产管理部通报，遇到重大问题由信息组及时向生产管理部报告。应在 1h 内，将事件发生时间、原因、采取措施、影响范围、损失情况等，通过邮件和电话方式上报。

5.9 系统管理

5.9.1 进行信息系统的配置参数调整、系统软件重装、网络环境调整等系统变更都应严格按照相应管理流程进行审批。

5.9.2 信息系统用户账号建立，权限变更、用户节点增加等日常维护业务，应做好记录并定期整理归档。

5.9.3 信息系统变更前后都应进行备份。

5.9.4 信息系统维护人员应及时发现系统故障，接到故障申报后对问题进行详细记录，对简单故障可处理后汇报，对较大故障要立即通知本部门负责人和信息主管。

5.9.5 对故障的分析、处理过程应有记录。重大故障处理要有两人以上执行，一人操作，一人监督。

5.9.6 各信息系统必须有完善的系统维护制度和操作规程。重大事件处理时，应有安全管理人员在场，故障原因、操作内容和操作前后的情况必须详细记录并存档。系统管理人员定期检查和记录本信息系统的安全运行状况。

5.9.7 用户账号和口令应至少 8 位，并包含至少超过 2 个字符集。

5.9.8 系统管理人员负责系统的日常运行和维护，数据的保存、备份，系统口令的维护、设置和管理，系统程序的安装，向其他系统及上级有关部门提供数据及报表。

5.10 软件管理

5.10.1 正版软件资产属固定资产，由办公室统一管理。办公室安排专人负责正版软件的登记造册和介质的保管、备份与分发工作，并妥善保管好正版软件购买发票、正品证书。

5.10.2 办公室工作人员为软件正版化工作直接责任人，保证本部门软件使用正版化。

5.10.3 办公室工作人员为软件正版化工作具体责任人，切实增强保护知识产权的意识，自觉使用正版软件。

5.10.4 软件正版化工作重点范围：操作系统、办公软件和杀毒软件。

5.10.5 每年对各办公室工作人员使用正版软件资产情况进行清查，确保全体工作人员所使用的软件均为合法软件并登记入账。

5.10.6 建立规范的正版软件管理台账，对各类正版软件进行登记。内容包括：软件名称、版本、来源类型、许可证（授权书）编号、有效期、供货商、价格、购买日期、安装及使用情况等。同时对有关的软件介质、说明书、使用许可证（或合同）等相关资料要由专人妥善保存。

5.11 变更管理

5.11.1 信息系统变更指对服务器、交换机（不含客户端设备）等设备上运行的操作系统、权限、各种服务、各种软件、数据库、IP 地址、安全配置、投入或退出运行、重新启动、重新安装等所有操作的变更。

5.11.2 生产管理部是以上各种信息系统变更的管理部门，负责审批变更并备案。

5.11.3 所有信息系统的各种变更都要履行变更手续。

5.11.4 变更涉及信息系统、网络系统影响的，申请人应与变更前 1 个～2 个工作日以电子邮件、电话等方式告知相关影响用户，变更结束后对以上用户进行测试。

5.11.5 人员账号注册和注销，以人力资源部下发的通知单为准。

5.11.6 设备、系统变更前对原有的数据应进行处理，确保可以恢复到变更前状态，必要时应该采取备份、异地转移存储等安全措施。

5.11.7 对涉密设备的变更，如果需要外来人协助的，外来人需填写保密承诺书，保证所存储的涉密信息不被泄露，变更工作过程中，变更申请人必须在现场，对维护人员、对象、内容、前后状态进行监督。

5.11.8　设备、系统变更结束后，应进行系统加固检查，恢复设备以及系统中原有的加固环境。

5.11.9　任何信息系统的各类变更未履行相关审批手续的，因设备变更对系统造成影响的，追究变更实施人员相关责任。

5.11.10　涉及信息化功能的修正变更，应通过企业协同办公平台流程模板发起变更流程。

5.11.11　不涉及具体业务人为错误修正，应通过企业邮箱发送到生产管理部信息工程师进行维护。

5.12　资料管理

5.12.1　信息资料是指在信息化网络建设和运行过程中所遵循的标准、制度、规划与总结（含计划）、日志、项目管理文档、设备台账、技术类文档和信息系统建设或系统运行过程中收集的文档（软、硬件资料）等，是与系统建设和系统运行紧密关联，记录系统运行参数、技术指标、安全模式、设备配置、方案设计、项目建设合同等重要信息的文档。

5.12.2　资料管理包括：

5.12.2.1　资料的收集、整理、登记、造册、保管、鉴定、利用等工作。设备技术资料应齐全、正确、统一、清晰。对重要及核心设备，应将资料复制并以多种方式保存在不同地点。

5.12.2.2　设备技术资料应由专人负责管理，并负责资料安全，强化信息内容的安全管理，严防资料外泄。

5.12.2.3　资料管理人员应具备档案管理员的基本素质，并掌握一定的专业技术知识和较强的计算机应用水平，对所管理的文档能够做到分类清晰，归档准确。

5.12.2.4　在进行项目建设时，由该项目负责人或指定专人负责收集和整理整个工程过程中产生的文档，进行分类，标注必要的说明，在工程验收后将全部项目文档资料提交给资料管理部门保存。

5.12.3　生产管理部是信息资料的管理部门，信息组及各项目/部门应明确资料管理人员，具体负责各种资料的日常管理工作。

5.12.4　信息化项目投入运行后，由项目使用部门/项目建立运行台账，明确系统管理人员，做好运行日志等日常工作。

5.13　备份管理

5.13.1　信息化系统的备份工作是系统出现故障，甚至崩溃时的重要恢复手段，是信息安全工作的重要部分。

5.13.2　公司设有备份服务器，对重要系统和数据库进行容灾备份。

5.13.3　没有备份服务器的部门/项目，数据由各部门/项目通过专用移动存储介质进行备份，并做好记录。

5.13.4　信息化系统的备份由各部门指定专人制定策略、组织落实，信息组人员配合实施。备份文件由各部门专人负责保管。

5.13.5　客户端计算机及网上的办公文件由文件所有人自行备份。重要文件至少在不同的设备上保存两份。

5.13.6　数据备份介质可选择硬盘、光盘、U 盘等，由各部门指定专人保存。确保备份数据的可恢复性。存储介质应存放在远离磁性、辐射性的环境。

5.13.7　当系统或数据缺失无法抢救时，需估算可能的损失，将恢复计划和方案报请部门领导同意后才能对系统进行恢复操作，恢复操作不应影响对故障原因的追查和故障的处理。

5.14　介质管理

5.14.1　移动存储介质包括 U 盘、移动硬盘、各种存储卡、MP3、MP4、智能手机等带有存储功能的产品。

5.14.2　非公网设备使用移动介质，需确保介质无毒，经过杀毒软件查杀后方可使用。

5.14.3　严禁双击移动存储介质图标进入移动存储介质，应右键在菜单中选择打开进入。

5.14.4　文件复制完成应及时将移动存储介质与计算机分离。

5.14.5　因使用移动存储介质造成内外网计算机感染病毒，造成系统损坏或者数据丢失的，按公司有关规定追责。

5.14.6　电力系统使用移动介质，应由负责人批准，生产管理部同意后使用，并在使用后恢复端口的封闭。

5.14.7 电力系统应使用专用移动介质，使用前应做好防范措施，使用中应进行安全控制，使用后应进行介质状态恢复和系统环境恢复，并有详细使用记录。

5.15 补丁管理

5.15.1 升级补丁前，有条件的话做好系统、数据备份，以免升级失败后及时恢复。

5.15.2 所有信息内网和外网终端机、服务器都要及时进行补丁升级。

5.15.3 对服务器中数据库、软件以及其他系统应用软件应及时进行补丁升级。

5.15.4 对服务器所有项目进行补丁升级时，要仔细阅读升级文档，分析确定升级补丁对现有操作系统及应用的影响，确保在补丁升级后服务器软、硬件能够正常运行。

5.15.5 应用软件补丁升级，由软件开发商执行或在软件开发商指导下执行。

5.16 日志管理

5.16.1 日志是对用户行为和系统行为进行记录的形式，是保障信息系统信息安全的重要手段。

5.16.2 应采取监测、记录网络运行状态、网络安全事件的技术措施，并按照规定留存相关的网络日志不少于 6 个月。

5.16.3 在信息系统、应用系统上线前，应开启相应的日志审计功能。

5.16.4 信息设备不允许人为关闭系统日志功能。

5.16.5 应制定恰当的日志策略，确定记录日志的设备或系统范围、日志的事件类型、日志的最大时间范围、日志备份策略、审计日志的处理方式等。

5.16.6 日志记录应包括事件发生的时间、触发时间的主体、事件类型、事件结果（成功或失败）等内容。

5.16.7 生产管理部对公司网络主机系统、网络设备、应用系统、数据库等的日志定期进行安全审计、分析。发现安全问题应及时处理。

5.17 报废管理

信息化系统需报废的应按照公司资产报废流程执行。

6 检查与评价

公司生产管理部对本制度规定的管理活动进行检查并对表 1 所列的指标进行评价，依据评价结果提出考核意见。

表 1 评价项目与指标

序号	评价项目	评价标准	责任部门	考核部门
1	信息系统维护的及时率	100%	生产管理部	生产管理部
2	对内、对外通信维护的及时率	100%	生产管理部、项目	生产管理部、项目

7 附则

7.1 本制度适用于公司信息化管理工作。

7.2 本制度由公司生产管理部负责解释。

7.3 本制度自发布之日起施行。

8 附件

8.1 信息系统流程变更记录表（见附表 1）。

8.2 故障维修记录表（见附表 2）。

8.3 公司信息设备台账（见附表 3）。

附表 1　信息系统流程变更记录表

系统名称			
申请变更时间			
部门		变更申请人	
变更原因			
变更内容			
总经理办公会 审核意见			
变更处理情况			
变更生效时间			
信息工程师签字	年　月　日		
备注			

附表 2　故障维修记录表

系统名称			
故障报告时间			
部门		故障发现人	
故障现象			
发现人处理情况			
故障原因分析及信息工程师对发现人处理情况进行评价			
信息工程师处理情况			
排除故障时间			
信息工程师签字			
备注			

附表 3　公司信息设备台账

序号	设备类型	品牌	型号	采购日期	操作系统	IP 地址	Mac 地址	数据库类型	应用系统	设备位置	负责人
								Oracle	OA	××机房	
								无	无	个人	
										××办公室	

注：设备类型包括台式电脑、笔记本、服务器、交换机、路由器、网闸、防火墙、网关等网络信息设备。数据库类型与应用系统针对服务器进行填写。

3 技术管理

Q/SDIC-GL-JS05-2020

网络和信息安全管理规定

网络和信息安全管理规定

1 总则

1.1 为规范新能源网络和信息安全管理工作，提高技术改造管理水平，确保网络安全、可靠、经济运行，促进本企业技术进步，根据《国投电力控股股份有限公司信息化管理规定》的要求，特制定本规定。

1.2 本规定适用于公司各部门。

2 规范性引用文件

GB/T 22239 信息安全技术 网络安全等级保护基本要求

国能安全〔2014〕317 号 电力行业网络与信息安全管理规定

3 术语和定义

3.1 信息安全：对信息保密性、完整性和可得性的保护。

3.2 网络安全：通过采取必要措施，防范对网络的攻击、侵入、干扰、破坏和非法使用以及意外事故，使网络处于稳定可靠运行的状态，以及保障网络数据的完整性、保密性、可用性的能力。

3.3 计算机安全：采取适当的措施保护数据和资源，使计算机系统免受偶然或恶意的修改、损坏、访问、泄露等操作的危害。

3.4 计算机信息系统：由计算机及其相关的和配套的设备、设施（含网络）构成的，按照一定的应用目标和规划对信息进行采集、加工、存储、传输、检索等处理的人机系统。

3.5 信息安全事件：由单个或一系列意外或有害的信息安全事态所组成的，极有可能危害业务运行和威胁信息安全。

4 职责和分工

4.1 总经理

4.1.1 总经理是网络和信息安全管理的第一责任人。

4.1.2 负责信息技术方案、信息安全管理制度、信息安全检查方案的批准工作。

4.2 分管领导

4.2.1 生产业务分管领导是网络和信息工作管理人。

4.2.2 负责网络和信息安全管理的领导工作。

4.2.3 负责网络与信息安全技术方案、信息安全管理制度、信息安全检查方案的审批工作。

4.3 生产管理部

4.3.1 组织实施各项信息管理制度，做好监督、检查、指导网络和信息安全管理及信息运行维护工作，组织实施安全防范措施。当发生影响网络和信息安全的重大事件时，发布告警并组织制定应对措施。

4.3.2 负责组织网络和信息安全工作检查，分析网络和信息安全总体状况，提出分析报告和安全风险的防范对策。

4.3.3 负责接受各项目的紧急网络和信息安全事件报告，组织进行事件调查，分析事故原因及涉及范围，并评估安全事件的严重程度，处理后提出网络和信息安全事件防范措施。

4.3.4 及时向领导和上级部门、单位报告网络和信息安全事件。

4.3.5 负责网络和信息安全相关指标、数据的汇总上报工作。
4.3.6 负责制定网络和信息安全检查方案，并负责监督落实。
4.3.7 负责制定网络和信息安全工作制度、技术操作策略、网络和信息安全总体策略规划。
4.3.8 负责信息系统硬件维护工作。
4.3.9 监督项目/部门进行网络信息相关项目的评定、审核、验收和推广工作。
4.3.10 负责网络和信息安全的培训工作。
4.3.11 负责信息网络软、硬件系统安全的总结上报，负责配合信息系统安全的验收、检查工作。
4.3.12 负责为各部门提供网络和信息安全专业技术支持。

4.4 安健环管理部

4.4.1 负责监督和考核信息系统的运行状况。信息系统发生事故，由安健环管理部牵头组织事故分析，各部门/项目配合进行专业事故分析，提出处理意见。
4.4.2 根据国家和行业有关网络和信息安全的政策、法律和法规，审核网络和信息安全总体策略规划、管理规范和技术标准。

4.5 各部门/项目

4.5.1 部门/项目负责人是本部门网络和信息安全管理的第一责任人。
4.5.2 各部门/项目是网络和信息安全工作的具体落实部门。
4.5.3 各部门/项目网络安全设备由设备具体使用人负责，如无具体使用人，则由设备账号所有人或各部门/项目信息系统管理员负责，每个设备必须指定设备责任人。
4.5.4 负责本部门信息设备、信息系统的安全保密管理。
4.5.5 负责本部门计算机的防病毒软件升级，防病毒软件开启。
4.5.6 负责计算机操作系统补丁及时更新及相关软件的补丁升级工作。
4.5.7 负责保证信息设备、信息系统的相关安全配置，并按照规定使用信息设备和系统。
4.5.8 负责本部门信息设备、信息系统的日常维护管理，负责维护更新本部门设备台账。
4.5.9 负责本场站内网络及通信设备的运行及维护工作，若发生重大设备故障及问题，可协同生产管理部共同处理。
4.5.10 配合生产管理部做好本场站、部门网络和信息安全管理工作。
4.5.11 配合网络和信息安全检查工作，并负责整改及落实。
4.5.12 发生网络和信息安全事件及时上报生产管理部。
4.5.13 负责《网络安全等级保护基本要求》的落实。

5 管理活动的内容与方法

5.1 网络和信息安全通用要求

5.1.1 物理环境安全要求
5.1.1.1 物理访问控制：机房出入口应安排专人值守或配置电子门禁系统，控制、鉴别和记录进入的人员信息。
5.1.1.2 防盗窃和防破坏：应将设备或主要部件进行固定，并设置明显的不易除去的标识。
5.1.1.3 防雷击：应将各类机柜、设施和设备等通过接地系统安全接地。
5.1.1.4 防火；机房应设置灭火设备。
5.1.1.5 防水和防潮：应采取措施防止雨水通过机房窗户、屋顶和墙壁渗透。
5.1.1.6 温湿度控制：应设置必要的温湿度调节设施，使机房温湿度的变化在设备运行所允许的范围之内。
5.1.1.7 电力供应
5.1.1.7.1 应在机房供电线路上配置稳压器和过电压防护设备。

5.1.1.7.2　二级机房应提供短期的备用电力供应，至少满足设备在断电情况下的正常运行要求。

5.1.2　通信网络安全要求

5.1.2.1　通信传输：应采用校验技术保证通信过程中数据的完整性。

5.1.2.2　可信验证：对通信设备的系统引导程序、系统程序等进行可信验证，并在检测到其可信性受到破坏后进行报警。

5.1.3　安全区域边界

5.1.3.1　边界防护：应保证跨越边界的访问和数据流通过边界设备提供的受控接口进行通信。

5.1.3.2　访问控制：

5.1.3.2.1　应在网络边界根据访问控制策略设置访问控制规则，默认情况下除允许通信外受控接口拒绝所有通信。

5.1.3.2.2　应删除多余或无效的访问控制规则，优化访问控制列表，并保证访问控制规则数量最小化。

5.1.3.2.3　应对源地址、目的地址、源端口、目的端口和协议等进行检查，以允许/拒绝数据包进出。

5.1.3.3　可信验证：对边界设备的系统引导程序、系统程序等进行可信验证，并在检测到其可信性受到破坏后进行报警。

5.2　计算环境安全要求

5.2.1　身份鉴别

5.2.1.1　应对登录的用户进行身份标识和鉴别，身份标识具有唯一性，身份鉴别信息具有复杂度要求并定期更换。

5.2.1.2　应具有登录失败处理功能，应配置并启用结束会话、限制非法登录次数和当登录连接超时自动退出等相关措施。

5.2.2　访问控制

5.2.2.1　应对登录的用户分配账户和权限。

5.2.2.2　应重命名或删除默认账户，修改默认账户的默认口令。

5.2.2.3　应及时删除或停用多余的、过期的账户，避免共享账户的存在。

5.2.3　入侵防范

5.2.3.1　应遵循最小安装的原则，仅安装需要的组件和应用程序。

5.2.3.2　应关闭不需要的系统服务、默认共享和高危端口。

5.2.4　恶意代码防范

应安装防恶意代码软件或配置具有相应功能的软件，并定期进行升级和更新防恶意代码库。

5.2.5　可信验证

对计算设备的系统引导程序、系统程序等进行可信验证，并在检测到其可信性受到破坏后进行报警。

5.2.6　数据完整性

应采用校验技术保证重要数据在传输过程中的完整性。

5.2.7　数据备份恢复

应提供重要数据的本地数据备份与恢复功能。

5.3　安全管理制度

5.3.1　建立日常管理活动中常用的安全管理制度。

5.3.2　制定内部安全管理制度和操作规程。

5.4　网络和信息安全管理机构

5.4.1　公司设立网络和信息安全管理机构

5.4.1.1　组长：分管领导

5.4.1.2　副组长：生产管理部经理

5.4.1.3　成员：各部门/项目负责人、生产管理部相关人员等。

5.4.2 机构办公室

网络和信息安全管理机构设工作办公室，设在生产管理部，由生产管理部任办公室主任。

5.4.3 安全管理机构职责

5.4.3.1 全面负责领导网络安全管理工作，组长是网络安全第一责任人。

5.4.3.2 贯彻落实国家、行业、国投集团、国投电力网络安全工作的方针、政策。

5.4.3.3 研究制定公司网络安全发展战略、宏观规划、长效发展机制和重大部署，全面负责公司网络安全战略的推进和实施。

5.4.3.4 统筹协调公司网络安全重大事项，统一组织领导公司网络安全保护和重大事件处置工作。

5.4.3.5 负责落实公司网络安全建设管理资金及岗位人员的配置到位。

5.4.3.6 建立和落实公司网络安全突发事件应急预案和信息通报机制，定期组织和开展应急演练人员网络和信息安全管理：调岗和离职人员应及时终止人员的所有访问权限，取回各种身份证件、钥匙、徽章等以及公司提供的软硬件设备。

5.4.4 办公室职责

5.4.4.1 组织落实公司网络安全领导小组的决定、决议。

5.4.4.2 制订完善公司网络安全管理各项制度、标准。

5.4.4.3 制订公司网络安全管理工作计划。

5.4.4.4 组织召开公司网络安全工作会议。

5.4.4.5 负责公司网络安全管理工作的日常监督、检查、指导与考核。

5.4.4.6 协调组织公司网络安全等级保护测评和安全评估工作。

5.4.4.7 及时与上级单位及公安机关开展网络安全工作沟通与协作，组织配合上级单位及公安机关的网络安全专项检查。

5.4.4.8 组织编制、上报公司网络安全事件报告及报表。

5.5 涉密管理

5.5.1 基本条件

5.5.1.1 遵纪守法，具有良好的品行，无犯罪记录。

5.5.1.2 公司正式员工，并在其他公司无兼职。

5.5.1.3 社会关系清楚，本人及配偶为中国境内。

5.5.2 保密责任

5.5.2.1 应签订保密协议（见附件 8.3）。

5.5.2.2 涉密人员对业务工作范围内的涉密事项有保密职责，必须遵守相关保密法律法规。

5.6 安全意识教育和培训

应对各类人员进行安全意识教育和岗位技能培训，并告知相关的安全责任和惩戒措施。

5.7 外部人员访问管理

应保证在外部人员访问受控区域前得到授权或审批，批准后由专人全程陪同，并登记备案（见附件 8.2）。

5.8 网络和信息安全建设管理

5.8.1 定级和备案

5.8.1.1 项目/部门根据《中华人民共和国网络安全法》规定，定期完成网络定级和备案。

5.8.1.2 应以书面的形式说明保护对象的安全保护等级及确定等级的方法和理由。

5.8.2 安全方案设计

应根据安全保护等级选择基本安全措施，依据风险分析的结果补充和调整安全措施。

5.8.3 产品采购和使用

应确保网络安全产品采购和使用符合国家和电力行业的有关规定。

5.8.4 工程实施

应指定或授权专门的部门或人员负责工程实施过程的管理。

5.8.5 测试验收

应进行安全性测试验收。

5.8.6 系统交付

5.8.6.1 应制定交付清单，并根据交付清单对所交接的设备、软件和文档等进行清点。

5.8.6.2 应对负责运行维护的技术人员进行相应的技能培训。

5.8.6.3 建设系统部门/项目应指定专人负责系统的网络和安全运行和维护。

5.8.7 服务供应商选择

5.8.7.1 应确保服务供应商的选择符合国家的有关规定。

5.8.7.2 在现场工作实施前应与选定的服务供应商签订与安全和保密相关的协议，明确约定相关责任。

5.8.7.3 各项目应对现场网络和信息安全制定相关实施细则，并具体落实。内容应包括物理访问、物品进出和环境安全等方面。

5.9 安全运维管理

5.9.1 环境管理

应指定专门的部门或人员负责机房安全，对机房出入进行管理，定期对机房供配电、空调、温湿度控制、消防等设施进行维护管理。

5.9.2 介质管理

5.9.2.1 应将介质存放在安全的环境中，对各类介质进行控制和保护，实行存储环境专人管理，并根据存档介质的目录清单定期盘点。

5.9.2.2 应对介质在物理传输过程中的人员选择、打包、交付等情况进行控制，并对介质的归档和查询等进行登记记录。

5.9.3 设备维护管理

应对各种网络和信息安全设备（包括备份和冗余设备）、通信线路等指定专人定期进行维护管理。

5.9.4 漏洞和风险管理

应采取必要的措施识别安全漏洞和隐患，对发现的安全漏洞和隐患及时进行修补或评估可能的影响后进行修补。

5.9.5 网络和系统安全管理

5.9.5.1 应划分不同的管理员角色进行网络和系统的运维管理，明确各个角色的责任和权限。

5.9.5.2 应指定专门的部门或人员进行账户管理，对申请账户、建立账户、删除账户等进行控制。

5.9.5.3 应建立网络和系统安全管理制度，对安全策略、账户管理、配置管理、日志管理、日常操作、升级与打补丁、口令更新周期等方面做出规定。

5.9.5.4 应制定重要设备的配置和操作手册，依据手册对设备进行安全配置和优化配置等。

5.9.5.5 应详细记录网络和信息安全运维操作日志，包括日常巡检工作、运行维护记录、参数的设置和修改等内容。

5.9.6 恶意代码防范管理。

5.9.6.1 应提高所有用户的防恶意代码意识，对外来计算机或存储设备接入系统前进行恶意代码检查等。

5.9.6.2 应对恶意代码防范要求做出规定，包括防恶意代码软件的授权使用、恶意代码库升级、恶意代码的定期查杀等。

5.9.6.3 各项目/每个季度应对系统漏洞进行检查，并通过离线进行更新，做好相关记录。

5.9.7 配置管理

5.9.7.1 应记录和保存基本配置信息，包括网络拓扑结构、各个设备安装的软件组件、软件组件的版本和补丁信息、各个设备或软件组件的配置参数等，按年更新。

5.9.7.2 密码管理：应遵循密码相关国家标准和行业标准。

5.9.8 备份与恢复管理

5.9.8.1 应识别需要定期备份的重要业务信息、系统数据及软件系统等。

5.9.8.2 应规定备份信息的备份方式、备份频度、存储介质、保存期等。

5.9.9 安全事件处置

5.9.9.1 应及时向生产管理部报告所发现的安全弱点和可疑事件。

5.9.9.2 具体报告和处置流程，规定安全事件的现场处理、事件报告和后期恢复的管理职责。

5.9.9.3 应制定安全事件报告和处置管理制度，明确不同安全事件的报告、处置和响应流程，规定安全事件的现场处理、事件报告和后期恢复的管理职责等。

5.10 云计算安全扩展要求

5.10.1 安全物理环境

基础设施位置：应保证云计算基础设施位于中国境内。

5.10.2 安全通信网络

5.10.2.1 应保证云计算平台不承载高于其安全保护等级的业务应用系统。

5.10.2.2 应实现不同云服务客户虚拟网络之间的隔离。

5.10.3 安全区域边界

访问控制：应在虚拟化网络边界部署访问控制机制，并设置访问控制规则。

5.10.4 安全计算环境

访问控制：数据完整性和保密性，应确保云服务客户数据、用户个人信息等存储于中国境内，如需出境应遵循国家相关规定。

5.10.5 安全建设管理

云服务商选择：

5.10.5.1 应选择安全合规的云服务商，其所提供的云计算平台应为其所承载的业务应用系统提供相应等级的安全保护能力。

5.10.5.2 应在服务水平协议中规定云服务的各项服务内容和具体技术指标。

5.10.5.3 应在服务水平协议中规定云服务商的权限与责任，包括管理范围、职责划分、访问授权、隐私保护、行为准则、违约责任等。

5.11 移动互联安全扩展要求

5.11.1 安全物理环境

无线接入点的物理位置，应为无线接入设备的安装选择合理位置，避免过度覆盖和电磁干扰。

5.11.2 安全区域边界

5.11.2.1 边界防护：应保证有线网络与无线网络边界之间的访问和数据流通通过无线接入安全网关设备。

5.11.2.2 访问控制：无线接入设备应开启接入认证功能，并且禁止使用 WEP 方式进行认证，如使用口令，长度不小于 8 位字符。

5.11.3 安全计算环境

移动应用管理应具有选择应用软件安装、运行的功能。当有人员丢失移动应用设备，应及时向生产管理部通知。

5.11.4 安全建设管理

移动应用软件采购应保证移动终端安装、运行的应用软件来自可靠分发渠道或使用可靠证书签名。

5.12 工业控制系统安全

5.12.1 安全物理环境

5.12.1.1　物理防护室外控制设备应放置于采用铁板或其他防火材料制作的箱体或装置中并紧固。箱体或装置具有透风、散热、防盗、防雨和防火能力等。

5.12.1.2　室外控制设备放置应远离强电磁干扰、强热源等环境，如无法避免应及时做好应急处置及检修，保证设备正常运行。

5.12.2　安全通信网络

5.12.2.1　网络架构工业控制系统应满足当地电力企业相关要求，同时与公司其他系统之间应做区域划分，区域间应采用技术隔离手段。

5.12.2.2　网络架构工业控制系统内部应根据业务特点划分为不同的安全域，安全域之间应采用技术隔离手段。

5.12.3　通信传输

在工业控制系统内使用广域网进行控制指令或相关数据交换的应采用加密认证技术手段实现身份认证、访问控制和数据加密传输。

5.12.4　安全区域边界

访问控制：

5.12.4.1　应在工业控制系统与企业其他系统之间部署访问控制设备，配置访问控制策略，禁止任何穿越区域边界的 E-mail_ Web、Telnet、Rlogin、FTP 等通用网络服务。

5.12.4.2　应对无线通信采取传输禁止。

5.12.4.3　对采用无线通信技术进行控制的工业控制系统，应能识别其物理环境中发射的未经授权的无线设备，报告未经授权试图接入或干扰控制系统的行为。

5.12.5　安全计算环境

控制设备安全：

5.12.5.1　控制设备自身应实现相应级别安全通用要求提出的身份鉴别、访问控制和安全审计等安全要求，如受条件限制控制设备无法实现上述要求，应由其上位控制或管理设备实现同等功能或通过管理手段控制。

5.12.5.2　应在经过充分测试评估后，在不影响系统安全稳定运行的情况下对控制设备进行补丁更新、固件更新等工作。

5.12.5.3　应关闭或拆除控制设备的软盘驱动、光盘驱动、USB 接口、串行口或多余网口等，确需保留的应通过相关的技术措施实施严格的监控管理。

5.12.5.4　应使用专用设备、专用介质和专用软件对控制设备进行更新。

5.12.5.5　应保证控制设备在上线前经过安全性检测，避免控制设备固件中存在恶意代码程序。

5.12.5.6　专用设备需定期更新安全防护病毒库，定期进行设备病毒查杀等工作。

5.12.5.7　控制设备程序进行更新前需采取有效手段，做好更新失败恢复。

5.12.5.8　控制设备更新后对所有使用过的专用设备、介质进行恢复。

5.12.6　安全建设管理

产品采购和使用：工业控制系统重要设备应通过专业机构的安全性检测后方可采购使用。

5.12.7　外包软件开发

应在外包开发合同中规定针对开发单位、供应商的约束条款，包括设备及系统在生命周期内有关保密、禁止关键技术扩散和设备行业专用等方面的内容。

6　检查与评价

公司生产管理部对本规定规定的管理活动进行检查并对表 1 所列的指标进行评价，依据评价结果提出考核意见。

表 1 评价项目与指标

序号	评价项目	评价标准	责任部门	考核部门
1	信息安全事故发生率	年度发生次数为：0	生产管理部	安健环管理部

7 附则

7.1 本规定适用于公司网络和信息安全管理工作。

7.2 本规定由公司生产管理部负责解释。

7.3 本规定自发布之日起施行。

8 附件

8.1 信息安全检查记录表（见附表 1）。

8.2 机房出入登记表（见附表 2）。

8.3 网络和信息安全保密协议（见附表 3）。

8.4 网络和信息安全突发事件应急预案（见附表 4）。

附表 1　信息安全检查记录表

检查项目	检查说明	受查部门	受查对象	检查结果
项目负责人： 日　　期：		检查人员： 日　　期：		

附表 2　机房出入登记表

序号	登记时间	来访者	事由	机房管理员

附表 3 网络和信息安全保密协议

甲 方：____
邮 编：__________________联系电话：________________

乙 方：________________________________身份证号：____________________________
住 址：____
邮 编：__________________联系电话：________________

因乙方现为甲方提供服务或双方合作，已经（或将要）知悉甲方的商业秘密，为明确乙方的保密义务和维护双方的合法权益，依据相关法规，甲乙双方本着平等、自愿、公平和诚实信用的原则签订本协议。

第一条 保密内容及范围

1. 乙方同意对甲方，或者虽属于甲方客户（含意向客户）等第三方但甲方负有保密义务的一切保密信息在保密期内予以严格保密。

2. 本协议中的"保密信息"是指乙方在甲方工作期间接触到的甲方、甲方客户及甲方关联客户的任何形式的秘密信息，包括但不限于：

（1）任何甲方、甲方客户及甲方关联客户不欲公开的观点、发现、发明、公式、程序、计划、图表、模型、参数、数据、标准、商业秘密、专有技术以及任何知识产权等。

（2）甲方、甲方客户及甲方关联客户制作或拥有的任何形式的报告、访谈记录、数据、信件、电子邮件、报表、模型以及其他文件的原件或副件。

（3）甲方、甲方客户及甲方关联客户的技术资料或秘密、经营情况、经营策略及经营信息、客户信息、客户经营状况等。

（4）甲方内外部项目的项目建议书、项目计划、报价、合同、项目研究方法和工具、培训资料和工具以及项目成果等。

（5）甲方内部不欲公开或未经公开的公司制度、文件、决议、消息和公司运营情况等。

（6）任何甲方、甲方客户及甲方关联客户不欲公开的关于财务、成本、利润、市场、销售、合同的信息及客户和经销商名单等。

（7）除上述外，下列信息属于甲方的重要保密信息：

乙方承认，上述"保密信息"均为甲方的保密信息。本协议不仅适用于乙方在本协议签订之后接触的保密信息，也适用于乙方在本协议生效日期前接触的所有保密信息。

乙方确认，如果对是否属于保密信息存在争议，则乙方应按保密信息进行处理，除非得到甲方或乙方上级的明确否认。

第二条 乙方的保密义务

1. 乙方应当严格遵守保密义务，禁止将保密信息对外披露、公布或泄露。

2. 乙方应采取一切合理且不低于乙方对其自身类似保密信息所采取的措施来保护甲方向其披露的保密信息，以防止保密信息被盗窃及/或泄露、未经授权的使用、因任何第三人的疏忽导致保密信息的泄露。

3. 乙方保证其在合作中有必要知晓保密信息的雇员及关联方，收到与本协议同等严格保密义务的约束。

4. 乙方对下列信息可免于承担保密义务：

（1）在甲方披露时，该保密信息已经合法公开。

（2）非因违反本协议约定的行为，保密信息已经被公开（但因第三方违反相关保密义务导致公开的除外）。

（3）因中华人民共和国法律法规等监管部门要求提供或者司法机关依职权要求乙方提供的相关信息。

5. 在乙方因本条第 4 款第（3）项之约定提供相关信息时，应当自接到通知之日当天告知甲方。

6. 无论因何种原因导致甲乙双方合作目的未予实现，乙方应当在甲方通知之日起 3 日内返还并销毁其所获得的所有保密信息（包括但不限于相关文件、资料等），不得以任何理由和方式保留。该等文件、资料的返还和销毁并不免除乙方及其接触本协议所称保密信息的雇员或其他人员的保密义务。

第三条 保密期限

1. 本协议项下的保密期限，自本协议签订生效之日起至保密信息被甲方依法公开披露或成为公开信息之日止。

2. 不论以何种方式解除或终止甲乙双方之间的合作事宜已经及/或将要签署的协议，本保密协议仍然有效，直至相关保密信息被甲方、乙方公开披露或成为公开信息。

第四条 违约责任

1. 乙方违反保密义务时，应向甲方承担违约责任。

2. 乙方因其违约行为而自使甲方遭受损失的，乙方应承担全部赔偿责任。如乙方因违约而受有利益，则应将所得利益支付给甲方。

第五条 法律适用及争议解决

1. 本协议适用中华人民共和国法律并按其解释。

2. 因本协议引起的或与本协议有关的任何争议，通过友好协商解决。不能通过友好协商解决的，均可向甲方所在地有管辖权的人民法院提起诉讼。

第六条 附则

1. 本协议的签订与履行不代表双方建立劳动关系。双方关系以双方签署的其他文本约定为准。

2. 本协议一式两份，甲、乙双方各执一份，自双方签署后生效。

甲 方：（签字或盖章） 乙 方：（签字或盖章）

日 期： 年 月 日 日 期： 年 月 日

附表 4 网络和信息安全突发事件应急预案

1 应急处置基本原则

遵循“安全第一，预防为主，综合治理”的方针，坚持防御和救援相结合的原则。统一领导、分工负责、加强联动、快速响应，最大限度减少突发事件造成的损失。

2 事故类型和危害程度分析

2.1 事故风险的来源、特性

通过危险源辨识和风险评估，在公司经营过程中，存在如下安全风险，可能会导致发生电力网络信息系统突发事件。

a）由于自然灾害引起的网络与信息系统安全事故。

b）由于事故灾难引起的网络与信息系统安全事故。

c）由于人为破坏引起的网络与信息系统安全事故。

2.2 事故类型、影响范围及后果

网络与信息安全事件分为有害程序事件、网络攻击事件、信息破坏事件、信息内容安全事件、设备设施故障和灾害性事件等。

3 事件分类

3.1 有害程序事件分为计算机病毒事件、蠕虫事件、特洛伊木马事件、僵尸网络事件、混合程序攻击事件、网页内嵌恶意代码事件和其他有害程序事件。

3.2 网络攻击事件分为拒绝服务攻击事件、后门攻击事件、漏洞攻击事件、网络扫描窃听事件、网络钓鱼事件、干扰事件和其他网络攻击事件。

3.3 信息破坏事件分为信息篡改事件、信息假冒事件、信息泄露事件、信息窃取事件、信息丢失事件和其他信息破坏事件。

3.4 信息内容安全事件是指通过网络传播法律法规禁止信息，组织非法串联、煽动集会游行或炒作敏感问题并危害国家安全、社会稳定和公众利益的事件。

3.5 设备设施故障分为软硬件自身故障、外围保障设施故障、人为破坏事故和其他设备设施故障。

3.6 灾害性事件是指由自然灾害等其他突发事件导致的网络与信息安全事件。

4 事件分级

4.1 按照事件性质、严重程度、可控性和影响范围等因素，网络信息系统突发事件一般分为四级。

4.2 Ⅰ级（特别重大）、Ⅱ级（重大）、Ⅲ级（较大）和Ⅳ级（一般），具体情况如下。

4.2.1 Ⅰ级：整个系统瘫痪、完全恢复所需时间很长、费用高昂。

4.2.2 Ⅱ级：关键设备瘫痪、无法替代、恢复时间长、费用高。

4.2.3 Ⅲ级：病毒攻击或设备故障造成部分应用堵塞或停顿，网络运营商链路故障以及网络主干非关键设备故障，公司应用系统故障。

4.2.4 Ⅳ级：一般网络与设备故障。

5 应急指挥机构及职责

为切实加强对突发事件的应急响应、处置工作的指挥和领导，保障公司信息系统的正常运行和财产不受损失，特成立公司网络和信息安全突发事件应急领导小组，负责对公司网络安全突发事件的应急指挥、协调、监督管理、事件处置的具体实施。

5.1 应急指挥机构

网络安全突发事件应急领导小组：

5.1.1 组长：网络和信息安全分管领导。

5.1.2 副组长：生产管理部经理。

5.1.3 成员：各部门/项目负责人、生产管理部相关人员及部门/项目联络员等。

5.2 应急指挥机构的职责

5.2.1 组织实施网络和信息安全突发事件应急预案，承担应急处置组织领导工作。

5.2.2 发布和解除应急救援命令和信号。

5.2.3 收集、分析工作信息，及时上报重要信息。

5.2.4 负责公司网络与信息安全的监测预警和风险评估控制、隐患排查整改工作。

5.2.5 组织制订、修订网络安全突发事件应急预案。

5.2.6 负责组织协调网络与信息安全突发事件应急演练。

5.2.7 负责应对网络与信息安全突发事件的宣传教育与培训。

5.2.8 启动和终止公司网络安全突发事件应急预案。

5.2.9 协调各部门人员、物力。

5.2.10 协调各协作和相关的单位：应急技术支援、机房环境与设备日常监控管理等单位。

5.2.11 向上级汇报突发事件的情况，必要时向有关单位发出救援请求。

6 应急领导小组办公室

6.1 指挥部在集控运行中心，为常设机构。

6.1.1 组长：生产管理部经理。

6.1.2 成员：相关专工及信息组全员。

6.2 办公室职责：

6.2.1 负责组织拟订公司网络突发事件应急预案；

6.2.2 负责突发事件应急处理的综合协调工作，

6.2.3 负责起草突发事件应急响应工作报告。

7 应急领导小组系统恢复组

7.1 系统恢复组组成

7.1.1 组长：信息主管。

7.1.2 成员：信息组全员。

7.2 系统恢复组职责

附表 4（续）

7.2.1　负责制定网络安全突发事件应急响应预案；
7.2.2　组织因突发事件引起的系统故障的诊断和恢复工作；
7.2.3　组织突发事件期间相关设备的准备和调拨，提出紧急资源调配的申请。
8　监测、预警和预防
8.1　监测
与市委网信办、公安局、专业监测机构等，建立网络与信息安全事件信息第三方监测机制。通过电话、传真等途径向协作单位公布网络与信息安全事件接报电话、传真、电子邮箱等信息，加强宣传培训，做好来自协作单位、机房环境监控管理单位和网络与信息系统运营使用管理单位的预警信息、事件信息的接收，建立并完善网络与信息安全事件信息的接收机制。
8.2　预警级别与发布
根据事件对系统的影响程度和范围及恢复所需时间，将事件划分为四个风险等级。一级和二级风险出现时由应急领导小组负责启动应急预案并监督执行。三级风险和四级风险由系统恢复小组负责启动应急预案并执行。
8.3　应急预防
系统应急预案的核心是备份，包括硬件设备的备份和数据备份。预案应保证在最坏的情况下可以最大限度地恢复系统，其核心是备份，据此，必须做好关键设备的配置备份、数据备份。
9　突发事件应急响应
9.1　Ⅰ、Ⅱ级突发事件响应程序
应急领导小组发现或收到网络安全突发事件报告后应立即启动应急预案，系统恢复小组应随时对网络安全突发事件做出响应，办公室应立即做好准备，协调各方面人力、物力。
9.2　Ⅲ级突发事件应急响应程序
系统恢复小组接到网络安全突发事件报告后应立即通知领导小组、办公室，并启动相应预案，尽快恢复系统。
9.3　Ⅳ级突发事件应急响应程序
系统恢复小组接到故障报告后应立即检查故障原因，尽快恢复系统正常运行。
10　Ⅰ级应急处置
10.1　事件分类
自然灾害、火灾、水浸等对整体设备、系统造成难以修复的故障。
10.2　预防措施
10.2.1　及时关注气象和地震等部门有关的天气、地震等灾害预报，积极采取相应的应对措施，尽可能地减少损失。
10.2.2　对火灾、水浸等灾害应加强日常设备的检查维护，进一步加强值班制度建设。本部分工作主要采用租赁 A 类机房，委托专业管理团队对供电和温度、湿度等机房环境，硬件指示状态等进行监控管理。保证 7×24h 处于有效的监控之下，及时发现问题及时进行处理。
10.3　预备措施
10.3.1　购买财产保险，使硬件设施的损失降低到最低限度。
10.3.2　做好数据备份工作，实现对数据的本地及异地备份，从而将数据的损失降低到最低限度。
10.4　应对措施
应急领导小组及时向有关部门通报，并及时与保险部门进行沟通，尽快恢复硬件设施的正常运转。及时联系机房环境保障团队，尽快恢复设备所需的运行环境。系统恢复小组应根据数据备份对数据进行恢复，使整个系统尽快恢复运行。
10.5　存在的缺陷
该类风险属于不可抗风险，且破坏性大。该类事件发生后，系统的完全恢复的可能性较低，只能尽可能地恢复系统。
11　Ⅱ级应急处置
11.1　事件分类
a）网络出口硬件防火墙自身故障。
b）UPS 故障。
c）存储故障。
d）主干网络链路故障。
e）主交换设备故障。
11.2　预防措施
a）做好机房监控管理单位的监督检查工作，严格执行监督检查措施。严格执行合同条款。
b）督促机房监控管理单位做好机房的日常检查及设备的维护，尽可能地提前发现故障隐患。
c）保持与机房监控管理单位信息沟通，及时回应机房监控管理单位巡查报告的设备指示状态。
d）做好设备监控管理系统的监测工作，并做好应对网络安全突发事件的预备措施。
e）主干链路采用多家运营商的多条出口链路做链路备份和数据分流。目前我们采用了联通、移动、电信等多家运营商的多条链路。并做好出口链路的监控检查工作。
11.3　预备措施
a）购买设备的后续服务及保修。
b）做好网络出口防火墙设备配置备份，主干交换设备配置备份。
c）做好设备的应急替代方案。
d）网络出口防火墙设备可使用撤换下来的功能完好的防火墙设备临时替代。
e）UPS（供电由机房提供方负责）。
f）业务核心交换机的主引擎目前有替代，交换的模块目前也有替代。
g）存储核心交换机的主引擎目前有替代，交换的模块目前也有替代。但交换机箱体故障，目前没有替代。
11.4　应对措施
事件发生后，有关人员应及时向应急领导小组及系统恢复小组汇报。系统恢复小组在取得应急领导小组的许可后，应根据实际情况采取以下对应措施：

附表 4（续）

11.4.1 网络出口防火墙设备故障：
a）调整线路：将故障网络出口防火墙设备上的有关线路调整到应急网络出口防火墙设备上。
b）替代防火墙设备，性能如果不能满足要求，则根据实际情况关停部分非关键业务。
c）对故障防火墙设备进行检修，并根据实际情况对其进行维修或更换。
11.4.2 UPS 故障：应急领导小组立即联系机房监控管理服务方，系统恢复小组现场督导机房监控管理服务方尽快恢复设备供电。
11.4.3 存储故障：
a）确认存储资源池故障。（如果是磁盘组中的磁盘故障，马上更换备用磁盘，如果是存储系统出现问题，需要联系厂家）
b）迁移可迁移的数据。
c）从备份数据中恢复最新数据。（该数据无法保证完全恢复，只能根据备份频率恢复最新的数据）
d）修复存储。联系厂家尽快派遣工程师进行现场检测修复。
11.4.4 业务核心交换机、存储核心交换机和专网交换机设备故障：
a）故障发生后，值班人员应向信息安全领导小组日常应急办公室报告。
b）应急恢复小组立即查找及判断故障原因。如果是模块、跳线及板卡的原因，立即进行更换并恢复配置。
c）如果是设备的整体故障，立即联系厂商和供应商，申请代用产品恢复正常后，对故障设备进行修理。
11.4.5 主干网络运营商链路故障：
a）广域网线路中断后，值班人员应向网络信息安全领导小组报告。
b）日常应急处置网络安全岗负责人员接到报告后，应迅速判断故障节点，查明故障原因。
c）如属我方管辖范围，由网络安全组人员立即予以恢复。
d）如属网络运营商管辖范围，立即与网络运营商维护部门联系，要求修复。
12 Ⅲ级应急处置
12.1 事件分类
a）病毒攻击造成网络堵塞。
b）病毒攻击造成部分服务器瘫痪。
c）防火墙故障（非防火墙自身硬件故障）。
d）一般交换设备故障。
e）服务器自身故障或数据损坏。
f）分支网络故障。
g）××系统故障。
12.2 预防措施
a）网络中部署防火墙等安全设备，并细化配置，做好整网的安全防护和监测工作。
b）时刻关注相关部门发布的安全预警和病毒预警信息，及时对系统软件、应用软件进行安全漏洞补丁的升级，及时对安全防护设备的特征库进行升级，及时对终端设备所部署的杀毒软件进行升级，提高安全设备的防控能力。
c）针对病毒主要加强网络监控措施、加强病毒的防控措施，尽量缩小病毒的危害范围。在接入互联网办公电脑加装防病毒软件。各接入单位网络负责人监督各自单位的接入互联网的办公电脑的杀毒软件的安装和日常使用 U 盘及移动硬盘等设备的杀毒情况，防止病毒和木马软件在局域网内部传播。
d）对本单位所拥有和应用的服务器及时对系统和应用平台软件进行补丁升级。做好应用服务器的管理工作，对服务器的系统密码、应用账户及密码按照复杂度要求进行设置并定期进行更改，做好账户及密码的保密工作。
e）在部署时要进行代码审计和数据库开发审核，防止数据库和代码漏洞。对发现的漏洞要及时对软件源代码和数据库漏洞进行修补。
f）做好对服务器应用的日常管理工作。防止服务器受到入侵和成为“肉鸡”。
g）对防火墙及交换设备，其故障原因一般为元件老化等自然损坏，要注意对设备的保养及检查，尽早发现故障隐患，做好预备措施。
h）对服务器及磁盘数据故障一般有两种原因引起：病毒及元件老化，需要我们做好数据的备份及系统的日常维护，减少因病毒引起的数据损坏和丢失。
i）加强对防火墙等安全设备的巡查工作，及时发现问题，及时进行处理。
j）人工与自动运维管理相结合。充分利用实时拓扑观测检测工具，实时的观测网内链路状态，及时发现分支网络设备和链路故障。
k）电子政务应用系统故障大多数原因是系统服务长时间占有内存不释放，累积一定限制后造成无法正常访问，要求业务主管单位能定期查看服务器资源使用情况，及时重启系统服务或服务器，一旦服务器无法进入进行操作，由技术人员强制操作。
12.3 预备措施
a）做好日常病毒防范管理，做好人员的培训工作，提高工作人员的安全防范意识。及时对发布的系统及应用的漏洞加打补丁。
b）加强对安全设备的观测，注意观测设备防控记录和设备日志。关注网内各服务器和终端设备的数据流量，对异常的设备流量进行重点监控和抓包分析。
c）对各类交换设备必须做好配置的备份，并有明细的配置表，便于进行配置的恢复。
d）对防火墙等安全设备做好配置的备份工作，并对配置信息进行标注，以便于进行配置的恢复。
e）网络故障成因繁复复杂，人员对网络故障的正确判断也是影响故障处理速度的重要因素。不断提高网络安全管理人员的技术水平和素质是网络安全与故障的重要保证。
f）做好系统的虚拟机和数据备份工作，不定期进行虚拟机和数据的恢复演练。
g）各服务器应做好关键数据的备份，涉及关键应用的服务器应有应急用替代设备。
12.4 应对措施
a）针对单个用户终端病毒木马，监测发现后，立即联系终端用户所在单位的网络管理联系人，通知该终端用户断开网络接入进行木马病毒查杀处理。在确保处理完成后，再接入办公网。
b）对单个接入单位，监控发现该单位病毒木马泛滥，立即上报网络安全领导小组。同时通知该单位网络管理联系人，将该单位网络进行隔离，待木马病毒处理完成后，恢复其网络的正常服务。如该单位无法处理，可由网络安全领导小组协调技术支持。
c）监控发现服务器连接或访问数据及会话异常，不影响全局网络的正常访问，立即联系该服务器所用项目的网络管理联系人，确认该服务器是否有维护操作并核实该服务器应用是否是正常的。

附表4（续）

d）紧急事件处置小组在请示网络安全领导小组后，可对该服务器或终端通过抓包等一系列手段，确认其行为是否正常。
e）如果是人为的行为就要联系该服务器所用项目的网络管理联系人对其行为进行提醒。
f）如果是由于病毒木马或恶意代码引起的就要联系该服务器所用项目的网络管理联系人进行病毒木马的查杀并升级系统补丁，升级应用系统补丁，查找修复代码漏洞和数据库漏洞，并对中间件等漏洞进行修补。
g）如该单位无法处理，可由网络安全领导小组协调技术支持，或者请求外援支持。
h）监控发现服务器或终端连接或访问数据及会话异常，影响全局网络的正常访问，立即上报网络安全领导小组，由紧急事件处理小组对该服务器或终端进行紧急隔离，阻断其对内和对外的访问，通知该服务器或终端所用项目的网络管理联系人，确认是否是由于病毒木马或恶意代码引起的。如果是病毒木马就要进行病毒木马的查杀，如果是恶意代码，就要升级系统补丁，升级应用系统补丁，查找修复代码漏洞和数据库漏洞，并对中间件等漏洞进行修补，查杀恶意代码。如该单位无法处理，可由网络安全领导小组协调技术支持。
i）如果是人为的行为就要由网络安全领导小组联系该服务器或终端使用单位的网络管理联系人对其行为进行提醒或通报。
j）恶意攻击造成网络堵塞。 应急处置小组立即对整网设备实时监控，查看IPS、IDS、防火墙、主干交换机等设备。
k）查找造成网络堵塞的源或目的地址，上报网络安全领导小组，由应急处置小组对发动攻击的源和目的地址进行阻断，恢复网络正常访问。
l）分支网络故障：引起分支网络故障的原因多种多样，主要有：分支交换设备故障、级联端口故障、模块故障、物理链路介质故障、设备配置、设备供电、分支网络环路等多方面的原因。故障出现后，应急处置小组首先要确认是否是设备供电问题。是否能通过Telnet或ssh管理到该分支的出口网络设备，逐步缩小排查的范围，及时作出正确的判断。
m）如果是运营商提供的光纤链路的问题，及时协调运营商进行排查处理，尽快恢复网络的畅通。
n）如果是设备硬件的故障或端口模块的故障，及时更换硬件并导入备份的配置。
o）如果是跳线或跳纤的问题及时更换跳线或跳纤。
p）一般交换设备故障。交换设备硬件故障，及时更换硬件并导入备份的配置。软件配置故障，要及时地变更交换机的配置，恢复网络畅通。
q）服务器自身故障或数据损坏。应急处置小组立即通知服务器所用项目网络管理联系人，启用备用服务器并对数据进行备份，数据恢复和确认。由于备份时间点的问题有可能造成一定的数据丢失。可根据数据的重要程度决定是否对故障服务器的数据进行数据恢复。

13 Ⅳ级应急处置

13.1 事件分类

a）一般磁盘故障。
b）一般网络故障。
c）一般电源故障。
d）一般应用系统故障。

13.2 预防措施

定期检查设备运行状态，定期对数据进行整理。通过各种形式的培训，提高终端用户的计算机网络应用水平。

13.3 预备措施

备有易损件，如U盘、内存等。备有网线、RJ45头、网线工具等，在设备发生故障时能及时更换。专人进行电话接听和服务器日常事务及终端用户问题的处理。

13.4 应对措施

a）一般磁盘故障和设备电源故障：确定故障原因后可直接更换。
b）一般应用系统故障：针对一般应用系统故障，可在确定故障系统后，对服务进行重启，恢复系统正常运行。
c）一般网络故障：一般网络故障的处理是日常工作的一部分。日常出现的网络故障繁复复杂，这就需要我们注意学习，不断提高技术水平，确保能快速定位故障排除故障。

13.5 应急结束

a）当故障消除，设备运行稳定，事故现场已得到恢复，由应急救援指挥部总指挥下达应急结束的命令，由应急救援办公室宣布应急结束并报告上一级应急指挥机构。
b）应急结束命令采用公司书面通知、内部公告栏张贴公告、网络公告、手机短信、电话通知等方式传达。
c）公司各部门安全生产第一责任人及时向相关人员转发预警结束的应急结束命令，转入常态管理。

14 后期处置

14.1 后期处置内容

在应急处置工作结束后，要迅速采取措施，抓紧组织抢修受损的基础设施，减少损失，尽快恢复正常工作，统计各种数据，查明原因，对事件造成的损失和影响以及恢复重建能力进行分析评估，认真制订恢复重建计划，迅速组织实施。

14.2 保险理赔

财务部负责核算救灾发生的费用及后期保险和理赔等工作。

14.3 事故调查与应急评估

14.3.1 事故发生后，按照国家法律、法规规定组成事故调查组进行事故调查。事故调查坚持实事求是、尊重科学的原则，客观、公正、准确、及时地查清事故原因、发生过程、事故损失、事故责任等，提出防范措施和事故责任处理意见。

14.3.2 应急处置后，组织或聘请有关专家对事件应急处置过程进行评估，并形成评估报告。评估报告的内容应包括：事故发生的经过、现场调查结果。 事故发生的主要原因分析、责任认定等结论性意见。事故处理结果或初步处理意见。事故的经验教训。存在的问题与困难。改进工作的建议和应对措施等。

14.4 应急工作总结与评价

14.4.1 应急处置完成后，应急指挥机构及时组织生产、运行等有关部门联合攻关，研究事故发生机理，分析事故发展过程，吸取事故教训，提出具体措施，进一步完善和改进应急预案。

14.4.2 应急工作所涉及的相关单位应及时总结应急处置工作的经验和教训，对事故所做的技术分析以及各单位采取的整改措施开展技术交流，进一步完善和改进突发事件应急处置、应急救援、事故抢修等的保障体系，提高整体应急处置能力。

附表 4（续）

15 应急保障

15.1 应急队伍

15.1.1 加强网络与信息安全应急队伍建设，作为网络与信息安全应急队伍做好网络与信息安全事件的应急救援和支援工作。

15.1.2 网络与信息安全应急队伍承担以下主要职责：

15.1.2.1 按照网络安全应急领导小组的指令，开展应急救援；

15.1.2.2 承办网络与信息安全事件应急处置培训工作；

15.1.2.3 负责抢险队伍设备、器材及相关软件的日常管理和维护工作；

15.1.2.4 负责网络与信息安全社会应急力量的联系和组织工作；

15.1.2.5 负责协助网络安全应急领导小组做好网络与信息安全事件应急演练工作：

15.1.2.6 根据事发单位应急支援请求，提供应急救援服务；

15.1.2.7 承办网络安全应急领导小组交办的其他事项。

15.1.3 依托优秀信息安全企业建立网络与信息安全事件应急处置技术支援队伍，发挥社会力量和人才在网络与信息安全事件应对工作中的积极作用，提高网络与信息安全事件应对能力和水平。必要时，与相关技术支援队伍签订技术支援协议或合同。主要包括：关键设备厂商技术支持人员，关键设备服务商的技术人员，技术支援协议或技术支援合同等。

15.2 数据保障

重要信息系统应建立容灾备份系统和相关工作机制，保证重要数据在受到破坏后，可紧急恢复。

15.3 通信与信息

建立包括公司领导及各部门领导、专业负责人等人员在内的通讯录，并保证主管以上岗位人员手机 24h 联系畅通。

15.4 经费

网络与信息系统突发公共事件应急处置资金，应列入年度工作经费预算，切实予以保障。

16 宣传、培训和演练

16.1 宣传教育

16.1.1 由应急领导小组办公室制定应对网络与信息安全事件的宣传教育规划，组织有关部门、专家、应急队伍编制公众预防、应对信息安全事件宣传资料，组织开展宣传教育活动。

16.1.2 由应急领导小组利用各种传播媒介及其他有效的宣传形式，加强网络与信息安全事件预防和处置的有关法律、法规和政策的宣传，开展网络与信息安全基本知识和技能的宣讲活动。

16.2 培训

应急领导小组办公室组织各有关部门，开展信息安全法规标准、信息安全预案编制、风险评估、事件分析处置、容灾备份等方面的专业技术培训。

16.3 演练

16.3.1 应急领导小组每年至少组织一次预案演练，模拟处置重大或较大网络与信息安全事件，提高实战能力，检验和完善预案。

16.3.2 应急预案及演练方案必须在正式演练前一周发各责任人，自行组织学习，组织者要认真组织好演练，各专业应急救援队成员必须遵守演练全过程的各项规定和要求。

16.3.3 演练工作要做好应急预案演练的策划、实施、总结和评估、修订等工作，各应急救援小组人员要协同进行演练。通过预案演练总结所暴露出的问题和不足，按期完成整改。

16.3.4 预案演练要有科学性、真实性，真正达到演练目的。

3 技术管理

Q/SDIC-GL-JS06-2020

技术档案管理规定

技术档案管理规定

1 总则

为规范公司生产过程中技术文件管理，明确各部门的职责范围，管理内容、程序和要求，特制定本规定。

2 规范性引用文件

下列文件中的内容通过文中的规范性引用而构成本文件必不可少的条款。其中，注日期的引用文件，仅该日期对应的版本适用于本文件；不注日期的引用文件，其最新版本（包括所有的修改单）适用于本文件。

GB/T 10609.3　技术制图　复制图的折叠方法
GB/T 11821　照片档案管理规范
GB/T 11822　科学技术档案案卷构成的一般要求
GB/T 18894　电子文件归档与电子档案管理规范
DL/T 5191　风力发电场项目建设工程验收规程
DL/T 5229　电力工程竣工图文件编制规定
NB/T 31021　风力发电企业科技文件归档与整理规范
DA/T 28　建设项目档案管理规范
DA/T 42　企业档案工作规范

3 术语和定义

3.1　技术档案：是指公司在生产管理各项活动中直接形成的对国家、社会和企业具有利用和保存价值的各种文字、图表、声像等不同形式的历史记录。
3.2　可行性研究报告：是指在制订生产、基建、科研计划的前期，通过全面的调查研究，分析论证某个建设或改造工程、某种科学研究、某项商务活动切实可行而提出的一种书面材料。
3.3　项目建议书：根据内、外部条件，提出的某一具体项目的建议文件，是对拟建项目提出的框架性的总体设想。
3.4　实施方案：根据某个施工项目制订的具体实施方案。主要从项目目的、项目内容及目标、项目组织机构及职责、原则、标准及依从的制度、实施方案、项目签证等方面编制形成的方案。
3.5　反事故措施计划：设备重大缺陷和隐患治理、针对事故教训采取的防范措施、落实技术标准及规范进行的设备和系统改造、提高设备安全稳定运行的技术改造，简称反措。
3.6　安全技术措施计划：又称为劳动保护措施计划，安全标志、安全工器具、安全设备设施、安全防护装置、安全培训、职业病防护和劳动保护，以及重大安全生产课题研究和预防事故采取的安全技术措施、工程建设等，简称安措。
3.7　三措一案：是指组织措施、技术措施、安全措施和施工方案。

4 职责和分工

4.1 生产分管领导

4.1.1　对检修、运行、技术改造和监督等方面技术文件管理工作负全面领导责任，有权采取必要的技术措施和组织措施，保证公司安全生产。

4.1.2 批准公司重大技术改造项目和生产技术措施。

4.1.3 审查和批准公司的检修、运行技术文件。如检修工艺规程、运行操作规程、反事故措施计划、技术改造项目、环保计划、技术监督管理标准等，并组织实施。

4.1.4 贯彻执行电力行业协会、电网公司及上级部门有关技术监督的条例和规定，领导全公司技术监督工作及专项技术监督工作，组织重大技术问题的攻关。

4.1.5 主持有关生产方面的重大技术革新、改进、合理化建议和技术攻关的讨论，审批重大试验的方案，审查技术资料、报告、总结、决定等有关技术问题。

4.1.6 批准电气、监控自动化保护定值修改通知单。

4.2 生产管理部

4.2.1 负责公司的安全技术、生产技术、技术进步等工作监督管理责任。

4.2.2 审核并组织实施检修、运行等管理方面技术文件。如设备检修工艺规程、运行操作规程、机组检修计划、反事故措施计划、技术改造项目、环保计划、技术监督管理标准等。

4.2.3 负责审查、组织编制公司重大技术改造项目可研、技术规范书，审查一般技术改造项目技术规范书，督促各本门完成生产计划、技术改造计划，并提出主要经验、存在问题和改进意见。

4.2.4 组织有关生产方面的重大技术革新、改进、合理化建议和技术攻关的讨论，审核试验方案，审查技术资料、报告、总结等有关技术问题。

4.2.5 提出项目场站、运行管理部在设备技术管理方面的奖励及考核意见。

4.3 项目场站

4.3.1 组织制定所辖设备检修技术管理标准、制度，明确各专业技术人员的职责。

4.3.2 负责保护及自动装置的整定，拟定检修和更改工程中重大特殊项目的技术措施。

4.3.3 负责编制检修技术文件。如工艺规程、检修规程、作业指导书及有关技术规定。

4.3.4 负责编制反事故技术措施和重要试验方案，公司审核同意后负责实施。

4.3.5 负责重大技术措施的落实，协助和指导外委维护单位解决具体的技术问题，做好技术管理工作。

4.3.6 负责定期组织技术资料的归档，并对归档材料的准确性、完整性、及时性负责。

4.3.7 负责管辖范围内设备结构、备品配件的原理展开图及系统图的绘制或绘制组织工作。

4.3.8 负责健全设备台账、检修技术记录、各项试验报告等技术档案，开具设备系统异动单，并负责送达各有关单位或部门，同时修正相应图纸资料经审批后送公司档案室归档。

4.4 运行管理部

4.4.1 组织制定所辖设备及系统的运行技术管理标准、制度，明确各专业技术人员的职责分工和管辖范围。

4.4.2 组织编制运行技术文件。如工艺规程、操作规程及有关技术规定。

4.4.3 编制运行安全技术措施、试验方案等。

4.4.4 负责管辖范围内设备运行系统图的绘制工作。

4.4.5 负责定期组织技术资料的归档，并对归档材料的准确性、完整性、及时性负责。

5 管理活动的内容与方法

5.1 规程、标准的管理

5.1.1 运行管理部根据上级颁发的法规、典规、安规、标准、反事故措施和设备制造说明书及现场生产、设备、系统实际状况制定（修订）运行规程及标准，报公司批准后发布实施。

5.1.2 项目场站根据上级颁发的检修规程、标准、设备制造厂说明书等文件资料制定（修订）检修工艺规程和质量标准，报公司批准后发布实施。

5.1.3 运行管理部根据《电网调度管理条例》和省公司调度规程、地区调度规程制定（修订）调度规程，报公司批准后发布实施。

5.1.4　各类技术规程、标准一般3年～5年全面修订、重印一次（每次机组大修后三个月内完成）。

5.1.5　日常需要修订技术规程、标准部分条文，归口管理部门说明原因，明确不执行部分，并履行审查、批准程序，禁止个人随意修改。

5.1.6　制定（修订）各类技术规程、标准由相关生产管理部门具体负责并统一编号后印刷、发放、保管。各部门领取新规程、标准时，须交回相同数量的废旧规程、标准。

5.1.7　技术规程、标准修订本实施后，原规程、标准自行作废，作废本由各使用者管理部门负责收回并盖“作废”章，经生产分管领导批准后销毁。现场禁止使用作废的规程和制度。

5.2　图纸、技术资料

5.2.1　发电设备（包括重要检测、试验仪器）、机械加工、起吊、运输设备和建筑物设施等图纸（包括结构、备品、原理、展开、系统图）、技术资料原始件归公司档案室管理。

5.2.2　项目场站各专业必须保存一套完整、正确的所辖设备结构图、备品图、原理图、展开图和系统图。各专业专工对所保存的图纸、技术资料的正确性、有效性负责。

5.2.3　项目场站对外委检修维护单位可提供一套相关专业设备的结构图、备品图、原理图、展开图和系统图，当其不再履行合同时，项目场站负责收回。

5.2.4　设备、系统异动后，公司档案室图纸、技术资料的更新绘制工作由项目场站负责；系统图的更新绘制工作由运行管理部负责。

5.2.5　各类图纸必须按图纸编码标准编号，以标准规定的“系统”归类编目、装袋、存档（保管）。图纸编码标准如下，具体内容及释义见备注。

5.2.5.1　设备图：

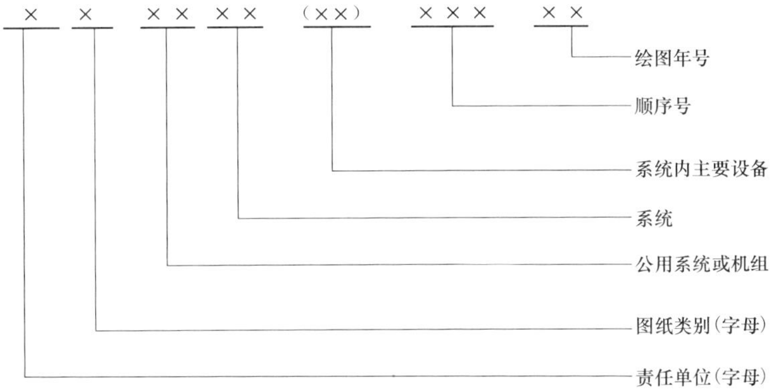

注：设备图纸编码最长由13位数字（或字母）组成。第七位及以后编码由责任专业自行管理，第七、八位编码由责任专业按绘制图纸的实际内容需要取舍；第九、十、十一位为图纸顺序号；最后两位编码为绘图年号。

5.2.5.2　系统图：

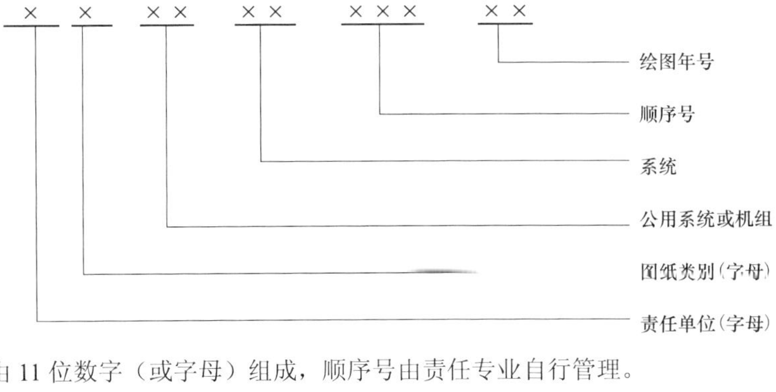

注：系统图纸编码由11位数字（或字母）组成，顺序号由责任专业自行管理。

5.2.6　各类技术规程、标准、图纸、技术资料均属生产、经营秘密，本公司职工应严格按照公司保密制度的相关规定执行。

5.2.7 系统图管理规定：

5.2.7.1 运行管理部负责绘制所辖设备系统的电气一次主接线系统、公用（如取暖）系统、排水系统图、消防水系统图、厂用电系统图、直流系统图、负荷盘接线图、生产区照明系统图等并对其正确性负责。

5.2.7.2 项目场站负责所辖设备系统的热控系统图、电气二次接线图、通信远动系统图、全公司总平面图、地形图等总图及全公司生产、建筑物结构图等的绘制并对其正确性负责。

5.2.7.3 归口管理部门负责绘制所辖设备系统图，生产管理部审核，公司生产分管领导批准后发布实施。

5.2.7.4 设备异动涉及系统异动时，归口管理部门依据“设备异动报告”修改系统图、图纸等。

5.2.7.5 日常生产（操作）和维修工作中发现系统图与实际不符，应及时按程序修改，并查明系统图与实际不符的具体原因。

5.2.7.6 系统图的修改必须在设备异动竣工或发现错误之时起，一周内完成。涉及运行使用的系统图，必须在异动设备投运前或发现错误之时，随即对现场有错的系统图进行临时性修改，再按规定完成正式修改工作。

5.2.7.7 系统图修改中，设备、管线需要重新布局或三处以上需作异动的，应重新绘制新的系统图。

5.2.7.8 系统图绘制：

5.2.7.8.1 系统图必须有图标，图标应放在图纸的右下角。图标必须采用标准格式。

5.2.7.8.2 系统图中的设备、管线、设施必须以标准的简化图例绘制，不同类型的设备其大小在图中应与实物保持对应比例，若用非标准图例绘制，必须在系统图上绘制出图例，标明所代表的设备名称。

5.2.7.8.3 系统图上的主要设备均应标明与规程和实际相符的命名编号。运行特性、调整所要涉及的所有设备均应标明正确的命名编号。根据所给系统的功能和用途，相关重要设备还应标注其主要技术规范（设备型号和参数）。

5.2.7.8.4 绘制系统图，每张图纸一般只绘制一个系统，如有必要时也可将有关的系统绘在一张图纸上，但不能超过四个系统。

5.3 设备台账

5.3.1 项目场站各级技术人员负责设备技术台账记录、整理。

5.3.2 各级技术人员要加强技术记录工作，做到正确，齐全、及时，字迹清楚，如实反映情况。记录内容应包括设备技术状况，系统或结构的改变，测量和测试的数据等，并要求有关人员的签名。设备技术台账采用电子版、书面版两种形式。

5.3.3 主设备和主要辅助设备的技术台账应按台分别建立，主设备台账的基本内容应包括：

5.3.3.1 设备主要技术规范：应包括设备名称、型号、检修周期、生产厂家、投运年月、安装地点、设备参数、设备主要备品备件清单、专用工器具清单等。具体表格形式见附件 8.1。

5.3.3.2 按年、月顺序编写的设备技术经历（包括安装、投运、拆迁、改造、重大故障、历次检修等概要摘录）。定修、抢修记录应包括检修起止日期、检修性质、主要修理内容及更换零部件记录等。

5.3.3.3 主要设备缺陷处理情况。

5.3.3.4 电气、热工试验记录：表格根据设备型号规格确定，同一类型设备使用统一格式表格。表格内容应包括：设备名称、设备型号、设备编号、试验时间、环境温度、环境湿度、试验性质、使用试验设备型号和编号、试验人员、试验结论等。表格格式由专业根据具体情况编制，报部门审核后实施。

5.3.3.5 设备台账在每次定修后 15 天、技术改造后 10 天、重大缺陷处理在缺陷处理后 1 周内进行补充录入，机组检修期间实施的技术改造、处理的重大缺陷台账录入随机组检修同时录入。

5.4 三措一案

5.4.1 需要编制 “三措”重点检修项目包括（但不限于）：

5.4.1.1 机械专业：叶片、主轴和齿轮箱更换。

5.4.1.2 电气专业：发电机更换、主变压器大修。

5.4.1.3 试验：风机安全链测试、涉网试验、电气设备交接和预防性试验。

5.4.2　组织措施的主要内容：

5.4.2.1　成立项目领导小组：

5.4.2.1.1　组长：应由生产分管领导或总工程师担任。由长期承包商为主导的工作，由其项目经理作为组长。

5.4.2.1.2　成员：相关部门负责人、相关专业人员及承包商专业单位的相关专业人员组成。

5.4.2.2　项目领导小组职责与权限：

5.4.2.2.1　负责该项目的前期准备工作。审批项目的安全措施、技术措施，落实项目的人力、工器具、材料和备件的准备。

5.4.2.2.2　组织项目实施前的准备会、过程中的协调会和实施后的总结会等。

5.4.2.2.3　协调指挥该项目的实施工作。该项目实施的关键节点，组长要现场指挥，对存在的重大问题及时处理，确保项目的顺利进行。

5.4.2.2.4　负责安排、协调、监督、检查安全措施和技术措施的有效落实。

5.4.2.2.5　适时组织项目的总结和评价。

5.4.3　技术措施的主要内容：

5.4.3.1　明确该项目施工范围、工序流程、施工方案、技术标准，通过有计划的跟踪和检查，及时掌握其完成状态及最终完成情况。

5.4.3.2　提供实用性和操作性的施工程序，使施工工艺在受控的质量监督下进行，确保项目的施工质量。

5.4.3.3　提供标准的施工记录表格，规范记录设备的技术数据和施工进程按规范的格式记录设备的技术状态和施工状态。

5.4.3.4　提供施工过程中非正常状况处理原则和步骤。

5.4.3.5　提供统一规范的施工总结及所需要的资料。

5.4.4　安全措施的主要内容：

5.4.4.1　各级人员的安全职责和管控方案。

5.4.4.2　根据施工条件、施工环境具备全面的作业风险辨识种类以及根据风险辨识所应具备的施工安全保障措施（风险控制措施）。确保施工前安全作业条件齐备可靠，施工各阶段不发生设备损坏和人员伤害、环境污染等。

5.4.4.3　施工各阶段组织召开安全例会、安全专题会的管控办法，保证对施工各阶段的安全技术措施进行及时监督、检查和总结。

5.4.4.4　在特殊施工环境下的安全规定。

5.4.5　施工方案的主要内容：

5.4.5.1　施工前应做的准备工作（工器具、仪品仪表、材料备品具体型号、规格、数量等）。

5.4.5.2　工程施工工期及工程分项进度计划安排。

5.4.5.3　工程施工工序、作业流程。

5.4.5.4　各施工工序的施工具体方案。

5.4.6　“三措一案”的审批：

5.4.6.1　审批组织权限和流程：项目主管部门组织有关单位讨论，主要施工单位（总承包单位）编制汇总，并在工程开工两周前，按项目主管部门、生产管理部、安健环管理部的审批流程先后审核，公司分管领导批准。

5.4.6.2　凡是不符合规范要求的“三措一案”一律不予审核，相关部门要及时退回上报单位重新按规范编制。

5.4.6.3　需报公司审批的工程施工“三措一案”，负责上报单位必须在工程开工两周前，将编制初审后的“三措一案”（初稿）以电子版发送各有关部门，并以书面形式按审批流程报送有关单位和部门审核、公司领导批准。如有改动的应在批准后，重新以电子版发送各有关部门并将“三措一案”封面（签字版复印件）报送有关部门备案。

5.4.6.4 汇总编制单位、工程监理单位负责审核“三措一案”的全部内容，对“三措一案”的规范性、可操作性、现场实际性重点审查。

5.4.6.5 项目主管部门负责重点审核工程概况、组织措施、技术措施、施工方案，主要审查工作任务、工期要求及组织措施是否完备，必要时提出修改补充意见。

5.4.6.6 生产管理部负责重点审核组织措施和技术措施，主要审查技术要求和技术措施、施工方案等是否正确完善、是否符合技术规范要求，必要时提出修改补充意见。

5.4.6.7 安健环管理部负责重点审核组织措施和安全措施，主要审查安全措施是否正确完备、是否符合安健环管理体系以及安全规程规定，必要时提出修改补充意见。

5.4.6.8 涉及系统稳定、影响系统运行的工程施工“三措一案”，运行管理部要对技术措施、施工方案中涉及一、二次运行方式变化的内容负责，进行重点审核。

5.4.6.9 批准工程施工“三措一案”的公司领导，重点审查各有关单位和部门的审核意见，对方案中的重点措施是否完备、可靠进行审查批准，必要时组织有关部门人员进行讨论后批准。

5.4.7 “三措一案”的执行：

5.4.7.1 施工单位必须在工程施工开工前，将批准后的“三措一案”打印分发到施工班组和相关人员。作业现场必须保存有批准后的“三措一案”，以便现场参考使用、待查，施工结束后由施工单位存档。

5.4.7.2 在进入作业现场作业前，项目负责人必须组织所有作业人员认真学习和领会该“三措一案”。

5.4.7.3 作业开工前，项目负责人要组织全体作业人员进行工作现场的安全技术交底会，并按 “三措一案”的要求具体组织落实；参加安全技术交底的全体人员在对交代的所有内容明确无误并无异议后，分别签名。

5.4.7.4 施工单位要妥善处理好安全与进度、效益、优质服务等之间的关系。遇有工程工期紧、任务重的情况，要合理组织作业力量，切实将“三措一案”中的要求真正落实到实际工作中，以确保自身作业现场的安全有序。

5.4.7.5 组织措施内列出的所有人员均有责任监督 “三措一案”的执行情况。现场安全监督员（监护人）及以上管理人员应重点督促所有人员落实“三措一案”。

5.4.7.6 各级领导和有关管理部门要落实安全生产责任制内的各自主体责任，加大对作业现场的监控力度，重点监督“三措一案”的现场实际执行，以规范作业人员的行为，确保“三措一案”落实到位，防止发生各类事故。

6 检查与评价

生产管理部和安健环管理部组织对制度进行评价并对以下事项进行考核：

6.1 设备台账未及时录入或录入错误。

6.2 设备改造后关键试验报告、图纸资料未移交或缺失。

6.3 不按时、按规范编制及上报相关资料的部门或单位。

6.4 无“三措一案”或“三措一案”尚未正式批准就开始施工的。

7 附则

7.1 本规定适用于公司技术档案管理工作。

7.2 本规定由公司生产管理部负责解释。

7.3 本规定自发布之日起施行。

8 附件

8.1 设备台账（见附表 1）。

8.2 检修文件包（见附表 2）。

8.3 “三措一案”格式（见附表 3）。

附表1 设 备 台 账

（一）设备概述	
序号	项目
1	型式
2	制造厂名
3	出厂编号
4	制造日期
5	安装完工日期
6	投入运行日期
…	

（二）主要部件规范					
序号	部件名称及型式	数量	规范	材质	备注

（三）主要附属设备				
序号	辅机名称	数量	规格或型式	备注

（四）简要技术记录			
检修开始日期	检修终止日期	检修性质	记录内容（包括原因、检修方法和效果）

附表2 检 修 文 件 包

检修文件包清单			
序号	名称	页次	备注
1	检修前分析报告		
2	检修工作任务单		
3	危险点分析、环境因素分析及安全措施		
4	检修准备工作		
5	检修工序（验收）卡		
6	检修质量评价表		
7	检修技术记录卡清单		
8	完工报告单		

附表 2（续）

序号	名称	页次	备注
9	检修总结		
检修文件包附录清单			
序号	名称	页次	备注
1	不符合项申请/处理单		
项目	批准人		
	审定人		
	审核人		
检修承包单位	批准人		
	审定人		
	审核人		
第二次修编		年　月　日	
第一次修编		年　月　日	
首次修编		年　月　日	

附表 3　“三措一案”格式

××××有限公司

<u>×××××××××××</u>项目

三措一案（居中黑体二号字加粗）

批准：宋体三号字加粗

审定：宋体三号字加粗

审核：宋体三号字加粗

编制：宋体三号字加粗

批准日期：　　年　　月　　日（居中宋体三号字加粗）

附表3（续）

审批说明：

1．重大技术改造以上项目，由责任部门专业技术人员编制，生产管理部专业专工及责任部门经理审核，生产管理部经理及安健环管理部经理审定；生产分管领导或总工批准。

2．一般项目，由责任部门专业技术人员编制，生产管理部专业专工及责任部门分管副经理审核，责任部门经理审定，生产管理部经理批准。

3．生产管理部直接负责的重大技术改造、非标及以上项目，由专业专工编制，生产管理部经理及安健环管理部经理审定，生产分管领导或总工批准。

目录（目录标题居中，宋体四号加粗；目录正文宋体五号）

一、项目概况（一级标题宋体四号加粗，其他标题及政府宋体四号）
二、工作内容及工期安排施工方案
（一）项目施工范围
（二）项目质量目标
（三）执行标准
（四）施工准备
（五）施工具体方案
（六）文明施工
（七）施工工期计划
（八）其他
三、组织措施
（一）组织机构及职责
（二）组织保障措施
四、技术措施
（一）技术控制重点
（二）技术措施
五、安全措施
（一）安全目标
（二）风险分析
（三）安全措施

××××××××××××××××××项目
三措一案
（标题黑体三号字加粗）

一、项目概况（一级标题宋体四号加粗，其他标题及宋体四号）
项目背景、级别（特别重大、重大、一般）及简介。
二、施工方案
（一）项目施工范围
（二）项目质量目标
（三）执行标准
（四）施工准备
1．技术准备要求内容。如学习熟悉设备资料、图纸，掌握项目内容及技术条件；学习施工方案，进行安全、技术交底等。
2．施工现场准备要求内容。
3．设备物资、机械准备情况；工器具准备情况及清单等内容。
4．程序文件、手续办理要求相关内容。
……
（五）施工具体方案
1．
2．
……
（六）文明施工
1．
2．
……
（七）施工工期计划
（八）其他
1．
2．
……

附表 3（续）

三、组织措施 （一）组织机构及职责 1．组织机构 项目负责人： 项目实施负责人： 项目成员： 安全负责人： 安全监督人员： 质量监督管理人员： 2．职责 2.1 2.2 …… （二）组织保障措施 1． 2． …… 四、技术措施 （一）技术控制重点 1． 2． …… （二）技术措施 1． 2． …… 五、安全措施 （一）安全目标 1． 2． …… （二）风险分析 根据公司安健环管理标准评估确定风险等级，分析关键风险控制点。 1． 2． …… （三）安全措施 1． 2． ……

3 技术管理

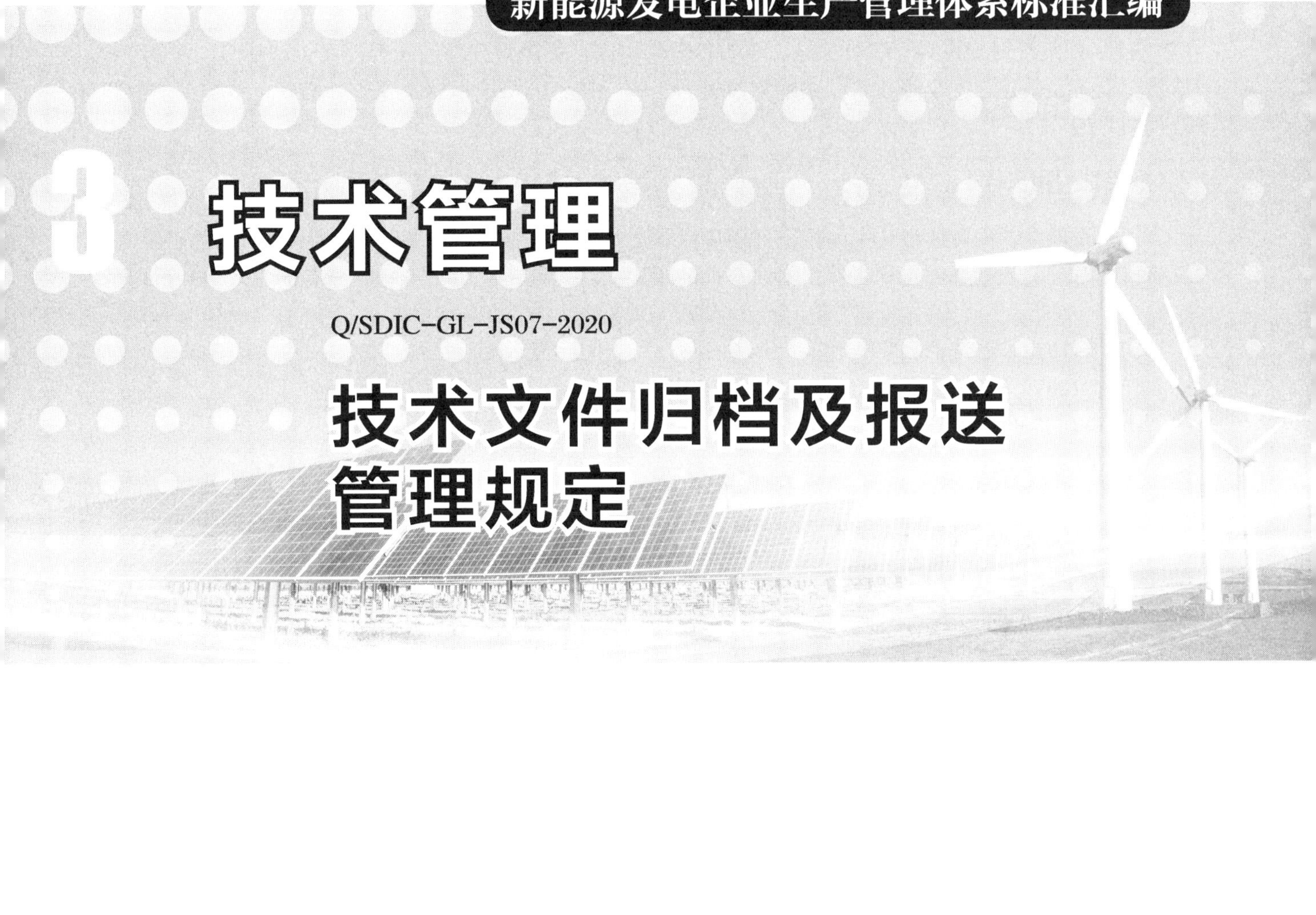

Q/SDIC-GL-JS07-2020

技术文件归档及报送管理规定

技术文件归档及报送管理规定

1 总则

1.1 为规范公司技术文件归档及报送管理，切实提高公司技术方案管理对项目的支撑性作用，根据公司生产管理实际需要，特制定本规定。
1.2 技术档案管理工作实行统一领导、分级管理的原则，生产管理部门配合档案管理部门，开展生产、质量、设备、基建、安全等技术档案建立及健全工作，达到公司技术档案完整、准确、系统、安全和有效利用目的。

2 规范性引用文件

下列文件中的内容通过文中的规范性引用而构成本文件必不可少的条款。其中，注日期的引用文件，仅该日期对应的版本适用于本文件；不注日期的引用文件，其最新版本（包括所有的修改单）适用于本文件。

GB/T 11821 照片档案管理规范

GB/T 18894 电子文件归档与电子档案管理规范

DA/T 18 档案著录规则

DA/T 22 归档文件整理规则

DA/T 42 企业档案工作规范

3 术语和定义

3.1 档案：是指过去和现在的国家机构、社会组织以及个人从事政治、军事、经济、科学、技术、文化、宗教等活动直接形成的对国家和社会具有保存价值的各种文字、图表、声像等不同形式的历史记录。
3.2 档案管理：是指档案的收集、整理、保管、鉴定、统计和提供利用等活动。
3.3 文书档案：是指反映行政管理等活动的档案。
3.4 科技档案：是指直接记述和反映科技活动的，归档保存的科技文件材料。
3.5 工程档案：是指工业产品的设计、试制、生产、制造等活动中形成的科技档案。
3.6 基本建设档案：是指在各种建筑物、构筑物、地上地下管线等基本建设工程的勘察、设计、施工、管理和维护等活动中形成的科技档案。
3.7 设备档案：设备是指公司各部门在各领域中所使用的各种技术装备、设施、仪器、仪表等机具的总称，设备档案是记述设备的结构、性能及其管理使用、维修过程的科技档案。
3.8 科研档案：是指在自然科学技术研究活动中形成的档案。自然科学技术研究通常包括理论研究、技术研究、应用研究等。
3.9 归档文件：是指立档单位在其职能活动中形成的、办理完毕、应作为文书档案保存的各种纸质文件材料。
3.10 声像档案：是指国家机构、社会组织以及个人从事政治、经济、科学、文化、教育、军事等活动中形成的有保存价值的以音响、形象等方式记录信息的特殊载体，并辅以文字说明的历史记录，它是国家全部档案的重要组成部分。
3.11 实物档案：是指具有档案属性的实物通过收集整理而转化成的档案。
3.12 电子文件：是指在数字设备及环境中生成，以数码形式存储在磁带、磁盘、光盘等载体，依靠计算机等数字设备阅读、处理，并可在通信网络上传送的文件。

4 职责和分工

4.1 组织机构

4.1.1 公司档案工作实行统一领导，分级管理的原则。综合管理部是公司档案管理的归口部门，负责全公司的档案管理工作。

4.1.2 公司成立技术档案管理网络，对技术档案进行公司、部门、班组三级管理。各部门设立兼职档案管理员。

4.2 职责

4.2.1 总经理决定涉及公司和部门有关档案工作的重大问题，如机构、人员、库房及现代化管理设备经费等。

4.2.2 公司分管领导布置和检查档案管理工作，指导督促公司各部门做好档案的收集和移交工作，解决工作中出现的问题，决定档案工作的目标和措施。

4.2.3 综合管理部负责文书、科技、实物和照片档案的管理工作，业务上接受上级档案部门的检查、指导和监督。

4.2.4 综合管理部档案室负责对各部室兼职档案员进行档案业务指导和业务培训。

4.2.5 各部门配合综合管理部做好公司档案管理工作。

4.2.6 生产管理部对技术档案归档的及时性、完整性定期检查、监督。

5 管理活动的内容与方法

5.1 技术档案实行统一领导，分级管理。

5.1.1 生产管理部负责技术档案管理监督。

5.1.2 各级技术档案应形成由下至上的相互支撑、相互印证的关系，并全面反应生产过程的实际情况。

5.1.3 对于ERP（或其他管理信息系统）已有技术档案功能的控股企业，应定期录入并及时更新，不得漏项。主管领导应不定期对台账等技术文档的录入情况进行检查、核实。

5.1.4 所有的生产设备台账和技术资料应妥善保管，按规定送交档案室归档。

5.1.5 技术、设备台账是重要的生产技术信息，未经同意不得向外部人员透露。公司职工在离开公司时，应将公司、部门所发的规程、文件包、标准全部上交，不得带走。

5.2 技术档案统计。

5.2.1 生产管理部负责组织技术档案统计，主要包括技术档案管理基本情况统计、档案的数量统计、档案的利用及效果统计等。

5.2.2 技术档案统计应以原始记录为依据，统计数据应做到准确可靠。

5.3 技术档案的保管期限。

5.3.1 技术、设备台账应按附件要求建立分级管理保存办法，并定期维护。

5.3.2 档案保管期限分永久、定期两种，定期一般为30、10年。

5.3.3 库存档案的定期鉴定由鉴定小组进行，具体按《档案管理制度》要求执行。

5.4 技术档案的归档。对于公司重要技术、设备台账，最终送档案室归档。资料由归档部门负责收集、整理后交立卷批准人审核后交档案室归档。归档时间、标准及档案借阅按《档案管理制度》要求执行。

5.5 生产信息报送规定。

5.5.1 各部门报送的生产信息，必须从计划经营部发布的生产数据采集。

5.5.2 生产管理部负责专业统计报表报送，须经部门经理审批、生产分管领导签字后，方可向上级管理部门、政府部门、行业统计部门等归口部门报出。

5.5.3 上报国投电力生产信息统计工作，要求按《国投电力控股股份有限公司生产信息统计和报送管理规定》要求执行。

5.5.4 公司仅限于向公司属地政府部门、行业统计及上级等归口部门提供有关本企业的生产信息统计资料。

5.5.5 技术监督工作计划、工作总结等资料统计和上报按照国投电力控股股份有限公司各技术监督专业管理规定的时间节点要求上报。

5.5.6 在平台上报的数据按平台要求如实上报，上报人员确保数据真实、准确。

5.5.7 招标、经营报表等计划经营类数据按照国投电力归口管理部门最新通知要求执行，及时上报。

5.5.8 环保类数据统计和报送工作按照公司所属市级、省级、国家环保行政部门要求执行，如实上报。

5.5.9 非周期性生产经营信息统计和报送工作按照文件及公司相关规定执行。

5.5.10 统计信息的保密管理按相关法律、法规及公司有关管理制度执行。

5.5.11 因国投电力、公文及其他信息报送要求文档发生异动时以最新制度、公告、公文等执行。

5.5.12 各部门内部生产信息报送，按生产管理制度要求执行。

6 检查与评价

6.1 生产管理部组织对办法进行评价。

6.2 生产技术文件归档考核按《档案管理制度》要求执行。

7 附则

7.1 本规定适用于公司技术文件归档及报送管理工作。

7.2 本规定由公司生产管理部负责解释。

7.3 本规定自发布之日起施行。

8 附件

8.1 生产系统归档资料清单（见附表1）。

8.2 国投电力控股股份有限公司生产信息统计报表分类要求（见附表2）。

8.3 生产信息统计与报送目录（见附表3）。

附表 1　生产系统归档资料清单

序号	台账类别及明细	归档方式	归档周期	保存时间	收集部门	归档部门	立卷批准人
一	机组等级检修及日常维护管理						
1	年度检修计划表	纸质版	每年	长期	生产管理部	生产管理部	部门经理
2	检修项目异动单	纸质版	每年	长期	生产管理部	生产管理部	部门经理
3	检修重大非标项目可行性研究报告	纸质版	每年	长期	生产管理部	生产管理部	部门经理
4	三年检修滚动规划表	纸质版	每年	长期	生产管理部	生产管理部	部门经理
5	年度检修工作总结	纸质版	每年	长期	生产管理部	生产管理部	部门经理
二	安全生产信息报表						
1	电力生产事故快报	电子版	每年	长期	安健环管理部	安健环管理部	部门经理
2	电力事故及时报告单	电子版	每年	长期	安健环管理部	安健环管理部	部门经理
3	企业伤亡事故快报表	电子版	每年	长期	安健环管理部	安健环管理部	部门经理
4	电力生产事故月统计报表	纸质版	每年	长期	安健环管理部	安健环管理部	部门经理
5	企业伤亡事故月报表	纸质版	每年	长期	安健环管理部	安健环管理部	部门经理
6	重大事故隐患排查治理月报表	纸质版	每年	长期	安健环管理部	安健环管理部	部门经理
7	电力生产事故年统计报表	纸质版	每年	长期	安健环管理部	安健环管理部	部门经理
8	重大危险源分类别统计表	纸质版	每年	长期	安健环管理部	安健环管理部	部门经理
9	年度安全费用提取和使用情况报表	纸质版	每年	长期	安健环管理部	安健环管理部	部门经理
10	年度安全费用投入计划安排表	纸质版	每年	长期	安健环管理部	安健环管理部	部门经理
三	节能减排报表						
1	主要经济指标综合日报表	电子版	每年	长期	生产管理部	生产管理部	部门经理
2	主要经济技术指标综合月报表	纸质版	每年	长期	生产管理部	生产管理部	部门经理
3	污染物排放及处理利用情况月报表	纸质版	每年	长期	生产管理部	生产管理部	部门经理
4	节能减排统计检测月报表	纸质版	每年	长期	生产管理部	生产管理部	部门经理
5	节能减排事件报告单	纸质版	每年	长期	生产管理部	生产管理部	部门经理
6	设备可靠性主、辅机数据	电子版	每年	长期	生产管理部	生产管理部	部门经理
四	技术监督						
1	年度技术监督工作计划及费用预算	电子版	每年	长期	生产管理部	生产管理部	部门经理
2	年度技术监督工作总结	电子版	每年	长期	生产管理部	生产管理部	部门经理
3	半年度技术监督及指标报告	电子版	每年	长期	生产管理部	生产管理部	部门经理
五	资本性投资						
1	技术改造项目三年滚动规划表	纸质版	每年	长期	生产管理部	生产管理部	部门经理
2	技术改造项目建议表	纸质版	每年	长期	生产管理部	生产管理部	部门经理
3	重大、特大技术改造项目可行性研究报告	电子版	每年	长期	生产管理部	生产管理部	部门经理
4	可研报告审查意见	纸质版	每年	长期	生产管理部	生产管理部	部门经理
5	重大、特别重大项目技术改造项目总结评价报告	电子版	每年	长期	生产管理部	生产管理部	部门经理
6	年度改造项目工作总结报告	纸质版	每年	长期	生产管理部	生产管理部	部门经理
7	技术改造项目开工备案表	纸质版	每年	长期	生产管理部	生产管理部	部门经理
8	技术改造项目竣工报告表	纸质版	每年	长期	生产管理部	生产管理部	部门经理

附表 1（续）

序号	台账类别及明细	归档方式	归档周期	保存时间	收集部门	归档部门	立卷批准人
六	环境保护管理						
1	突发环境事件应急预案备案	纸质版	每年	长期	生产管理部	生产管理部	部门经理
2	年度环境保护发展规划及环保工作年度计划	电子版	每年	长期	生产管理部	生产管理部	部门经理
3	环保技术监督年度工作计划	电子版	每年	长期	生产管理部	生产管理部	部门经理
4	环保技术监督年度工作总结	电子版	每年	长期	生产管理部	生产管理部	部门经理
5	环保技术监督报表	电子版	每年	长期	生产管理部	生产管理部	部门经理
七	可靠性管理						
1	发电设备可靠性统计数据报送	电子版	每年	长期	生产管理部	生产管理部	部门经理
2	半年度电力可靠性技术与管理工作报告	电子版	每年	长期	生产管理部	生产管理部	部门经理
3	年度电力可靠性技术与管理工作报告	电子版	每年	长期	生产管理部	生产管理部	部门经理

附表 2　国投电力控股股份有限公司生产信息统计报表分类要求

分类	序号	报表名称	报表频次	报送时间	备注
节能环保	1	能源节约与生态环境保护报表	月报	次月 4 日前上报	
	2	能源节约与生态环境保护总结	月报	次月 4 日前上报	
	3	节能减排事件报告单	不定期	发生重大环保事件当天报送	
机组检修	1	项目异动申请单	不定期	项目异动前报送	变换检修机组、异动检修级别、增减重大项目、调整或延长检修时间等
	2	检修总结报告	不定期	检修后 45 天内报送	
设备可靠性管理	1	主机数据录入	月报	次月 4 日前上报	在电监会《发电设备可靠性管理信息系统》平台报送
	2	辅机数据录入	月报	次月 4 日前上报	

附表 3　生产信息统计与报送目录

序号	报表名称	责任部门	报表频次	报送要求	接收单位	协办部门	协办部门提交时间	备注
1	污染物排放及处理利用情况月度报表	生产管理部	月报	每月 5 日前在国投电力管理平台填写上报	国投电力生产管理部	项目	每月 2 日 12 时前	
2	月度主要技术经济指标	生产管理部	月报	每月 5 日前通过邮件、邮寄纸质盖章版上报	政府管理部门			
3	节能减排事件报告单	生产管理部		发生重大环保事件当天上报	国投电力生产管理部	项目	事件发生 30min 内	
4	半年/全年技术监督报表（技术监督项目及指标完成情况）	生产管理部	半年报	每年 7 月 18 日 16 时前、次年 1 月 18 日 16 时前	国投电力生产管理部	项目	1 月 5 日 16 时前、7 月 5 日 16 时前提交	
5	上一年技术监督工作总结	生产管理部	年报	每年 1 月 18 日 16 时前	国投电力生产管理部	项目	1 月 5 日 16 时前提交	
6	下一年度技术监督工作计划及各项技术监督工作预算费用	生产管理部	年报	每年 9 月 28 日 16 时前	国投电力生产管理部	项目	9 月 10 日 16 时前提交	

附表 3（续）

序号	报表名称	责任部门	报表频次	报送要求	接收单位	协办部门	协办部门提交时间	备注
7	（1）机组非计划停运事件；（2）生产运行事件分析报告	生产管理部	不定期	机组非计划停运事件发生时，应在 1h 内以电话或短信方式报告公司生产管理部，待现场故障处理完毕后再填报生产运行事件分析报告	国投电力生产管理部	项目	事件发生 30min 内	
8	缺陷统计表	生产管理部	不定期	主、辅机重大缺陷危及机组安全运行及当前存在的重大缺陷消除后，应在 1h 内以电话或短信方式报告公司生产管理部，并在次日内缺陷统计表	国投电力生产管理部	项目	事件发生 30min 内	
9	机组运行状态发生改变，包括机组计划停运、非计划停运、非计划降出力、调停备用、检修竣工后备用	生产管理部	不定期	应在次日 12 时前，日报说明栏内填报，并填写机组事件报告单。若遇周末或节假日，应及时以电话或短信方式报告公司生产管理部	国投电力生产管理部	项目	事件发生 8h 内	
10	机组检修竣工报告单	生产管理部	不定期	检修结束后，3 日内在经营管理平台填报 在生产统计“主要经济技术指标综合日报”说明栏中填报检修开、竣工时间及检修级别	国投电力生产管理部	项目	检修结束后 24h 内	原技术部在国投电力专业管理化信息平台上报，现改由经营管理平台填报
11	机组检修开工报告单	生产管理部	不定期	检修开工后，3 日内在经营管理平台填报。在生产统计“主要经济技术指标综合日报”说明栏中填报检修开、竣工时间及检修级别	国投电力生产管理部	项目	检修开工后 24h 内	原技术部在国投电力专业管理化信息平台上报，现改由经营管理平台填报
12	检修项目异动单	生产管理部	不定期	企业因实际情况需要调整年度检修计划，如检修时间、检修级别等，应提前在公司信息化平台上填报“检修项目异动单”，上报公司批准	国投电力生产管理部	项目	不定期	
13	检修重大非标项目可行性研究报告	生产管理部	年报	与年度检修计划一同	国投电力生产管理部	项目	每年 9 月 5 日 16 时前提交初稿	
14	三年检修滚动规划	生产管理部	年报	每年 9 月 15 日 0 时前	国投电力生产管理部	项目	每年 9 月 5 日 16 时前提交初稿	
15	下年度检修计划	生产管理部	年报	每年 9 月 15 日 0 时前	国投电力生产管理部	项目	每年 9 月 5 日 16 时前提交初稿	
16	检修总结报告	生产管理部	不定期	检修后 45 天内	国投电力生产管理部	项目	检修后 20 天内	
17	科技研究项目任务书	生产管理部	不定期	依据国投电力批准的项目申请书和经费预算编制	国投电力生产管理部	项目		根据国投电力要求报送
18	科技研究项目申请书	生产管理部	年报	每年 9 月 30 日 16 时前	国投电力生产管理部	项目	9 月 15 日 16 时前	根据国投电力要求报送

附表 3（续）

序号	报表名称	责任部门	报表频次	报送要求	接收单位	协办部门	协办部门提交时间	备注
19	科技研究项目验收申请书	生产管理部	不定期	科技研究项目预验收完成，填报验收申请书上报	国投电力生产管理部	项目		根据国投电力要求报送
20	科技研究项目执行情况报告	生产管理部	季报	每季度首月6日0时前	国投电力生产管理部	项目	每季度末月30日16时前	根据国投电力要求报送
21	上年度技术改造项目总结报告	生产管理部	年报	每年1月30日0时前	国投电力生产管理部	项目	1月15日16时前	根据国投电力要求报送
22	下一年度技术改造项目计划表、技术改造项目可行性研究报告、可研报告审查意见、企业内部决策意见	生产管理部	年报	每年7月31日0时前	国投电力生产管理部	项目	7月15日16时前	根据国投电力要求报送
23	技术改造项目竣工报告表（重大、特别重大项目）	生产管理部	不定期	竣工验收30天内	国投电力生产管理部	项目	竣工验收15天内	根据国投电力要求报送
24	技术改造项目开工检查表（受控重大项目或特别重大项目）	生产管理部	不定期	开工前上报备案	国投电力生产管理部	项目	开工前3天	根据国投电力要求报送
25	技术改造项目三年滚动规划表	生产管理部	年报	每年6月30日0时前	国投电力生产管理部	项目	6月15日16时前	根据国投电力要求报送
26	技术改造项目实施情况统计表	生产管理部	月报	每月5日0时前	国投电力生产管理部	项目	每月3日16时前	根据国投电力要求报送
27	技术改造项目后评价报告（重大、特别重大项目）	生产管理部	不定期	完成竣工次年4月30日0时前	国投电力生产管理部	项目	完成竣工次年4月15日16时前	根据国投电力要求报送
28	上季度科技创新统计季度报表	生产管理部	季报	季度首月的6日0时前	国投电力生产管理部	项目	每季度末月30日16时前	根据国投电力要求报送
29	上年度科技创新统计年度报表	生产管理部	年报	每年2月20日0时前	国投电力生产管理部	项目	2月10日16时前	根据国投电力要求报送
30	上年度科技创新成果奖励申请材料	生产管理部	年报	每年6月20日0时前或专项通知	国投电力科技创新管理办公室	项目	6月10日16时前	根据国投电力要求报送
31	季度安全生产报告	生产管理部	季报	机组运行状态发生改变时，包括机组计划停运、非计划停运、非计划降出力、调停备用、检修竣工后备用，应在次日内填写机组事件报告单	国投电力生产管理部	项目	每季度第一个月3日下班前	

4 基础管理

Q/SDIC-GL-JC01-2020

并购项目接收生产管理办法

并购项目接收生产管理办法

1 总则

1.1 为了规范并购项目接收生产管理工作，实现并购项目生产管理的平稳过渡，确保项目安全、稳定、经济、环保运行，特制定本办法。

1.2 新建项目按照《国投电力控股股份有限公司生产准备管理办法》（国投电力〔2017〕330号）执行。

1.3 并购项目可结合公司发展战略、区域位置、装机规模和建设时间等因素，综合考虑选择自主运维或外委运维管理模式。

2 职责和分工

2.1 生产分管领导

2.1.1 负责并购项目接收工作的总体统筹安排，协调解决接收过程中遇到的重大问题。

2.1.2 确定项目接收工作的目标、人员、管理范围和边界。

2.1.3 审批项目接收实施方案并确保按节点完成工作目标。

2.1.4 确定项目接收工作时间节点，提供资源保障，确保项目接收工作顺利开展。

2.2 人力资源部

2.2.1 负责项目部人员招聘组织工作。

2.2.2 负责项目部成立的发文审批。

2.3 综合管理部

2.3.1 负责与并购项目相关方的沟通、协调。

2.3.2 负责证照、印鉴核查接收及办公用品清点查验。

2.3.3 负责档案接收管理。

2.3.4 负责接收工作后勤保障与宣传。

2.3.5 负责项目合规性手续、工商登记注册变更办理。

2.3.6 负责公司OA系统、集团新增项目OA系统初始化数据录入和系统接入基础资料准备及视频会议系统接入工作。

2.4 安健环管理部

2.4.1 负责安全技术资料（安全设施及工器具、应急物资及台账）清点查验和接收。

2.4.2 负责安全生产报表、信息报送，确保新运维合同履行交接期间安全生产平稳过渡。

2.4.3 协助、指导项目部开展安健环管理体系建设、双重预防机制建设、安全生产标准化建设等其他各项安全生产管理活动。

2.5 生产管理部

2.5.1 公司生产管理部是新并购项目接收生产管理工作的归口管理部门，负责组织制定和完善并购项目接收生产管理办法。

2.5.2 负责生产技术资料（工程、技术、运维、工程合同）清点查验和接收。

2.5.3 负责生产设施、设备、备件、工器具、仪器仪表清点查验和接收。

2.5.4 协助、指导项目部进行生产运维现状调研，开展生产管理制度体系建设，补充完善各类基础台账资料。

2.6 项目部

2.6.1 负责新并购项目接收生产管理工作，督促运维单位贯彻落实生产管理制度和合同要求。

2.6.2 协调解决并购项目接收生产管理工作中人员培训、规章制度建设和标准规程编制等方面存在的问题。
2.6.3 根据国家最新的法律法规、行业标准，运维合同和国投电力、公司安全生产管理的要求，编制符合项目特点和实际需求的安全生产各项规章制度、规程和标准。
2.6.4 督促运维单位按时完成项目交接遗留的消缺项目，及时处理历史遗留的各类问题。
2.7 运维单位
2.7.1 根据合同要求配置合格运维人员。
2.7.2 建立安全生产岗位责任制。
2.7.3 组织规程、系统图等技术资料的编制工作。
2.7.4 依据合同要求和新并购项目运维管理模式，制定相应的检修工作管理制度以及设备外委检修、维护管理办法。
2.7.5 负责落实项目各类安全生产管理制度，履行运维合同提出的相关要求。
2.7.6 负责完成项目交接时遗留的消缺项目，及时处理历史遗留的各类问题。

3 任务及目标

3.1 明确项目组织机构，外委项目原则上按 3 人配备（项目经理、安全管理、技术管理各 1 人）。
3.2 熟悉新并购项目特点，全面了解项目现场实际情况，搜集项目前期资料，按照要求编制项目接收工作方案及运维服务合同。
3.3 建立健全各项安全生产管理制度、标准，逐步实施专业化管理，不断提升安全生产管理水平。
3.4 正确理解国投电力、公司安全生产的管理理念、思路和工作方法，满足合同约定和公司安全生产管理要求，生产秩序运转良好。

4 人员培训

4.1 根据项目部要求，结合人员到位情况及项目的特点，运维单位要制定详细的培训计划，建立培训档案，并报项目部审核备案。
4.2 运维单位的培训以熟悉现场系统、掌握设备特性和实际操作技能、提高事故异常处理能力为主，并分阶段、有计划、有重点地进行。
4.3 运维单位要组织人员学习同类型场站异常案例和设备生产厂家的设备说明书及其他技术资料，编写检修试验方案及安全技术措施报项目部审批。
4.4 运维单位人员应根据合同要求取得相关岗位从业资格证书，并取得电力调度部门颁发的相关资格证书。

5 运营及物资准备

5.1 实行运维外委的项目，应明确外委内容和范围，在项目并购时同步确定运维单位。
5.2 项目部应按照电网调度要求，及时办理新并购项目有关手续变更工作（如并网调度协议、购售电合同、新能源补贴申报等）。
5.3 运维单位应按照合同要求和有关制度配置工器具、备品备件及日常运行所需的运行消耗性材料，并建立生产物资管理台账。

6 并购项目验收及交接

6.1 公司组织新并购项目验收工作时应制定详细的验收接收方案，包括但不限于以下内容：
6.1.1 固定资产。
6.1.2 工器具、备品备件及消耗性材料。

6.1.3 图纸、资料、记录和试验报告。

6.1.4 运行监控系统及联锁保护试验、定值。

6.1.5 安全标识、安全设施、设备标牌。

6.1.6 场站存在的缺陷问题以及缺陷整改情况等。

6.2 运维单位开展工作时必须严格履行正常的生产管理程序，设备缺陷管理制度、交接班、巡回检查和设备定期试验与轮换管理制度等各项安全生产管理制度。

6.3 针对设备存在的隐患、缺陷、异常以及备品备件供应、物资供应等各种可能对设备的安全性、可靠性造成不利影响的因素，运维单位应建立相应的应急处理预案报项目部审批。

6.4 新并购项目可靠性管理系统、国投电力综合统计平台等相关生产管理系统的安装和调试，要确保同步投入，满足项目并购后生产管理及数据远程传输的要求。

6.5 新并购项目接收后，应按照《生产安全设施配置标准 新能源分册》，完善标识标牌等生产安全设施配置工作。

7 检查与评价

7.1 项目部应根据本办法定期向公司报送并购项目接收生产管理工作完成情况。

7.2 公司定期对并购项目进行检查指导，对工作中存在的问题及时提出改进要求。

7.3 公司各级岗位人员和场站应严格执行本办法，对违反事项，根据有关考核规定和合同条款予以考核。

8 附则

8.1 本办法适用于公司新能源并购项目接收生产管理工作。

8.2 本办法由公司生产管理部负责解释。

8.3 本办法自发布之日起施行。

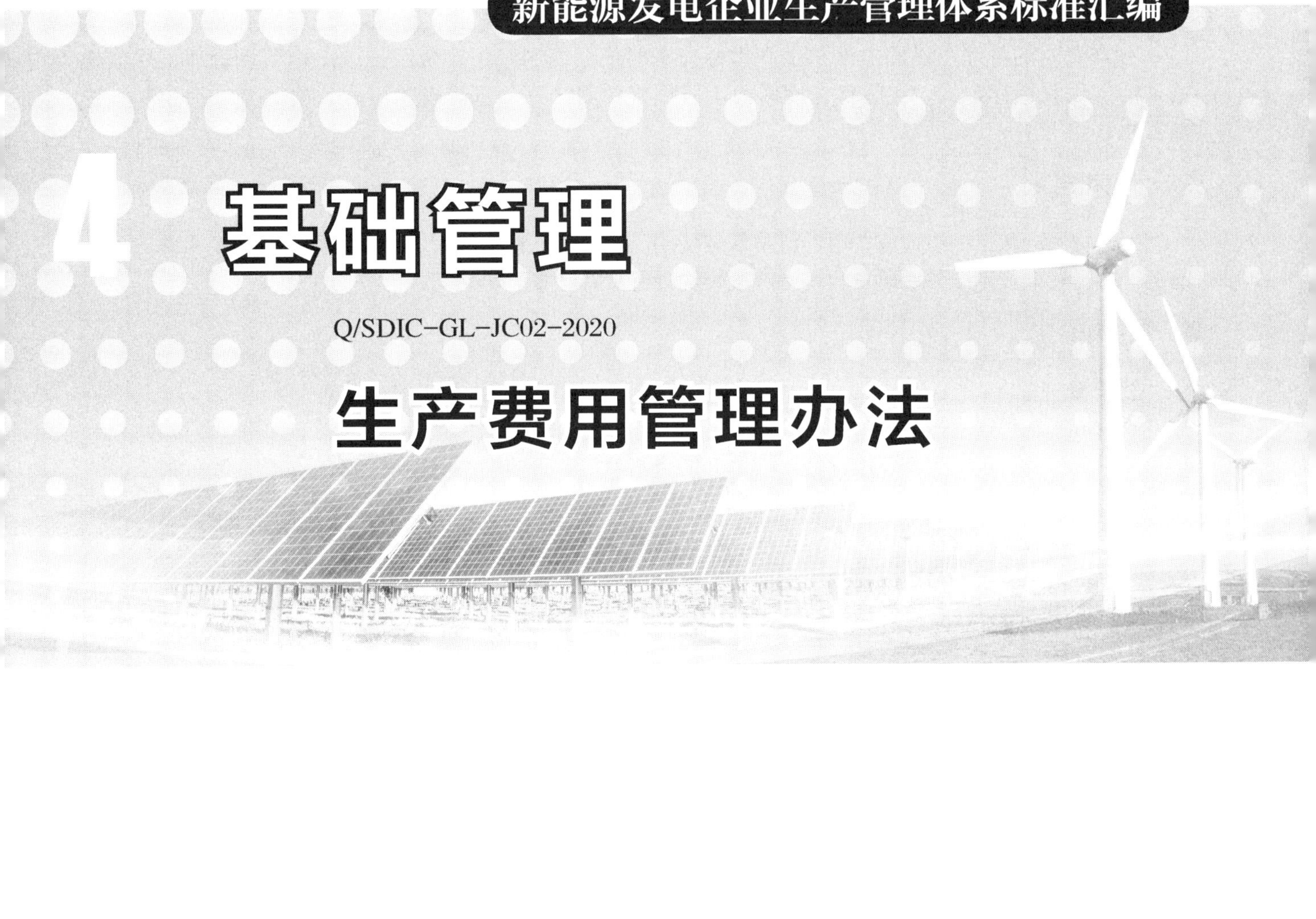

4 基础管理

Q/SDIC-GL-JC02-2020

生产费用管理办法

生产费用管理办法

1 总则

1.1 为规范公司的生产费用管理，提高设备安全、可靠、经济运行水平，确保生产费用合理安排和使用，根据国家和电力行业有关政策法规及相关规定，结合公司实际，制定本办法。
1.2 生产费用的管理，以发电量和生产指标为主要依据编制好预算费用；以严格项目管理、规范物资采购、优化运行方式、实施状态检修为手段用好费用；以预算管理为重点，实施全过程控制，管好费用。

2 术语和定义

生产费用：包括机组检修费用、日常修理费用、运行消耗性材料费、外委运行费、外购水费、外购电费、排污费、技术服务及研发费、生产废弃物处置费、计量检验费等。

3 职责和分工

3.1 生产管理部

3.1.1 负责制定公司生产费用管理办法，落实责任，加强对生产费用全过程的预算、使用、监督和控制。
3.1.2 负责对公司年度生产费用预算审核，并结合本部门负责的生产费用进行汇总编制，确保提交的生产费用预算符合公司全面预算的要求，并报相关部门审批。
3.1.3 负责监督批准生产费用预算的执行，确保生产费用合理使用。
3.1.4 负责根据公司下达的成本费用指标，审批控制措施，督促各项目编制运行、维护和检修计划，实施精细化管理，做好运行维修项目监督和机组检修项目监督，做好成本管理控制，确保公司生产经营目标实现。
3.1.5 对公司各项目年度生产费用预算执行情况存在的问题提出考核意见；对预算外的生产费用项目，严格依照预算调整申请管理程序审批。

3.2 计划经营部

3.2.1 负责公司对生产管理部提交的生产费用预算进行审核，并监督生产费用预算的执行情况。
3.2.2 对生产管理部提出的预算外生产费用项目及时审核上报公司预算管理委员会审批。

3.3 财务管理部

3.3.1 负责对资金需求计划统筹管理。
3.3.2 负责现金流管理。
3.3.3 负责审核相关生产费用合同结算条款并办理付款。

3.4 项目场站

3.4.1 执行生产费用管理办法，落实责任，加强对本项目负责的生产费用全过程的预算、使用、监督和控制。
3.4.2 负责项目年度机组检修费用、日常修理费用、技术改造、技术服务等生产费用计划的编制。
3.4.3 负责年度生产费用分解和使用工作，严格按预算控制生产费用支出；通过采取修旧利废、优化机组检修方式、科学安排非标项目、规范日常维护和检修管理，努力降低生产费用。
3.4.4 负责检修、技术改造等的可行性研究论证，及时提交可行性研究报告和资金需求计划。
3.4.5 负责所辖生产费用统计、分析和总结、上报工作。

4 管理活动的内容与方法

4.1 生产费用管理遵循的基本原则

4.1.1 以安全生产为基础，以提高发电设备的可靠性为目标，以经济效益为中心，以节能降耗为重点，对影响机组安全、可靠、经济、环保的内容优先安排。

4.1.2 严格执行公司制定的相关管理办法。生产费用必须用到生产方面，专款专用，不允许挪作他用和拆借。

4.1.3 生产费用纳入公司生产经营的预算管理，在预算中统筹安排。

4.1.4 生产费用的控制注重过程控制，定期分析，及时发现存在的问题，不断改进和完善，提高资金使用的效率。

4.1.5 加强组织领导，健全生产费用责任制管理，明确专人负责，落实各级责任，责权清晰。

4.2 生产费用范围及标准

4.2.1 机组检修费用：

4.2.1.1 机组检修费用是生产成本的重要组成部分，指用于发电生产主设备及辅助设备 B、C 级标准项目检修和非标准项目检修所发生的费用（含材料费、人工费）。光伏电站无机组检修费用；风电场机组检修级别定义：C 级检修指半年期定检，B 级检修指一年期定检。

4.2.1.2 在检修费用管理上，采取总量控制、分项管理的原则。综合考虑设备健康状况、历年实际发生、检修人员配置、机组容量、利用小时等因素，在检修费用限额范围内，根据安全生产实际状况，按轻重缓急安排项目。风电场机组检修费用按照附件 8.1 限额标准执行。

4.2.1.3 机组检修费用列支范围包括：

a）设备、设施等固定资产检修维护及大修用的备件型材料费等。

b）检修外委人工费。

c）检修外委试验费（不在技术服务费中列支的）。

4.2.1.4 下列费用不得列入检修费用范围（只列出容易混淆的）：

a）维持设备正常运行消耗的大宗材料费及各种油脂费。

b）构成固定资产的设备购置费。

c）非检修所需的设备拆迁费。

d）办公用品及计算机消耗材料费用。

e）各种非检修用的劳务人工费。

f）劳保用品费用及非检修所需的器具费。

g）计量检验费。

h）技术服务及研发费。

4.2.2 日常修理费用：包括公用系统检修、构建筑物检修、机组日常维护所发生的材料费、人工费。

4.2.2.1 公用系统检修费用：根据公用系统检修、运行的特点，不再按照检修等级计算检修费，每年核定限额检修费，实行滚动检修。公用系统检修一般指高压配电系统、启动备用变压器、公用厂用电系统、火灾消防报警及消防水、空调等系统设备检修。风电项目公用系统检修费用限额见附件 8.1，光伏项目公用系统检修费用限额见附件 8.2。

4.2.2.2 构建筑物检修费用：包括材料费和人工费。风电项目构建筑物检修费用限额见附件 8.1；光伏项目构建筑物检修费用限额见附件 8.2。

4.2.2.3 日常维护费用指全场除公用系统检修、生产构建筑物检修、机组计划检修以外的所有生产系统、设备的日常维护所发生的材料费、人工费。

4.2.2.3.1 风电项目日常维护费用包括一般日常维护费和对外维护承包费用。一般日常维护费用限额指风电项目日常运行维护所消耗的各种备品备件及耗材，费用限额见附件 8.1；对外维护承包人工费用按照年度招标实际价格另外核定。

4.2.2.3.2 光伏项目日常维护费用包括一般日常维护费和主要对外维护承包费用。一般日常维护费用限额指光伏项目日常运行维护所消耗的各种备品备件及耗材，费用限额见附件 8.2；对外维护承包人工费用按照年度招标实际价格另外核定。光伏组件日常清扫费用根据人工单价、装机容量、所处区域等因素单独核定。

4.2.3 技术服务及研发费：技术服务费指委托外部单位进行技术监督、技术服务等所发生的费用，根据具体情况单独核定；研发费主要指科技创新、技术研究等费用。

4.2.4 计量检验费：主要指计量设备、仪器仪表、特种设备等由质量技术监督行政部门监督管理的设备，定期检验所发生的费用，根据具体情况单独核定。

4.2.5 外购电费：指因发电生产需要从电网购入电力所发生的费用，根据具体情况单独核定。

4.2.6 委托运行费：包括对外委托运行承包费和劳务人工费，指各企业根据现场生产需求，全部或部分设备系统委托外委单位进行运行管理的费用，根据具体情况单独核定。

4.2.7 机组检修标准项目费用、公用系统及建筑物检修费、日常维护费用之间可以调剂使用，总额控制。

4.2.8 机组检修非标项目费用、外购电费、运行消耗性材料费、计量检验费、技术服务及研发费等用途明确的费用，不得与其他费用调剂使用。

4.2.9 设备保险赔付费用直接冲减当期对应科目金额。

4.3 生产费用预算要求

生产费用预算按照公司经营目标要求，并依据预测的发电机组利用小时，机组检修计划（审批后）、设备设施状况、企业外部市场环境和企业实际情况进行编制。各项费用预算编制严格按照本办法规定的相关限额执行。

4.3.1 各项目根据当年预算编制通知要求，提前 15 天将下年度生产费用预算编制说明上报公司生产管理部。

4.3.2 公司生产管理部将审查各项目下年度生产费用计划，如有不合理的费用或项目，将与现场沟通后调整，并将部门审查后的生产费用计划报送公司计划经营部。

4.3.3 年度生产费用预算经批准后，各项目应认真组织好生产费用分解和使用工作。各项目年初生产费用的安排要留有余地，以适应临时性的项目急需，预留金额为生产费用总额的 10%。

4.3.4 生产费用应严格按公司批准的预算控制，专款专用，不得超支，严禁将生产费用挪作他用或转移节余资金。特殊情况下，生产费用预算的变更和调整应按公司全面预算管理办法执行。

4.3.5 年度生产费用预算中包含的项目应按计划开工时间进行实施。如确因客观条件发生变化，当年已经开工或完成合同签订，项目可以适当延期，同时必须在次年的全面预算中列入预计要发生的费用。当年未签订合同的项目相应核减当年费用预算，若需次年实施，应列入次年预算重新申报审批。

4.3.6 当实际发电量与预算发电量之差超过±4%时，对与发电量挂钩的有关生产费用预算进行调整。

4.3.7 因客观条件发生变化造成生产费用可能超年度预算时，执行公司《全面预算管理标准》预算调整流程。

4.4 生产费用预算调整要求

4.4.1 年度生产费用预算中包含的项目应按计划开工时间进行实施。如确因客观条件发生变化，当年已经开工或完成合同签订，项目可以适当延期，同时必须在次年的全面预算中列入预计要发生的费用。当年未签订合同的项目相应核减当年费用预算，若需次年实施，应列入次年预算重新申报审批。

4.4.2 当实际发电量与预算发电量之差超过±4%时，对与发电量挂钩的有关生产费用预算进行调整。

4.4.3 因客观条件发生变化造成生产费用可能超年度预算时，生产管理部、财务管理部应提前将相关材料报国投电力技术管理部、预算管理部门等相关部门审核批准，纳入年度全面预算调整方案，并按全面预算管理办法办理预算变更和调整手续。

4.4.4 各部门每月经济分析材料应包含生产费用使用情况（按费用分类、分项）、超支或节余项目费用的原因以及各项生产指标完成情况，并于公司经济分析会召开前上报。

4.4.5 生产费用预算调整分为A、B、C三类，预算调整应遵循C类、B类、A类依次优先的调整原则，即优先进行C类预算调整，如果无法进行C类预算调整，再依次选择B类、A类预算调整。

4.4.6 A类预算调整范围：

4.4.6.1 需申请公司管控费用的调整。

4.4.6.2 需向国投电力申请追加年度预算的调整。

4.4.6.3 公司内部分解下达预算技术改造项目之间的调整（一般及以上）；

4.4.6.4 国投电力批复跨年预算总额范围内，各年度之间的调整。

4.4.7 B类预算调整范围：

4.4.7.1 预算科目不超年度预算情况下，新增项目的申请。

4.4.7.2 预算科目不超年度预算情况下，该科目下不同部门之间的调整。

4.4.7.3 生产费用不超年度预算情况下，同一部门、不同预算科目（限于机组检修标准项目费用、公用系统及构建筑物检修费、日常维护费用）之间的调整。

4.4.7.4 生产费用不超年度预算情况下，不同部门、不同预算科目（限于机组检修标准项目费用、公用系统及构建筑物检修费、日常维护费用）之间的调整。

4.4.8 C类预算调整范围：

4.4.8.1 预算科目单一项目不超年度预算情况下，材料费和人工费之间的调整。

4.4.8.2 预算科目不超年度预算情况下，各月预算值之间的调整。

4.4.8.3 预算科目不超年度预算情况下，该科目下同一部门内各项目间的调整。

4.4.8.4 自控技术改造项目总额不超年度预算情况下，自控技术改造项目之间的调整。

5 检查与评价

5.1 生产管理部负责组织对制度及制度执行情况进行评价。

5.2 各项目场站要严格履行职责，加强生产费用过程管控，做好预测和分析，如期完成预算上报、费用分解、统计分析等相关材料的报送工作，如发生履职不到位的按照相关制度进行考核。

5.3 因管理不善或违规造成费用超支，实际发生费用超过年度执行预算，情节严重者，追究相关人员责任。

5.4 因客观条件发生变化造成生产费用可能超年度预算时，未及时办理调整手续的按照相关制度进行考核。

6 附则

6.1 本办法适用于公司生产费用管理工作。

6.2 本办法由公司生产管理部负责解释。

6.3 本办法自发布之日起施行。

7 附件

7.1 风电企业生产费用限额标准（见附表1）。

7.2 光伏发电企业生产费用限额标准（见附表2）。

附表1 风电企业生产费用限额标准

机组检修费用		单位：万元/台次
检修等级	一年期定检（B级）	半年期定检（C级）
限额标准	××	××

说明：
机组定期检修费用：指单台机组检修所需全部费用（含材料费、修理费，特殊项目在内）。

日常修理费用				单位：万元
费用类别	公用系统检修费用	构建筑物检修费用	日常维护费	
			一般日常维护费用 万元/MW	对外维护承包费用
限额标准	××	××	××	按照年度招标实际价格核定

说明：

1. 公用系统检修费用＝K_1×N×基准限值（万元）
   式中：K_1为电压等级系数以配套一个35kV变电站的风电场为基准，110kV变电站乘以系数1.5，220kV级以上变电站乘以系数1.8，多个变电站乘以变电站数量；N为变电站数量。包括风场内风机箱式变压器下口线路至升压站内所有设备检修所发生的材料费和修理费。
2. 生产构建筑物检修主要指厂房、车间、道路、护坡、办公场所的修缮、大修。根据生产构建筑的特点，不再按照检修等级计算检修费，每年核定限额检修费，实行滚动检修。
   生产构建筑物检修费用＝S＋基准限值（万元）
   式中：S为每年度固定列支，含生产、非生产建筑物土建维护检修，10万kW装机以上风场按照每增加10万kW装机相应增加5万元。
3. 一般日常维护费用：指全场除公用系统检修、构建筑物检修以及机组定期检修外的日常运行维护材料费用，包括维护备品备件和运行消耗性材料。
   一般日常维护费用＝K_2×机组容量（MW）×基准限值（万元）
   式中：K_2为质保期系数，质保期内的项目为0.4，质保期外的项目系数为1.0。

附表2 光伏发电企业生产费用限额标准

日常修理费用					单位：万元
费用类别	公用系统 检修费用	构建筑物 检修费用	光伏组件 日常清扫费用	日常维护费	
				一般日常维护费用 万元/MW	对外维护承包费用
限额标准	××	××	单独核算	××	按照年度招标实际价格核定

说明：

1. 公用系统检修费用＝K×N×基准限值（万元）
   式中：K为电压等级系数以配套一个35kV变电站的光伏电站为基准，110kV变电站乘以系数1.5，220kV级以上变电站乘以系数1.8；N为变电站数量。包括场内箱式变压器下口线路至升压站内以及光伏电站至对方汇集站间所有设备检修所发生的材料费和修理费。
2. 生产构建筑物检修主要指厂房、车间、道路、护坡、办公场所的修缮、大修。根据生产构建筑的特点，不再按照检修等级计算检修费，每年核定限额检修费，实行滚动检修。
   生产构建筑物检修费用＝S＋基准限值（万元）
   式中：S为每年度固定列支，含生产、非生产建筑物土建维护检修，10万kW装机以上光伏电站按照每增加10万kW装机相应增加×万元。
3. 一般日常维护费用：指全场除公用系统检修、构建筑物检修以外的日常运行维护材料费用，包括维护备品备件和运行消耗性材料。
   一般日常维护费用＝光伏容量（MW）×1.2万元/MW（基准限值）
4. 光伏组件日常清扫费用：全年费用＝R_1×L_1×W_1×S_1×N×k_1
   式中：R_1为人工单价，万元/（人·天）；L_1为人数，人数/MW；W_1为天数，天数/MW；S_1为装机容量，MW；N为每年清扫次数；k_1为地域系数，西北地区定义1.0，西南地区定义0.6。

4 基础管理

Q/SDIC-GL-JC03-2020

物资管理办法

物资管理办法

1 总则

1.1 本办法规定了××公司物资管理职责、管理活动的内容与方法、检查与考核、报告和记录等内容。

1.2 本办法适用于××公司以及被授权管理的各新源公司。

2 职责和分工

2.1 分管领导

负责组织物资管理工作中重大事项的决策，督导物资管理工作。

2.2 综合管理部

2.2.1 为公司非生产类物资的归口管理部门。

2.2.2 全面负责公司非生产物资管理工作。

2.2.3 监督各项目非生产物资管理工作。

2.3 生产管理部

2.3.1 为公司生产类物资的归口管理部门。

2.3.2 监督生产物资管理工作。

2.3.3 负责公司生产物资储备申请的审核工作。

2.3.4 负责每年组织修订公司备品备件定额清册。

2.4 工程管理部

2.4.1 为公司工程物资的归口管理部门。

2.4.2 监督工程物资管理及工程物资盘点工作。

2.5 计划经营部

2.5.1 负责组织公司物资招标采购工作。

2.5.2 负责组织公司 2 万元及以上废旧物资处置工作。

2.6 财务管理部

负责物资的价值核算及组织物资稽核工作。

2.7 项目场站

2.7.1 负责本项目物资的计划管理、验收入库、领用、盘点、维护保养等工作。

2.7.2 负责组织公司 2 万元以下废旧物资处置工作。

2.7.3 按照规范要求负责物资的定期检查试验工作。

2.7.4 负责建立物资的管理台账。

2.7.5 负责记录现场故障消缺备品备件使用统计情况。

3 管理活动的内容与方法

3.1 物资采购管理

详见公司《招标及采购管理标准》规定。

3.2 物资采购

生产物资：生产物资招标计划外物资根据需要每月可采购一次，需用部门在 OA 系统填写《物资采购申报审批表》按照申请部门负责人、归口业务部门专工、归口业务部门负责人流程审批提出采购意见，报计划经营部按计划进行统一采购。

3.2.1 生产物资需用计划报综合管理部，综合管理部及时汇总编制各部门《物资需用计划》；各项目每年1月10日前编制《物资需用计划》。

3.2.2 工程物资：详见公司《工程设备材料检验验收管理办法》规定。

3.2.3 紧急物资、单一来源采购物资：原则上严格控制紧急物资采购与单一来源采购物资，公司下发年度招标计划后，生产管理部分解计划设定单一来源采购和紧急采购分解目标值，各项目按照分解计划控制，超过分解计划控制目标值，生产管理部按照考核标准执行考核。

3.2.4 采购方式及范围：物资采购方式及范围依据公司《招标及采购管理标准》规定执行。

3.3 物资验收入库

3.3.1 物资到货验收时采购员、相关专业人员（含监理单位）应核对供货商“供货单”内容填写是否正确，包含物资的名称、型号、规格、数量等内容；核对到货物资是否与供货单、合同一致；检查外观是否完好；检查合格证、随机资料等是否齐全无误；库管员应清点物资入库。

3.3.2 库管员在《物资到货验收入库单》（见附件6.1）填写验收合格数量，参与验收人员在《物资到货验收入库单》签字后由项目或部门负责人审批，对于验收不合格品，由采购员于30天内完成换货。

3.3.3 物资验收过程中发现的缺陷问题，项目应及时跟踪、处理，做好记录。

3.3.4 有修理价值的部件，由项目提交费用请示流程后进行修理；返修件到货并经验收合格后，由库管员创建零价值采购订单办理入库。

3.3.5 项目应设置专职兼职库管员，负责项目物资的验收、入库、摆放、发放、盘点、实物核算，以及物资库房安全、卫生工作。

3.3.6 编制备品备件定额注意事项。

3.3.6.1 生产项目负责提供现场备品备件采购的品种、规格、标准、数量、单位、单价、交付期和特殊要求说明。

3.3.6.2 项目安排专人负责各自备品备件的签收、验收、管理工作，严格库房管理制度，对项目日常维护的备品备件使用必须在对应工单物料、外部物料领用办理出库领用手续，项目间借用备件物资、项目向厂家借用备件物资时必须填写备品备件借用申请并经申请部门与出借部门负责人签字审批，在明确归还日期后，借用部门应按时归还出借部门，如确认无须归还应备注说明原因。

3.3.6.3 备品库中必须按照定额备足合格的备品。

3.3.6.4 备品定额每年进行一次修订。修订的依据是备品的范围、设备的健康状况、检修检验、设备变更等。

3.3.6.5 新设备投产后，应及时制定备品定额，并足额储备。

3.3.6.6 新投产设备所带的专用工具和备品备件，由生产单位和施工单位共同验收、登记，并交项目保管，施工单位使用时可向项目领用，投产后，施工单位应将专用工具移交生产单位。

3.3.6.7 由于设备淘汰、设备更新换代、备品更新换代、备品变质损坏等原因，应及时提出申请备品报废的报告，及时处理，避免积压、误用。

3.3.6.8 掌握设备及零部件的技术要求，损坏规律，更换变动状况，定期检查定额执行情况，积累有关资料，不断提高定额管理水平，使备品备件定额日趋完善。

3.3.6.9 对无图纸或图纸不清楚、参数不详细的备件，利用日常巡检、定修的时间进行台账完善，绘制图纸。完善备品备件的图纸技术资料，为备品备件供应、设备维修提供技术依据。

3.3.6.10 设备使用过程中，对设备的润滑及保养做到位，降低设备故障率，从而降低备件的消耗。

3.3.7 备品的保管：

3.3.7.1 备品备件单独立账、分类存放、妥善保管。确保质量合格，不损伤、不变质、不失散，分类清楚，型号图号与实际相符。

3.3.7.2 对电气类备品定期进行检查试验，对试验合格的备品，应予以妥善保管，对不合格的备品，应立即由材料管理部门联系进行修复，然后才能予以存放。

3.3.7.3 对其他备品备件，应定期检查其锈蚀、磨损、性能等情况，核对其完整性，对不合格者，按照报废程序申请报废。

3.3.7.4 备品备件消耗后，项目记录每天备品备件的使用更换情况，每月上报月备品备件使用情况，每月最后一天进行库房盘点，统计分析备品备件使用情况，根据需要每月可报送物资需用计划到生产管理部，对不足的备品备件及时申请补足。

3.3.7.5 大型成套备品备件的检查试验列入年度设备检修计划中。

3.3.7.6 对在建的工程，生产管理部、项目应积极参与设备的选型、合同谈判等工作，收集必要的资料，为备品备件定额的制定、备品备件的保管打下基础。

3.3.7.7 生产管理部是公司备品备件的监督管理和考核部门，每年依据当年监督检查考核内容对使用管理部门备品的管理、落实和监督责任制进行考评、考核。

3.3.7.8 物资库房管理按照公司《库房管理办法》规定执行。

3.4 物资领用

3.4.1 领料人有领料需求时应提交物料申请，由需用部门负责人审批 。其中生产物资物料申请需关联设备编码和工单号。

3.4.2 库管员接到物料申请，应核查其内容是否填写齐全、正确，并完成审批手续，物料申请填写不规范、审批手续不全的不予发放。

3.4.3 对于填写规范且手续齐全的非生产物资、生产物资物料申请，库管员应打印一式三联的《物资领用单》（见附件 6.2）（第一联库管员留存，第二联交财务管理部记账，第三联领用部门留存）；工程物资物料申请，库管员应打印一式五联的《物资领用单》（第一联库管员留存，第二联交财务管理部记账，第三联监理单位留存，第四联施工单位留存）；按照所列项目、数量和用途，进行物料发放，发料方、领料方签字确认后库管员归档物资领用过程资料。

3.5 物资退库

3.5.1 领料人对所领物资应做到专物专用，不得随意挪作他用，若有剩余应及时办理退库手续。工程甲供物资有剩余由监理单位组织项目、施工单位共同验收，及时办理退库手续。

3.5.2 退库时由领料人填写一式三联《物资退库单》（见附件 6.3）（第一联库管员留存，第二联交财务管理部记账，第三联退库部门留存），填明退库原因，移交库管员。

3.6 物资换货

物资在使用物资过程中，发现有因质量问题无法正常使用的，在质保期内的，由采购部门按照采购合同联系供应商，办理换货手续；质保期外的，按照本办法 3.8 条“废旧物资管理（非固定资产）”相关规定执行。

3.7 物资核算

3.7.1 库管员根据《物资到货验收入库单》《物资领用单》《物资退库单》逐笔、序时登记《物资分类明细账》（见附件 6.4）；根据《物资分类明细账》按月汇总登记《物资动态表》（见附件 6.5）并核对一致。

3.7.2 财务管理部会计根据《物资到货验收入库单》《物资领用单》《物资退库单》登记原材料、工程物资明细账，并按月与库管员登记的《物资分类明细账》核对一致；如发现不符，及时汇报财务管理部负责人，由财务部组织生产管理部物资管理人员及项目物资管理人员查明原因，属于制度或管理类因素引起的应提出管理建议，属于个人能力不足或未尽职尽责，应对个人提出处罚意见。

3.7.3 盈亏处理：存在账实差异的项目应由公司总经理办公会形成处理意见，由财务管理部连同物资盘点资料一并上报国投电力财务部门，待国投电力同意后方可调整财务账或实物账。

3.7.4 每月末，库管员根据《物资分类明细账》打印载有物资明细的《物资盘点表》（见附件 6.6），由项目指定人员与库管员共同盘点库存物资；盘点完成后登记完善《物资盘点表》（一式二联，第一联库管员留存，第二联交归口部门留存）。

3.7.5 归口管理部门每年定期分别组织开展公司生产、非生产物资盘点监督检查工作，及时发布监督检查通报。

3.7.6 库管员应按月整理《物资到货验收入库单》《物资领用单》《物资退库单》《物资分类明细账》《物资动态表》《物资盘点表》等资料，按年度装订归档。

3.8 废旧物资管理（非固定资产）

3.8.1 废旧物资的登记及鉴定

在物资盘点中发现有超期保管或确需报废的物资，由库管员填写《废旧物资登记及鉴定表》（见附件6.8）。公司各部门、项目每半年首月10日前上报《废旧物资登记及鉴定表》，由生产管理部在15日内组织完成废旧物资的鉴定工作；对于部分技术复杂且价值较大的物资必要时可委托第三方进行鉴定。废旧物资鉴定经分管领导审批后执行废旧物资处置程序。

3.8.2 废旧物资的处置

3.8.2.1 废旧物资应按照“修旧利废、优先自用、有偿出让、计量准确”的原则进行处置。

3.8.2.2 公司计划经营部负责组织废旧物资处置工作，每半年组织对《废旧物资登记及鉴定表》中的废旧物资进行处理，任何部门、项目和个人都不得私自出售废旧物资。

3.8.2.3 废旧物资中有固定资产的，按照公司《固定资产及无形资产管理标准》执行。

3.8.2.4 经鉴定确需报废的物资，物资单价估计价格在20000元及以下的，由部门或项目自行出售，参与处置人员不得少于3人，原则上应由三家及以上废旧物资回收单位进行竞价，并向报价最高的废旧物资回收单位出售废旧物资；物资单价估计价格在20000元以上的，由计划经营部根据《招标管理标准》规定的招标或拍卖方式组织废旧物资处置工作。

3.8.2.5 对于废旧电池、油品、有毒化学品等对环境污染的物品，须委托有相关回收资质的单位回收，并符合当地环保部门处置要求。

3.8.2.6 出售废旧物资时，相关出售部门或项目应填写《废旧物资出售表》（见附件6.9，一式三联，第一联留存出售部门或项目，第二联留存财务管理部，第三联留存计划经营部），连同处置收入交财务管理部入账。

4 检查与考核

各物资归口管理部门对本办法规定的管理活动进行检查并对表1所列的指标进行评价，依据评价结果提出考核意见（除表内列示事项，其他事项考核以公司领导决策为准）。

表1 评价项目及指标

序号	评价项目	评价标准	责任部门	考核机构（部门）
1	物资验收入库	验收入库前必须履行验收入库手续，未履行审批手续的考核责任部门每项100元	各部门、项目	计划经营部 生产管理部
2	物资领料	物资领料前必须履行领料手续，生产物资出库必须挂工单，未履行审批手续的考核责任部门每项100元	各部门、项目	计划经营部 生产管理部
3	备品备件消耗统计	周备品备件消耗统计表每周日16:30前未上报生产管理部或上报内容有误，考核责任部门100元	各项目	生产管理部
4	物资盘点	物资动态表、物资盘点表每月末最后一天16:30前未上报生产管理部考核责任部门100元	各项目	生产管理部
5	物资采购	生产物资重复性采购造成库存物资重复采购率上升，库存积压，每发生一项考核责任部门200元	各项目	生产管理部
6	紧急采购	紧急采购项目每超过分解计划控制目标值一项考核500元	各部门、项目	计划经营部 生产管理部
7	单一来源采购	单一来源采购项目每超过分解计划控制目标值一项考核500元	各部门、项目	计划经营部 生产管理部

表 1（续）

序号	评价项目	评价标准	责任部门	考核机构（部门）
8	废旧物资鉴定申报	每半年首月 10 日前上报《废旧物资登记及鉴定表》	各部门、项目	计划经营部 生产管理部
9	废旧物资鉴定	收到鉴定表 15 日内完成鉴定	各部门、项目	计划经营部 生产管理部
10	废旧物资处理	废旧物资处置不符合要求考核 500 元，废旧油品、抹布等危化品处置不合理，不符合当地环保部门要求考核 1000 元	各部门、项目	计划经营部 生产管理部

5 附则

5.1 本办法适用于公司物资管理工作。

5.2 本办法由公司生产管理部负责解释。

5.3 本办法自发布之日起施行。

6 附件

6.1 物资到货验收入库单（见附表 1）。

6.2 物资领用单（见附表 2）。

6.3 物资退库单（见附表 3）。

6.4 物资分类明细账（见附表 4）。

6.5 物资动态表（见附表 5）。

6.6 物资盘点表（见附表 6）。

6.7 物资盘盈亏表（见附表 7）。

6.8 废旧物资登记及鉴定表（见附表 8）。

6.9 废旧物资出售表（见附表 9）。

附表 1　物资到货验收入库单

订单编号：			供货单位：						年　月　日
序号	物资编码	物资名称	规格型号	单位	数量		单价	应到合计	合计
					应到	实到			
应到合计：									
验收人签字：			验收情况：						
库管员签字：			验收情况：						
负责人签字：			验收情况：						

附表 2　物资领用单

物料申请单号：			领料日期：			用途：			部门：	
行号	物资编码	物资名称	规格型号	位置组	批次	单位	数量		单价	金额
							请领	实发		
发料人：		领料人：						审批人：系统带出		

附表3 物 资 退 库 单

物料申请单号：				退库时间：			
物资编码	物资名称	规格型号	单位	数量	单价	金额	退库原因
合计							
库管员：				退库人：			

附表4 物 资 分 类 明 细 账

类别名称：
物资编号：　　　　规格型号：　　　　计量单位：　　　　存储地点：×××项目　　　　物资名称：

年		种类	编号	摘要	入库			出库			余额		
月	日				数量	单价	金额	数量	单价	金额	数量	单价	金额
			本月合计										
			累计										
			本月合计										
			累计										

附表5 物资动态表

单位名称：				年 月								单位：元	
序号	物资编号	物资名称	规格型号	计量单位	本月收入			本月发出			本月结存			存放地点
					数量	单价	金额	数量	单价	金额	数量	单价	金额	
		合计												
部门/项目负责人：								库管员：						

附表6 物资盘点表

部门或项目：					盘点日期： 年 月 日			
序号	物资编号	物资名称	规格型号	单位	数量	盘点数量	存放地点	增减原因
1								
2								
3								
4								
5								
6								
7								
8								
9								
负责人：			盘点人：				库管员：	

附表7 物资盘盈亏表

序号	物资编码	物资名称	规格型号	单位	盘盈数量	盘亏数量
1						
2						
3						
4						
盘盈/亏原因						
处理意见						
盘点人员						

附表 8 废旧物资登记及鉴定表

部门或项目名称： 年 月 日 单位：元

序号	物资编号	物资名称	规格型号	生产厂家	单位	数量	估计单价	金额	废弃原因	鉴定意见
1										
2										
3										
4										
5										
6										
7										
8										
库管员				部门或项目负责人				鉴定人员		
生产管理部负责人				分管领导						

附表 9 废旧物资出售表

序号	物资编号	物资名称	规格型号	单位	数量	估计单价	估计金额	出售单价	出售金额
1									
2									
3									
4									
5									
6									
库管部门/项目					财务管理部				
分管领导									

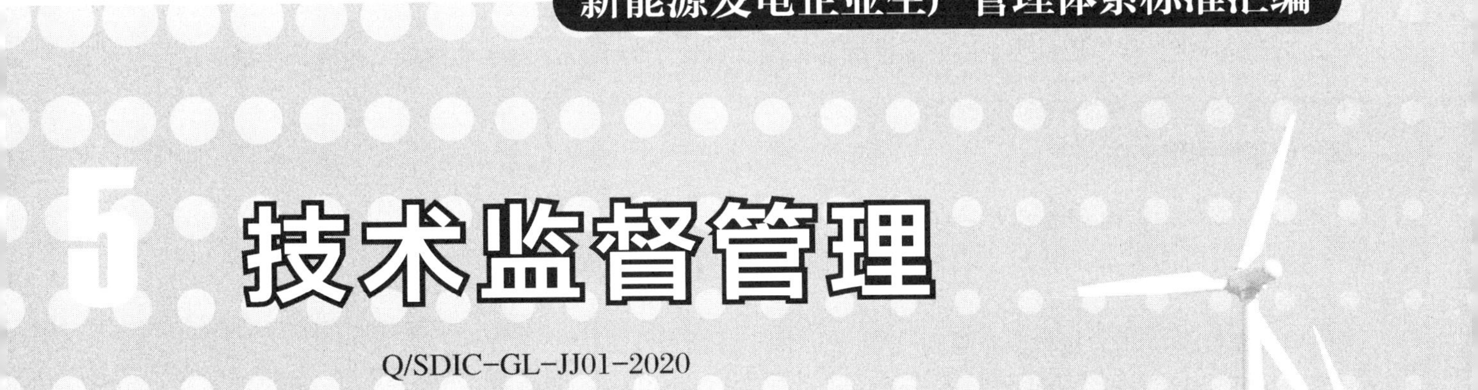

5 技术监督管理

Q/SDIC-GL-JJ01-2020

技术监督管理制度

技术监督管理制度

1 总则

1.1 为了规范公司技术监督工作，提高发电设备可靠性，保证发电设备安全、稳定、经济和环保运行，特制定本制度。

1.2 技术监督工作以质量为中心、以标准为依据、以计量为手段，建立“质量、标准、计量”三位一体的技术监督体系。

2 规范性引用文件

下列文件中的内容通过文中的规范性引用而构成本文件必不可少的条款。其中，注日期的引用文件，仅该日期对应的版本适用于本文件；不注日期的引用文件，其最新版本（包括所有的修改单）适用于本文件。

DL/T 1051 电力技术监督导则

NB/T 10110 风力发电场技术监督导则

3 术语和定义

3.1 电力技术监督：在电力规划、设计、建设及发电、供电、用电全过程中，以质量和安全为中心，依据国家、行业有关标准、规程，采用有效的测试和管理手段，对电力设备的健康水平及安全、质量、经济运行有关的重要参数、性能、指标进行检测与控制，以确保其安全、优质、经济运行。

3.2 异常：监督指标不满足或偏离国家、行业相关标准和规程要求。

3.3 预警：在技术监督过程中发现管理偏差、设备存在严重缺陷、隐患或监督指标存在较大偏差等情况下发出的预警通知。

4 职责和分工

4.1 技术监督领导小组

4.1.1 贯彻执行国家和行业、国投电力控股股份有限公司的有关技术监督制度、标准和规程。

4.1.2 建立健全公司技术监督制度、体系和技术监督网，落实技术监督管理岗位责任制。

4.1.3 按相关规定组织或参与事故的分析调查，组织制订反事故技术措施，组织解决重大技术问题。

4.1.4 审查、批准公司技术监督制度、标准、计划和预算。

4.1.5 监督、指导项目开展技术监督工作，检查各项目技术监督工作的执行情况。

4.1.6 参与在建工程项目的设计审查、设备制造、安装调试及试运行阶段的质量检查与验收工作。

4.1.7 掌握公司设备的运行、检修情况，缺陷和事故情况，在监督工作中发现设备出现重大异常或事故时，采取有效措施进行处理，向国投电力生产管理部报告。

4.1.8 检查、协调落实各项技术监督工作，并建立行之有效的考核制度。

4.1.9 审批技术监督工作奖励、考核意见。

4.1.10 监督、指导工程建设及施工单位开展技术监督工作。

4.2 生产分管领导

4.2.1 负责公司技术监督管理的领导与组织工作。

4.2.2 审批公司技术监督制度、标准。

4.2.3 审批技术监督计划、总结。
4.2.4 审核技术监督费用预算。
4.2.5 指导公司技术监督工作。

4.3 生产管理部

4.3.1 是公司技术监督工作的归口管理部门。
4.3.2 负责公司绝缘监督、继电保护监督、金属监督、化学监督、电能质量监督、电测监督、监控自动化、风力机组等技术监督管理工作。
4.3.3 负责收集、贯彻国家、行业、上级有关技术监督的各项规程、规定、制度、导则和技术措施，修订发电相关技术监督规章制度、标准。
4.3.4 负责建立技术监督管理工作体系，落实技术监督管理岗位责任制，协调解决技术监督管理工作各方面的关系，建立公司技术监督三级网络。
4.3.5 负责编制公司技术监督年度计划、费用预算。
4.3.6 负责检查、监督技术监督年度计划和预算的执行情况。
4.3.7 负责督促技术监督专业技术培训开展。
4.3.8 负责公司技术监督信息收集、审核、分析工作，按规定审核并报送技术监督工作的有关计划、报表及总结，确保监督数据完整、及时、准确。
4.3.9 监督技术监督服务合同的执行情况。
4.3.10 负责组织召开技术监督工作会议。
4.3.11 负责推广先进、成熟、可靠、实用、有效的技术监督监测和故障诊断新技术。
4.3.12 负责检查、协调落实各项技术监督工作，建立技术监督考核制度，提出、审核技术监督奖惩、考核意见。
4.3.13 参与公司事故、重大设备隐患的技术分析，提出反事故措施并督促落实。
4.3.14 参与配合在建项目的设计审查、设备制造、安装调试以及试运行阶段的质量检查与验收工作。
4.3.15 组织召开技术监督工作会议，开展培训交流活动，推广技术监督管理的工作经验和先进技术，协助解决共性和难点问题，不断提高技术监督人员水平。

4.4 项目场站

4.4.1 负责具体开展电能质量监督、继电保护监督、电测监督、绝缘监督、化学监督、金属监督、监控自动化、风力机组等技术监督工作。
4.4.2 贯彻执行国家、行业、上级有关新能源电力技术监督的各项规程、规定、制度、导则和技术措施，具体实施技术监督工作。
4.4.3 开展全过程技术监督，要保证基建工程和设备检修质量，认真执行反事故措施，努力消除设备隐患。根据实际生产情况和各项生产指标，研究拓展技术监督工作的范围和内容，并在具体技术监督工作中实施。
4.4.4 掌握本单位设备的运行情况、事故和缺陷情况；对于发现的设备缺陷要及时消除；达不到监督指标的，要提出具体改进措施。对于技术监督发现的问题，应及时制定整改计划，按“五定”原则进行闭环整改；对于达不到监督指标的项目，立即向生产管理部报告，提交具体改进方案或措施。
4.4.5 做好技术监督检测仪器仪表的维护和定期检验工作，监督各种运行表计，认真填写数据表格，确保技术监督指标准确。
4.4.6 制定本项目年度技术监督工作计划。按时报送技术监督工作计划、报表、监督工作总结，确保监督数据真实、可靠。在监督工作中发现设备出现重大异常或事故征兆时，应立即向公司技术监督主管部门报告。
4.4.7 参加技术监督培训，提高技术监督水平。
4.4.8 参加本单位新建工程的设计审查、设备选型、监造、安装、调试阶段的技术监督管理和质量验收工作。

4.4.9 参加本单位事故、重大设备隐患的技术分析工作，提出反事故措施并督促落实。

4.4.10 建立健全本项目的各项技术监督档案。

4.5 技术监督网

4.5.1 结合公司实际情况，遵照有关制度、规程和标准，开展技术监督工作。

4.5.2 对于达不到监督指标的项目，进行分析，制定改进方案或措施，向技术监督领导小组报告。

4.5.3 负责技术监督检测仪器仪表的维护和定期检验工作。

4.5.4 建立健全设备各项技术监督档案，按时报送技术监督工作有关计划、报表和总结。

4.5.5 参加技术监督培训，努力提高技术监督水平。

4.5.6 根据专业日常监督的指标情况，技术监督网应定期或不定期地开展活动。

5 管理活动的内容与方法

5.1 技术监督的范围

根据DL/T 1051对技术监督工作的要求，技术监督涵盖工程设计、设备选型、监造、安装、调试、验收、试运行、运行、维护、检修、停备用、技术改造等各个阶段，包括绝缘监督、继电保护监督、金属监督、化学监督、电能质量监督、电测监督、监控自动化、风力机组等八项技术监督。

5.1.1 绝缘监督范围

5.1.1.1 发电机。

5.1.1.2 箱式变压器：变压器及配电设备。

5.1.1.3 场内升压站：升压变压器、场用变压器、接地变压器、高压开关设备、气体绝缘金属封闭开关设备（GIS）、母线、互感器、消弧线圈、设备外绝缘（绝缘子、绝缘套管）、无功补偿装置、避雷器。

5.1.1.4 接地装置。

5.1.1.5 集电线路设备：电力电缆、场内架空线路。

5.1.1.6 并网线路。

5.1.2 继电保护监督范围

5.1.2.1 继电保护装置：发电机、变压器、母线、电抗器、电容器、线路（含电缆）、断路器的继电保护装置等。

5.1.2.2 安全自动装置：自动重合闸、备用设备及备用电源自动投入装置、故障录波器及其他保证系统稳定的自动装置等。

5.1.2.3 控制屏、信号屏与继电保护有关的继电器和元件。

5.1.2.4 连接保护装置的二次回路。

5.1.2.5 继电保护专用的通道设备。

5.1.2.6 直流系统和蓄电池。

5.1.3 化学监督范围

5.1.3.1 变压器油（绝缘油）：变压器、互感器、电抗器、有载开关、断路器、套管等充油设备用变压器油及所属设备绝缘油或设备内部故障在线监测设施设备，备用变压器油。

5.1.3.2 六氟化硫：用六氟化硫气体作为绝缘、灭弧介质的设备用六氟化硫气体及相应设备内部故障在线监测设施设备，备用六氟化硫气体。

5.1.3.3 液压油（抗磨油）：液压系统用油。

5.1.3.4 齿轮油：齿轮箱用油。

5.1.3.5 润滑脂：风电机组用润滑脂。

5.1.3.6 冷却液：风电机组用冷却液。

5.1.4　金属监督范围
5.1.4.1　塔架及附件，包括塔筒、连接法兰、连接高强度紧固件、焊缝、爬梯、电缆固定支架。
5.1.4.2　风机安装基础。
5.1.4.3　机舱底盘及其连接用高强度紧固件。
5.1.4.4　旋转部件，包括传动系统的增速齿轮箱，低速轴和高速轴，低速轴和高速轴轴承，风机轮毂、叶片，刹车装置，联轴器，以及连接用高强度紧固件。
5.1.4.5　液压装置，包括风力发电机液压站的油箱、管道和管件。
5.1.4.6　制动系统。
5.1.4.7　变桨系统。
5.1.4.8　偏航系统。
5.1.4.9　冷却系统。
5.1.4.10　润滑系统。
5.1.4.11　架空输电线路杆塔。
5.1.4.12　光伏组件支架。
5.1.5　电能质量监督范围
5.1.5.1　电压控制与无功配置。
5.1.5.2　有功功率控制与运行频率。
5.1.5.3　电压波动和闪变、谐波。
5.1.5.4　低电压穿越。
5.1.5.5　高电压穿越。
5.1.5.6　快速频率响应。
5.1.5.7　电能质量监测设备。
5.1.5.8　接入电网测试。
5.1.6　电测监督范围
5.1.6.1　电工测量直流仪器：包括直流电桥、直流电位差计、标准电阻、直流电阻箱、直流分压箱等。
5.1.6.2　电测量指示仪器仪表：指以模拟方式指示的各类电测量仪器仪表。
5.1.6.3　电测量数字仪器仪表：指以数字方式显示的各类电测量仪器仪表。
5.1.6.4　电测量记录仪器仪表：包括统计型电压表、电能质量监测装置等。
5.1.6.5　电能表：包括单、三相电子式电能表、感应式电能表、安装式多功能电能表等。
5.1.6.6　电能计量装置：包括各种类型电能表，计量用电压、电流互感器及其二次回路、电能计量柜（箱）等。
5.1.6.7　电流、电压互感器。
5.1.6.8　包括现场安装的电力用电流、电压互感器和组合互感器。
5.1.6.9　电测量变送器：指将交流电流、电压、有功（无功）功率、频率、功率因数、相位和直流电流、电压等电量转换为直流电压、电流的变换式仪器仪表。
5.1.6.10　交流采样测量装置：指将工频电量量值电流、电压、频率经数据采集、转换、计算的各电量量值（电流、电压、有功功率、无功功率、频率、相位角和功率因数等）转变为数字量传送至本地或远端的远动终端设备、智能化单元、厂站测控单元、功角测量装置、高压监测设备、保护测量一体化装置等测量控制装置。
5.1.6.11　电测量系统二次回路：指现场安装的电力用电流、电压互感器连接到电测量仪器仪表的二次线圈及连接线、接线端子等。
5.1.6.12　电测计量标准装置：指用于检定或校准各类电测量仪器仪表的标准装置。
5.1.6.13　电能量计量系统：指电能量计量表计、电能量远方终端（或传送装置）、信息通道及现场监视设备组成的系统。

5.1.6.14 电试类测量仪器：包括继电保护测试仪、高压测试设备等。

5.1.6.15 电测计量标准装置。

5.1.7 监控自动化监督范围

监视、控制风力发电机组/光伏逆变器的所有自动装置及所属的二次回路，包括：

5.1.7.1 风机远程监控系统及能量管理平台。

5.1.7.2 风机主控系统。

5.1.7.3 变桨控制系统。

5.1.7.4 防护制动系统。

5.1.7.5 偏航控制系统。

5.1.7.6 液压控制系统。

5.1.7.7 冷却/加热控制系统。

5.1.7.8 变频控制系统。

5.1.7.9 润滑油控制系统。

5.1.7.10 在线振动监测系统。

5.1.7.11 消防报警系统。

5.1.7.12 箱式变电站远程监控系统。

5.1.7.13 升压变电站远程监控系统/光伏电站综合自动化系统。

5.1.7.14 功率预测系统。

5.1.7.15 有功功率控制系统。

5.1.7.16 无功电压控制系统。

5.1.7.17 机组视频语音监控系统。

5.1.7.18 站内通信系统。

5.1.7.19 监控自动化设备：

5.1.7.19.1 检测元件，包括温度、压力、转速、振动、扭缆、烟雾、电流、电压、频率、风速、风向、油位、位置等一次传感器。

5.1.7.19.2 二次线路，包括导线、电缆、网线、光缆、电缆槽架、支架、二次接线盒及端子排等。

5.1.7.19.3 显示、记录仪表及控制、执行、保护元件，包括指示、记录仪表、数据采集装置、继电器、接触器、电磁阀、变频器、滤波器、IGBT、电子电路板、交换机通信插件、电源等。

5.1.7.19.4 过程监视控制单元，包括远程计算机、PLC 和各种控制模块等。

5.1.8 风力机组监督范围

5.1.8.1 风轮。

5.1.8.2 轴承及轴系。

5.1.8.3 联轴器。

5.1.8.4 机舱。

5.1.8.5 控制系统。

5.1.8.6 机舱控制箱（顶柜）。

5.1.8.7 风力机控制柜（底柜）。

5.1.8.8 液压系统。

5.1.8.9 制动系统。

5.1.8.10 塔架。

5.1.8.11 风力机安装基础。

5.1.8.12 齿轮箱。

5.1.8.13　变桨系统。
5.1.8.14　偏航系统。
5.1.8.15　冷却系统。

5.2　技术监督工作要求

5.2.1　要健全技术监督组织机构，落实责任。按监督项目建立技术监督网，依据技术监督标准、规定，做好技术监督工作。建立技术监督责任制，实行签字验收制度，做到责任到人，一级对一级负责。
5.2.2　要严格按照国家和行业标准开展技术监督工作，按期完成每一项监督指标，提出监督中发现设备缺陷的处理意见及措施，使被监督设备始终处于受控状态。
5.2.3　要建立健全各种技术监督工作档案、规程、制度和技术资料。设备制造、安装调试、运行、检修及技术改造等基建和生产全过程的技术监督原始档案和技术资料，应按照公司档案管理制度统一保管，并确保其完整性和连续性。对被监督设备应有：
5.2.3.1　技术规范、技术指标和检测周期。
5.2.3.2　相应的检测手段和诊断方法。
5.2.3.3　全过程的技术监督数据记录。
5.2.4　应保证从事技术监督工作人员的相对稳定；从事技术监督工作人员应具有本专业的理论知识，并参加相应的技术培训，做到持证上岗。
5.2.5　对于达不到监督指标的项目，项目应及时向生产管理部报告，生产管理部应组织研究分析，制定具体改进方案或措施并监督执行，对于重大问题，生产管理部应汇报公司技术监督领导小组决策，并及时报告上级公司技术监督主管部门。
5.2.6　项目应做好技术监督检测仪器仪表的维护和定期检验工作，监督各种运行表计，填写数据表格，确保技术监督指标准确。

5.3　技术监督网络建立

5.3.1　公司技术监督工作实行三级管理：分管领导—职能部门—项目。
5.3.2　公司成立以分管领导为组长，生产管理部负责人为副组长，各项目负责人为成员的技术监督领导小组。
5.3.3　公司成立公司、部门、班组组成的技术监督三级网络。
5.3.4　由项目于每年×月×日前将本项目技术监督人员名单报送至生产管理部，生产管理部相关专业工程师拟定各专业技术监督网络，由生产管理部负责人审核，分管领导审批，于×月×日前完成发布。
5.3.5　技术监督网络人员发生变动，应于×个工作日内报生产管理部相关专业工程师，由生产管理部负责更新技术监督网络。

5.4　技术监督管理

5.4.1　技术监督工作报告：
5.4.1.1　各专业技术监督半年度（年度）总结、报表，于×月×日前、次年×月×日前报生产管理部，由生产管理部汇总、审核后于×月×日前、次年×月×日前报送至国投电力。
5.4.1.2　每年×月×日前，各专业将下一年度技术监督工作计划、预算费用报生产管理部，生产管理部汇总、审核后，×月×日前报送国投电力。
5.4.2　技术监督工作会议：
5.4.2.1　积极参加国投电力、技术监督单位组织的监督工作会议，总结、交流各技术监督工作经验，接受上级单位、部门技术监督业务指导和监督。
5.4.2.2　每年上、下半年各召开不少于×次公司技术监督工作会议，检查、布置、总结技术监督工作，对技术监督工作中的问题提出处理意见和防范措施。
5.4.2.3　各专业每年度召开不少于 2 次公司技术监督工作会议，总结本专业技术监督工作，如日常监督发现指标异常时，应召开专题会议进行研究。

5.4.3 建立健全各种技术监督工作档案、规程、制度和技术资料，设备安装、调试、运行、检修、技术改造等电力建设和生产全过程的技术监督原始档案和技术资料，按公司《档案管理制度》妥善保管。

5.4.4 积极参加国投电力及其他技术服务机构组织的培训和交流，不断提高公司技术监督管理水平。

6 检查与考核

6.1 生产管理部组织对本制度的执行进行检查评价，并对以下情况进行考核：

6.1.1 未及时完成各项技术监督年度工作计划。

6.1.2 未定期或有效开展技术监督活动。

6.1.3 未按要求召开技术监督会议及上传会议纪要。

6.1.4 未按时上报技术监督报表、总结、计划。或由于质量不符合要求，退回修改后仍不能满足要求的，或时间超期的。

6.1.5 未按时按质完成公司安排、下达的其他技术监督工作。

6.1.6 各技术监督网络必须做好监督台账的信息化管理工作，如发现台账记录不准确、不完整现象的。

6.1.7 各专业技术监督网负责人根据各技术监督标准和技术监督管理实施细则要求督促网络人员做好各项技术监督和技术管理工作，如发现工作不到位、执行力不力等现象的。

6.1.8 各技术监督网络应当按照年度（季度、月度）技术监督计划做好技术监督工作，如不能按计划、按要求完成的。

6.1.9 各技术监督网络应当对所管辖设备的运行、维护、检修进行监督，跟踪分析技术难题并提出消除缺陷的措施，掌握各专业的薄弱环节，并不断改进提高，如由于技术监督工作不到位，引起专业出现运行、检修的质量问题。

6.1.10 上级监督单位、公司对各技术监督网络进行的检查中，得分率低于85%的。

6.1.11 对于技术监督网络工作开展情况良好，或解决了专业重大技术难题的，技术监督领导小组将根据情况给予奖励。

6.2 技术监督各专业考核指标见表1。

表1 技术监督各专业考核指标

<table>
<tr><td>专业</td><td colspan="2">指标项目
%</td><td>考核指标或标杆指标
%</td><td>备注</td></tr>
<tr><td rowspan="5">绝缘</td><td colspan="2">预试完成率</td><td>100</td><td></td></tr>
<tr><td rowspan="2">缺陷消除率</td><td>危急缺陷</td><td>100</td><td></td></tr>
<tr><td>严重缺陷</td><td>90</td><td></td></tr>
<tr><td colspan="2">设备完好率</td><td>100</td><td></td></tr>
<tr><td colspan="2">试验仪表校验率</td><td>100</td><td></td></tr>
<tr><td rowspan="4">继电保护</td><td colspan="2">保护装置投入率</td><td>100</td><td></td></tr>
<tr><td colspan="2">全部保护装置正确动作率</td><td>95</td><td></td></tr>
<tr><td colspan="2">定检项目完成率</td><td>100</td><td></td></tr>
<tr><td colspan="2">故障录波器录波完好率</td><td>100</td><td></td></tr>
<tr><td rowspan="3">金属</td><td colspan="2">定期检验项目完成率</td><td>100</td><td></td></tr>
<tr><td colspan="2">超标缺陷处理率</td><td>100</td><td></td></tr>
<tr><td colspan="2">超标缺陷消除率</td><td>95</td><td></td></tr>
</table>

表 1（续）

专业	指标项目 %	考核指标或标杆指标 %	备注
化学	变压器油合格率	98	
	齿轮油合格率	95	
	液压油合格率	98	
	六氟化硫气体合格率	100	
电能质量	电能质量监测设备投入率	100	
	主要监测参数合格率	100	
电测	电测仪表检验率	100	
	调前合格率	98	
监控自动化	风机保护投入率	100	
	监控自动化系统/综自系统投入率	100	
	自动控制系统投入率	100	
	主要监测参数合格率	100	
	通信系统畅通率	98	
	通信系统可用率	95	
	通信设备供电可用率	100	

7 附则

7.1 本制度适用于公司技术监督管理工作。
7.2 本制度由公司生产管理部负责解释。
7.3 本制度自发布之日起施行。

8 附件

8.1 技术监督年度工作计划（见附表 1）。
8.2 技术监督年度工作总结（见附表 2）。
8.3 技术监督会议纪要（见附表 3）。
8.4 技术监督整改通知单（见附表 4）。

附表 1 技术监督年度工作计划

单位：						
序号	项目	目标与要求	主要措施	完成时间	责任部门	配合部门
1	工作目标					
2	试验工作					
3	日常工作					
4	技术培训					
5	其他					
企业负责人：			监督专责：		联系方式：	

附表 2 技术监督年度工作总结

一、____________技术监督年度计划完成情况

（一）对年度计划、完成的监督项目进行分析评价，对主要指标、重点数据进行具体分析，对关键性指标进行同比、环比和计划目标分析，分析该指标完成值在地方区域所处水平，找出影响指标变化的原因，作出具体说明并提出优化建议；

（二）对未完成的监督项目说明原因，明确审批手续并提出后续处理意见；

（三）对监督项目执行过程中出现的问题进行说明，对技术服务单位的报告情况进行简要总结，对技术服务报告中出现的问题提出应对处理意见。

二、____________技术监督网活动情况

（一）技术监督网体系建设及调整情况；

（二）技术监督会议召开情况，技术监督活动情况；

（三）重大、专项技术难题的攻关情况。

三、________技术监督制度建设及制度执行情况，对新制定制度、措施、办法、技术标准作简要说明，对已有制度执行情况和执行过程中存在的问题做分析及提出解决方案。

四、下一年度____________技术监督的目标和任务。

五、对国投电力技术监督管理工作的意见及建议。

说明：技术监督统计表格式以对应专业的上级文件要求为准

附表 3 （填写监督网名称）技术监督（填写月度/季度/年度）会议纪要

会议时间：

会议地点：

会议主持：

会议记录：

参加人员：

缺席人员：

会议议程：（仅供参考）

汇报月度计划进度及完成情况；

根据本专业技术监督小组设备运行情况，进行下月工作重点安排；

探讨、解决本专业技术监督小组重大缺陷、隐患；

根据相关考核细则，向生产管理部上报考核情况；

组织学习国内外先进技术、交流相关技术信息等；

其他（如重点讨论技术方案，领导指示、总结等）。

会议纪要按照以下格式整理上传：

1．上月份技术监督主要指标情况；

2．上月份技术监督工作完成情况；

3．存在主要问题及解决思路或建议；

4．下月份主要工作安排；

5．需公司解决的问题；

6．其他（如有，附必要的图表、照片或其他支撑性材料或要说明的问题）。

年　　月　　日

附表 4　技术监督整改通知单

<table>
<tr><td colspan="4">专业：</td><td colspan="3">编号：</td></tr>
<tr><td colspan="2">责任部门</td><td colspan="2"></td><td colspan="2">时间</td><td>年　　月　　日</td></tr>
<tr><td colspan="2">设备（系统）名称及编号</td><td colspan="5"></td></tr>
<tr><td>异常情况</td><td colspan="6"></td></tr>
<tr><td>整改要求</td><td colspan="6"></td></tr>
<tr><td>整改时间</td><td colspan="6"></td></tr>
<tr><td>发出部门</td><td colspan="2"></td><td colspan="2">副总经理</td><td colspan="2"></td></tr>
<tr><td>备　注</td><td colspan="6"></td></tr>
</table>

5 技术监督管理

Q/SDIC-GL-JJ02-2020

电测技术监督实施细则

电测技术监督实施细则

1 总则

为规范公司（指新能源投资企业，下同）电测技术监督范围内各设备的安全稳定运行，根据国家和行业有关标准、规程及《国投电力控股股份有限公司电测技术监督实施细则》，特制定本实施细则。

2 规范性引用文件

下列文件中的内容通过文中的规范性引用而构成本文件必不可少的条款。其中，注日期的引用文件，仅该日期对应的版本适用于本文件；不注日期的引用文件，其最新版本（包括所有的修改单）适用于本文件。

GB/T 11150 电能表检验装置

GB/T 13850 交流电量转换为模拟量或数字信号的电测量变送器

GB/T 16934 电能计量柜

GB/T 17215.211 电测量设备（交流）通用要求、试验和试验条件 第 11 部分：测量设备

GB/T 17215.301 多功能电能表 特殊要求

GB/T 17215.311 交流电测量设备 特殊要求 第 11 部分：机电式有功电能表（0.5、1 和 2 级）

GB/T 17215.321 电测量设备（交流）特殊要求 第 21 部分：静止式有功电能表（A 级、B 级、C 级、D 级和 E 级）

GB/T 17215.701 标准电能表

DL/T 410 电工测量变送器运行管理规程

DL/T 448 电能计量装置技术管理规程

DL/T 460 智能电能表检验装置检定规程

DL/T 614 多功能电能表

DL/T 668 测量用互感器检验装置

DL/T 973 数字高压表检定规程

DL/T 980 数字多用表检定规程

DL/T 1112 交、直流仪表检验装置检定规程

DL/T 1199 电测技术监督规程

DL/T 1473 电测量指示仪表检定规程

DL/T 1507 数字化电能表校准规范

DL/T 5137 电测量及电能计量装置设计技术规程

DL/T 5202 电能量计量系统设计技术规程

JJG 124 电流表、电压表、功率表及电阻表

JJG 125 直流电桥检定规程

JJG 126 交流电量变换为直流电量电工测量变送器

JJG 166 直流电阻器

JJG 307 机电式交流电能表检定规程

JJG 313 测量用电流互感器

JJG 314 测量用电压互感器

JJG 366 接地电阻表检定规程

JJG 505 直流比较仪式电位差计检定规程
JJG 531 直流电阻分压箱检定规程
JJG 569 最大需量电能表检定规程
JJG 596 电子式交流电能表检定规程
JJG 597 交流电能表检定装置检定规程
JJG 622 绝缘电阻表（兆欧表）检定规程
JJG 690 高绝缘电阻测量仪（高阻计）检定规程
JJG 691 多费率交流电能表检定规程
JJG 726 标准电感器检定规程
JJG 780 交流数字功率表
JJG 982 直流电阻箱检定规程
JJG 1005 电子式绝缘电阻表检定规程
JJG 1021 电力互感器检定规程
JJF 1033 计量标准考核规范
JJF 1587 数字多用表校准规范
JJF 1638 多功能标准源校准规范
中华人民共和国计量法
中华人民共和国电力法
电安生〔1994〕191 号 电力系统继电保护及安全自动装置反事故措施要点
国家电网设备〔2018〕979 号 十八项电网重大反事故措施（修订版）

3 术语和定义

电测技术监督：是指对电量值传递、电气仪表检定、电气计量器具的配置、电气计量装置、测量系统和计量产品的设计选型、制造、验收、安装、调试、检修维护、技术改造等全过程的技术监督管理工作。

4 职责和分工

4.1 技术监督网

4.1.1 贯彻执行上级有关要求，组织制定企业电测技术监督管理制度、实施细则及技术措施等，组织开展企业监督工作。
4.1.2 建立健全企业以生产分管领导为领导的三级电测技术监督网，设置电测技术监督专责工程师，明确监督网各级岗位职责分工，建立考核机制。
4.1.3 制订企业电测工作规划、计划，经批准后组织实施。
4.1.4 编制电测技术监督工作总结、报告及有关报表，并按要求报送，重大问题及隐患应专题报告。
4.1.5 负责企业新建、改建、扩建和重大技术改造项目的设计审查、设备选型、监造、出厂验收、安装调试质量监督等工作。
4.1.6 定期组织召开企业电测技术监督分析会议，总结分析受监设备运行、检修、缺陷和试验等情况。
4.1.7 组织研究受监设备异常和事故情况，查找原因并制定有效措施，消除影响电测设备安全运行的不利因素，重大问题如实上报。
4.1.8 建立健全受监设备技术资料档案。
4.1.9 根据实际需要，配备电测技术监督工作所需人员与试验设备，开展培训，不断提高电测技术监督专业水平。

4.2 电测技术监督专责工程师

4.2.1 贯彻落实国家、行业及国投电力电测技术监督有关制度、规程和标准，组织协调企业电测技术监督工作。

4.2.2 负责宣贯电测技术监督有关文件指示及制度、标准，参与制定企业电测技术监督有关制度、实施细则及技术措施。
4.2.3 参与制订企业电测技术监督工作规划、计划、考核办法及技术指标，督促落实年度工作计划。
4.2.4 及时掌握受监设备的工作状态，督促设备消缺。
4.2.5 定期组织开展电测技术监督指标统计、分析工作，组织编写并向上级有关单位和部门报送监督报表、总结。
4.2.6 参加企业电测技术监督工作会议、检修质量验收和相关事故分析，制定整改方案。
4.2.7 参加企业新建、改建、扩建或重大技术改造项目的设计审查、设备选型和启动验收等工作，组织建立电测技术档案。
4.2.8 掌握电测技术领域最新动向，协助开展电测科技项目攻关，协助解决电测技术监督工作中的技术问题。
4.2.9 认真行使监督职权，对违反国家、行业及国投电力有关规章制度的行为有制止权；对存在安全隐患的电测设备有建议整改权。
4.2.10 积极参加国投电力、行业及相关单位组织的电测技术监督活动，组织或参与企业电测技术监督活动。

4.3 电测技术监督专责工程师的任职要求

4.3.1 熟悉国家、行业及国投电力有关电测技术监督的法律法规、制度和标准。
4.3.2 掌握电测技术有关知识，具有较为丰富的电测专业理论知识和实践经验；参加相应的专业技术培训，做到持证上岗。
4.3.3 工作严谨，能够辩证、科学地开展研究分析工作，做到有理、有据。
4.3.4 具有较强的组织协调能力，能够指导生产现场作业人员解决工作中遇到的较为复杂的技术问题。
4.3.5 具有进取精神，不断了解和掌握新技术、新材料、新方法和新观念。
4.3.6 专责工程师工作调动，要办理好相关技术档案交接手续。

5 管理活动的内容与方法

5.1 电测技术监督内容：
5.1.1 电能计量装置与系统：包括电能表，计量用电压、电流互感器及其二次回路，电能计量屏、柜，以及与电能计量有关的失压计时器与电能信息采集与管理系统等。
5.1.2 电气测量设备：包括电测量数字仪器仪表、电测量指示仪器仪表、电测量记录仪器仪表、直流仪器仪表、交换式仪器仪表（变送器）、交流采样测量装置、电测量系统二次回路、电流及电压互感器等。
5.1.3 电测计量检测人员及实验室。
5.2 检定周期：
5.2.1 场用变压器、用于结算的上网线路的电能计量装置精度等级应不低于 DL/T 448 规定，检验率达 100%，检验合格率达 100%。
5.2.2 非生产用电应配齐计量表计，电能表精度等级不低于 1.0 级，检验合格率不低于 95%。
5.2.3 等级指数 0.5 级及以上的重要仪器仪表检定周期为 1 年，其余仪器仪表检定周期为 2 年～4 年；重要电量变送器检定周期为 1 年，一般电量变送器为 2 年～4 年。
5.2.4 6kV 及以上电压、电流互感器检定周期按 JJG 1021 规定执行，运前应具有检定证书。
5.2.5 关口及重要电能计量装置中电压互感器二次回路压降至少每二年测试一次，其他电压互感器二次回路电压降至少每四年测试一次。
5.2.6 交流采样（RTU）装置校验周期 1 年～3 年，首次安装必须对遥测、遥信和遥调功能进行检定和调试；绝缘电阻表（兆欧表）检定至少每两年检验一次。
5.3 量值传递要求：
5.3.1 定期将本单位最高计量标准器具送上级计量机构检定，并负责检定本单位所管辖的电测仪表。
5.3.2 电测仪表的周期送检计划由上一级仪表监督（量传）机构核定下达，必须认真执行，遇有特殊情况需改变，须经监督机构同意。

5.3.3 无论如何原因，标准器具未按期检定即认为失准，失准之标准器具应查封，停用。

5.4 电测计量器具和实验室要求：

5.4.1 电测计量器具的通用要求：

5.4.1.1 电测计量器具应是按现行国家或国际技术标准制造的产品。

5.4.1.2 电测计量器具的计量性能和技术规范，应符合设计和实际使用的要求。

5.4.1.3 电测计量器具应有制造计量器具许可证（CMC 证）、进网许可证和出厂检验合格证。

5.4.1.4 电测计量器具应按相关规程的规定要求进行周期检定（包括首次检定），按检定规程要求出具检定证书（或检定结果通知书、检定合格证）。禁止使用检定不合格的计量器具（降级后能满足使用要求的电测计量器具，允许降级使用）。

5.4.2 电测计量标准实验室的要求：

5.4.2.1 试验室的环境温度、相对湿度必须符合国家、行业相关规程、规范的要求，并应设立与外界隔离的保温防尘缓冲间。

5.4.2.2 试验室应有防尘、防火措施，新风补充量和保护接地网应符合要求；室内应光线充足、噪声低、空气流速缓慢、无外电磁场和振动源、布局整齐并保持清洁。

5.4.2.3 试验室应配备足够数量的专用工作服及帽鞋，并配备防寒服。

5.4.2.4 试验室应具备以下规章制度：实验室岗位责任制、计量标准使用维护制度、检定记录及证书核验制度、仪器仪表周检制度、事故报告制度、实验室安全卫生制度、仪器仪表管理使用制度、仪器仪表收发制度、技术档案管理制度和上级颁发及本单位制定的其他制度。

5.4.3 电测计量标准装置的要求：

5.4.3.1 根据实际情况，具备条件时公司应建立相应准确度等级和测量范围的电测计量标准，承担检定所有 0.5 级及以下等级的试验用表、携带型直流仪器和配电盘表、电量变送器。由于各种原因没有建立应建标准，部分计量器具的传递检定，可委托上级或同级监督机构承担，但应征得受委托单位的同意，并支付所需费用。

5.4.3.2 公司在购置高精度仪器仪表时，应事先征求上一级单位电测仪表检定部门的意见，以免造成量值传递困难。否则上级监督检定机构，有权拒绝检定。

5.4.3.3 各级电测监督机构的量值传递标准装置，必须依法经过上级电测监督机构的技术考核合格，持有效期限内的 计量标准合格证书；计量检定人员必须依法通过考试，取得 计量检定人员合格证，方可开展量值传递检定工作。同时应根据国家法规变化取得有效的证书，如注册计量工程师等。

5.5 在计量标准装置有效期满前六个月须向原考核部门提出复查申请，申请的程序应按 JJF 1033 规定办理。

5.6 计量标准器在送检前后应进行比对，建立数据档案、考核其年稳定性。

5.7 技术监督和管理要求：

5.7.1 建立健全公司技术监督网体系和各级监督岗位责任制。开展正常的监督网活动并记录活动内容、参加人员及有关要求。

5.7.2 建立完整的监督管理制度和有关计量器具选型、流转、使用、借用、校验、运行维护、报废等制度。

5.7.3 电测量值传递应符合量值溯源体系的要求。

5.7.4 从事电测计量检定工作的人员必须取得授权机构颁发的资质证书，方可开展检定工作，且从事检定的项目及内容应与人员证书上标注的内容一致。

5.7.5 用于量值传递的电测计量标准器和工作中的电测计量器具均应按相关规程、规范进行定期检定/校准（含现场校验）。凡检定/校准后无证书或超过检定周期而尚未检定/校准的电测计量标准器和电测计量器具必须停用。

5.7.6 电测计量器具必须具备完整的符合实际情况的技术档案、图纸资料和仪器仪表设备台账，并建立健全仪器仪表计算机电子档案。

5.7.7 制订计量器具周期检验计划，并按期执行。

5.7.8 对监督范围内的设备运行、检修、使用、维护等情况进行检查。

5.7.9 凡检定合格的计量器具应有封印或粘贴合格证，任何人员不得擅自拆封。对运行中的电能计量装置，加封和启封须由检测机构完成，任何单位和个人不得开启封印。

5.7.10 凡长期搁置不用或封存的计量器具，由使用部门事先提出，经上级监督机构同意可以不列入周检计划，这类仪表应标明封存标志，当需要使用时，必须重新检定/校准。

5.7.11 对长期不用、封存或淘汰的计量标准装置，须以书面形式报原发证机关备案。

5.7.12 计量器具经检修调试后，确系达不到原来等级要求时，应给予降级、限用处理，降级、限用仪表应有明显标志。

5.7.13 计量器具应指定专人保管，放置在清洁干燥的柜橱内，建立日常清洁维护制度，定期进行清揩、清点，发现有缺陷应及时送修。

5.7.14 为了保证计量器具检定和维修质量，仪表专业的工作场所应保持整齐清洁、光线充足，适当宽敞，符合有关检验规程要求。

5.7.15 电测计量标准器和电测计量器具在送检或运输途中必须按有关规定执行。作为传递用的标准计量器具须固定使用，不得挪作他用。

5.7.16 电测技术监督部门应重视计量器具的各种试验数据的分析，重视对历史数据和各种数据之间的综合比较、分析，争取在事故发生前发现和解决事故隐患。

5.7.17 应有本单位电测计量装置一次系统配置图和二次接线图。

5.7.18 应有电测计量人员档案、培训记录。

5.7.19 ×月×日前将下一年度电测技术监督工作计划，按附件格式报送国投电力；每年×月×日前将上一年度电测技术监督工作总结，按附件格式报送国投电力；每年×月×日前、次年×月×日前分别将半年、全年技术监督报表按附件格式报送国投电力；发生重大技术监督问题应组织专题研究，及时向国投电力进行专题报告。

5.7.20 要防止下列五种违章行为，即：擅自启封表盖更换内部零件、擅自挪用仪表或转借外单位、擅自改变计量接线或互感器变比而不及时通知仪表专责人员、隐瞒仪表丢失或损坏事故、使用无检定证书的仪表与标准设备。

5.7.21 电测仪表的使用、保管、运输要防止仪表的五种恶性损坏，即：烧毁、摔落、拆散、颠震、挤压。仪器仪表在送检或运输途中，必须采取有效的防震、防潮、防尘措施。作为传递检定用的标准仪器、仪表要固定使用，不得挪作他用。

5.7.22 电测技术监督工作实行监督请示报告制和岗位责任制，坚持全过程技术监督的原则，对年度电测技术监督计划进行闭环管理，每年至少召开两次电测技术监督工作会议，定期检查监督计划及监督指标完成情况，对重大问题应及时召开专题会议研究，并形成专题报告。

6 检查与评价

6.1 生产管理部组织对本实施细则的执行进行检查评价。

6.2 按《技术监督管理制度》相关考核执行。

7 附则

7.1 本实施细则适用于公司电测技术监督管理工作。

7.2 本实施细则由公司生产管理部负责解释。

7.3 本实施细则自发布之日起施行。

8 附件

电测技术监督报表（见附表1）。

附表 1 电测技术监督报表

<table>
<tr><td colspan="5">仪器仪表检定</td></tr>
<tr><td colspan="3">填报单位：</td><td colspan="2">填报日期：</td></tr>
<tr><td>仪器仪表分类</td><td>计划校验
个数</td><td>实际校验
个数</td><td>调前不合格
个数</td><td>备注</td></tr>
<tr><td>0.2 级～0.5 级标准表</td><td></td><td></td><td></td><td></td></tr>
<tr><td>配电盘表（含电能表）</td><td></td><td></td><td></td><td></td></tr>
<tr><td>绝缘电阻表</td><td></td><td></td><td></td><td></td></tr>
<tr><td>电压监测仪</td><td></td><td></td><td></td><td></td></tr>
<tr><td>电测量变送器</td><td></td><td></td><td></td><td></td></tr>
<tr><td>交流采样测量装置</td><td></td><td></td><td></td><td></td></tr>
<tr><td>其他</td><td></td><td></td><td></td><td></td></tr>
<tr><td colspan="5">关口电能表现场校验</td></tr>
<tr><td>分类</td><td>计划校验
个数</td><td>实际校验
个数</td><td>调前不合格
个数</td><td>备注</td></tr>
<tr><td>关口电能表</td><td></td><td></td><td></td><td></td></tr>
<tr><td>重要计量装置电能表</td><td></td><td></td><td></td><td></td></tr>
<tr><td>电量差错</td><td>本年度纠正计量差错
次</td><td>纠正差错电量
万 kWh</td><td>追回差错电量
万 kWh</td><td>退回差错
电量
万 kWh</td></tr>
<tr><td>其他</td><td></td><td></td><td></td><td></td></tr>
<tr><td>批准：</td><td colspan="2">审核：</td><td colspan="2">填表人及联系电话：</td></tr>
</table>

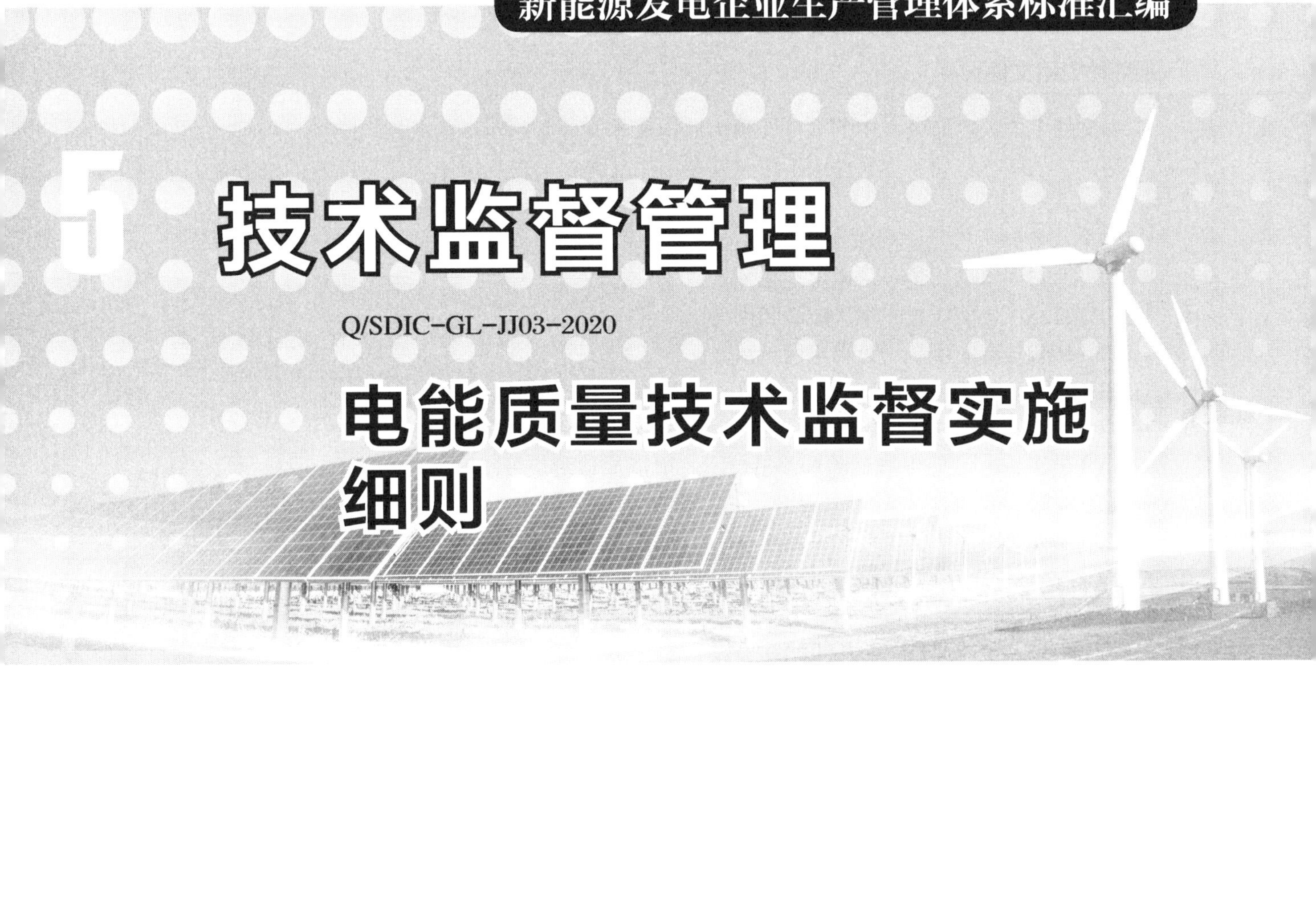

新能源发电企业生产管理体系标准汇编

5 技术监督管理

Q/SDIC-GL-JJ03-2020

电能质量技术监督实施细则

电能质量技术监督实施细则

1 总则

为规范电能质量技术监督工作的有序开展，根据国家和行业有关标准、规程及《国投电力控股股份有限公司电能质量技术监督实施细则》，制定本实施细则。

2 规范性引用文件

下列文件中的内容通过文中的规范性引用而构成本文件必不可少的条款。其中，注日期的引用文件，仅该日期对应的版本适用于本文件；不注日期的引用文件，其最新版本（包括所有的修改单）适用于本文件。

GB 755 旋转电机 定额和性能
GB/T 12325 电能质量 供电电压偏差
GB/T 12326 电能质量 电压波动和闪变
GB/T 14549 电能质量 公用电网谐波
GB/T 15543 电能质量 三相电压允许不平衡度
GB/T 15945 电能质量 电力系统频率偏差
GB/T 17626.30 电磁兼容试验和测量技术 电能质量测量方法
GB/T 18481 电能质量 暂时过电压和瞬态过电压
GB/T 19862 电能质量监测设备通用要求
GB/T 19963 风电场接入电力系统技术规定
GB/T 20320 风力发电机组电能质量测量和评估方法
GB/T 24337 电能质量 公用电网间谐波
DL/T 1028 电能质量测试分析仪检定规程
DL/T 1053 电能质量技术监督规程
NB/T 31003 大型风电场并网设计技术规范
NB/T 31005 风电场电能质量测试方法
Q/GDW 747 电网自动电压控制技术规范
Q/GDW 11273 风电有功功率自动控制技术规范
国能安全〔2014〕161 号 防止电力生产事故的二十五项重点要求

3 术语和定义

3.1 标称频率：是指系统设计选定的标准频率。

3.2 频率偏差：是指系统频率的实际值和标称值之差。

3.3 频率合格率：是指实际运行频率偏差在限值范围内的累计运行时间与对应总运行统计时间的百分比。

3.4 系统标称电压：是指用以标志或识别系统电压的给定值。

3.5 电压偏差：是指实际运行电压对系统标称电压的偏差相对值，以百分比标识。

3.6 电压合格率：是指实际运行电压偏差在限值范围内累计运行时间与对应总运行统计时间的百分比。

3.7 电压波动：是指电压方均根值（有效值）一系列的变动或改变。

3.8 闪变：是指电压波动造成灯光照度不稳定（灯光闪烁）的人眼视感反应；电压闪变是电压波动引

起的结果。

3.9 电压不平衡：三相电压在幅值不同或相位差不是120°，或兼而有之。

3.10 谐波（分量）：是指对周期性交流量进行傅里叶级数分解得到频率为基波频率整数倍的分量。

3.11 低电压穿越：当电力系统事故或扰动引起并网点电压跌落时，在一定的电压跌落范围和时间间隔内，风电机组/风电场能够保证不脱网连续运行。

3.12 风电场并网点：风电场升压站高压侧母线或节点。

3.13 电能质量：包括频率和电压质量。

3.14 频率质量：指标为频率允许偏差。

4 职责和分工

4.1 技术监督网职责

4.1.1 贯彻执行上级有关要求，组织制定企业电能质量技术监督管理制度、实施细则及技术措施等，组织开展企业监督工作。

4.1.2 建立健全企业以生产分管领导为领导的三级电能质量技术监督网，设置电能质量技术监督专责工程师，明确监督网各级岗位职责分工，建立考核机制。

4.1.3 制定企业电能质量技术监督工作规划、计划及电能质量技术指标，经批准后组织实施。

4.1.4 编制企业电能质量技术监督工作总结、报告及有关报表，并按要求报送，重大问题及隐患应专题报告。

4.1.5 负责企业新建、改建、扩建和重大技术改造项目的设计审查、设备选型、监造、出厂验收、安装调试质量监督等工作。

4.1.6 定期组织召开企业电能质量技术监督分析会议，总结分析受监设备运行、检修、缺陷和试验等情况。

4.1.7 组织研究受监设备异常和事故情况，查找原因并制定有效措施，消除影响电能质量的不利因素，重大问题如实上报。

4.1.8 建立健全受监设备技术资料档案。

4.1.9 根据实际需要，配备电能质量技术监督工作所需人员及试验设备，开展培训，不断提高电能质量技术监督专业水平。

4.2 电能质量技术监督专责工程师职责

4.2.1 贯彻落实国家、行业及国投电力电能质量技术监督有关制度、规程和标准，组织协调企业电能质量技术监督工作。

4.2.2 负责宣贯电能质量技术监督有关文件指示及制度、标准，参与制定企业电能质量技术监督有关制度、实施细则及技术措施。

4.2.3 参与制定企业电能质量技术监督工作规划、计划、考核办法及技术指标，督促落实年度工作计划。

4.2.4 及时掌握受监设备的工作状态，督促消缺工作。

4.2.5 定期组织开展电能质量技术监督指标统计、分析工作，组织编写并向上级有关单位和部门报送监督报表、总结。

4.2.6 参加企业电能质量技术监督工作会议、检修质量验收和相关事故分析，制定整改方案。

4.2.7 参加企业新建、改建、扩建或重大技术改造项目的设计审查、设备选型和启动验收等工作，组织建立电能质量技术档案。

4.2.8 掌握电能质量技术领域最新动向，协助开展科技项目攻关，协助解决电能质量技术监督工作中的技术问题。

4.2.9 认真行使监督职权，对违反国家、行业及国投电力有关规章制度的行为有制止权；对影响电能质量的，有建议整改权。

4.2.10 积极参加国投电力、行业及相关单位组织的电能质量技术监督活动，组织或参与企业电能质量技术监督活动。

4.3 电能质量技术监督专责工程师的任职要求

4.3.1 熟悉国家、行业及国投电力有关电能质量技术监督的法律法规、制度和标准。

4.3.2 熟悉电气一、二次设备及相关知识，具有较为丰富的理论知识和实践经验。

4.3.3 工作严谨，能够辩证、科学地开展研究分析工作，做到有理、有据。

4.3.4 具有较强的组织协调能力，能够指导生产现场作业人员解决工作中遇到的较为复杂的技术问题。

4.3.5 具有进取精神，不断了解和掌握新技术、新材料、新方法和新观念。

4.3.6 专责工程师工作调动，要办理好相关技术档案交接手续。

5 管理活动的内容与方法

5.1 监督范围

5.1.1 电能质量监督范围主要包括：

5.1.1.1 电压控制与无功配置。

5.1.1.2 有功功率控制与运行频率。

5.1.1.3 电压波动和闪变、谐波、三相不平衡度。

5.1.1.4 低电压穿越。

5.1.1.5 高电压穿越等。

5.1.2 电能质量监督主要内容包括：

5.1.2.1 规划、设计、基建与运行的监督管理。

5.1.2.2 电力系统的无功补偿和调压手段是保证电能质量的基本条件，改善和提高电能质量必须抓住无功补偿及其管理这些基础工作。

5.1.2.3 规划、设计和基建的监控管理。

5.1.2.4 在规划设计中，对母线、变压器各侧均宜配备齐全准确的无功表计、电压表计，以便于无功、电压的监测和管理。

5.1.2.5 各级变压器额定变压比、调压方式、调压范围及每档调压值应满足风电场电能质量要求。

5.1.2.6 施工单位应严格遵照国家、行业有关标准、规程的规定和设计要求，进行安装、调试和检查验收，确保工程质量。并将设计单位、制造厂家和供货部门为工程提供的技术资料、图纸和试验记录等有关资料列出清册，全部移交生产单位。

5.1.2.7 风电场容性无功补偿装置的容量、控制方式等的要求要按照电网的相关规定执行。

5.1.3 生产运行的监控管理：

5.1.3.1 各单位应严格按照调度部门下达的电压曲线和调压要求开展调压工作，220kV 及以下电网电压调整宜实行逆调压方案。要积极落实调度部门根据系统实际情况提出调压的具体要求和措施。

5.1.3.2 风电场/光伏电站投产时，应由具备相应资质的单位按照国家或行业相关标准、规程在并网点进行电能质量测试，电能质量测试应当包含以下内容：电压偏差、电压变动、三相电压不平衡度、闪变和谐波。

5.1.3.3 投产后每年定期进行电能质量测试，应当包含以下内容：电压波动和闪变、谐波、三相不平衡度。

5.2 监督内容

5.2.1 电压控制

5.2.1.1 当并网点电压在标称电压的 90%～110%之间时，风电机组、光伏发电设备应能正常运行。当并网点电压超过标称电压的 130%时，场内设备的运行状态由设备的性能确定。

5.2.1.2 新能源场站应配置无功电压控制系统，具备无功功率及电压控制能力；新能源场站组应具有动态无功支撑能力。即当机组电压处于标称电压的 110%～130%区间内时，机组应能够自电压升高出现的时刻起快速响应，通过注入无功电流支撑电压恢复，其动态无功电流的响应时间、最大超调量、调节时间、注入持续时间等应满足国家、行业及电网公司的相关标准和规定。

5.2.1.3　当公共电网电压处于正常范围内时，风电场、光伏电站应当能够控制并网点电压在标称电压的 97%～107%范围内。

5.2.1.4　新能源场站的主变压器应采用有载调压变压器，通过主变压器分接头调节场内电压，确保场内机组正常运行。

5.2.2　新能源场站无功配置

5.2.2.1　风电场的无功电源包括风电机组和风电场无功补偿装置。风电场安装的双馈式及直驱式变速风电机组，应满足功率因数在超前 0.95～滞后 0.95 的范围内动态可调。风电场首先充分利用风电机组的无功容量及其调节能力，仅靠风电机组的无功容量不能满足系统电压调节需要的，应在风电场集中加装适当容量的无功补偿装置。

5.2.2.2　对于直接接入公共电网的风电场，其配置的容性无功容量除能够补偿风电场满发时汇集线路、主变压器的感性无功损耗外，还要能够补偿风电场满发时送出线路一半的感性无功损耗；其配置的感性无功容量能够补偿风电场送出线路一半的充电无功功率。

5.2.2.3　对于通过 220kV（或 330kV）风电汇集系统升压至 500kV（或 750kV）电压等级接入公共电网的风电场群，其风电场配置的容性无功容量除能够补偿风电场满发时汇集线路、主变压器的感性无功损耗外，还要能够补偿风电场满发时送出线路的全部感性无功损耗；其配置的感性无功容量能够补偿风电场送出线路的全部充电无功功率。

5.2.2.4　光伏电站配置的无功装置类型及其容量范围应结合光伏电站实际接入情况，通过光伏电站接入电网无功电压专题研究来确定。

5.2.3　有功功率控制

5.2.3.1　风电场、光伏电站应配置有功功率控制系统，具备有功功率调节能力；能够接收并自动执行调度部门下达的有功功率控制指令，实现有功功率的连续平滑调节。

5.2.3.2　有功功率变化应当满足电网调度部门的要求。有功功率变化包括 1min 有功功率变化和 10min 有功功率变化。风电场有功功率变化限值的推荐值见表 1，该要求也适用于风电场的正常停机。允许出现因风速降低或风速超出切出风速而引起的风电场有功功率变化超出有功功率变化最大限值的情况。

表 1　正常运行情况下风电场有功功率变化最大限值

风电场装机容量 MW	10min 有功功率变化最大限值 MW	1min 有功功率变化最大限值 MW
＜30	10	3
30～150	装机容量/3	装机容量/10
＞150	50	15

5.2.3.3　在电网紧急情况下，应根据电网调度部门的指令来控制其输出的有功功率。

5.2.3.4　风电场、光伏电站应配置风、光功率预测系统，系统具有 0～48h 短期风电功率预测以及 15min～4h 超短期风电功率预测功能。

5.2.4　低电压穿越

5.2.4.1　风电场低电压穿越要求见图 1。

5.2.4.2　风电场内的风电机组应具有在并网点电压跌至 20%标称电压时保证不脱网连续运行 625ms 的能力；风电场并网点电压在发生跌落后 2s 内能够恢复到标称电压的 90%时，风电场内的风电机组应保证不脱网连续运行。尚不满足低电压穿越要求的风电场，应积极进行论证，开展改造工作，使风电机组具备低电压穿越能力。

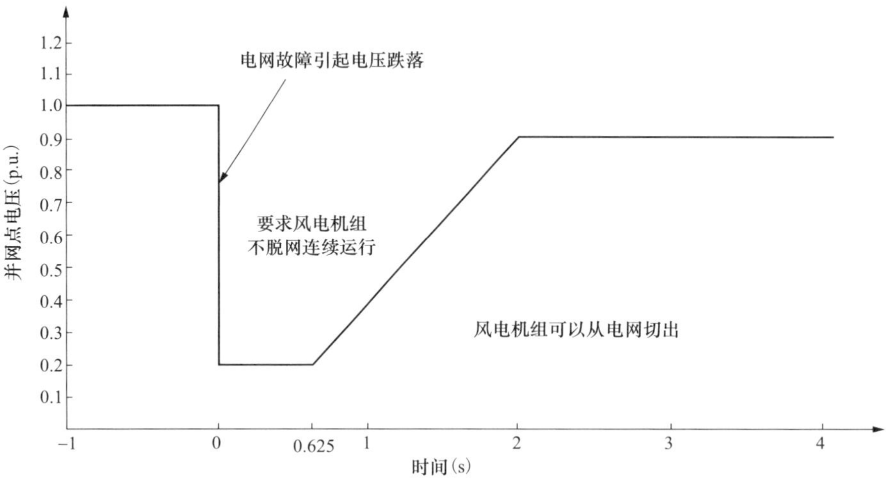

图 1　风电场低电压穿越要求

5.2.4.3　光伏电站低电压穿越要求见图 2。

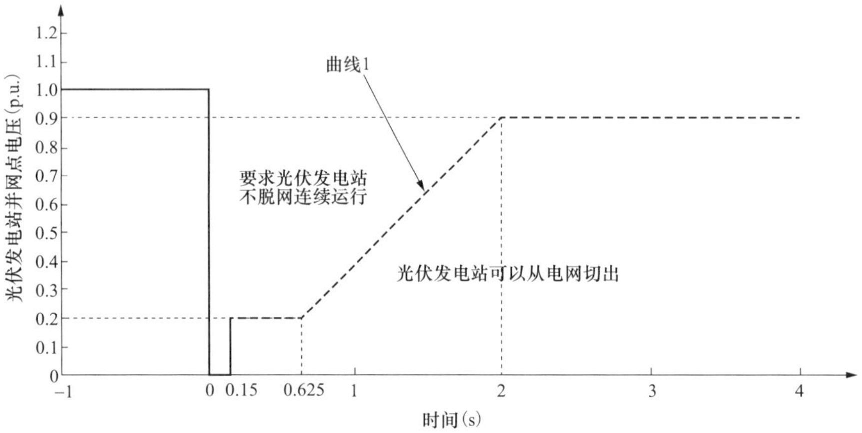

图 2　光伏电站低电压穿越要求

5.2.4.4　光伏电站应具有在并网点电压跌至零时保证不脱网连续运行 0.15s 的能力，在并网点电压跌至 20%标称电压时保证不脱网连续运行 0.625s 的能力；并网点电压在发生跌落后 2s 内能够恢复到标称电压的 90%时，光伏电站应保证不脱网连续运行。尚不满足低电压穿越要求的光伏电站，应积极进行论证，开展改造工作，使光伏电站具备低电压穿越能力。

5.2.4.5　故障类型。电网发生不同类型故障时，对风电场、光伏电站低电压穿越的要求如下：

5.2.4.5.1　当电网发生三相短路故障引起并网点电压跌落时，并网点线电压在图 1、图 2 中电压轮廓线及以上的区域内时，风电机组/光伏逆变器必须保证不脱网连续运行；风电场、光伏电站并网点任意线电压低于或部分低于图 1、图 2 中电压轮廓线时，允许风电机组/光伏逆变器切出（脱网）。

5.2.4.5.2　当电网发生两相短路故障引起并网点电压跌落时，风电场、光伏电站并网点线电压在图 1、图 2 中电压轮廓线及以上的区域内时，风电机组/光伏逆变器必须保证不脱网连续运行；风电场、光伏电站并网点任意线电压低于或部分低于图 1、图 2 中电压轮廓线时，允许风电机组/光伏逆变器切出（脱网）。

5.2.4.5.3　当电网发生单相接地短路故障引起并网点电压跌落时，风电场、光伏电站并网点相电压在图 1、图 2 中电压轮廓线及以上的区域内时，风电机组/光伏逆变器必须保证不脱网连续运行；风电场、光伏电站并网点任意相电压低于或部分低于图 1、图 2 中电压轮廓线时，允许风电机组/光伏逆变器切出（脱网）。

5.2.4.6　有功恢复。对电网故障期间没有切出/脱网的风电场/光伏逆变器，其有功功率在故障消除后应快速恢复，自故障消除时刻开始，以至少 10%额定功率/秒的功率变化率恢复至故障前的值。

5.2.5 高电压穿越

风电机组应满足电网公司及相关行业标准规定对风电机组高电压穿越的最新要求，并能通过现场高电压穿越能力测试。

5.2.5.1 高电压穿越的基本要求

当电网发生故障或扰动引起电压升高时，风电机组并网点各线电压（相电压）在图 3 中电压轮廓线及以下的区域内时，风电机组必须保证不脱网连续运行；否则，允许风电机组切出。

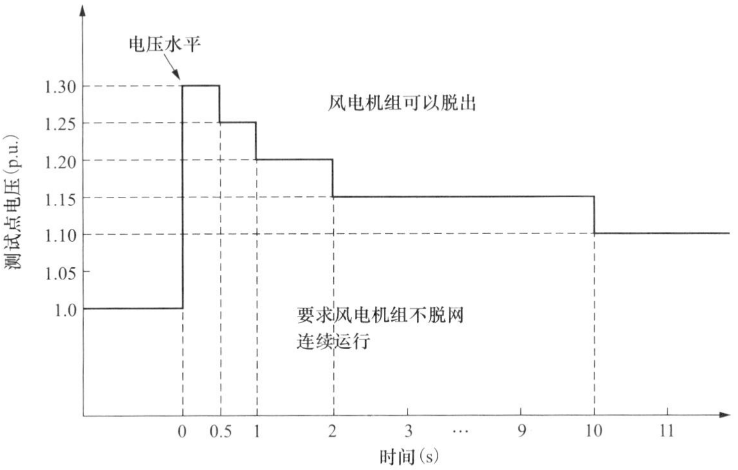

图 3 风电机组高电压穿越标准

5.2.5.2 高电压穿越的具体要求

5.2.5.2.1 风电机组具有并网点电压超过额定电压时保证不脱网连续运行的能力。

a）当风电机组并网点为 130%额定电压时，能够保证不脱网连续运行 500ms。

b）当风电机组并网点为 125%额定电压时，能够保证不脱网连续运行 1000ms。

c）当风电机组并网点为 120%额定电压时，能够保证不脱网连续运行 2000ms。

d）当风电机组并网点为 115%额定电压时，能够保证不脱网连续运行 10s。

e）当风电机组并网点为 110%额定电压时，能够保证不脱网连续运行。

5.2.5.2.2 电压升高类型包括三相对称和三相不对称。

5.2.5.2.3 电网高电压期间，风电机组有功功率应能正常输出，有功功率波动幅值等应满足国家、行业及电网公司的相关标准和规定；电压升高期间没有切出电网的风电机组，其有功功率在电压恢复后应快速恢复至实际风况对应的输出功率（或高电压穿越期间功率需与当时风速保持一致）。

5.2.5.2.4 风电机组应具有动态无功支撑能力。即当风电机组电压处于标称电压的 110%～130%区间内时，风电机组应能够自电压升高出现的时刻起快速响应，通过注入无功电流支撑电压恢复，其动态无功电流的响应时间、最大超调量、调节时间、注入持续时间等应满足国家、行业及电网公司的相关标准和规定。

5.2.5.2.5 风电机组具备按照功率因数和无功功率值指令发出无功的能力，需满足 GB/T 19963 标准要求。

5.2.5.2.6 风电机组并网点电压的闪变值满足 GB/T 12326、谐波值满足 GB/T 14549、三相电压不平衡度满足 GB/T 15543 的规定时，风电机组应能正常运行。

5.2.6 运行频率

5.2.6.1 风力发电机组在不同电力系统频率范围内的运行按表 2 规定执行：一次调频（快速频率响应）基本要求：风电场控制系统应满足国家、行业及电网公司相关标准对风电场一次调频（快速频率响应）的规定和最新要求，并能通过测试。

表 2 不同电力系统频率范围内的运行要求

电力系统频率范围	要求
低于 48Hz	根据风电场内风电机组允许运行的最低频率而定
48Hz～49.5Hz	每次频率低于 49.5Hz 时要求风电场具有至少运行 30min 的能力
49.5Hz～50.2Hz	连续运行
高于 50.2Hz	每次频率高于 50.2Hz 时，要求风电场具有至少运行 5min 的能力，并执行电力系统调度机构下达的降低出力或高周切机策略，不允许停机状态的风电机组并网

5.2.6.1.1 风电场处于 AGC 有功调度运行时，风电场跟踪电力系统调度机构下达的有功功率及有功功率变化的控制指令，风电场并网点有功的控制跟踪偏差满足国家、行业相关标准及电网调度的相关要求。

5.2.6.1.2 风电机组应具备常规发电机组惯性响应功能，即当电网频率偏差超过±0.2Hz 且风电机组有功出力大于 20%P_N 时，风电机组应充分利用其惯量特性或备用调频容量，自动为电力系统提供快速有功支撑；频率响应时间满足国家、行业相关标准及电网调度的相关要求。

5.2.6.1.3 风电机组应具备电网公司要求的一次调频（快速频率响应）功能，满足 Q/GDW 11273 及电网调度的最新相关要求。

5.2.6.1.4 风电机组应具备耐频功能，其耐频能力和允许运行时间满足国家、行业相关标准及电网调度的相关要求。

5.2.6.2 光伏电站一次调频（快速频率响应）：

5.2.6.2.1 频率快速响应要求：

a）频率测量分辨率不大于 0.001Hz，频率采样同期不大于 100ms，快速频率响应有功控制周期不大于 1s。

b）电网频率超出 50Hz±0.1Hz 时，快速频率响应装置闭锁 AGC 反向调节指令。

c）在调节品质上，做到快速无超调，响应滞后时间小于 2s，响应时间小于 5s，调节时间小于 15s 的要求，调频控制偏差控制在 2%P_N 以内，60s 贡献积分电量合格率满足要求。

d）具备躲避单一支路故障引起的瞬时频率突变的能力。

5.2.6.2.2 逆变器应具备电网公司要求的一次调频（快速频率响应）功能，满足 Q/GDW 11273 及电网调度的最新相关要求。

5.2.6.2.3 逆变器应具备耐频功能，其耐频能力和允许运行时间满足国家、行业相关标准及电网调度的相关要求。

5.2.7 电场电压波动和闪变、谐波、三相不平衡度

5.2.7.1 风电场接入电力系统的公共连接点电压波动与闪变，应按照 GB/T 12326 中的要求执行。

5.2.7.2 谐波监督依据 GB/T 14549 的要求执行。220kV 及以上电压等级参照 110kV 指标进行控制。具体谐波参数值参考表 3。

表 3 风电场谐波限值

电网标称电压 kV	电压总谐波畸变率 %	各次谐波电压含有率 %	
		奇次	偶次
0.38	5.0	4.0	2.0
6	4.0	3.2	1.6
10			
35	3.0	2.4	1.2
66			
110	2.0	1.6	0.8

5.2.7.3 风电场接入电力系统后，根据 GB/T 15543 的要求，应使公共连接点的三相电压不平衡度控制在 2%以内，短时不超过 4%。

5.3 电能质量监测设备及测试

5.3.1 风电场、光伏电站应配置电能质量监测设备，以实时监测风电场、光伏电站电能质量指标是否满足要求。电能质量监测设备应满足 GB/T 19862 的要求。

5.3.2 电能质量监测设备应按照 DL/T 1028 的要求进行周期检定，检定周期不应超过 5 年。

5.3.3 各单位应完善无功电压监测分析手段，要加强对各风电场发电功率的监测管理，有重点的安装、完善双向计量仪表来监测主变压器受进、送出的无功电力，进一步完善电压管理的基础技术设施。

5.3.4 应根据电网部门要求进行风电场、光伏电站电能质量测试及相关接入电网测试，接入电网测试应由具备相应资质的单位进行。

5.4 技术管理

5.4.1 应严格贯彻执行国家及行业有关电能质量专业的方针、政策、法规、标准、规程、制度等，并应结合本单位实际制定相应规程、制度与细则如下：

5.4.1.1 电能质量技术监督制度。

5.4.1.2 电能质量技术监督实施细则。

5.4.1.3 电能质量岗位责任制。

5.4.1.4 工程及外委技术服务管理制度。

5.4.2 电能质量技术监督考核指标：

5.4.2.1 220kV 及以上母线电压允许电压偏差为额定电压的－3%～＋7%。

5.4.2.2 10kV 及以上电压正负偏差绝对值之和不超过额定电压的 10%。

5.4.2.3 风力发电机组并网点电压允许偏差为额定电压的±10%。

5.4.2.4 400V 供电电压允许偏差为额定电压的－10%～＋7%。

5.4.2.5 特殊用户的电压允许偏差，按供电合同商定的数值确定。

5.4.2.6 母线的三相电压不平衡度、电压波动和闪变、谐波应符合 GB/T 12326、GB/T 15543、GB/T 14549 的要求。

5.4.2.7 基于下列指标来评价风电场对电能质量的影响：电压偏差、电压变动、闪变和谐波。

5.4.3 各项目应建立健全档案资料。

5.5 技术监督资料档案规定

建立健全电能质量技术监督管理，配备齐全的技术监督资料档案，并实现微机化管理，保证技术资料完整性、连续性、实效性。包括但不限于以下内容：

5.5.1 电能质量技术监督有关文件、国家标准、行业标准、试验实施导则和反事故措施。

5.5.2 电能质量技术监督年度工作计划、预防性试验计划、总结和监督会议纪要。

5.5.3 制造厂设备全套图纸、说明书、出厂试验报告。

5.5.4 设计异动通知单、设备安装验收记录、交接试验报告。

5.5.5 重大设备缺陷和事故分析记录。

5.5.6 涉及电压调整相关的设备试验资料。

5.5.7 重大设备隐患处理意见。

5.5.8 电能质量试验、监测报告保存期不少于三个试验、监测周期，主设备数据和资料应长期保存。

5.6 技术监督管理

5.6.1 电能质量技术监督实行分区、分级管理负责制。按调度管辖范围归口管理，服从电网要求。

5.6.2 电能质量技术监督工作实行监督请示报告制和岗位责任制，坚持全过程技术监督的原则，对年度工作计划进行闭环管理，按照技术监督管理制度要求定期（每年至少二次）召开电能质量技术监督工作会议，定期检查监督计划及监督指标完成情况，对重大问题及隐患应及时召开专题会议研究，并形成专题报告。

5.6.2.1 每年×月×日前将下一年度电能质量技术监督年度工作计划，按附件格式报送国投电力。

5.6.2.2 每年×月×日前将上一年度电能质量技术监督年度工作总结，按附件格式报送国投电力。

5.6.2.3 每年×月×日前、次年× 月×日前分别将半年、全年技术监督报表按附件格式报送国投电力。

5.6.2.4 发生重大技术监督问题、隐患应组织专题研究，及时向国投电力进行专题报告。

5.6.3 电能质量监测、计量装置要加强维护、定期进行校验并将结果报送有关资质单位复核；电能质量技术监督所使用的仪器、仪表，其准确级和技术特性应符合要求。

5.6.4 按照国家及行业有关法律法规、规程、标准及反事故措施要求开展技术监督工作。因特殊情况不能按要求执行时，应进行认真组织分析、讨论，经充分论证后，由企业生产分管领导批准，并上报国投电力。

5.6.5 定期组织开展电能质量专业技术培训和交流，及时宣贯新颁规程、标准等，推广新技术，不断提高企业电能质量技术监督管理水平。

6 检查与评价

6.1 生产管理部组织对本实施细则的执行进行检查评价。

6.2 按《技术监督管理制度》相关规定进行考核。

7 附则

7.1 本实施细则适用于公司电能质量技术监督管理工作。

7.2 本实施细则由公司生产管理部负责解释。

7.3 本实施细则自颁布之日起开始执行。

8 附件

8.1 电能质量技术监督网络（见附图 1）。

8.2 电能质量技术监督报表（见附表 1）。

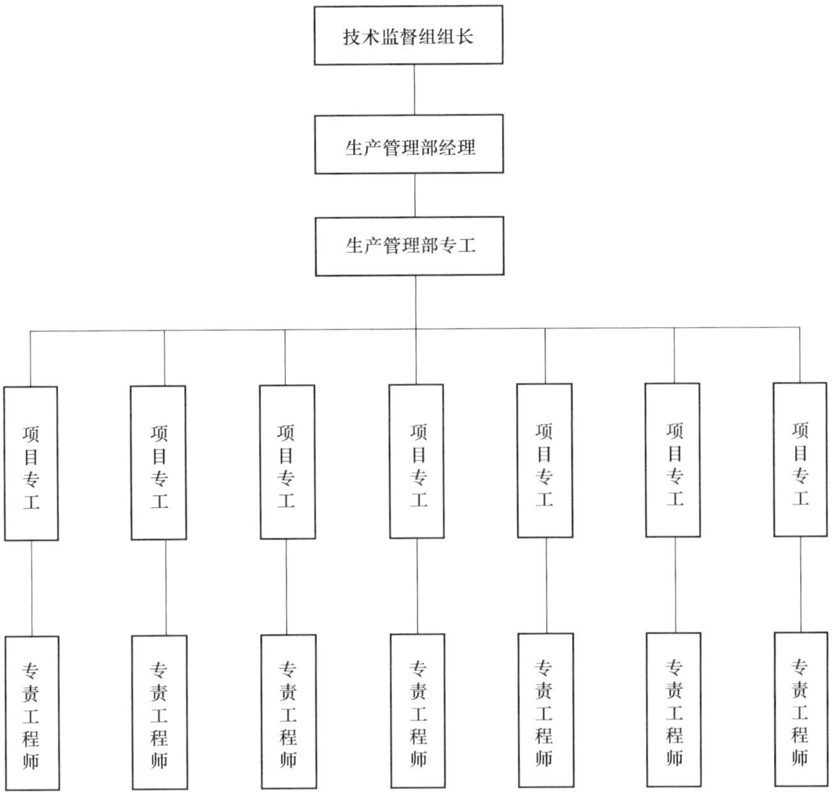

附图 1　电能质量技术监督网络

附表 1　电能质量技术监督报表

电能质量技术监督母线电压报表										
填报单位：					填报日期：					
母线名称	低谷电压 kV		平峰电压 kV		高峰电压 kV		频率 Hz		AVC 投入情况
	最低值	最高值	最低值	最高值	最低值	最高值	最低值	最高值	
批准：				审核：				填表人及联系电话：	

电能质量技术监督设备异常报表				
填报单位：			填报日期：	
电能质量技术监督告警项目中指定的设备异常情况				
设备名称	异常原因	发现时间	结束时间	备注
其他应说明的情况：				
备注：				
1. 本表涉及的母线、设备等均指调度管辖范围的相应设备。 2. “其他应说明的情况”中可填写因设备故障或障碍影响发电机调整电压等事项。 3. 此表格行数可扩充或附加。				
批准：		审核：		填表人及联系电话：

5 技术监督管理

Q/SDIC-GL-JJ04-2020

化学技术监督实施细则

化学技术监督实施细则

1 总则

为规范新能源场站电气设备用油、气，机械设备用油化学技术监督管理，保障各种设备的安全运行，根据国家和行业有关标准、规程及《国投电力控股股份有限公司技术监督实施细则》，特制定本实施细则。

2 规范性引用文件

下列文件中的内容通过文中的规范性引用而构成本文件必不可少的条款。其中，注日期的引用文件，仅该日期对应的版本适用于本文件；不注日期的引用文件，其最新版本（包括所有的修改单）适用于本文件。

GB 2536 电工流体 变压器和开关用的未使用过的矿物绝缘油
GB 5903 工业闭式齿轮油
GB/T 7595 运行中变压器油质量
GB/T 7597 电力用油（变压器油、汽轮机油）取样方法
GB/T 8905 六氟化硫电气设备中气体管理和检测导则
GB 11118.1 液压油（L-HL、L-HM、L-HV、L-HS、L-HG）
GB/T 12022 工业六氟化硫
GB/T 14542 变压器油维护管理导则
GB/T 19073 风力发电机组 齿轮箱设计要求
DL/T 246 化学监督导则
DL/T 596 电力设备预防性试验规程
DL/T 722 变压器油中溶解气体分析和判断导则
DL/T 797 风力发电场检修规程
DL/T 920 六氟化硫气体中空气、四氟化碳、六氟乙烷和八氟丙烷的测定 气相色法
DL/T 1051 电力技术监督导则
DL/T 1359 六氟化硫电气设备故障气体分析和判断方法
JB/T 10427 风力发电机组一般液压系统
SH/T 0476 L-HL 液压油换油指标
NB/SH/T 0599 L-HM 液压油换油指标

3 职责和分工

3.1 技术监督网职责

3.1.1 贯彻执行上级有关要求，组织制定企业化学技术监督管理制度、实施细则及技术措施等，组织开展企业监督工作。

3.1.2 建立健全企业以生产分管领导为领导的三级化学技术监督网，设置化学技术监督专责工程师，明确监督网各级岗位职责分工，建立考核机制。

3.1.3 制定企业化学技术监督工作规划、计划及技术指标，经批准后组织实施。

3.1.4 编制化学技术监督工作总结、报告及有关报表，并按要求报送，重大问题及隐患应专题报告。

3.1.5 负责企业新建、改建、扩建和重大技术改造项目的设计审查、设备选型、监造、出厂验收、安装

调试质量监督等工作。

3.1.6 定期组织召开企业化学技术监督分析会议，总结分析受监设备设施运行、检修、缺陷和试验等情况。

3.1.7 组织研究受监设备异常和事故情况，查找原因并制定有效措施，消除影响安全运行的不利因素，重大问题如实上报。

3.1.8 建立健全受监设备技术资料档案。

3.1.9 根据实际需要，配备化学技术监督工作所需人员及试验设备，开展培训，不断提高化学技术监督专业水平。

3.2 技术监督专责工程师职责

3.2.1 贯彻落实国家、行业及国投电力化学技术监督有关制度、规程和标准，组织协调企业化学技术监督工作。

3.2.2 负责宣贯化学技术监督有关文件指示及制度、标准，参与制定企业化学技术监督有关制度、实施细则及技术措施。

3.2.3 参与制定企业化学技术监督工作规划、计划、考核办法及技术指标，督促落实年度工作计划。

3.2.4 及时掌握受监设备的工作状态，督促设备消缺工作。

3.2.5 定期组织开展化学技术监督指标统计、分析工作，组织编写并向上级有关单位和部门报送监督报表、总结。

3.2.6 参加企业化学技术监督工作会议、检修质量验收和相关事故分析，制定整改方案。

3.2.7 参加企业新建、改建、扩建或重大技术改造项目的设计审查、设备选型和启动验收等工作，组织建立化学技术档案。

3.2.8 掌握化学技术领域最新动向，协助开展科技项目攻关，协助解决化学技术监督工作中的技术问题。

3.2.9 认真行使监督职权，对违反国家、行业及国投电力有关规章制度的行为有制止权；对存在安全隐患的，有建议整改权。

3.2.10 积极参加国投电力、行业及相关单位组织的化学技术监督活动，组织或参与企业化学技术监督活动。

3.3 技术监督专责工程师的任职要求

3.3.1 熟悉国家、行业及国投电力有关化学技术监督的法律法规、制度和标准。

3.3.2 掌握化学技术有关知识，具有较为丰富的化学专业理论知识和实践经验。

3.3.3 工作严谨，能够辩证、科学地开展研究分析工作，做到有理、有据。

3.3.4 具有较强的组织协调能力，能够指导生产现场作业人员解决工作中遇到的较为复杂的技术问题。

3.3.5 具有进取精神，不断了解和掌握新技术、新材料、新方法和新观念。

3.3.6 专责工程师工作调动，要办理好相关技术档案交接手续。

4 管理活动的内容与方法

4.1 技术监督范围

4.1.1 变压器油（绝缘油）：变压器、互感器、电抗器、有载开关、断路器、套管等充油设备用变压器油及所属设备内部故障监测，库存备用变压器油。

4.1.2 六氟化硫气体：用六氟化硫气体作为绝缘、灭弧介质的设备内部故障监测，库存用六氟化硫气体。

4.1.3 液压油（抗磨油）：液压系统用油。

4.1.4 齿轮油：齿轮箱用油。

4.1.5 润滑脂：风电机组用润滑脂。

4.1.6 冷却液：风电机组用冷却液。

4.2 技术监督的主要内容

4.2.1 齿轮油

齿轮油的质量标准：

4.2.1.1　齿轮油新油质量应按照 GB 5903 进行验收。也可以参照国家、行业标准或风力发电场与选定油品供应商协商的技术指标进行复检验收，如有特殊要求应在技术标准中明确验收指标和数据。

4.2.1.2　主要验收指标宜包括：外观、运动黏度（40℃）、黏度指数、铜片腐蚀、液相锈蚀（B 法）、清洁度、闪点、倾点、水分、泡沫性能、抗乳化性（82℃）、氧化安定性（旋转氧弹法）等指标。试验项目的检测应由具备相应资质的检测单位进行。工业闭式齿轮润滑油质量指标参照 GB 5903 中的有关规定。

4.2.2　运行监督（日常运行监督）

4.2.2.1　为了保证风力发电机组的安全、经济、稳定运行，必须对齿轮箱润滑油工况进行监督检查和润滑油的理化、性能等指标进行定期检测。在试运行 72h 时，进行首次检测（检测比例按照风电场不同机型数量的 10%抽样），检测项目试运行 1000h 左右进行复检，主要检测项目运行 6 个月后进行第三次检测，作为正常运行的第一次检测，主要检测项目按规定的时间间隔进行日常运行的检查监督。定期检测项目包括：运动黏度、铜片腐蚀、清洁度、抗乳化性、闪点、倾点、水分、机械杂质、氧化安定性、梯姆肯 OK 值、光谱元素分析等指标。

4.2.2.2　当日常定期检测项目外观、颜色、水分、清洁度、酸值、光谱分析的铁、锰、铬等金属元素含量异常时，需要缩短检测周期，并从润滑油箱底部进行取样，进行油泥沉淀物、氧化安定性、（铜片）腐蚀试验、机械杂质和梯姆肯 OK 值等项目的进一步检测，以进一步对产生异常数据的原因进行分析判断。

4.2.2.3　对进行中齿轮油监督、检查（以 L-CKD，320 为例）。

4.2.2.4　如果定期化验出现个别指标数值超规定数值的情况，采取过滤净化、再生措施，缩短检测时间、跟踪检测等措施，如果采取过滤措施后，取样化验仍有指标达到任意一项换油指标时，应换油。

4.2.2.5　齿轮油的更换

4.2.2.6　取油样

4.2.2.6.1　风机正常运行期间进行清洁度、水分、杂质、酸值、腐蚀试验、光谱分析和泡沫特性等项目的定期检测取样，应从过滤器进口处取样，过滤器进口的位置应在油箱工作油位的中部。对于非强制循环润滑油系统，风力发电机组的转速应不低于额定转速的 75%。

4.2.2.6.2　进行定期规定项目的检测取样时，取样点、取样条件应相对固定，以便进行各次检测数据的对比、分析。

4.2.2.6.3　风机停运、检修期和油质异常时的检测取样，应遵从下述要求：先将风力发电机组停止运行，等待一段时间，使油温降下来（如油温≤50℃），通过齿轮箱底部排油阀放出。在取样前，应将排油阀及附近清洁干净。并将油先放出约 100mL 后再取样。取出 200mL 油样（取出的油样要密封保管好）。取油样工作完毕后关闭放油阀，用布擦干净并再次确认放油阀位置没有泄漏。

4.2.2.6.4　油液需要全面分析时，如果齿轮箱底部排油阀位置不适于取样，应在油泵和过滤器之间设置取样点，进行取样。取样点应相对固定。取样参照 GB/T 7597 和 GB/T 19073 中的有关规定进行。

4.2.2.6.5　润滑油的运行维护和检修

a）应记录并保存下述检修、维护过程的记录。

b）运行过程中，当定期检测出现水分、酸值、清洁度等指标不合格时，应对齿轮箱润滑油进行再生净化处理；检修过程未达到换油指标的油，应根据定期油质检测数据采取适当的净化、再生处理，不合格不得再加入到齿轮箱体内。

c）清洁和冲洗。

d）在设备检修或换油时，应在齿轮传动装置处于运行温度时放出润滑油。润滑油放完后，对箱体内表面必须检查，如果可能的话，清除箱体内表面所有残余物。

e）用溶剂清洗。

f）除非齿轮箱体内有了用洗涤油清洗不掉的氧化沉淀物或者污染了的润滑剂，应避免使用溶剂。当有附着沉淀物需要使用溶剂清洗时，必须增加用洗涤油除去残留在系统内的溶剂残余物的清洗过程。装置应用洗涤油清洗的，洗涤油必须是清洁的并且能与工作油相溶。清洗剂和洗涤油应完全从系统内排除以免污染新加入的油。

g）当油箱液位低于正常运行值，润滑油量不足时，应向设备内补充油。补充油应经过过滤，清洁度指标达到 15/12 标准；如果使用其他润滑剂，必须提供与优选润滑剂相容的证明。

h）用过的润滑油；从齿轮箱中放出的润滑油，应按照有关标准进行收集、集中贮存，并采取适当的处置方式进行处理，严禁排入下水道，自然水体或地下水源中，不应泄漏、泼散和在自然环境中存放蒸发，避免污染环境和造成人身、设备伤害。

4.2.3 液压油

液压油的质量标准：

4.2.3.1 液压油新油质量应按照 GB 11118.1 中的要求进行验收。风力发电场也可以参照国家、行业或与选定油品供应商协商的技术指标进行复检验收。如有特殊要求应在技术标准中明确验收指标和数据。

4.2.3.2 主要验收指标宜包括：密度、运动黏度、倾点、酸值、水分、色度、外观、清洁度（NAS1638）、空气释放值、液相锈蚀、抗乳化性、旋转氧弹等指标。试验项目的检测应在风力发电场指定的具有实验室国家或电力行业资格认证的检测单位进行。

4.2.4 运行监督

4.2.4.1 日常运行监督：应定期对液压油的主要理化指标进行检测，确定液压油是否可以继续使用。在试运行 250h 时，进行首次检测（检测比例按照风电场不同机型数量的 10%抽样），检测项目运行 3 个月后进行第三次检测，作为正常运行的第一次检测。之后按规定的时间间隔进行日常运行的检查监督。一般 3 个月检查一次，最长不能超过 6 个月。主要检测项目有：运动黏度、色度、外观、清洁度（NAS）、水分、酸值、腐蚀试验（铜片腐蚀）、旋转氧弹等指标。

4.2.4.2 风力发电场应根据风机数量、运行环境和使用液压油的类型、数量、使用年限以及检测指标的变化情况，制定液压油检测范围和定期检测计划，周期不能超过规定要求项目的最长时间，每次抽检液压油的风机数量不得少于风力发电场每种型号风机数量的 20%。

4.2.4.3 如果定期化验出现个别指标数值达到规定换油指标时，应换油。

4.2.4.4 液压油的更换：当有一项指标达到规定换油指标规定值时，应更换新油。

4.2.4.5 取油样。

4.2.4.6 换油注意事项：

4.2.4.6.1 不同类型液压油不应互相调和，不同制造商的相同牌号液压油，也不能混合使用，若要混合使用时，应进行小样混合试验，检查是否有油泥析出。必要时与油品制造商协商确定。

4.2.4.6.2 使用过的油；从充油设备中放出的用过的液压油，应按照有关标准进行收集、贮存，并采取适当的处置方式进行处理，严禁排入下水道，自然水体、地下水源中，不应泄漏、泼散和在自然环境中存放蒸发，避免污染环境和造成人身、设备伤害。

4.2.5 润滑油脂

4.2.5.1 润滑油脂的质量标准：

4.2.5.1.1 油脂供应厂商应提供以下项目的检测报告：外观、蒸发量、杂质、工作锥入度、滴点、基础油黏度和腐蚀试验数据，作为验收依据。试验项目的检测应在风力发电场指定的具有实验室国家或电力行业资格认证的检测单位进行。

4.2.5.1.2 风力发电厂应根据不同风机轴承、齿轮、运行环境条件和选用的润滑油脂的具体要求，制定适用的润滑油脂质量标准。

4.2.5.2 运行监督

润滑油脂的日常监督：

a）一般地，应根据风机生产厂家、使用的润滑油脂品牌型号，润滑油脂生产厂家和风机运行环境以及风机启停频次的情况，制定监督实施细则，规定润滑油脂的监测项目和周期。

b）必须在每次巡检过程中对下述项目进行检查记录，如发现颜色、污染物明显、黏度变化较大等问题，应及时采取措施进行处理并查找原因，消除问题。

c）颜色变化是否异常。

d）润滑面/空间润滑油脂分布、厚度。

e）润滑脂中是否存在可见颗粒物。

f）自动加脂储脂罐内润滑脂量。

g）自动加脂试验（加脂管道是否通畅）。

h）储脂罐内润滑脂颜色、性状检查（是否板结、变色、乳化）。

i）排油的颜色、黏度和颗粒杂质。

j）用过油脂的处理。

k）严禁排入下水道、自然水体、地下水源中，不应在自然环境中存放蒸发，应集中收集，密封存放。

4.2.6　冷却液

4.2.6.1　冷却液的质量标准

新购买冷却液，供应厂商应提供以下项目的检测报告：密度、沸点、冰点、pH 值和氯离子含量试验项目数据，作为验收依据。试验项目的检测应在风力发电场指定的具有实验室国家或电力行业资格认证的检测单位进行。

4.2.6.2　冷却液的运行监督

4.2.6.2.1　日常运行监督，可参照规定对冷却液进行定期监督、检测。

4.2.6.2.2　如果定期监督、检测出现压力、温度、pH 值数据大于规定数值的情况，应缩短检测时间、增加检测次数，观察劣化指标变化趋势，如果仍不能满足要求时，应根据冷却液冷却效果，作出是否应更换冷却液的决定。

4.2.6.3　冷却液系统的检修和维护

a）应记录并保存下述检修、维护过程的记录。

b）设计有强制冷却液循环泵的系统，在风电机组短期停止运行期间，应保持循环冷却液的循环。

c）设计有过滤装置的冷却液系统，应定期检查过滤器压差，并及时更换或清洗滤芯，以保证过滤效果。

d）根据机组运行期间系统冷却效果和定期检修过程对冷却系统的检查结果，确定是否需要对冷却系统进行除垢清洗。

e）建议的冷却系统检修周期为：

1）开式冷却循环的系统：≤1 年；

2）封闭冷却循环的系统：≤3 年。

f）停机时间较长，必须放出系统内部冷却液的情况下，应先用满足上述要求的除盐水对系统进行彻底的冲洗，冲洗到进出水水质基本一致。对于沿海盐雾、南方空气湿度大的风力发电场，建议用纯度为 99.0%高纯氮气充入系统内，并维持 0.02MPa～0.05MPa 压力进行保护。

4.2.6.4　用过冷却液的处理

从冷却系统中放出的用过的冷却液，应按照有关标准进行收集、集中贮存，并采取适当的处置方式进行处理，不应直接排入下水道、自然水体、土壤和地下水源中，不应在自然环境中存放蒸发，避免污染环境和造成人身、设备伤害。

4.2.7　六氟化硫

4.2.7.1　六氟化硫气体质量标准

4.2.7.1.1　气体供应商应提供本批次气体的出厂检测报告，指标应符合 GB/T 12022 要求。

4.2.7.1.2　六氟化硫新气到货后 30 天内应按规定检测项目及指标进行抽检，抽检率为 3/10。

4.2.7.1.3　六氟化硫气体储存时间超过半年后，使用前应重新检测湿度，指标应符合新气标准。

4.2.7.1.4 投运前、交接时设备中六氟化硫气体监督，六氟化硫气体在充入设备24h后，才能进行试验。应符合相关的要求。

4.2.7.1.5 运行中六氟化硫气体质量标准应符合要求。

4.2.7.1.6 六氟化硫运行设备的检漏，一般根据其设备压力的变化情况来确定检漏次数。设备的年漏气率应不大于总气量的0.1%。

4.2.7.1.7 对于充气压力低于0.35MPa，且用气量较小的设备（如35kV以下的断路器），只要不漏气，交接时其水分含量合格，运行中可不测水分。在发生异常时再测试。运行六氟化硫电气设备取样要求和六氟化硫其他质量监督要求。

4.2.7.2 补气

4.2.7.2.1 所补气体应符合新气质量标准，补气时应注意接头及管路的干燥，满足设备充装气体和补气要求。

4.2.7.2.2 符合新气质量标准的气体均可混合使用。

4.2.7.2.3 运行设备经过连续两次补加气体或单次补加气体超过设备气体总量10%时，补气后应对气室内气体水分、空气含量和六氟化硫纯度进行检测。

4.2.7.3 废气的监督

4.2.7.3.1 所有六氟化硫废气应进行回收处理，禁止向大气排放。

4.2.7.3.2 应对六氟化硫废气进行分类回收，回收标签上标明回收气体所属设备名称、废气类型（如电弧故障后气体、空气含量超标等）、回收数量、回收时间等信息。

4.2.7.3.3 回收气体一般应充入钢瓶储存。钢瓶设计压力为7MPa时，充装系数不大于1.04kg/L；钢瓶设计压力为8MPa时，充装系数不大于1.17kg/L；钢瓶设计压力为12.5MPa时，充装系数不大于1.33kg/L。

4.2.7.3.4 六氟化硫废气经回收净化处理后，各项指标达到新气质量标准，方可再利用。

4.2.8 变压器油

4.2.8.1 变压器绝缘油安装阶段监督

4.2.8.1.1 新投运的变压器油中溶解气体含量的要求：在注油静置后与耐压和局部放电试验24h后、冲击合闸及额定电压下运行24h后，各次测得的氢、乙炔和总烃含量应无明显区别；油中氢、总烃和乙炔气体含量应符合DL/T 722的要求。

4.2.8.1.2 对新到的绝缘油、变压器本体（残油）均应取油样进行分析，以鉴定变压器的制造质量、运输和停放过程中的油质质量。

4.2.8.1.3 在新油注入设备前，应首先对其进行脱气、脱水处理。

4.2.8.1.4 净化后的新油应采取真空注油的方式注入设备，为了对设备本身进行干燥、脱气，应进行热油循环处理。

4.2.8.1.5 在变压器投运前应对其油品作一次全分析，作为交接试验数据。

4.2.8.1.6 油中糠醛含量参考注意值和纸绝缘聚合度判据按规定执行。

4.2.8.1.7 当绝缘油指标达不到表中的要求时，应分析原因，并采取吸附、真空过滤、再生等手段对绝缘油进行处理，保证绝缘油的质量。并根据监督细则增加分析化验次数。

4.2.8.1.8 当设备中绝缘油量不足，影响设备安全稳定运行时，应向设备内补充油，关于补充油的相关规定。

4.2.8.2 运行中绝缘油色谱监督

4.2.8.2.1 充油电气设备的故障判断，推荐使用改良“三比值”法和特征气体法诊断设备故障，并综合考虑设备的其他电气试验情况。

4.2.8.2.2 对检测中发现异常的设备应作出跟踪分析计划并及时进行跟踪分析，提出处理意见，直至故障消除，必要时应送样至有资质单位进行对比试验。

4.2.8.2.3 当变压器发生气体继电器动作、受大电流冲击、内部有异常声响、油温明显增高、中性点间隙动作等异常情况时，都应立即采集油样（气样），进行色谱分析。

4.2.8.2.4 对于确认有产气故障的变压器或电抗器，应视其具体情况，做出立即停电或跟踪分析的具体处理措施。

4.2.8.3　绝缘油的在线监测

4.2.8.3.1　绝缘油色谱（微水）在线监测装置优先选择多组分监测设备，出现异常监测数据时，应与实验室检测数据进行比对，分析二者测定值的变化趋势是否一致。

4.2.8.3.2　安装的在线监测装置应按规定的周期进行维护、保养和检验。

4.2.8.3.3 从变压器等充油设备中放出的用过的绝缘油，应按照有关标准进行收集、集中贮存，并采取适当的处置方式进行处理，严禁排入下水道、自然水体或地下水源中，不应泄漏、泼散和在自然环境中存放蒸发，避免污染环境和造成人身、设备伤害。

4.2.8.4　变压器油检修监督

4.2.8.4.1　变压器油处理：

a）大修后注入变压器及套管内的变压器油，其质量应符合 GB/T 7595 的规定。

b）注油后，变压器及套管都应进行油样化验与色谱分析。

c）变压器补油时应使用牌号相同的变压器油，如需要补充不同牌号的变压器油时，应先做混油试验，合格后方可使用。

4.2.8.4.2　变压器油的试验：

a）变压器预防性试验的项目、周期、要求应符合 DL/T 596 的规定及制造厂的要求。

b）运行中变压器油色谱异常，怀疑设备存在放电性故障，必要时可进行现场局部放电试验。

4.3　基础管理监督

4.3.1　建立与化学监督有关的下列图表：

4.3.1.1　绝缘油、齿轮油、液压油、润滑油脂、冷却液和六氟化硫气体使用设备名称、数量、地点以及使用油、气、液数量一览表。

4.3.1.2　各种型号风力发电组机齿轮油、液压油、润滑油脂、绝缘油、冷却液、六氟化硫气体系统图，并标明加注点、取样点、排污点、液位、温度等巡检位置。

4.3.1.3　变压器和主要断路器的安装地点、容量、电压、油（气）量、油种等图表，升压站主接线图。

4.3.1.4　各种油品和六氟化硫气体贮存库平面图、检测设备、安全防护设施布置图。

4.3.1.5　各种油、气在线处理装置系统图。

4.3.2　建立下列技术资料记录、报告、台账：

4.3.2.1　各种用油、气、液设备台账以及维护、检修、检查记录。

4.3.2.2　各种油品台账（种类、型号、数量）、出厂合格证、分析化验报告、验收报告。

4.3.2.3　油、气检测试验报告台账，异常情况跟踪与处理结果记录。

4.3.2.4　旧油、废油、冷却液回收和再生处理记录、库存备用油油质检验台账。

4.3.2.5　六氟化硫废气回收记录、库存备用新气记录及检验台账。

4.3.2.6　建立有关化学监督制度。

a）油质技术监督实施细则。

b）油、气监督异常报告制度。

c）油质监督检测制度。

d）油、气、液处理、净化细则。

4.4　技术监督管理档案

4.4.1　化学监督动态检查提出问题、预警问题、提出问题的整改闭环管理档案。

4.4.2　年度化学试验仪表校检计划、培训计划。

4.4.3　化学工作计划、总结、检修总结、事故处理总结、技术改造总结、培训总结。

4.4.4　化学监督季（年）报，速报。

4.4.5　化学监督会议记录。

5 检查与评价

5.1 生产管理部组织对本实施细则的执行进行评价。

5.2 本实施细则考核按《技术监督管理制度》相关要求执行。

6 附则

6.1 本实施细则适用于公司化学技术监督管理工作。

6.2 本实施细则由公司生产管理部负责解释。

6.3 本实施细则自颁布之日起开始执行。

7 附件

化学技术监督报表（见附表1）。

附表 1　化学技术监督报表

主要设备油（气）质量情况统计表（新能源）													
设备名称	风力发电机组主齿轮油				箱式变压器油				主变压器油		六氟化硫		备注
	总台数	试验台数	不合格项目	油合格率 %	总台数	试验台数	不合格项目	油合格率 %	不合格项目	油合格率 %	气体不合格设备	气体合格率 %	
风力发电机组及箱式变压器													
批准：					审核：					填表人及联系电话：			

年变压油色谱分析统计表（通用）							
设备名称	电压 kV	容量 kVA	试验数据 μL/L			试验日期	备注
			乙炔 （500kV 注意值小于等于 1， 220kV 及以下注意值小于等于 5）	总烃 （注意值小于等于 150）	氢 （注意值小于等于 150）		
备注：							
批准：			审核：		填表人及联系电话：		

5 技术监督管理

Q/SDIC-GL-JJ05-2020

继电保护技术监督实施细则

继电保护技术监督实施细则

1 总则

为规范继电保护技术监督工作的有序开展，确保继电保护及安全自动化装置不发生误动、拒动事故，保证发电设备安全稳定运行，根据国家和行业有关标准、规程及《国投电力控股股份有限公司技术监督实施细则》，制定本实施细则。

2 规范性引用文件

下列文件中的内容通过文中的规范性引用而构成本文件必不可少的条款。其中，注日期的引用文件，仅该日期对应的版本适用于本文件；不注日期的引用文件，其最新版本（包括所有的修改单）适用于本文件。

GB/T 7261 继电保护和安全自动装置基本试验方法
GB/T 14285 继电保护和安全自动装置技术规程
GB/T 14598.300 变压器保护装置通用技术要求
GB/T 14598.301 电力系统连续记录装置技术要求
GB/T 14598.303 数字式电动机综合保护装置通用技术条件
GB/T 15145 输电线路保护装置通用技术条件
GB/T 19069 失速型风力发电机组 控制系统 技术条件
GB/T 19070 失速型风力发电机组 控制系统 试验方法
GB/T 19939 光伏系统并网技术要求
GB/T 19960.1 风力发电机组 第1部分：通用技术条件
GB/T 19963 风电场接入电力系统技术规定
GB/T 19964 光伏发电站接入电力系统技术规定
GB/T 20319 风力发电机组 验收规范
GB/T 29319 光伏发电系统接入配电网技术规定
GB/Z 29630 静止无功补偿装置 系统设计和应用导则
GB/T 30152 光伏发电系统接入配电网检测规程
GB/T 30427 并网光伏发电专用逆变器技术要求和试验方法
GB/T 32900 光伏发电站继电保护技术规范
GB 50171 电气装置安装工程 盘、柜及二次回路接线施工及验收规范
GB 50172 电气装置安装工程 蓄电池施工及验收规范
GB 50794 光伏发电站施工规范
GB/T 50796 光伏发电工程验收规范
GB 50797 光伏发电站设计规范
GB/T 50865 光伏发电接入配电网设计规范
GB/T 50866 光伏发电站接入电力系统设计规范
GB/T 50976 继电保护及二次回路安装及验收规范
GB 51096 风力发电场设计规范
DL/T 317 继电保护设备标准化设计规范

DL/T 478 继电保护和安全自动装置通用技术条件
DL/T 526 备用电源自动投入装置技术条件
DL/T 527 继电保护及控制装置电源模块（模件）技术条件
DL/T 553 电力系统动态记录装置通用技术条件
DL/T 559 220kV～750kV 电网继电保护装置运行整定规程
DL/T 584 3kV～110kV 电网继电保护装置运行整定规程
DL/T 587 继电保护和安全自动装置运行管理规程
DL/T 623 电力系统继电保护及安全自动装置运行评价规程
DL/T 666 风力发电场运行规程
DL/T 667 远动设备及系统 第 5 部分：传输规约 第 103 篇：继电保护设备信息接口配套标准
DL/T 670 母线保护装置通用技术条件
DL/T 671 发电机变压器组保护装置通用技术条件
DL/T 684 大型发电机变压器继电保护整定计算导则
DL/T 720 电力系统继电保护及安全自动装置柜（屏）通用技术条件
DL/T 724 电力系统用蓄电池直流电源装置运行与维护技术规程
DL/T 744 电动机保护装置通用技术条件
DL/T 995 继电保护和电网安全自动装置检验规程
DL/T 1051 电力技术监督导则
DL/T 1392 直流电源系统绝缘监测装置技术条件
DL/T 1501 数字化继电保护试验装置技术条件
DL/T 1502 厂用电继电保护整定计算导则
DL/T 1517 二次压降及一次负荷现场测试技术规范
DL/T 1592 电能信息采集终端检测装置技术规范
DL/T 1593 电能信息采集终端可靠性验证方法
DL/T 1631 并网风电场继电保护配置及整定技术规范
DL/T 5383 风力发电场设计技术规范
DL/T 5506 电力系统继电保护设计技术规范
NB/T 31076 风力发电场并网验收规范
NB/T 32004 光伏并网逆变器技术规范
NB/T 42071 保护和控制用智能单元设备通用技术条件
NB/T 42076 弧光保护装置选用导则
NB/T 42083 电力系统用固定型铅酸蓄电池安全运行使用技术规范
NB/T 42086 无线测温装置技术要求
NB/T 42088 继电保护信息系统子站技术规范
国能安全〔2014〕161 号 防止电力生产事故的二十五项重点要求
电安生〔1994〕191 号 电力系统继电保护及安全自动装置反事故措施要点
国家电网设备〔2018〕979 号 十八项电网重大反事故措施（修订版）

3 职责和分工

3.1 技术监督网职责

3.1.1 贯彻执行上级有关要求，组织制定企业继电保护技术监督管理制度、实施细则及技术措施等，组织开展企业监督工作。

3.1.2 建立健全企业以生产分管领导为领导的三级继电保护技术监督网，设置继电保护技术监督专责工程师，明确监督网各级岗位职责分工，建立考核机制。

3.1.3 制定企业继电保护技术监督工作规划、计划及各项技术指标，经批准后组织实施。

3.1.4 编制企业继电保护技术监督工作总结、报告及有关报表，并按要求报送，重大问题及隐患应专题报告。

3.1.5 负责企业新建、改建、扩建和重大技术改造项目的设计审查、设备选型、监造、出厂验收、安装调试质量监督等工作；监督企业继电保护装置及试验设备、仪器仪表的配置、定期检验及运行工况，监督备品备件的配置情况。

3.1.6 定期组织召开企业继电保护技术监督分析会议，总结受监设备运行、检修、缺陷和试验等情况，分析保护动作情况。

3.1.7 组织研究受监设备异常和事故情况，查找原因并制定有效措施，对影响继电保护设备安全运行的重大技术监督问题，及时提出控制措施并组织解决，重大问题如实上报国投电力、电网及其他上级主管部门。

3.1.8 建立健全受监设备技术资料档案，并确保其准确性和连续性。

3.1.9 主动与电网公司技术监督部门联系、协调，接受电网指导；参加电网公司组织的监督检查、会议等。

3.1.10 根据实际需要，配备继电保护技术监督工作所需人员及仪器设备，开展培训，不断提高继电保护技术监督专业水平。

3.2 继电保护技术监督专责工程师职责

3.2.1 贯彻落实国家、行业及国投电力继电保护技术监督有关制度、规程和标准，组织协调企业继电保护技术监督工作。

3.2.2 负责宣贯继电保护技术监督有关文件指示及制度、标准，参与制定企业继电保护技术监督有关制度、实施细则及技术措施。

3.2.3 参与制定企业继电保护技术监督工作规划、计划、考核办法及技术指标，督促落实年度工作计划。

3.2.4 及时掌握受监设备的工作状态，督促消缺工作。

3.2.5 定期组织开展继电保护技术监督指标统计、分析工作，组织编写并向上级有关单位和部门报送监督报表、总结。

3.2.6 参加企业继电保护技术监督工作会议、检修质量验收和相关事故分析，制定整改方案。

3.2.7 参加企业新建、改建、扩建或重大技术改造项目的设计审查、设备选型和启动验收等工作，组织建立继电保护技术档案。

3.2.8 掌握继电保护技术领域最新动向，协助开展科技项目攻关，协助解决继电保护技术监督工作中的技术问题。

3.2.9 认真行使监督职权，对违反国家、行业及国投电力有关规章制度的行为有制止权；对存在安全隐患的，有建议整改权。

3.2.10 积极参加国投电力、行业及相关单位组织的继电保护技术监督活动，组织或参与企业继电保护技术监督活动。

3.3 继电保护技术监督专责工程师的任职要求

3.3.1 熟悉国家、行业及国投电力有关继电保护技术监督的法律法规、制度和标准。

3.3.2 熟悉电气一、二次设备、继电保护、安全自动装置等有关知识，具有较为丰富的继电保护专业理论知识和实践经验。

3.3.3 工作严谨，能够辩证、科学地开展研究分析工作，做到有理、有据。

3.3.4 具有较强的组织协调能力，能够指导生产现场作业人员解决工作中遇到的较为复杂的技术问题。

3.3.5 具有进取精神，不断了解和掌握新技术、新材料、新方法和新观念。

3.3.6 专责工程师工作调动，要办理好相关技术档案交接手续。

4 管理活动的内容与方法

4.1 继电保护技术监督的设备范围

4.1.1 继电保护装置：光伏组件（串）、汇流箱、交/直流电缆、并网逆变器、无功补偿装置、风力发电机、变压器、母线、电抗器、电容器、线路（含电缆）、断路器等设备的继电保护装置。

4.1.2 安全自动装置：风电智能运行控制系统、备用设备及备用电源自动投入装置、故障录波及测距装置、同步向量测量装置（PMU）、自动重合闸、安稳装置及其他保证系统稳定的自动装置。

4.1.3 控制屏、信号屏与继电保护有关的继电器和元件。

4.1.4 连接保护装置的二次回路（含保护用直流系统）。

4.1.5 继电保护专用的通道设备。

4.2 继电保护技术监督的主要内容

4.2.1 继电保护新建、改建、扩建及重大技术改造工程的设备选型、配置方案应符合相关标准和电网公司有关反事故措施要求。继电保护技术监督专责工程师应参加工程各阶段设计审查，涉网设备选型时应征得电网继电保护主管部门同意。

4.2.2 加强主设备保护技术监督，督促缺陷的及时消除。对继电保护多发性缺陷或重大事故，应组织进行设计、质量、检验、运行方面的调查，对有关技术问题提出措施及处理意见。

4.2.3 继电保护装置应按 DL/T 995 标准和有关规定进行检验。检验工作应根据季节特点并结合电气一次设备的检修，合理制定继电保护装置检验计划，不漏项、不缺项。在检验中认真执行反事故措施和现场工作保安规定，排查装置及二次回路的隐患。检验后应及时整理检验报告。

4.2.4 加强继电保护的现场竣工验收工作。在新建、改建、扩建及技术改造工程中，监督人员应及早介入参加继电保护安装调试，与安装调试单位做好移交工作。继电保护基建及改造竣工后，应进行三级验收才能投入运行。验收主要项目有：

4.2.4.1 电气设备及线路有关实测参数的完整正确性。

4.2.4.2 继电保护接线的正确性，二次图纸与实际的符合性。

4.2.4.3 装置定值应与整定值一致。

4.2.4.4 检验项目及试验数据结果符合检验规程和有关规定。

4.2.4.5 核对电流互感器变比及伏安特性，其二次负载须满足误差要求。

4.2.4.6 检查屏前、后的设备整齐、完好，回路（包括二次电缆）绝缘良好，标志齐全正确。保护控制电缆屏蔽接地线及接地铜排、直流电源小型断路器及熔断器的参数配置等必须符合反事故措施的要求。

4.2.4.7 进行带负荷测相量试验，判断互感器极性、变比及其回路接线的正确性。

4.2.5 建立健全继电保护运行规程及检验规程（作业指导书），并严格执行。

4.2.6 严格执行继电保护整定规程，加强继电保护定值管理，根据系统阻抗变化及时核算短路电流及继电保护定值。继电保护整定（非涉网定值）工作由专业人员负责，继电保护定值单应有计算人、审核人签字，定值通知单应按年度编号，注明签发日期，执行日期，无效的定值通知单上应加盖“作废”章，确保定值管理的正确性和严肃性。运行现场应配备完整最新继电保护定值单。

4.2.7 微机继电保护装置使用年限一般不超过 12 年，主设备保护电源卡件使用年限一般不超过 6 年，对不能满足技术和运行要求的继电保护装置，应逐步进行技术改造。

4.2.8 按照实际需要配备合格的继电保护试验设备、仪器仪表。继电保护试验设备、仪器仪表应登记在案并定期进行检验，仪器仪表的误差应保证在规定范围内。

4.2.9 运行中的继电保护装置外部回路接线或内部逻辑进行改动工作后，应做相应试验，确认接线及逻辑回路正确后，才能投入运行。

4.2.10 对继电保护的投运率、正确动作率、主设备保护及快速保护的投运率、录波完好率、设备检验完成率、消缺率等指标进行监督。

4.3 培训管理

4.3.1 每年12月份前，根据现场设备及人员情况，结合设备大小修及技术改造，制订详细的技术培训计划并报相关部门批准后执行。

4.3.2 应设专门或轮值技术培训员，组织开展多种形式的培训工作及考核工作。

4.3.3 生产管理部、培训职能部门，不定期对技术培训情况进行监督检查，发现不按培训计划执行的，报公司按规定进行考核。

4.3.4 每年或根据实际情况开展一次技术比武活动，内容要针对工作实际和相关理论知识选取，使技术比武活动真正达到提高大家技术工作水平的目的。

4.3.5 根据现场实际情况，安排继电保护技术人员到设备生产厂家学习。

4.3.6 针对现场改造或技术难题，组织设备厂家人员到厂进行技术讲课或培训，新设备或改造设备应对运行人员进行技术培训。

4.3.7 学习并掌握新机组、新装备、新原理、新维护的检修方法。

4.3.8 加强职业素质培训，提高安全生产认识和工作责任心。加强危险点分析、继电保护安全措施票的落实。

4.4 技术监督资料档案

4.4.1 管理制度

4.4.1.1 继电保护技术监督管理制度及实施细则、考核细则。

4.4.1.2 受监设备检修维护规程、运行规程及试验规程。

4.4.1.3 技术资料管理制度。

4.4.1.4 受监设备反事故技术措施。

4.4.1.5 定期试验、测试、检验制度。

4.4.1.6 继电保护定值管理制度。

4.4.1.7 培训管理制度。

4.4.2 档案资料

4.4.2.1 生产厂家的继电保护装置原理图、装置说明书、调试大纲；竣工设计图纸。

4.4.2.2 保护台账、检验报告、保护动作分析报告、缺陷记录、保护定值整定通知单、定值异动记录；保护定值计算说明书。

4.4.2.3 系统阻抗异动通知单。

4.4.2.4 保护 TA、TV 参数台账。

4.4.2.5 保护试验设备的技术资料及检验报告等。

4.4.2.6 设备异常（事故、缺陷 和障碍）信息的收集整理，并按期归档；加强技术分析，总结典型和频发性故障设备的特点。

4.4.2.7 场站、运行管理部应具备的图纸资料。

a）继电保护运行规程，最新继电保护定值。

b）完整齐全且符合现场实际的图纸、资料，并保存完好。

c）直流系统接线图、负荷分配图及电气二次直流空气开关配置图（表）。

d）继电保护工作记录。继电保护新建、改建工程或二次回路异动后，在投入运行前，进行安装及调试。

e）单位应向运行部门提供符合现场实际的图纸并进行技术交底，有关情况及时记录。

f）国家、行业及电网公司颁布的反事故措施、运行操作规定、调度规程。

4.5 技术监督管理

4.5.1 继电保护技术监督工作实行监督请示报告制和岗位责任制，坚持全过程技术监督的原则，对年度继电保护技术监督计划进行闭环管理，每年至少召开两次继电保护技术监督工作会议，定期检查监督计划及监督指标完成情况，对重大问题及隐患应及时召开专题会议研究，并形成专题报告。

4.5.1.1 每年×月×日前将下一年度继电保护技术监督工作计划进行报送。

4.5.1.2 每年×月×日前将上一年度继电保护技术监督工作总结进行报送。

4.5.1.3 每年×月×日前、次年×月×日前分别将半年、全年技术监督报表进行报送。

4.5.1.4 发生重大技术监督问题、隐患应组织专题研究，及时向国投电力进行专题报告。

4.5.1.5 按照规定要求，向上级有关部门报送技术监督报表。

4.5.2 建立严格的继电保护检验报告校对、审核责任制度，妥善保管检验报告，做到数据准确、随时可查阅。

4.5.3 继电保护技术监督实行考核制度，制定考核检查方法，定期组织检查、抽查和互查，认真进行各项继电保护技术监督工作的考核评比。

4.5.4 严格按照国家及行业有关法律法规、规程、标准及反事故措施要求开展技术监督工作。因特殊情况不能按要求执行时，应认真组织进行分析，经充分论证后，由投资企业生产分管领导批准，并上报国投电力生产管理部。

4.5.5 定期组织开展继电保护专业技术培训和交流，及时宣贯新颁规程、标准等，推广新技术，不断提高企业继电保护技术监督管理水平。

5 检查与评价

5.1 生产管理部组织对本实施细则的执行进行评价。

5.2 按《技术监督管理制度》相关考核执行。

6 附则

6.1 本实施细则适用于公司继电保护技术监督管理工作。

6.2 本实施细则由公司生产管理部负责解释。

6.3 本实施细则自颁布之日起开始执行。

7 附件

继电保护技术监督报表（见附表1）。

附表 1　继电保护技术监督报表

<table>
<tr><td colspan="10">单位：</td><td colspan="5">填报日期：　　年　　月　　日</td></tr>
<tr><td rowspan="2">序号</td><td rowspan="2">时间</td><td rowspan="2">保护安装地点</td><td rowspan="2">电压等级</td><td rowspan="2">故障及保护装置动作情况简述</td><td rowspan="2">被保护设备名称</td><td rowspan="2">保护型号及生产厂家</td><td colspan="3">装置动作评价</td><td rowspan="2">不正确动作责任分析</td><td rowspan="2">责任部门</td><td colspan="2">故障录波器</td><td rowspan="2">备注</td></tr>
<tr><td>正确次数</td><td>误动次数</td><td>拒动次数</td><td>录波次数</td><td>完好次数</td></tr>
<tr><td>1</td><td></td><td></td><td></td><td></td><td></td><td></td><td></td><td></td><td></td><td></td><td></td><td></td><td></td><td></td></tr>
<tr><td>2</td><td></td><td></td><td></td><td></td><td></td><td></td><td></td><td></td><td></td><td></td><td></td><td></td><td></td><td></td></tr>
<tr><td>3</td><td></td><td></td><td></td><td></td><td></td><td></td><td></td><td></td><td></td><td></td><td></td><td></td><td></td><td></td></tr>
<tr><td colspan="5">批准：</td><td colspan="5">审核：</td><td colspan="5">填报人联系方式：</td></tr>
</table>

5 技术监督管理

Q/SDIC-GL-JJ06-2020

金属技术监督实施细则

金属技术监督实施细则

1 总则

1.1 为规范金属监督管理工作，提高设备管理水平，根据国家和行业有关标准、规程及《国投电力控股股份有限公司技术监督实施细则》，特制定本实施细则。
1.2 金属监督工作应认真贯彻“安全第一，预防为主，综合治理”的方针，并实行技术责任制。按照“依法监督、分级管理”的原则，要从设备设计、选型、制造、安装、调试、试运行、运行、停用、检修、设备改造等各个环节进行全过程技术监督和技术管理。
1.3 金属技术监督的目的是通过对受监部件的检测和诊断，及时了解并掌握设备金属部件的质量情况和健康状况，防止由于选材不当、材质不佳、焊接缺陷、运行工况不良、应力状态不当等因素而引起的各类事故，减少故障停运次数，保证人身安全，提高设备安全运行的可靠性，延长设备的使用寿命。要组织协调基建、试验、检修、运行等各部门各专业，分工负责，密切配合，共同做好工作。

2 规范性引用文件

下列文件中的内容通过文中的规范性引用而构成本文件必不可少的条款。其中，注日期的引用文件，仅该日期对应的版本适用于本文件；不注日期的引用文件，其最新版本（包括所有的修改单）适用于本文件。

GB/T 41　1 型六角螺母　C 级
GB/T 95　平垫圈　C 级
GB 150.4　压力容器　第 4 部分：制造、检验和验收
GB/T 229　金属材料　夏比摆锤冲击试验方法
GB/T 699　优质碳素结构钢
GB/T 700　碳素结构钢
GB/T 709　热轧钢板和钢带的尺寸、外形、重量及允许偏差
GB 805　扣紧螺母
GB/T 1228　钢结构用高强度大六角头螺栓
GB/T 1229　钢结构用高强度大六角螺母
GB/T 1230　钢结构用高强度垫圈
GB/T 1231　钢结构用高强度大六角头螺栓、大六角螺母、垫圈技术条件
GB/T 1348　球墨铸铁件
GB/T 1447　纤维增强塑料拉伸性能试验方法
GB/T 1448　纤维增强塑料压缩性能试验方法
GB/T 1449　纤维增强塑料弯曲性能试验方法
GB/T 1451　纤维增强塑料简支梁式冲击韧性试验方法
GB/T 1591　低合金高强度结构钢
GB/T 2694　输电线路铁塔制造技术条件
GB/T 2970　厚钢板超声检测方法
GB/T 3077　合金结构钢
GB/T 3098.1　紧固件机械性能　螺栓、螺钉和螺柱

GB/T 3098.2 紧固件机械性能 螺母
GB/T 3103.1 紧固件公差 螺栓、螺钉、螺柱和螺母
GB/T 3103.3 紧固件公差 平垫圈
GB/T 3274 碳素结构钢和低合金结构钢热轧钢板和钢带
GB/T 3323.1 焊缝无损检测 射线检测 第 1 部分：X 和伽玛射线的胶片技术
GB 4053.1 固定式钢梯及平台安全要求 第 1 部分：钢直梯
GB/T 4162 锻轧钢棒超声检测方法
GB/T 5117 非合金钢及细晶粒钢焊条
GB/T 5313 厚度方向性能钢板
GB/T 5779.1 紧固件表面缺陷螺栓、螺钉和螺柱一般要求
GB/T 5779.2 紧固件表面缺陷 螺母
GB/T 5780 六角头螺栓 C 级
GB/T 5782 六角头螺栓
GB/T 6478 冷镦和冷挤压用钢
GB/T 7736 钢的低倍缺陷超声波检验法
GB/T 8110 熔化极气体保护电弧焊用非合金钢及细晶粒钢实心焊丝
GB/T 9439 灰铸铁件
GB/T 9445 无损检测 人员资格鉴定与认证
GB/T 10125 人造气氛腐蚀试验 盐雾试验
GB/T 10561 钢中非金属夹杂物含量的测定 标准评级图显微检验法
GB/T 11345 焊缝无损检测 超声检测 技术、检测等级和评定
GB/T 12470 埋弧焊用热强钢实心焊丝、药芯焊丝和焊丝-焊剂组合分类要求
GB/T 14977 热轧钢板表面质量的一般要求
GB/T 18451.1 风力发电机组 设计要求
GB/T 19072 风力发电机组 塔架
GB/T 19073 风力发电机组 齿轮箱设计要求
GB/T 19568 风力发电机组 装配和安装规范
GB/T 19960.1 风力发电机组 第 1 部分：通用技术条件
GB/T 20319 风力发电机组 验收规范
GB/T 25383 风力发电机组 风轮叶片
GB 50009 建筑结构荷载规范
GB 50017 钢结构设计标准
GB 50173 电气装置安装工程 66kV 及以下架空电力线路施工及验收规范
GB 50205 钢结构工程施工质量验收标准
GB 50233 110kV～750kV 架空输电线路施工及验收规范
GB/T 50794 光伏发电站施工规范
GB/T 50796 光伏发电工程验收规范
GB 50797 光伏发电站设计规范
DL/T 284 输电线路杆塔及电力金具用热浸镀锌螺栓与螺母
DL/T 666 风力发电场运行规程
DL/T 741 架空输电线路运行规程
DL/T 796 风力发电场安全规程
DL/T 797 风力发电场检修规程

DL/T 991　电力设备金属光谱分析技术导则
DL/T 5191　风力发电场项目建设工程验收规程
NB/T 31006　海上风电场钢结构防腐蚀技术标准
NB/T 47013.2　承压设备无损检测　第 2 部分：射线检测
NB/T 47013.3　承压设备无损检测　第 3 部分：超声检测
NB/T 47013.4　承压设备无损检测　第 4 部分：磁粉检测
NB/T 47013.5　承压设备无损检测　第 5 部分：渗透检测
NB/T 47014　承压设备焊接工艺评定
NB/T 47015　压力容器焊接规程
JB/T 6402　大型低合金钢铸件　技术条件
JB/T 6395　大型齿轮、齿圈锻件　技术条件
JB/T 6396　大型合金结构钢锻件　技术条件
JB/T 10194　风力发电机组风轮叶片
JB/T 10425.1　风力发电机组　偏航系统　第 1 部分：技术条件
JB/T 10425.2　风力发电机组　偏航系统　第 2 部分：试验方法
JB/T 10426.1　风力发电机组　制动系统　第 1 部分：技术条件
JB/T 10426.2　风力发电机组　制动系统　第 2 部分：试验方法
JB/T 10427　风力发电机组一般液压系统
JGJ 82　钢结构高强度螺栓连接技术规程
JJG 707　扭矩扳子检定规程
中国船级社　风力发电机组规范（2008）

3　职责和分工

3.1　技术监督网职责

3.1.1　贯彻执行上级有关要求，组织制定企业金属技术监督管理制度、实施细则及技术措施等，组织开展企业监督工作。

3.1.2　建立健全企业以生产分管领导为领导的三级金属技术监督网，设置金属技术监督专责工程师，明确监督网各级岗位职责分工，建立考核机制。

3.1.3　制订企业金属技术监督工作规划、计划及各项技术指标，经批准后组织实施。

3.1.4　编制企业金属技术监督工作总结、报告及有关报表，并按要求报送，重大问题及隐患应专题报告。

3.1.5　负责企业新建、改建、扩建和重大技术改造项目的设计审查、设备选型、监造、出厂验收、安装调试质量监督等工作；监督企业金属检验及运行工况，监督备品备件的配置情况。

3.1.6　定期组织召开企业金属技术监督分析会议，总结受监设备运行、检修、缺陷和试验等情况，分析保护动作情况。

3.1.7　组织研究受监设备异常和事故情况，查找原因并制定有效措施，对影响金属设备安全运行的重大技术监督问题，及时提出控制措施并组织解决，重大问题如实上报国投电力、电网及其他上级主管部门。

3.1.8　建立健全受监设备技术资料档案，并确保其准确性和连续性。

3.1.9　主动与电网公司技术监督部门联系、协调，接受电网指导；参加电网公司组织的监督检查、会议等。

3.1.10　根据实际需要，配备金属技术监督工作所需人员及仪器设备，开展培训，不断提高金属技术监督专业水平。

3.2　金属技术监督专责工程师职责

3.2.1　贯彻落实国家、行业及国投电力金属技术监督有关制度、规程和标准，组织协调企业金属技术监

督工作。

3.2.2 负责宣贯金属技术监督有关文件指示及制度、标准，参与制定企业金属技术监督有关制度、实施细则及技术措施。

3.2.3 参与制订企业金属技术监督工作规划、计划、考核办法及技术指标，督促落实年度工作计划。

3.2.4 及时掌握受监设备的工作状态，督促消缺工作。

3.2.5 定期组织开展金属技术监督缺陷统计、分析工作，组织编写并向上级有关单位和部门报送监督报表、总结。

3.2.6 参加企业金属技术监督工作会议、检修质量验收和相关事故分析，制定整改方案。

3.2.7 参加企业新建、改建、扩建或重大技术改造项目的设计审查、设备选型和启动验收等工作，组织建立金属技术档案。

3.2.8 掌握金属技术领域最新动向，协助开展科技项目攻关，协助解决金属技术监督工作中的技术问题。

3.2.9 认真行使监督职权，对违反国家、行业及国投电力有关规章制度的行为有制止权；对存在安全隐患的，有建议整改权。

3.2.10 积极参加国投电力、行业及相关单位组织的金属技术监督活动，组织或参与企业金属技术监督活动。

3.3 金属技术监督专责工程师的任职要求

3.3.1 熟悉国家、行业及国投电力有关金属技术监督的法律法规、制度和标准。

3.3.2 熟悉金属等有关知识，具有较为丰富的金属专业理论知识和实践经验。

3.3.3 工作严谨，能够辩证、科学地开展研究分析工作，做到有理、有据。

3.3.4 具有较强的组织协调能力，能够指导生产现场作业人员解决工作中遇到的较为复杂的技术问题。

3.3.5 具有进取精神，不断了解和掌握新技术、新材料、新方法和新观念。

3.3.6 专责工程师工作调动，要办理好相关技术档案交接手续。

4 管理活动的内容与方法

4.1 金属技术监督的设备范围

4.1.1 塔架及附件，包括塔筒、连接法兰、焊缝、爬梯、电缆固定支架、连接用高强度紧固件。

4.1.2 机舱底盘、焊缝、连接用高强度紧固件。

4.1.3 旋转部件，包括传动系统的增速齿轮箱，低速轴（主轴）和高速轴及轴承，风力机轮毂、叶片，刹车装置，偏航制动装置，联轴器，连接用高强度紧固件。

4.1.4 液压装置，包括风力发电机液压站的油箱、管道和管件。

4.1.5 场内架空输电线路铁塔。

4.1.6 光伏组件支架。

4.2 金属技术监督的主要内容

4.2.1 材料的监督

4.2.1.1 材料选择和质量应符合相应的国家、行业标准，进口部件的材料选择和性能应符合合同规定的有关技术要求。

4.2.1.2 受监范围内的部件应有相应的材料质量保证书，保证书应标明相应标准规定的材料牌号、化学成分、机械性能等相关数据。对热处理和无损检测要求的部件，应随产品提供热处理和无损检测报告。

4.2.1.3 监督范围部件发生材料代用情况时，代用材料的性能应不低于原设计材料，并应履行相关的审批手续。对代用情况应做好记录并存档，同时应在相应图纸、资料上注明。

4.2.1.4 备品、配件入库前应按照订货合同、协议和相关标准要求，对质量保证书的外观、尺寸和质量进行验收，并建立验收记录档案。外观、尺寸不合格时不准入库，并退货处理；当无材料质量保证书或质量保证书有问题以及对质量材料怀疑时，应进行资料补充或补充检验合格证后，方可入库，否则做退货处理。

4.2.1.5 受监范围内备品、配件应分类挂牌存放，并应采取必要的措施防止发生腐蚀、变形、损伤。

4.2.2 焊接质量监督

4.2.2.1 风力机塔筒及附件、底盘、架空线路铁塔、特种设备、光伏组件支架等焊接工作，必须由取得国家授权的相关部门颁发的资质证书的人员担任，并且焊工焊接的钢材种类、焊接方法和焊接位置均应与焊工本人考试合格的项目相符。

4.2.2.2 监督范围内金属部件焊缝质量无损检测的相关要求如下：焊缝无损检测方法主要包括目视检测（VT）、超声检测（UT）、磁粉检测（MT）、渗透检测（PT）、射线检测（RT），从事无损检测的人员应持有按 GB/T 9445 的规定，经考试取得所从事的无损检测项目有效的Ⅰ、Ⅱ、Ⅲ级资格证书，其中Ⅱ、Ⅲ级资质人员可独立进行操作，Ⅰ级资质人员应在Ⅱ、Ⅲ级资质人员的监督指导下操作。用于无损检测的设备应按相关标准定期进行校验和检测。无损检测前，应有Ⅱ、Ⅲ级资质人员根据设计技术规范编制相关无损检测工艺。

4.2.2.3 监督范围内部件的焊接材料应与母材匹配，并符合相关标准和设计要求。

4.2.2.4 塔架及附件、底盘、组件支架焊接前，应根据设计图样和有关技术规范的要求，以及 NB/T 47014、NB/T 47015 的规定编制焊接工艺规程，焊接工艺规程应包括焊缝布置图、相关焊缝的焊接工艺、焊缝返修和表面补焊工艺及相关检验内容的要求。

4.2.2.5 塔筒筒体焊缝以及与筒体相焊的焊缝（包括门框）、底盘焊缝，应按照 NB/T 47014 的规定进行焊接工艺评定，编制焊接工艺评定报告，焊接工艺评定报告中应有所使用材料的质量证明书。返修焊缝和全焊透的角焊缝的焊接工艺应单独评定。

4.2.2.6 焊缝的无损检测工作应在焊接变形矫正和所要求的热处理完成后进行。

4.2.2.7 受监范围内部件焊缝应按相关标准要求进行 100%的外观质量检验，外观质量检验不合格时，不允许进行其他项目的检验工作。

4.2.2.8 焊缝及母材表面缺陷应按工艺要求进行修复，焊缝内部超标缺陷应按照评定合格的焊接返修工艺执行，同一部位返修次数不允许超过两次。

4.2.3 制造阶段的监督

4.2.3.1 制造阶段应按照公司《电力工程建设设备监理管理办法》《风电工程设备监理大纲》的规定和要求，对监督范围内部件的设计选材和制造质量进行监督检查。

4.2.3.2 风力发电机组塔架、风轮叶片、齿轮传动装置、偏航系统、轴承、机械刹车装置和锁定装置、联轴器、液压系统和机舱的强度设计，应满足 GB/T 18451.1、JB/T 10425.1、JB/T 10426.1、GB/T 25383、GB/T 19072、GB/T 19073 等标准的规定。这些重要的受监部件宜进行监造和出厂验收监督。

4.2.3.3 塔架、机舱底盘、轮毂、齿轮箱、轴承、高强度螺栓等制造商必须通过 ISO 9001 质量体系认证，并配备必要合格的材料或焊接质量检测、试验及热处理的设备和人员，从事焊接、检测、试验的人员资格应符合相关的要求。

4.2.3.4 塔架材料和质量要求

4.2.3.4.1 按照 GB/T 19072 的要求，塔架主体（包括筒体、法兰、门框）用钢应考虑塔架的强度、使用环境温度、材料的焊接及制造工艺以及经济性，可根据 GB/T 700 和 GB/T 1591 的相关规定选择使用。非塔架主体用钢与塔架主体焊接时，应与塔架主体材料匹配。

4.2.3.4.2 塔架用钢板的尺寸、外形及允许的偏差应符合 GB/T 709 的规定，钢板表面质量应符合 GB/T 14977 的规定。材料的性能应符合 GB/T 700 或 GB/T 1591 的规定。如钢板厚度方向有性能要求，应符合 GB/T 5313 的规定。如钢板有超声波探伤要求，应符合 GB/T 2970 的规定。

4.2.3.4.3 塔架材料的订货内容、技术要求、试验方法、检验规则、包装、标志、质量证明书等，应符合 GB/T 3274 的规定。

4.2.3.4.4 塔架制造所用钢材的各项性能指标应符合设计文件要求。若采用代用材料时，应由制造单位提出申请，并通过取样检验，所采用的代用材料满足设计要求时，经设计单位确认后方可执行。

4.2.3.4.5 拼焊法兰毛坯不宜超过六片拼接，且螺栓孔不能在焊缝上。环锻法兰按照相关国家标准执行，法兰使用的钢材质量等级应等于或高于塔架筒体使用钢材的质量等级。

4.2.3.5 焊缝的质量要求

4.2.3.5.1 目视检测：对所有焊缝表面应进行100%的目视检测，并在检验合格后才能进行其他方法的无损检测。检测结果应无明显咬边、裂纹、夹渣、气孔等缺陷。

4.2.3.5.2 磁粉或渗透检测：应按照NB/T 47013.4或NB/T 47013.5的规定进行，合格级别为Ⅰ级。

4.2.3.5.3 超声波检测：塔架主体对接焊缝应按照NB/T 47013.3的规定进行100%的超声检测。各部位焊缝合格级别分别如下：

a）合格级别为Ⅰ级的焊缝：

1）筒节与筒节焊接的环焊缝；

2）门框与简体焊接的焊缝；

3）筒节与法兰焊接的环焊缝（包括基础段筒节与上法兰的环缝）；

4）筒节的纵焊缝；

5）法兰的拼接焊缝（不包括基础段底法兰拼接焊缝）；

6）钢板卷制的门框对接焊缝。

b）合格级别为Ⅱ级的焊缝：基础段筒节与基础段底环法兰焊接的T形焊缝。

c）合格级别为Ⅲ级的焊缝：基础段底法兰的拼接焊缝。

4.2.3.5.4 射线检测：设计有要求时，或对UT检测有疑问时应进行射线检测。射线检测应按照NB/T 47013.2执行，合格级别按照设计要求执行。

4.2.3.5.5 复检：对焊缝进行VT、UT、MT、PT、RT检测发现的超标缺陷，应进行返修处理，并对返修部位采用原检测方法进行检测，直至合格为止。

4.2.3.5.6 对设计要求为抽检的焊缝，若发现超标缺陷，应按设计要求增加检测数量。

4.2.3.6 机舱底盘材料和质量要求

4.2.3.6.1 铸造成型底盘的材料可按照GB/T 1348和GB/T 9439的规定选用铸铁材料，宜选用球墨铸铁材料，也可选用HT250以上的普通铸铁，或其他具有等效力学性能的材料（如铸钢）。

4.2.3.6.2 焊接成型底盘的材料应依据环境温度而定。可根据GB/T 700，选择使用Q235B、Q235C、Q235D结构钢，或根据GB/T 1591选择使用Q345B、Q345C、Q345D、Q345E低合金高强度结构钢。

4.2.3.6.3 焊接成型底盘用钢板的尺寸、外形及允许的偏差应符合GB/T 709的规定，钢板表面质量应符合GB/T 14977的规定。材料的性能应符合GB/T 700或GB/T 1591的规定。如钢板厚度方向有性能要求，应符合GB/T 5313的规定。如钢板有超声波探伤要求，应符合GB/T 2970的规定。

4.2.3.7 焊接成型底盘焊缝的质量要求

4.2.3.7.1 所有焊缝应进行100%的目视检测，检测结果应无明显咬边、裂纹、夹渣、气孔等缺陷。

4.2.3.7.2 底盘钢结构焊缝的无损检测方法和质量要求，应按照设计施工图样上的要求执行。施工图样上没有注明时，无损检测方法和质量要求也可参照相关的规定执行。

4.2.3.7.3 齿轮箱材料和质量要求：齿轮箱材料和质量应按照GB/T 19073的规定，满足如下要求：

a）齿轮箱箱体。箱体的毛坯应根据结构形式选用球墨铸铁或铸钢件，也可选用其他具有等效力学性能的材料制作，在寒冷地区使用的箱体应具有耐低温性能；箱体类零件均应进行消应力处理。

b）行星架。宜选用QT700-2A、42CrMoA、ZG34Cr2NiMo等材料，其力学性能应分别符合GB/T 1348、GB/T 3077、JB/T 6402标准的规定，也可使用其他具有等效力学性能的材料；行星架如采用焊接结构，应对其焊缝进行超声波探伤，焊缝的检验等级应符合GB/T 11345规定的B级要求。

c）齿轮、内齿圈、齿轮轴、轴。齿轮、齿轮轴、轴宜采用优质低碳合金钢制造，如 20CrMnMo、17CrNiM06 材料制造，其力学性能应分别符合 GB/T 3077、JB/T 6395 等相关标准的规定，也可使用其他具有等效力学性能的材料；内齿圈宜采用与齿轮相同的材料或 42CrMoA、34Cr2Ni2MoA 等材料制造，经渗碳、渗氮处理或其他方式的热处理，其力学性能应分别符合 GB/T 3077、JB/T 6395 等标准的规定，也可使用其他具有等效力学性能的材料。

4.2.3.8　轮毂、低速轴（主轴）、轴承材料和质量要求

4.2.3.8.1　轮毂材料可按照 GB/T 1348 和 GB/T 9439 的规定选用铸铁材料，宜选用球墨铸铁材料，也可选用 T250 以上的普通铸铁或其他具有等效力学性能的材料（如铸钢等）。

4.2.3.8.2　铸造轮毂毛坯表面不得有裂纹、缩孔、缩松、砂眼等缺陷，并且均应进行退火和时效处理。轮毂加工完成后，加工部位表面不允许有裂纹。

4.2.3.8.3　低速轴（主轴）的材料可选择 42CrMoA（42CrM04）、40CrNiMoA（34CrNiM06），其力学性能应符合 GB/T 3077 等标准的规定，也可使用其他具有等效力学性能或更优的材料。

4.2.3.8.4　偏航、变桨转盘及传动系统轴承的选型应按照中国船级社《风力发电机组规范（2008）》的规定执行。

4.2.3.8.5　其中部分质量和性能要求如下：

a）轴承体的硬度应大于等于 55HRC，其中偏航、变桨转盘轴承套调质后硬度为 229HB～269HB，滚道表面淬火后硬度为 55HRC～62HRC。

b）偏航、变桨转盘轴承套圈探伤应不低于 GB/T 7736 中的Ⅱ级要求。

c）偏航、变桨转盘轴承套圈的低温冲击功要求为：−20℃时的 Ak_v 不小于 27J，冷却下−30℃时的 Ak_v 由供需双方协商确定。

4.2.3.9　液压系统材料和质量要求

4.2.3.9.1　按照 JB/T 10427 的规定，管件材料可以采用钢管、胶管、尼龙管、铜管，采用铜管时宜选用 10、15、20 号钢管。

4.2.3.9.2　按照 JB/T 10427 的规定，液压系统油箱和管路焊接质量要求如下：

a）开式框型油箱内壁应采用满焊连续焊缝；开式圆形油箱内壁焊缝应高出内壁，高度应符合相关规定。

b）压力式油箱的焊接应符合 GB 150.4 的规定。

c）管路焊接接口应做到内壁平齐；对于工作压力小于 6.3MPa 的管路，内壁错边量不大于 2mm。

d）对于工作压力大于等于 6.3MPa 的管道，内壁错边量不大于 1mm。

e）钢管管路应采用全氩弧焊焊接或氩弧焊打底后，焊条电弧焊填充、盖面；管路对接焊缝的内壁焊缝应高出内壁；管路对接焊缝同一位置返修次数不得超过 2 次。

4.2.3.10　高强度紧固件材料和质量要求

4.2.3.10.1　按照 GB/T 19072 的规定，用于塔架连接的紧固件用钢及性能等级由设计单位根据 GB/T 5782、GB/T 3098.1、GB/T 1231 等标准进行选用，并在设计文件中明确其性能。

4.2.3.10.2　按照 JB/T 10425.1、JB/T 10426.1 的规定，偏航系统和制动系统固定用高强螺栓、螺母、垫圈应分别符合 GB/T 1228、GB/T 1229、GB/T 1230 的规定。

4.2.3.10.3　对于小于等于 M30 的紧固件技术条件执行 GB/T 1231。对大于 M30 紧固件技术条件执行 GB/T 3098.1、GB/T 3098.2，塔筒用紧固件制作尺寸可按照相关标准执行。

4.2.3.10.4　常用小于等于 M30 的高强螺栓连接副的材料及机械性能、配合使用规定、应按 GB/T 1231 的要求执行，具体内容见表 1、表 2。

4.2.3.10.5　小于等于 M30 的高强紧固件连接副的材料及机械性能、配合使用规定，应按 GB/T 1231 的要求执行，具体内容见表 1、表 2。

表 1　螺栓、螺母、垫圈的性能等级和材料规定

类别	性能等级	材料	标准编号	适用规范
螺栓	10.9S	20MnTiB ML 20MnTiB	GB/T 3077 GB/T 6478	≤M24
		35VB		≤M30
	8.8S	45、35	GB/T 699	≤M20
		20MnTiB、40Cr ML 20MnTiB	GB/T 3077 GB/T 6478	≤M24
		35CrMo	GB/T 3077	≤M30
		35VB		
螺母	10H	45、35	GB/T 699 GB/T 6478	
	8H	ML35	GB/T 699	
垫圈	35HRC～45HRC	45、35		

表 2　螺栓、螺母、垫圈的使用配合规定

类别	螺栓	螺母	垫片
型式尺寸	按 GB/T 1228 规定	按 GB/T 1229 规定	按 GB/T 1230 规定
性能等级	10.9S	10H	35HRC～45HRC
	8.8S	8H	35HRC～45HRC

4.2.3.10.6　高强度紧固件的制造质量检验要求如下：制造厂应对高强度紧固件原材料进行化学成分检验，检验结果应符合 GB/T 3077 等相关标准的规定。

4.2.3.11　高强度紧固件的无损检测要求

4.2.3.11.1　高强度紧固件［包括螺栓（螺柱）、螺母］涂层处理前，螺栓、螺母应分别按照 GB/T 5779.1、GB/T 5779.2 的要求，进行 100%的目视检测，检测结果应无毛刺、机械损伤、凹陷、锈蚀、裂纹等缺陷。

4.2.3.11.2　对大于等于 M30 的螺栓涂层处理前，应按照 NB/T 47013.3 或 GB/T 4162 进行 100%的超声波检测，合格等级为 NB/T 47013.3 的Ⅰ级或 GB/T 4162 的 AAA 级。

4.2.3.11.3　螺栓涂层处理前，应按 NB/T 47013.4 的Ⅰ级进行 100%的磁粉检测，检测结果应符合 GB/T 5779.1 的要求，应无裂纹、白点和任何横向缺陷显示。

4.2.3.11.4　螺栓涂层处理前，应按照 GB/T 1231 等标准的要求，对螺栓、螺母、垫圈的尺寸和形位公差进行抽样检验，检验结果应符合设计要求，并应符合 GB/T 3103.1 和 GB/T 3103.3 中有关 C 级产品的规定。

4.2.3.12　高强度紧固件的机械性能检验要求

4.2.3.12.1　螺栓应每批次（每批次最大数量不超过 3000）抽样 3 个，加工拉伸试样进行拉伸性能试验。同时根据用户要求，对大于等于 M16 的螺栓，应抽样加工 3 组试样（每组 3 件）进行常温冲击试验。试验方法和结果应符合 GB/T 3098.1、GB/T 3098.2、GB/T 1231 等标准的规定。小于等于 M30 的螺栓加工试样机械性能合格值参见本规程（见表 3）。

4.2.3.12.2　对大于等于 M20 的螺栓，每批次（每批次最大数量不超过 3000）抽样加工 6 组试样（每组试样为 3 件），按照 GB/T 229 进行夏比 V 型缺口低温冲击试验。其中 8.8 级螺栓在－40℃冲击功平均值不小于 37J，一组试件中允许有一件冲击功小于 27J，但不得小于平均值的 70%；10.9 级螺栓在－45℃冲击功平均值不小于 27J，一组试件中允许有一件冲击功小于 19J，但不得小于平均值的 70%。

4.2.3.12.3　螺栓应每批次（每批次最大数量不超过 3000）抽样 8 个进行实物楔负载荷或拉力载荷（或芯部硬度）机械性能试验，试验方法和结果应符合 GB/T 3098.1、GB/T 1231 的要求。小于等于 M30 的螺栓硬度合格值参见本规程（见表 4）。

4.2.3.12.4　螺母应每批次（每批次最大数量不超过 3000）抽样 8 个进行保证载荷、硬度机械性能试验，试验方法和结果应符合 GB/T 3098.2、GB/T 1231 的要求。小于等于 M30 的螺栓用螺母硬度合格值参见本规程（见表 4）。

4.2.3.12.5　垫圈应每批次（每批次最大数量不超过 3000）抽样 8 个进行硬度试验，试验方法和结果应符合 GB/T 1231 等标准的要求。小于等于 M30 的螺栓用垫圈硬度合格值参见本规程（见表 4）。

4.2.3.12.6　螺栓应每批次（每批次最大数量不超过 3000）抽样 3 个进行螺纹脱碳层深度、低倍缺陷、非金属夹杂物、微观组织金相检验。脱碳层深度检验方法和结果应符合 GB/T 3098.1，低倍缺陷应符合 GB/T 3077 的规定，非金属夹杂物应小于等于按 GB/T 10561 标准评定的 2 级，金相组织中索氏体含量应大于 90%。

表 3　螺栓的机械性能规定

性能等级	抗拉强度 MPa	规定非比例延伸强度 MPa	断后伸长率 %	断后收缩率 %	冲击吸收功 J
10.9S	1040～1240	940	10	42	47
8.8S	830～1030	660	12	45	63

表 4　螺栓、螺母、垫圈的硬度规定

类别	性能等级	维氏硬度		洛氏硬度	
螺栓	10.9S	Min：312HV30	Max：367HV30	Min：33HRC	Max：39HRC
	8.8S	Min：249HV30	Max：296HV30	Min：24HRC	Max：31HRC
螺母	10H	Min：222HV30	Max：340HV30	Min：98HRC	Max：32HRC
	8H	Min：206HV30	Max：289HV30	Min：95HRC	Max：30HRC
螺母	830～1030	329HV30～436HV30		35HRC～45HRC	

4.2.3.13　光伏组件支架材料和质量要求

4.2.3.13.1　光伏支架应结合工程实际选用材料、设计结构方案和构造措施，保证支架结构在运输、安装和使用过程中满足强度、稳定性和刚度要求，并符合抗震、抗风和防腐等要求。

4.2.3.13.2　光伏支架材料宜采用钢材，材质的选用和支架设计应符合 GB 50017 的规定。

4.2.3.13.3　风荷载、雪荷载和温度荷载应按 GB 50009 中 25 年一遇的荷载数值取值。地面和楼顶支架风荷载的体型系数取 1.3。建筑物立面安装的支架风荷载的确定应符合 GB 50009 的要求。

4.2.3.14　高强度紧固件、钢结构、光伏组件支架的防腐要求

4.2.3.14.1　高强度紧固件的涂覆层，应按照 GB/T 10125 规定的方法进行盐雾试验，涂覆层的试验防腐寿命应达到 1000h。

4.2.3.14.2　陆地风力发电机组塔架内外表面的防腐，应符合 GB/T 19072 的规定。

4.2.3.15　架空输电线路铁塔材料和质量要求

4.2.3.15.1　铁塔用钢材的质量应符合 GB/T 2694 的规定。其中钢材的表面质量不得有裂缝、折叠、结疤、夹杂和重皮等缺陷；表面有锈蚀、麻点、划痕时，其深度不得大于钢材厚度允许负偏差值的 1/2，且累计误差应在负允许偏差范围内。

4.2.3.15.2　铁塔焊缝质量等级设计为一、二、三级的，应符合 GB/T 2694 的规定，设计未注明焊缝质量等级的按照 GB/T 2694 规定的三级执行。

4.2.3.15.3　铁塔使用的紧固件的规格、等级及防腐形式按设计文件选用，其产品质量应符合 GB/T 3098.1、GB/T 3098.2、GB/T 41、GB/T 5780、GB/T 95、GB 805、DL/T 284 的规定。

4.2.3.16　铁塔的防腐应符合 GB/T 2694 的规定。

4.2.3.17 受监金属材料应按国家及行业有关标准进行入场验收，对材料质量发生怀疑时，应按有关标准进行抽样检查。

4.2.3.18 受监范围内的钢材、部件，在制造、安装、检修中更换时必须验证其钢号，防止错用。

4.2.4 安装阶段的监督

4.2.4.1 风电、光伏工程受监部件的安装按照 GB 50794、GB/T 19568、GB/T 50796 等相关标准要求执行，保证安装质量。

4.2.4.2 安装阶段，应委托有资格的第三方对高强度紧固件螺栓、螺母和垫圈进行以下试验检查并合格：

4.2.4.2.1 对同批次、同规格高强度紧固件的螺栓加工试样进行拉伸和低温冲击性能、脱碳层深度、低倍缺陷、非金属夹杂物、微观组织、化学成分的试验检测，以及实物楔负载荷、芯部硬度机械性能的试验检测；对螺母进行保证载荷、硬度试验检测；对垫圈进行硬度试验检测。

4.2.4.2.2 对同批次螺栓抽查 10 件，分别进行超声波和磁粉检测。

4.2.4.3 对同批次、同规格螺栓，抽样 2 个进行化学成分检验，检验结果应符合 GB/T 3077 等相关标准的规定。风力发电机组安装期间，安装单位、监理单位应按照 GB/T 19568 的规定，开展以下监督工作：

4.2.4.3.1 检查连接紧固件应有质量保证书、热处理报告和检验报告，塔筒、机舱底部构架、底板等制造焊缝应有质量保证书和无损检验报告，齿轮箱、叶片等部件应有质量保证书或合格证书。

4.2.4.3.2 所有连接螺栓、螺母安装前应经宏观检查无裂纹、机械损伤，安装后应无严重的表面机械损伤。

4.2.4.3.3 有预紧力矩要求的紧固件，应按安装说明书规定的方法和力矩紧固；未规定预紧力矩的紧固件在装配时也要严格控制和进行力矩检查。

4.2.4.3.4 塔筒、机舱底部构架、底板、爬梯等可见焊缝应进行 100%的目视检测，检测结果应焊接牢靠、无宏观裂纹等超标缺陷。

4.2.4.4 安装过程中，对受监金属部件的母材、焊缝质量检查有怀疑时，除采取目视检测方法外，可采用磁粉、超声波检测法进行检查。磁粉检测按照 NB/T 47013.4 的规定执行，合格级别为Ⅰ级；超声波探伤按照 NB/T 47013.3 的规定执行，合格级与制造阶段要求相同。

4.2.4.5 安装过程中，监督范围内的金属部件检查发现缺陷或开裂、断裂失效时，应及时查明原因，并采取以下处理措施：

4.2.4.5.1 塔筒、机舱底板母材和焊缝，以及轮毂、紧固件等受监范围内金属部件检查发现裂纹等其他超标缺陷时，应及时安排进行返修处理；并按照相关标准规定或根据具体情况扩大检查范围，检查方法除选择目视检测外，也可以选择磁粉检测、超声波检测方法。

4.2.4.5.2 紧固件安装前或安装过程中，如发生螺栓断裂情况时，应对同批次螺栓全部暂停安装使用。待取断裂螺栓，以及同批次的同类型规格、不同类型规格未断裂螺栓各一根进行原因试验分析后，如确定为材质原因时，则应对同批次的同类型规格所有螺栓连接副进行更换处理，否则只对断裂螺栓连接副做更换处理。

4.2.4.6 陆地风力发电机组塔架等要求防腐处理的结构表面，应根据环境条件采用金属喷镀或喷漆处理，防腐层表面经宏观检查应均匀，无起皮、漏涂、缝隙、气泡等缺陷。

4.2.4.7 光伏组件支架应根据环境条件采用金属喷镀或喷漆处理，防腐层表面经宏观检查应均匀，无起皮、漏涂、缝隙、气泡等缺陷。

4.2.4.8 架空输电线路铁塔安装质量应符合 GB 50173、GB 50233 的规定。

4.2.4.9 投产前基建单位必须提供、移交详细的相关资料，主要内容包括材料的试验报告、代用材料的变更资料、主要合金部件的焊接及热处理工艺、重大缺陷处理等资料。

4.2.5 运行阶段的监督

4.2.5.1 风力发电机组运行（包括试运行阶段）期间，应加强对机组运行状态的监测和巡检，当听到异常噪声，或发生叶片断裂、振动超标、齿轮箱油温超标、油位偏低情况时，应立即停机检查、分析和处理，防止转动部件的损伤扩大。

4.2.5.2　风力发电机组投运第一年，应根据风场风能资源的季节变化（风速、风密度）进行运行优化，确定不同风能资源情况下的最低启动风速，以减少风力机的启停次数，提高风力机转动部件的使用寿命。

4.2.5.3　风电场在风机经历设计极限风速 80%工况后，或在风力机遭受其他非正常受力工况后，应抽查5%的风电机组，对基础环焊缝进行 100%的目视检查无裂纹，对基础环螺栓抽查 10%进行紧固力矩检查合格。

4.2.5.4　螺栓防腐要求应满足 GB/T 1231 的规定。

4.2.5.5　架空输电线路的金具、铁塔（杆塔）、基础应每月巡检一次，每年最强风季节（或台风）前、后应进行巡检，并建立巡检记录。检查内容和结果应符合 DL/T 741 的规定，对发现的问题应及时安排处理。

4.2.5.6　监督范围内部件发现缺陷或失效时，应进行原因分析，并采取必要的措施预防失效事故的再次发生。

4.2.5.7　金属监督范围内部件，在运行、检修期间的定期检查、维护工作，应按照 DL/T 797 的要求执行，并建立相应的记录。金属监督范围内各部件检查项目、内容、周期和要求见表 5。

4.2.5.8　运行中设备发生事故时，项目现场应及时组织事故分析工作，确定事故原因并制定反事故措施，并做好统计上报工作。

表 5　风力发电机组金属监督范围内各部件的定期检验项目

检查部位	检查内容	宏观检查	功能性检查	检查周期和时机	合格标准
叶片	叶片表面检查	裂缝、针孔、雷击	—	一年	应无裂缝、针孔
	叶片上螺栓	外观及腐蚀情况	20%取样检查螺栓紧固	一年	应无明显腐蚀、螺栓紧固力矩
导流罩	导流罩	有无损坏	—	一年	应无开裂
	紧固螺栓		有无松动	一年	应无松动
轮毂	轮毂表面	有无腐蚀、裂纹	—	一年	无明显裂纹
	主轴法兰与轮毂装配螺栓紧固	外观及腐蚀情况	20%取样检查螺栓紧固	一年	紧固力矩符合设计要求
主轴	主轴部件检查	有无破损、磨损、腐蚀、裂纹	100%紧固轴套与机座螺栓，有无异常声音	一年	有无破损、磨损、腐蚀、裂纹螺栓紧固力矩符合设计要求
	轴承（前端、后端）罩盖	有无异常情况	—	一年	应无开裂
机械制动系统	制动块	磨损程度多少	必要时按厂家标准进行更换	一年	剩余厚度应符合厂家标准
	制动盘	是否松动	如果需要更换按厂家规定标准执行	半年	应无松动剩余厚度应符合厂家标准
	机械制动器相应螺栓	—	100%紧固螺栓力矩	一年	螺栓紧固力矩符合设计要求
齿轮箱	齿轮箱噪声	有无异响	—	一年	螺栓力矩紧固符合设计要求
	齿轮箱与机座螺栓		100%紧固力矩螺栓	一年	应无点蚀、断裂
	齿轮箱及齿面磨损及损坏情况	目测检查是否正常		半年	应无松动
联轴器	万向节螺栓	目测检查是否正常	—	半年	应无松动
发电机	发电机与底座紧固螺栓	—	100%紧固力矩螺栓	半年	螺栓力矩紧固符合设计要求
偏航系统	塔顶法兰螺栓	—	20%取样检查螺栓紧固	半年	螺栓力矩紧固符合设计要求
	偏航系统螺栓	—	100%紧固力矩螺栓	半年	螺栓力矩紧固符合设计要求
	偏航齿圈、齿牙	有无损坏、转动自如	必要时需做均衡调整	半年	螺栓力矩紧固符合设计要求

表 5（续）

检查部位	检查内容	宏观检查	功能性检查	检查周期和时机	合格标准
塔架	中法兰、底法兰螺栓	—	20%取样检查螺栓紧固	半年	螺栓力矩紧固符合设计要求
	塔门及塔壁	焊缝有无裂纹	—	半年	应无裂纹
	梯子、平台、电缆支架焊缝等	有无开裂	—	半年	应无裂纹
	塔身喷漆	有无脱落、腐蚀	—	半年	应无明显脱落腐蚀

4.2.5.9 在定期检查过程中，如发现以下缺陷或问题时，应及时进行处理：

4.2.5.9.1 叶片有裂纹时，应立即安排进行修复处理；叶片有断裂时，应立即停机进行更换处理。

4.2.5.9.2 螺栓预紧力抽查时，如发现螺栓预紧力偏差明显，应对该螺栓连接副全部更换；同时应对同一法兰面所有螺栓进行预紧力检查。

4.2.5.9.3 如发生螺栓断裂情况时，则应对同一法兰面螺栓连接副全部更换。

4.2.5.9.4 齿轮有断裂情况时，应立即停机安排对齿轮箱进行更换处理。

4.2.5.9.5 焊缝检查有裂纹时，应对该风机同类可见焊缝进行 100%的目视检测，有疑问时可采用磁粉、超声方法进行检测，同时对裂纹部位及时安排修复处理。焊接修复和磁粉、超声波检测工作应按照相关规定进行，并符合设计规定。

4.2.5.9.6 钢结构防腐层脱落，同时基体金属明显外露时，应对防腐层进行修复，修复质量应符合原标准的要求。对海上风电场钢结构的腐蚀速率明显大于 NB/T 31006 的规定时，应查明原因，采取措施降低腐蚀速率。

4.2.5.9.7 在机组质保期满移交前，双方应按照 GB/T 20319、DL/T 5191、GB/T 50796 的规定，进行规定项目的检查验收，并符合相关标准或设计规定。

4.2.5.10 检查项目、内容、合格标准见表 6。

表 6 机组质保期满移交生产前验收检查项目

序号	检查部件	检查内容	合格标准
1	风轮/叶片	表面损伤、裂纹和结构不连续、螺栓预紧力	无表面损伤、裂纹和结构不连续，螺栓紧固力矩符合设计要求
2	轴类零件	异常噪声、振动、腐蚀、螺栓预紧力、齿轮状态	无异常噪声、异常振动、明显腐蚀，螺栓
3	机舱及承载结构件	腐蚀、裂纹异常噪声，螺栓预紧力	无腐蚀、裂纹、异常噪声，焊缝表面无裂纹，螺栓紧固力矩符合设计要求
4	液压、气动系统	损伤、防腐、泄漏、裂纹	无明显损伤、防腐、泄漏、裂纹
5	塔架和基础	表面损伤、裂纹、变形和腐蚀、螺栓预紧力	表面防腐层应完好无锈色，焊缝表面无裂纹，螺栓紧固力符合设计要求
6	刹车装置	损伤	应无明显损伤

螺栓连接应按照 GB/T 20319 规定的以下检查内容、方法和要求执行。

4.2.5.10.1 检查内容：

4.2.5.10.1.1 对螺栓表面的锈蚀情况进行检查。

4.2.5.10.1.2 对预紧力有控制要求的螺栓连接，应检查其预紧力是否符合设计规定。

4.2.5.10.1.3 采取随机抽检的方式进行预紧力检查，同一部位螺栓的抽检比例应不少于 10%，但最少不低于 5 个。

4.2.5.10.2 螺栓预紧力的检查方法和要求：

4.2.5.10.2.1 预紧力应通过测量扭矩的方法验证，扭矩测量应使用与安装时相同的工器具，并且应经过校准并在有效期内，其测量误差不应超过±2%。

4.2.5.10.2.2　力矩标准应按照制造商规定的程序和要求执行，也可按照如下方法检查：

a）一般连接螺栓的检查力矩小于标称力矩的20%即可，抽查时如有松动，应按照标称力矩将同类螺栓全部拧紧。

b）关键连接螺栓（塔筒法兰连接螺栓、机舱和塔筒连接螺栓、叶片轴承螺栓、偏航轴承连接螺栓、主轴与轮毂连接螺栓、叶片与轮毂连接螺栓、变桨齿轮连接螺栓等）按照70%的配力矩值检查，在规定的预紧力作用下，螺栓不应松动；抽检时如发现有松动，应将该连接副全部更换。

4.2.5.10.2.3　其他要求：

a）检查预紧力时，测试力矩应作用在螺母上。

b）更换锈蚀的螺栓、螺母。

c）进行螺栓预紧力检查时，环境温度应高于－5℃。

4.2.5.11　陆地风力发电机组塔架、光伏组件支架等钢结构表面防腐蚀措施和质量检查，应符合 GB/T 19072 的规定，防腐层表面应均匀，无起皮、漏涂、缝隙、气泡等缺陷。

4.2.5.12　海上风力发电场钢结构的防腐蚀措施和质量检查，应符合 NB/T 31006 的规定，海边风力发电场钢结构的防腐蚀措施和质量检查可参照执行。

4.2.5.13　制造单位或安装单位应移交以下相关资料：

4.2.5.13.1　塔筒、机舱底盘、高强度螺栓的设计说明书、图纸。

4.2.5.13.2　塔筒、机舱底盘、高强度螺栓制造用原材料的质量保证书和检验报告。包括材料成分（化学、光谱）分析、性能检测、无损检测报告，材料代用报告。

4.2.5.13.3　塔筒、机舱底盘焊缝、高强度螺栓无损检测、热处理、金相检验报告；高强度螺栓无损检测报告；焊缝的返修报告；防腐涂层检测报告。

4.2.5.13.4　塔筒、高强度螺栓、齿轮箱的质量保证书或合格证书。

4.2.5.13.5　机组质保期内受监金属部件失效、更换、修复记录，失效原因分析报告。

4.2.5.13.6　机组质保期满移交前的防腐涂层、焊缝、高强度螺栓和螺栓预紧力检查记录、报告。

4.3　培训管理

4.3.1　每年12月份前，根据现场设备及人员情况，结合设备大小修及技术改造，制订详细的技术培训计划并报相关部门批准后执行。

4.3.2　应设专门或轮值技术培训员，组织开展多种形式的培训工作及考核工作。

4.3.3　生产管理部、培训职能部门，不定期对技术培训情况进行监督检查，发现不按培训计划执行的，报公司按规定进行考核。

4.3.4　每年或根据实际情况开展一次技术比武活动，内容要针对工作实际和相关理论知识选取，使技术比武活动真正达到提高大家技术工作水平的目的。

4.3.5　根据现场实际情况，安排金属技术人员到设备生产厂家学习。

4.3.6　针对现场改造或技术难题，组织设备厂家人员到厂进行技术讲课或培训，新设备或改造设备应对运行人员进行技术培训。

4.3.7　学习并掌握新机组、新装备、新原理、新维护的检修方法。

4.3.8　加强职业素质培训，提高安全生产认识和工作责任心。加强危险点分析、金属安全措施票的落实。

4.4　技术监督资料档案

4.4.1　管理制度

4.4.1.1　金属技术监督管理制度及实施细则、考核细则。

4.4.1.2　受监设备检修维护规程、运行规程及试验规程。

4.4.1.3　技术资料管理制度。

4.4.1.4　受监设备反事故技术措施。

4.4.1.5 定期试验、测试、检验制度。
4.4.1.6 金属监督管理制度。
4.4.1.7 培训管理制度。
4.4.2 档案资料
建立健全金属监督原始资料、运行检修资料和管理资料档案，档案内容如下：
4.4.2.1 原始资料档案：
a）塔筒、机舱底盘、高强度螺栓的设计说明书、图纸。
b）受监金属部件的质量保证书、合格证。
c）受监金属部件备品、配件的验收记录。
d）受监金属部件的制造、监造、安装检验相关报告。
4.4.2.2 运行检修资料档案：
a）受监金属部件的巡检记录。
b）受监金属部件的历次检验记录、报告。
c）受监金属部件的失效和更换、修复记录。
d）受监金属部件的失效分析报告。
4.4.2.3 管理资料档案：
a）风力发电场技术监督管理办法，金属监督管理制度、实施细则等。
b）国家、行业风力发电场金属监督范围内的法规、标准、规范。
c）金属监督计划、总结、季报。

4.5 技术监督管理

4.5.1 金属技术监督工作实行监督请示报告制和岗位责任制，坚持全过程技术监督的原则，对年度金属技术监督计划进行闭环管理，每年至少召开两次金属技术监督工作会议，定期检查监督计划及监督指标完成情况，对重大问题及隐患应及时召开专题会议研究，并形成专题报告。
4.5.1.1 每年×月×日前将下一年度金属技术监督工作计划进行报送。
4.5.1.2 每年×月×日前将上一年度金属技术监督工作总结进行报送。
4.5.1.3 每年×月×日前、次年×月×日前分别将半年、全年技术监督报表进行报送。
4.5.1.4 发生重大技术监督问题、隐患应组织专题研究，及时向国投电力进行专题报告。
4.5.1.5 按照规定要求，向上级有关部门报送技术监督报表。
4.5.2 建立严格的金属检验报告校对、审核责任制度，妥善保管检验报告，做到数据准确、随时可查阅。
4.5.3 金属技术监督实行考核制度，制定考核检查方法，定期组织检查、抽查和互查，认真进行各项金属技术监督工作的考核评比。
4.5.4 严格按照国家及行业有关法律法规、规程、标准及反事故措施要求开展技术监督工作。因特殊情况不能按要求执行时，应进行认真组织分析、讨论，经充分论证后，由企业生产分管领导批准，并上报国投电力技术管理部。
4.5.5 定期组织开展金属专业技术培训和交流，及时宣贯新颁规程、标准等，推广新技术，不断提高企业金属技术监督管理水平。

5 检查与评价

5.1 生产管理部组织对本实施细则的执行进行评价。
5.2 按《技术监督管理制度》相关考核执行。

6 附则

6.1 本实施细则适用于公司金属技术监督管理工作。

6.2 本实施细则由公司生产管理部负责解释。
6.3 本实施细则自颁布之日起开始执行。

7 附件

7.1 金属技术监督报表（见附表1）。
7.2 主要金属检验试验项目完成情况报表（见附表2）。

附表1 金属技术监督报表

填报单位：			填报日期：	
序号	部件名称	发生时间	简要情况介绍	处理措施
1				
2				
备注：				
批准：		审核：		填表人及联系电话：

附表2 主要金属检验试验项目完成情况报表

填报单位：			填报日期：	
序号	项目名称	完成时间	检验情况简介	检验结果
1				
2				
批准：		审核：		填表人及联系电话：

新能源发电企业生产管理体系标准汇编

5 技术监督管理

Q/SDIC-GL-JJ07-2020

绝缘技术监督实施细则

绝缘技术监督实施细则

1 总则

为规范绝缘技术监督管理，保障电气一次设备的安全运行和人身安全，根据国家和行业有关标准、规程及《国投电力控股股份有限公司技术监督实施细则》，特制定本实施细则。

2 规范性引用文件

下列文件中的内容通过文中的规范性引用而构成本文件必不可少的条款。其中，注日期的引用文件，仅该日期对应的版本适用于本文件；不注日期的引用文件，其最新版本（包括所有的修改单）适用于本文件。

GB 311.1 绝缘配合 第1部分：定义、原则和规则
GB/T 311.2 绝缘配合 第2部分：使用导则
GB/T 755 旋转电机 定额和性能
GB/T 1029 三相同步电机试验方法
GB 1094.1 电力变压器 第1部分：总则
GB 1094.2 电力变压器 第2部分：液浸式变压器的温升
GB/T 1094.3 电力变压器 第3部分：绝缘水平、绝缘试验和外绝缘空气间隙
GB 1094.5 电力变压器 第5部分：承受短路的能力
GB/T 1094.6 电力变压器 第6部分：电抗器
GB 1094.11 电力变压器 第11部分：干式变压器
GB/T 1984 高压交流断路器
GB/T 3190 变形铝及铝合金化学成分
GB/T 4942.1 旋转电机整体结构的防护等级（IP代码）-分级
GB/T 5231 加工铜及铜合金牌号和化学成分
GB/T 6451 油浸式电力变压器技术参数和要求
GB/T 7595 运行中变压器油质量
GB/T 7597 电力用油（变压器油、汽轮机油）取样方法
GB/T 7674 额定电压72.5kV及以上气体绝缘金属封闭开关设备
GB/T 8349 金属封闭母线
GB/T 8905 六氟化硫电气设备中气体管理和检测导则
GB/T 10228 干式电力变压器技术参数和要求
GB/T 11022 高压开关设备和控制设备标准的共用技术要求
GB/T 11023 高压开关设备 SF_6气体密封试验导则
GB/T 11032 交流无间隙金属氧化物避雷器
GB/T 12944 高压穿墙瓷套管
GB/T 13499 电力变压器应用导则
GB/T 14542 运行变压器油维护管理导则
GB/T 17468 电力变压器选用导则
GB/T 19071.1 风力发电机组异步发电机组技术条件

GB/T 19568　风力发电机组装配和安装规范
GB/T 20319　风力发电机组 验收规范
GB 20840.2　互感器　第 2 部分：电流互感器的补充技术要求
GB 20840.3　互感器　第 3 部分：电磁式电压互感器的补充技术要求
GB/T 20840.5　互感器　第 5 部分：电容式电压互感器的补充技术要求
GB/T 23479.1　风力发电机组　双馈异步发电机　第 1 部分：技术条件
GB/T 25385　风力发电机组运行和维护要求
GB/T 25389.1　风力发电机组　低速永磁同步发电机　技术条件
GB/T 50065　交流电气装置的接地设计规范
GB 50147　电气装置安装工程　高压电器施工及验收规范
GB 50148　电气装置安装工程　电力变压器、油浸电抗器、互感器施工及验收规范
GB 50149　电气装置安装工程　母线装置施工及验收规范
GB 50150　电气装置安装工程　电气设备交接试验标准
GB 50168　电气装置安装工程　电缆线路施工及验收规范
GB 50169　电气装置安装工程　接地装置施工及验收规范
GB 50170　电气装置安装工程　旋转电机施工及验收规范
GB 50217　电力工程电缆设计标准
GB 50229　火力发电厂与变电站设计防火规范
GB 50233　110kV～500kV 架空送电线路施工及验收规范
DL/T 257　高压交直流架空线路用复合绝缘子施工、运行和维护管理规范
DL/T 266　接地装置冲击特性参数测试导则
DL/T 272　220kV～750kV 油浸式电力变压器使用技术条件
DL/T 298　发电机定子绕组端部电晕检测与评定导则
DL/T 393　输变电设备状态检修试验规程
DL/T 401　高压电缆选用导则
DL/T 402　交流高压断路器订货技术条件
DL/T 404　3.6kV～40.5kV 交流金属封闭开关设备和控制设备
DL/T 408　电业安全工作规程（发电厂和变电所电气部分）
DL/T 475　接地装置特性参数测量导则
DL/T 572　电力变压器运行规程
DL/T 573　电力变压器检修导则
DL/T 574　变压器分接开关运行维修导则
DL/T 586　电力设备用户监造导则
DL/T 595　六氟化硫电气设备气体监督导则
DL/T 596　电力设备预防性试验规程
DL/T 603　气体绝缘金属封闭开关设备运行及维护规程
DL/T 604　高压并联电容器装置使用技术条件
DL/T 615　高压交流断路器参数选用导则
DL/T 617　气体绝缘金属封闭开关设备技术条件
DL/T 618　气体绝缘金属封闭开关设备现场交接试验规程
DL/T 620　交流电气装置的过电压保护与绝缘配合
DL/T 628　集合式高压并联电容器的订货条件
DL/T 664　带电设备红外诊断技术应用导则

DL/T 666　风力发电场运行规程
DL/T 722　变压器油中溶解气体分析和判断导则
DL/T 725　电力用电流互感器使用技术规范
DL/T 726　电力用电磁式电压互感器使用技术规范
DL/T 727　互感器运行检修导则
DL/T 728　气体绝缘金属封闭开关设备选用导则
DL/T 741　架空输电线路运行规程
DL/T 797　风力发电机组检修规程
DL/T 804　交流电力系统金属氧化物避雷器使用导则
DL/T 815　交流输电线路用复合外套金属氧化物避雷器
DL/T 838　发电企业设备检修导则
DL/T 864　标称电压高于 1000V 交流架空线路用复合绝缘子使用导则
DL/T 911　电力变压器绕组变形的频率响应分析法
DL/T 1054　高压电气设备绝缘技术监督规程
DL/T 1612　发电机定子绕组手包绝缘施加直流电压测量方法及评定导则
DL/T 5092　架空送电线路设计技术规程
DL/T 5130　架空送电线路钢管杆设计技术规定
DL/T 5154　架空送电线路杆塔结构设计技术规定
DL/T 5191　风力发电场项目建设工程验收规程
DL/T 5383　风力发电场设计技术规范
NB/T 31012　永磁风力发电机技术规范
NB/T 31013　双馈风力发电机技术规范
国能安全〔2014〕161 号　防止电力生产事故的二十五项重点要求
国家电网设备〔2018〕979 号　十八项电网重大反事故措施（修订版）

3　职责和分工

3.1　技术监督网职责

3.1.1　贯彻执行上级有关要求，组织制定企业绝缘技术监督管理制度、实施细则及技术措施等，组织开展企业监督工作。

3.1.2　建立健全企业以生产分管领导为领导的三级绝缘技术监督网，设置绝缘技术监督专责工程师，明确监督网各级岗位职责分工，建立考核机制。

3.1.3　制定企业绝缘工作规划、计划及技术指标，经批准后组织实施。

3.1.4　编制绝缘技术监督工作总结、报告及有关报表，并按要求报送，重大问题及隐患应专题报告。

3.1.5　负责企业新建、改建、扩建和重大技术改造项目的设计审查、设备选型、监造、出厂验收、安装调试质量监督等工作。

3.1.6　定期组织召开企业绝缘技术监督分析会议，总结分析受监设备设施运行、检修、缺陷和试验等情况。

3.1.7　组织研究受监设备异常和事故情况，查找原因并制定有效措施，消除影响安全运行的不利因素，重大问题如实上报。

3.1.8　建立健全受监设备技术资料档案。

3.1.9　根据实际需要，配备绝缘技术监督工作所需人员及试验设备，开展培训，不断提高绝缘技术监督专业水平。

3.2　技术监督专责工程师职责

3.2.1　贯彻落实国家、行业及国投电力绝缘技术监督有关制度、规程和标准，组织协调企业绝缘技术监督工作。

3.2.2 负责宣贯绝缘技术监督有关文件指示及制度、标准，参与制定企业绝缘技术监督有关制度、实施细则及技术措施。

3.2.3 参与制定企业绝缘技术监督工作规划、计划、考核办法及技术指标，督促落实年度工作计划；

3.2.4 及时掌握受监设备的工作状态，督促设备消缺工作。

3.2.5 定期组织开展绝缘技术监督指标统计、分析工作，组织编写并向上级有关单位和部门报送监督报表、总结。

3.2.6 参加企业绝缘技术监督工作会议、检修质量验收和相关事故分析，制定整改方案。

3.2.7 参加企业新建、改建、扩建或重大技术改造项目的设计审查、设备选型和启动验收等工作，组织建立绝缘技术档案。

3.2.8 掌握绝缘技术领域最新动向，协助开展科技项目攻关，协助解决绝缘技术监督工作中的技术问题。

3.2.9 认真行使监督职权，对违反国家、行业及国投电力有关规章制度的行为有制止权；对存在安全隐患的，有建议整改权。

3.2.10 积极参加国投电力、行业及相关单位组织的绝缘技术监督活动，组织或参与企业绝缘技术监督活动。

3.3 技术监督专责工程师的任职要求

3.3.1 熟悉国家、行业及国投电力有关绝缘技术监督的法律法规、制度和标准。

3.3.2 掌握绝缘技术有关知识，具有较为丰富的绝缘专业理论知识和实践经验。

3.3.3 工作严谨，能够辩证、科学地开展研究分析工作，做到有理、有据。

3.3.4 具有较强的组织协调能力，能够指导生产现场作业人员解决工作中遇到的较为复杂的技术问题。

3.3.5 具有进取精神，不断了解和掌握新技术、新材料、新方法和新观念。

3.3.6 专责工程师工作调动，要办理好相关技术档案交接手续。

4 管理活动的内容与要求

4.1 技术监督范围

4.1.1 风力发电机。

4.1.2 箱式变电站：站内变压器、站内高压开关设备、站内低压开关设备；场用变压器。

4.1.3 场内升压站：升压变压器、绝缘油、母线、高压开关设备、GIS 组合电器、互感器、消弧线圈、穿墙套管、无功补偿装置、避雷器。

4.1.4 接地装置。

4.1.5 集电线路设备：电力电缆线路、架空集电线路。

4.1.6 并网线路。

4.2 技术监督的主要内容

4.2.1 设计选型监督：各类高压电气设备的设计选型应依据国家及行业有关标准、反事故措施要求和设备实际运行条件进行，同时充分考虑产品安全可靠性、技术先进性、工艺成熟、业绩良好以及与电网设备间参数配合等因素。

4.2.2 出厂监督：风力发电机，220kV 及以上电压等级的变压器、电抗器、高压开关设备、GIS 成套设备、电力电缆及附件、互感器，330kV 及以上电压等级的避雷器，批量购入或有特殊要求的设备，首次进入电网运行的重要电气设备等宜进行监造和出厂验收监督。监造工作按 DL/T 586 等标准要求执行，并全面落实订货技术要求和联络设计文件要求，发现问题及时消除。重大设备出厂验收应邀请具备相应资质的单位参与。

4.2.3 安装调试和投产验收监督：受监设备安装调试和投产验收监督应严格按照国家及行业有关标准、规程及反事故措施的相关要求进行。投产验收时应进行现场实地查看，并对技术资料进行详细检查，审查其完整性、正确性和适用性。

4.2.4 生产运行与检修监督：每年根据 GB 50150、DL/T 596 等标准和有关规程、规范以及设备运行实际情况等制订预防性试验计划，明确预试周期和标准，按计划实行闭环管理。按相关运行、检修规范和规程及反事故措施的要求，分别组织运行和检修人员对高压电气设备进行巡视检查和消缺工作。对存在的问题应按规定加强运行监视。设备发生事故时，应组织或参与事故分析工作，制定反事故措施，并做好统计上报工作。依据设备实际运行状况、绝缘状况和有关规程、规范、反事故措施等确定设备检修周期和项目，关键工序必须指定人员签字验收。

4.3 技术监督资料档案

4.3.1 管理制度

4.3.1.1 绝缘技术监督管理制度及实施细则、考核细则。

4.3.1.2 电气设备运行规程、检修规程及试验规程。

4.3.1.3 试验设备、仪器仪表管理制度。

4.3.1.4 电气设备缺陷、事故分析管理制度。

4.3.1.5 试验报告审核制度。

4.3.1.6 工程及委外技术服务管理制度。

4.3.1.7 电气设备备品配件管理制度。

4.3.1.8 技术资料管理制度。

4.3.1.9 培训管理制度。

4.3.2 技术资料

4.3.2.1 绝缘技术监督有关文件、现行有效的国家标准、行业标准、试验实施导则和反事故措施。

4.3.2.2 绝缘技术监督年度工作计划、预防性试验计划、总结和绝缘技术监督会议纪要。

4.3.2.3 制造厂设备全套图纸、说明书、出厂试验报告。

4.3.2.4 设计异动通知单、设备安装验收记录、交接试验报告。

4.3.2.5 系统一次接线图，预防性试验报告。

4.3.2.6 重大设备缺陷和事故分析记录。

4.3.2.7 重大设备隐患处理意见。

4.3.2.8 预防性试验数据资料保存期不少于三个试验周期，主设备数据和资料应长期保存。

4.4 技术监督管理

4.4.1 绝缘技术监督工作实行监督请示报告制和岗位责任制，坚持全过程技术监督的原则，对年度绝缘技术监督计划进行闭环管理，每年至少召开两次绝缘技术监督工作会议，定期检查监督计划及监督指标完成情况，对重大问题及隐患应及时召开专题会议研究，并形成专题报告。

4.4.1.1 每年×月×日前将下一年度绝缘技术监督工作计划进行报送。

4.4.1.2 每年×月×日前将上一年度绝缘技术监督工作总结进行报送。

4.4.1.3 每年×月×日前、次年×月×日前分别将半年、全年技术监督报表进行报送。

4.4.1.4 发生重大绝缘技术监督问题、隐患应组织专题研究，及时向国投电力作专题报告。

4.4.2 建立绝缘技术监督工作的考核奖励与责任处理制度，做到分工明确、职责分明，严格考核与奖惩。

4.4.3 建立基建与生产各阶段电气设备质量监督签字验收制度，对质量不符合规定的设备，各级绝缘技术监督人员有权拒绝签字，并可越级上报。

4.4.4 严格按照国家及行业有关法律法规、规程、标准及反事故措施要求开展技术监督工作。因特殊情况不能按要求执行时，应进行认真组织分析、讨论，经充分论证后，由企业生产分管领导批准，并上报国投电力生产管理部。

4.4.5 电气设备试验报告是绝缘技术监督工作的基础，建立严格的试验报告校对、审核责任制度，并妥善保管试验报告，做到数据准确、随时可查阅。

4.4.6 根据实际情况，配置能满足高压电气试验工作要求的试验设备，开展各种高压试验工作。

4.4.7 试验设备、仪器仪表必须建立维护管理使用制度，对标有准确度等级的仪器仪表应定期校验，保证其误差合格、使用可靠。

4.4.8 根据实际情况大力推进高压电气设备在线监测与诊断工作，开展红外成像测试与局放测试。电气设备的在线监测仪表与装置要有专人维护管理，保证其正常投入运行。

4.4.9 定期组织开展绝缘专业技术培训和交流，及时宣贯新颁规程、标准等，推广新技术，不断提高企业绝缘技术监督管理水平。

5 检查与评价

5.1 生产管理部组织对本实施细则的执行进行评价。

5.2 本实施细则考核按《技术监督管理标准》相关要求执行。

6 附则

6.1 本实施细则适用于公司绝缘技术监督管理工作。

6.2 本实施细则由公司生产管理部负责解释。

6.3 本实施细则自颁布之日起开始执行。

7 附件

绝缘技术监督报表（见附表1）。

附表1 绝缘技术监督报表

填报单位：							填报日期：			
序号	设备名称	设备位置	型号	电压等级 kV	容量 kVA	制造厂	制造和投运日期	设备损坏部位	事故时间、简况及原因分析	处理结果及反事故措施
备注：统计发变电设备绝缘事故情况。										
批准：				审核：					填报人及联系电话：	

新能源发电企业生产管理体系标准汇编

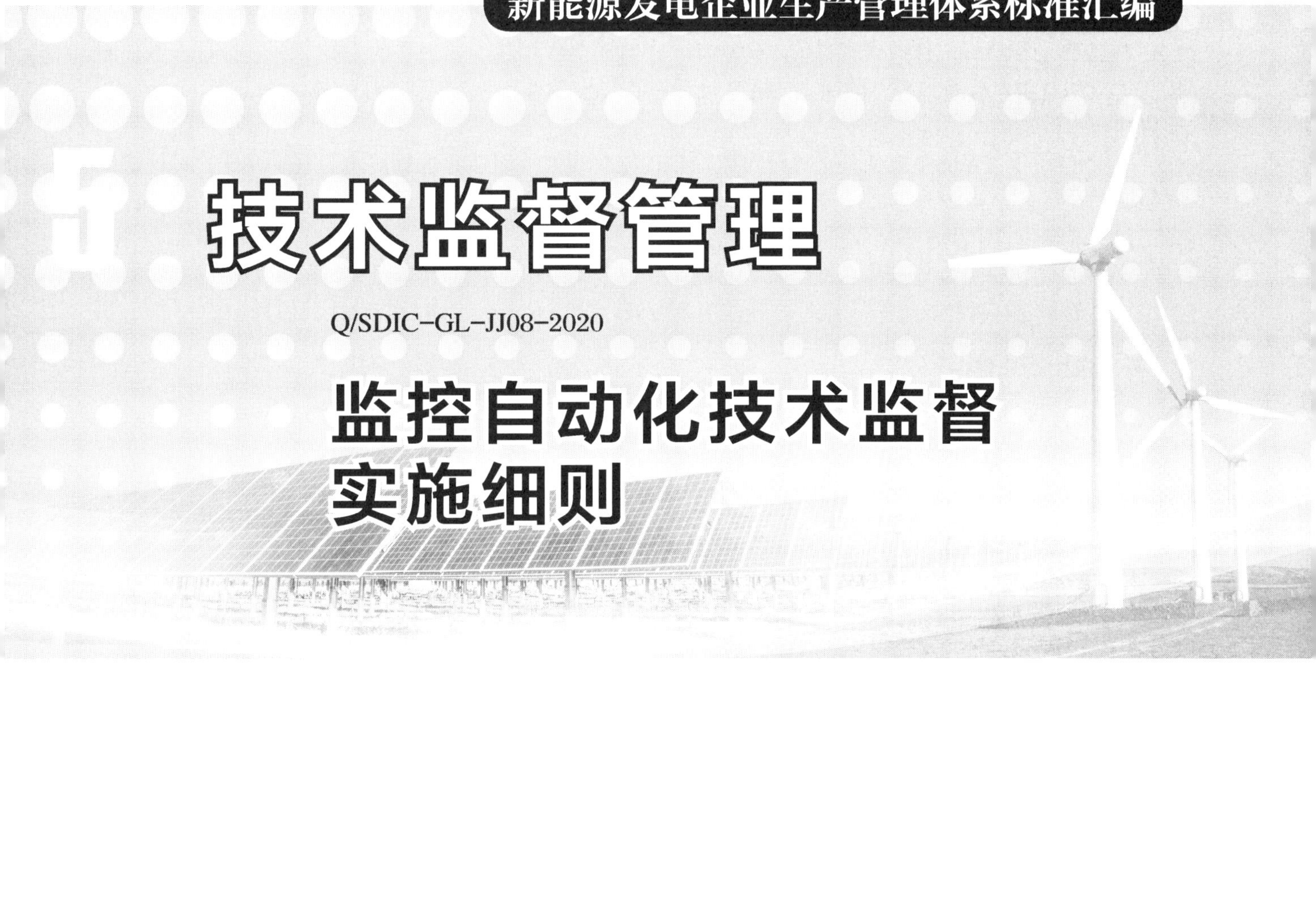

5 技术监督管理

Q/SDIC-GL-JJ08-2020

监控自动化技术监督实施细则

监控自动化技术监督实施细则

1 总则

1.1 为规范监控自动化监督管理工作，提高监控自动化设备的可靠性以及监控自动化仪表“三率”，根据国家和行业有关标准、规程及《国投电力控股股份有限公司技术监督实施细则》，特制定本实施细则。
1.2 监控自动化监督工作应认真贯彻“安全第一，预防为主，综合治理”的方针，并实行技术责任制。按照“依法监督、分级管理”的原则，要从设计审查、设备选型、安装、调试、试生产到运行、停用、检修和技术改造的全过程实施技术监督。
1.3 监控自动化监督的主要任务是通过对监控自动化仪表及控制装置进行正确的系统设计、设备选型、安装调试、维护、检修、检定、调整、技术改造和技术管理等工作，保证监控自动化设备完好与正确可靠工作。依靠科技进步，采用和推广成熟、行之有效的新技术、新方法，不断提高监控自动化监督水平。
1.4 监控自动化监督是一项综合性的技术管理工作，发电企业要把它作为经常性的重要基础工作来抓，要组织协调基建、试验、检修、运行等各部门各专业，分工负责，密切配合，共同做好工作。

2 规范性引用文件

GB/T 18451.1 风力发电机组 设计要求
GB 18451.2 风力发电机组 功率特性测试
GB/T 19069 风力发电机组 控制器 技术条件
GB/T 19070 风力发电机组 控制器 试验方法
GB/T 19071.1 风力发电机组 异步发电机 第 1 部分：技术条件
GB/T 19071.2 风力发电机组 异步发电机 第 2 部分：试验方法
GB/T 19568 风力发电机组 装配和安装规范
GB/T 19960.1 风力发电机组 第 1 部分：通用技术条件
GB/T 19960.2 风力发电机组 第 2 部分：通用试验方法
GB/T 19963 风电场接入电力系统技术规定
GB/T 20319 风力发电机组 验收规范
GB/T 21150 失速型风力发电机组
GB/T 21407 双馈式变速恒频风力发电机组
GB/T 23479.1 风力发电机组 双馈异步发电机 第 1 部分：技术条件
GB/T 23479.2 风力发电机组 双馈异步发电机 第 2 部分：试验方法
GB/T 25385 风力发电机组 运行及维护要求
GB/T 25386.1 风力发电机组 变速恒频控制系统 第 1 部分：技术条件
GB/T 25386.2 风力发电机组 变速恒频控制系统 第 2 部分：试验方法
GB/T 25387.1 风力发电机组 全功率变流器 第 1 部分：技术条件
GB/T 25387.2 风力发电机组 全功率变流器 第 2 部分：试验方法
GB/T 25388.1 风力发电机组 双馈式变流器 第 1 部分：技术条件
GB/T 25388.2 风力发电机组 双馈式变流器 第 2 部分：试验方法
DL/T 545 电力系统微波通信运行管理规程
DL/T 547 电力系统光纤通信运行管理规程

DL/T 634.5101　远动设备及系统　第 5101 部分：传输规约　基本远动任务配套标准

DL/T 634.5104　远动设备及系统　第 5-104 部分：传输规约　采用标准传输协议集的 IEC 60870-5-101 网络访问

DL/T 666　风力发电场运行规程

DL/T 796　风力发电场安全规程

DL/T 797　风力发电场检修规程

DL/T 798　电力系统卫星通信运行管理规程

DL/T 5190.5　电力建设施工技术规范　第 5 部分：管道及系统

NB/T 31002　风力发电场监控系统通信-原则与模式

NB/T 31004　风力发电机组振动状态监测导则

NB/T 31017　风力发电机组主控制系统技术规范

NB/T 31018　风力发电机组电动变桨控制系统技术规范

NB/T 31039　风力发电机组雷电防护系统技术规范

JB/T 10425.1　风力发电机组　偏航系统　第 1 部分：技术条件

JB/T 10425.2　风力发电机组　偏航系统　第 2 部分：试验方法

JB/T 10426.1　风力发电机组　制动系统　第 1 部分：技术条件

JB/T 10426.2　风力发电机组　制动系统　第 2 部分：试验方法

中华人民共和国计量法

国家电力监管委员会令第 5 号　电力二次系统安全防护规定

3　术语和定义

3.1　本地控制系统：是指接收风机状态和（或）其环境条件信息，控制风机的各项参数使其保持在要求范围内的系统。

3.2　远程控制及通信系统：是指采用计算机监控和通信技术，对风电场内的风机联合实施遥控、遥调、遥信、遥测等功能的综合自动化系统。

3.3　保护系统：是指保证风力发电机组在设计限制内安全稳定运行的系统。

3.4　控制及检测设备：对发电设备及其系统的工艺过程进行调节、保护与联锁的装置称为控制设备；对发电设备及系统的运行参数进行检测的元件和仪表称为检测设备。以上统称为控制及检测设备或自动化元件（装置）。

3.5　紧急关机：安全保护系统触发或人工干预下使风机迅速停机。

3.6　正常停机：一种通过控制系统按预定步骤实施的正常停机。

3.7　偏航：风轮轴绕垂直轴转动（仅对水平轴风力机而言）。

3.8　变桨：通过调节装置使桨叶迎角减小（风力大时）或增大（风力小时），从而达到稳定功率输出的目的。

3.9　计划检修与非计划检修：根据制定的时间计划进行的预防性维修称为计划检修；不是根据制订的时间计划，而是在接到所关注的某一项目状态的通知后进行的维修称为非计划检修。

4　职责和分工

4.1　技术监督网职责

4.1.1　贯彻执行上级有关要求，组织制定企业监控自动化监督管理制度、实施细则及技术措施等，组织开展企业监督工作。

4.1.2　建立健全企业以生产分管领导为领导的三级监控自动化技术监督网，设置监控自动化技术监督专责工程师，明确监督网各级岗位职责分工，建立考核机制。

4.1.3 制定企业监控自动化技术工作规划、计划及各项技术指标，经批准后组织实施。

4.1.4 编制监控自动化监督工作总结、报告及有关报表，并按要求报送，重大问题及隐患应专题报告。

4.1.5 负责企业新建、改建、扩建和重大技术改造项目的设计审查、设备选型、监造、出厂验收、安装调试质量监督等工作，做好仪器仪表的购置、试验室的建立以及检定人员的配备与培训等各项生产准备工作。

4.1.6 定期组织召开企业监控自动化监督分析会议，总结分析受监设备运行、检修、缺陷和试验等情况。

4.1.7 组织研究受监设备异常和事故情况，查找原因并制定有效措施，消除影响设备安全运行的不利因素，重大问题如实上报。

4.1.8 建立健全受监设备技术资料档案。

4.1.9 根据实际需要，配备监控自动化监督工作所需人员及试验设备，开展培训，不断提高监控自动化监督专业水平。

4.2 生产分管领导职责

4.2.1 贯彻执行国家、行业、国投集团有关监控自动化监督的方针、政策、法规、标准、规程、制度等，并组织制定监控自动化监督实施细则和有关规章制度及技术措施等。

4.2.2 检查与督促各部门对所管辖的监控自动化设备按规定进行检定、监测、维护和检修，并保证其质量。发现问题及时分析处理，重大问题及时、如实上报集团公司。

4.2.3 将监控自动化监督任务与指标分解落实到各有关部门，做好组织协调工作，并建立严格的考核奖励制度，确保技术监督指标的完成。

4.2.4 负责组织新建、扩建或改建工程有关监控自动化部分的设计审查、设备选型、监造、出厂验收、安装调试、试生产等过程中的技术监督和质量验收工作，实现电力建设与生产全过程技术监督。

4.3 生产管理部监控自动化监督专责工程师职责

4.3.1 贯彻落实国家、行业及国投电力热工监督有关法律法规、制度、规程和标准，组织协调企业监控自动化监督工作。

4.3.2 负责宣贯监控自动化监督有关文件指示及制度、标准，参与制定企业监控自动化监督有关制度、实施细则及技术措施。

4.3.3 参与制定企业监控自动化监督工作规划、计划、考核办法及技术指标，督促落实年度工作计划。

4.3.4 组织监控自动化设备事故调查分析，制定反事故措施，及时掌握监控自动化仪表及控制系统工作情况，督促消缺。

4.3.5 定期组织开展监控自动化监督指标统计、分析工作，组织编写并向上级有关单位和部门报送监督报表、总结。

4.3.6 参加企业监控自动化监督工作会议、检修质量验收和相关事故分析，制定提高设备健康水平和防止受监设备事故的措施，督促落实反事故技术措施，参与制定整改方案。

4.3.7 参加企业新建、改建、扩建或重大技术改造项目的设计审查、设备选型和启动验收等工作，组织建立监控自动化档案。

4.3.8 掌握监控自动化领域最新动向，协助开展科技项目攻关，协助解决监控自动化监督工作中的技术问题。

4.3.9 认真行使监督职权，对违反国家、行业及国投电力有关规章制度的行为有制止权；对存在安全隐患的，有建议整改权。

4.3.10 积极参加国投电力、行业及相关单位组织的监控自动化监督活动，组织或参与企业监控自动化监督活动。

4.4 项目监控自动化监督专责工程师职责

4.4.1 负责具体开展监控自动化监督工作。

4.4.2 贯彻执行国家、行业、上级有关风力发电技术监督的各项规程、规定、制度、导则和技术措施，具体实施技术监督工作。

4.4.3 开展全过程技术监督，要保证基建工程和设备检修质量，认真执行反事故措施，努力消除设备隐患。根据实际生产情况和各项生产指标，研究拓展技术监督工作的范围和内容，并在具体技术监督工作中实施。

4.4.4 掌握本单位设备的运行情况、事故和缺陷情况；对于发现的设备缺陷要及时消除；达不到监督指标的，要提出具体改进措施。对于技术监督查出的问题，应按要求及时制定整改计划，明确整改时间和人员，实现整改的闭环管理；对于达不到监督指标的项目，立即向生产管理部报告，提交具体改进方案或措施。

4.4.5 做好技术监督检测仪器仪表的维护和定期检验工作，监督各种运行表计，认真填写数据表格，确保技术监督指标准确。

4.4.6 制定本单位年度技术监督工作计划。按时报送技术监督工作计划、报表、监督工作总结，确保监督数据真实、可靠。在监督工作中发现设备出现重大异常或事故，应及时向上级公司有关部门、技术监督主管部门报告。

4.4.7 参加技术监督培训，提高技术监督水平。

4.4.8 组织或参与本单位新建工程的设计审查、设备选型、监造、安装、调试阶段的技术监督管理和质量验收工作。

4.4.9 组织或参与本单位事故、重大设备隐患的技术分析工作，提出反事故措施并督促落实。

4.4.10 建立健全本单位的各项技术监督档案。

5 管理活动的内容与方法

5.1 监督范围

监控自动化技术监督的对象为监视、控制风力发电机组的所有自动装置及所属的二次回路，范围包括：

5.1.1 风机远程监控系统。

5.1.2 变桨控制系统。

5.1.3 防护制动系统。

5.1.4 偏航控制系统。

5.1.5 液压控制系统。

5.1.6 冷却加热控制系统。

5.1.7 变频控制系统。

5.1.8 润滑油控制系统。

5.1.9 在线振动监测系统。

5.1.10 消防报警系统。

5.1.11 箱式变电站远程监控系统。

5.1.12 升压变电站远程监控系统。

5.1.13 电功率预测系统。

5.1.14 有功功率控制系统。

5.1.15 无功电压控制系统。

5.1.16 机组视频语音监控系统。

5.1.17 站内通信系统。

5.1.18 监控自动化设备。

5.1.19 检测元件，包括温度、压力、转速、振动、扭缆、烟雾、电流、电压、频率、风速、风向、油位、位置等一次传感器。

5.1.20 二次线路，包括导线、电缆、网线、光缆、电缆槽架、支架、二次接线盒及端子排等。

5.1.21 显示、记录仪表及控制、执行、保护元件，包括指示、记录仪表、数据采集装置、继电器、接触器、电磁阀、变频器、滤波器、IGBT、电子电路板、交换机通信插件、电源等；过程监视控制单元，包括远程计算机、PLC 和各种控制模块等。

5.2 监督内容

设计要求：

5.2.1 设备选型和自动化水平应满足 DL/T 796 等相关标准及规范要求，应选择运行安全稳定、响应速度快、技术先进、有成功应用业绩的控制系统和设备。

5.2.2 风电场监控应具有远程集中监控和通过 Internet 远程监视的接口，以实现集控中心对其管辖区域各风电场的远方监控和华能公司总部对其下属所有风电场的远程监视功能。

5.2.3 新建风电场风机自动控制装置的系统设计工作应贯彻先进可靠，且具备快速反应的方针。风电机组至少应具有两种不同原理的能独立有效制动的制动系统；风机的自动控制系统应能监测以下主要数据并设有报警：

5.2.3.1 发电机绕组、轴承温度、有功与无功功率、电流、电压、频率、转速、功率因数；电网电压、频率；升电压互感器温度、运行状态、故障等信息。

5.2.3.2 风机叶轮转速、变桨角度、控制系统自检信号、变桨电池检测信号。

5.2.3.3 齿轮箱油位与油温、油压（出口、入口压力）、转速（高速轴端、低速轴端）。

5.2.3.4 液压装置油位与油压。

5.2.3.5 刹车油压力。

5.2.3.6 风速、风向、气温（机舱外部环境温度、机舱内部环境温度）。

5.2.3.7 机舱温度、塔内控制箱温度。

5.2.3.8 机组振动、超温和制动刹车片磨损报警。

5.2.3.9 轴承温度。

5.2.3.10 变频器电流、电压、频率、功率、功率因数。

5.2.3.11 机组当前状态（待机、并网、停机等）。

5.2.4 安全保护系统的设计应以失效—安全（fail-safe）为原则。安全保护系统的动作应独立于控制系统，即使控制系统发生故障也不会影响安全保护系统的正常工作。保护功能与控制功能冲突时，应优先考虑保护功能。

5.2.5 由于控制系统失效或内部及外部损伤或当发生危险导致风力机组不能正常工作时，保护系统应起到作用，能及时保护停机并显示相应的故障类型及参数。其主要保护功能至少应包括（但不限于）：发电机过温度保护、齿轮箱过温度保护、电缆过缠绕保护、过振动保护、超速保护、晶闸管组件过热保护、主接触器保护、控制通信保护、控制器出错保护、电网失电保护、大风保护、丢载保护等。

5.2.6 在控制柜的面板上，应能显示和查询风力发电机组的运行状态及参数、显示故障状态、查询故障地点、设置运行参数等。通过面板上的功能键应能实现对风力发电机组的人工启停控制、功率控制、偏航控制、变桨控制、参数调整等操作，为运行人员提供简洁、易读的中文操作界面。

5.2.7 风电场应配置相应的远动通信设备，远动通信设备宜采用风电场升压站计算机监控系统配置的远动工作站。远动工作站应优先采用无硬盘型专用装置，采用专用操作系统。220kV 及以上升压变电站远动工作站应冗余配置。

5.2.8 风电场站内通信宜选用系统调度、站内调度和行政电话合用的一套数字程控调度交换机，参加当地电力调度程控调度组网。中继接口可与当地公用通信网的中继线相连。通信电源设备所需交流电源，应由能自动切换的、可靠的、来自不同所用电母线段的双回路交流电源供电。

5.2.9 监控系统硬件配置及其性能应符合设计技术条件规定，并满足当地气象及环境条件要求。系统软件的配置、文档及其载体，应符合设计技术规范要求。提供的有关技术文件，应完整、详尽、统一、有效，且文图工整清晰、印刷装订美观，并提供完整的电子版技术文件。监控系统的响应及控制指标参照表 1。

表 1　监控系统响应及控制指标

项目	要求指标	备注
状态和报警点采集周期	≤1s	
模拟量采集周期	≤2s	
调用新画面的响应时间	≤2s	
画面实时数据刷新时间	＜5s	
命令执行回答显示时间	＜1s～2s	
报警或事件产生的显示和音响发出时间	＜2s	
MTBF	主控计算机：＞8000h； 现地控制单元：＞16000h	
CPU 负载率	≤60%	重载下最大负荷
网络负载率	≤50%	正常情况下
与上级调度联络控制	响应时间满足当地调度规定	
远程控制系统 UPS 电源供电时间	＞2h	正常载荷下

5.2.10　本地系统基本功能和操作须满足 GB/T 19069 技术标准要求。逻辑回路设计有基本防误操作功能，关键信号应设计有防干扰滤波功能。远程监控系统配置的工具软件使用方便、友好，支持用户二次开发，系统人机界面友好，计算机监控系统与风电场其他计算机系统之间的通信开放性高，宜配置有现场总线、串口、网络通信接口并预留足够的接口。通信方式推荐采用 OPC、Modbus 通信协议。

5.2.11　控制系统应具有故障处理功能，即在对风力发电机组运行过程中出现的故障进行实时检测的基础上，根据故障类型使相应等级的保护动作，分别进行正常停机、紧急停机或报警，同时显示已发生的故障名称及故障等级。

5.2.11.1　对于可自复位的故障（按照制造商提供的复位清单），待这些故障自动复位后，可重新自动启动机组。对于不可自复位的故障（按照制造商提供的禁止复位清单），则应在人工排除故障后方可重新启动。

5.2.11.2　后台监控服务器应自动保存历史数据，存储在就地/远方监控服务器内。历史数据存储周期不应少于 2 年，同时应具备运行信息追忆功能。

5.2.11.3　电气控制柜的设计应充分考虑系统设备安装地理位置的防雨、防尘、防腐和接地问题，应满足现场系统连续安全稳定运行要求。

5.2.11.4　控制系统应具有风力发电机组与中央控制室上位计算机的远程通信功能，以便中央控制室实时监测风力发电机组的运行状态、运行数据和故障情况等。

5.2.11.5　系统的通信设计应保证远程控制各种通信信息的准确可靠和及时传输。电力数据网通信和点对点专线通道通信应互为备用，网络通信应采用 DL/T 634.5104 规约，专线通信应采用 DL/T 634.5101 规约。网络交换设备、计算机主机及辅助设备硬件设计上应采用符合国家及行业标准的定型产品，未经鉴定合格的设备不得选用。风力发电机组与监控主机的数据通信，通信速率要满足实时监控的要求。

5.2.11.6　风力发电机组远方集中控制应具有远方操作风力发电机组的功能和一定的风力发电机组数据统计分析功能。

5.2.11.7　风力发电场风力发电机组远方集中控制计算机系统应通过通信电缆/光缆连接每台风力发电机组实现对每台风力发电机组的监视、控制，且符合冗余设计原则。监控系统采用分层、分布、开放模式。

5.2.11.8　数据网络信息采集和与其他计算机系统的连接中，应充分考虑网络安全问题，要严格执行国家电力监管委员会令第 5 号，设置必要的安全防护隔离措施。

5.2.11.9 控制系统及通信设备的工作接地和保护接地，应可靠接在风力发电场的接地网上，并设有防雷端子。通信电缆的金属外皮和屏蔽层应可靠接地。接地电阻值不应大于 4Ω。

5.2.11.10 风电场控制系统应具有全厂有功功率和无功功率调节功能，即风电场按照电网调度要求，在不停机的情况下，对整场风机在可调节范围内对有功功率和无功功率进行调节。

5.2.11.11 保护系统应具有低电压穿越功能，即在并网点电压跌至 20%额定电压时能够保持并网运行 625ms，且当并网点电压发生跌落后 2s 内能够恢复到额定电压的 90%时，各风电机组不应脱网。

5.2.11.12 测风塔宜设立在风电场外 1km～5km 范围内且不受风电场尾流效应影响，宜在风电场主导风向的上风向，位置应具有代表性。测风塔气象要素实时监测系统，应能分层分梯度测量和采集风电场微气象环境场内的风力风向、温度、湿度、气压等气象信息。系统应具有多信道的远程数据传输能力，每隔 5min 或实时将采集计算得到的数据发送至数据接收平台并入库。

5.2.11.13 电场应具备风功率预测功能，即根据气候特点，采集天气预报以及测风塔数据，预测未来一段时间（24h 短期预测及 4h 超短期预测）的风电场负荷，预测精确度不应低于 80%。

5.2.11.14 风电场应能够上传全场运行设备信息（包括风电场站内一次设备、风机发电机的运行信息）、功率预测信息至电网（调度机构），并且接收电网（调度机构）下发的有功功率控制命令，经运行人员确认，风电场中央监控系统与风机远程监控系统（SCADA 系统）配合，系统自动完成功率调节。

5.3 安装与调试阶段

5.3.1 安装技术监督

5.3.1.1 设备安装应满足 DL/T 5190.5、GB/T 20319 等国家和行业的有关标准和规范要求。

5.3.1.2 工程应委托具备相应施工资质的施工单位进行施工，应委托具备相应监理资质的单位进行施工监理。工程主管部门应及时了解掌握工程进展情况，对设计错误、工程施工质量、违规等问题，应及时向设计、施工、监理等单位提出具体要求。

5.3.1.3 控制箱、台、柜的安装应在控制室、电子设备室装修施工完毕后进行，箱、台、柜安装固定支架施工验收合格，满足安装要求。搬运箱、台、柜设备时应采取防震、防潮、防框架变形、防漆面受损措施。安装完毕后应有设备厂家、施工方、业主方、监理方共同进行验收，确认无误后方可签字验收。

5.3.1.4 控制箱、台、柜安装允许偏差应满足 DL/T 5190.5 中相关要求，固定用的螺母、螺栓等应采取防锈处理。

5.3.1.5 机柜上的设备宜在空调投入运行后进行安装就位，对重要电子部件的安装应采取防静电措施，盘内配线应固定牢固、整齐、美观，相应的端子应标示清晰、准确。

5.3.1.6 进行计算机电缆敷设时，计算机监控系统信号电缆与动力电缆应独立敷设，如不能独立敷设则应保持二者间有足够距离，避免互相产生干扰。

5.3.1.7 机舱至塔架底部控制柜的控制及电力电缆应按国家电力安装工艺中的有关要求安装，应采取必要的措施防止机组运行时振动引起的电缆摆动和机组偏航时引起的扭缆。

5.3.1.8 电缆敷设完毕后应进行防火、防尘处理，盘、台、柜底地板电缆孔洞应采用松软的耐火材料进行严密封堵。对于隐蔽工程应按规范进行施工验收，重要部位应进行拍照和专项记录。

5.3.1.9 检测和控制设备在安装前应进行检查和校验，以达到检测和控制设备本身精确度等级的要求，并符合现场使用条件。仪表和报警装置安装前应进行调试，保证仪表和报警装置在安装前的性能指标满足要求。

5.3.1.10 仪表安装前应进行准确性校验，并应在醒目位置张贴检验合格证。

5.3.1.11 取源部件，仪表供电、供液系统，现场自动化设备及其附件，均按设计要求安装，电气回路接线正确，布线整齐、美观，端子固定牢固，性能良好，标志清楚，管路接头应紧固，垫圈合适。

5.3.1.12 监控自动化系统接地、屏蔽电缆屏蔽层接地、电源中性线接地、机柜外壳安全接地等接地系统对地的绝缘电阻测试数值应满足 GB/T 19069、GB/T 19960.1、GB/T 20319 等国家、行业相关标准及规范要求。
5.3.1.13 通信系统设备的安装及验收标准和项目参照 DL/T 547、DL/T 545、DL/T 798 的相关技术条款执行，其系统测试至少包括以下项目：主通道、备用通道、应急备用通道故障冗余切换测试、通信信道延迟时间测试、系统数据传输误码率测试等。
5.3.1.14 电源的熔断器或开关的容量应符合使用设备的要求，并应有标志。备用电源应完好，具备投入条件。
5.3.1.15 安装检验后，由安装单位向用户提交安装检验报告并由用户主持验收。
5.3.2 调试技术监督
5.3.2.1 机组调试结束后，设计、施工、调试单位应按有关规定，按时移交有关的技术资料、专用工具、备品备件、图纸和施工校验、调试记录、调试总结等。
5.3.2.2 风力发电机组必须通过下列试验：
5.3.2.2.1 紧急停机试验。
5.3.2.2.2 振动停机试验。
5.3.2.2.3 超速保护试验。
5.3.2.2.4 主控制器功能试验。
5.3.2.2.5 有源/无源变桨试验。
5.3.2.2.6 变桨电池充放电试验。
5.3.2.2.7 低电压穿越试验（由具备资质的检测机构抽检）。
5.3.2.2.8 经调试后，风力发电机组安全无故障连续并网运行时间不得少于 250h。
5.3.2.3 单台风电机组试运结束后，基建调试单位与生产单位必须严格履行交接验收手续。
5.3.2.4 未经验收的设备严禁投入运行。验收主要项目如下：
5.3.2.4.1 风力发电机组的调试记录、安全保护试验记录、250h 连续并网运行记录。
5.3.2.4.2 按照合同及技术说明书的要求，核查风力发电机组各项性能技术指标及参数设定。
5.3.2.4.3 风力发电机组自动、手动启停操作控制是否正常。
5.3.2.4.4 风力发电机组各部件温度有无超过产品技术条件的规定。
5.3.2.4.5 风力发电机组的滑环及电刷工作情况是否正常。
5.3.2.4.6 发电机、油泵电动机、齿轮箱、偏航电动机、风扇、变桨电机等运行正常、无异常。
5.3.2.4.7 控制系统中软件版本和控制功能、各种参数设置应符合运行设计要求。
5.3.2.4.8 各种信息参数显示应正常。
5.3.2.4.9 各连接部件螺栓的紧固程度。

5.4 运行技术监督

5.4.1 系统生产运行维护监督应满足 DL/T 666、DL/T 796、GB/T 19963 等国家、行业相关标准及规范要求。
5.4.2 风电场监控自动化检查项目内容与周期按表 2 执行。

表 2 风电场监控自动化检查项目与周期

分类	项目内容	周期	备注
监控系统	检查报表打印系统	三月	
	检查电源系统、性能测试和切换试验	三月	
	检查、测试接地系统	半年	
	检查同步时钟装置（GPS）	半年	
	检查测试光纤、网线	半年	

表 2（续）

分类	项目内容	周期	备注
监控系统	进行数据库整理、备份	三月	
	控制、调节、操作权限切换测试	三月	
	监控系统版本确认	三月	
风电机组控制系统	各子系统模拟量测点测试	半年	可随风机维护同时进行
	各子系统 I/O 控制回路测试	半年	可随风机维护同时进行
	控制系统参数定值确认	半年	
	控制系统版本确认	半年	

5.4.3 风机自动控制装置应随主设备准确可靠地投入运行，在机组运行期间不得无故停运，对自动控制设备应按计划定期巡检，发现异常应增加巡检次数，并对异常现象作出相应的检测，同时认真记录检测结果，重点对出现异常设备的工作情况、PLC 等智能设备控制系统的处理器、模件、电源及通信回路的工作状态进行检查。

5.4.4 投入运行的风电机组的监控系统软件功能、操作响应指标、系统的可用率、自动实时报告功能等不存在设计、安装和制造遗留的质量问题，运行正常，并应满足相关质量标准。

5.4.5 应制定有相应的系统故障应急处理措施，当风机自动控制仪表及控制装置在运行中发生威胁机组运行的异常情况或故障时，应按规定采取措施，加强对机组的监控，防止事态扩大，并及时通知检修人员处理并做好记录。对影响系统安全运行和监控参数完整性和正确性的缺陷和故障，应立即进行处理，并及时上报相关部门技术管理人员，应详细记录事故现象、原因和处理过程，并编写相应的事故处理分析报告和防范措施。并做好相应的事故追忆记录。

5.4.6 系统的运行和维护应进行授权管理，并制定相应的系统管理制度，明确各级人员的职责和权限，进行运行设备的日常巡视检查、故障处理、运行日志记录，定期进行自动化信息准确性核对工作等。

5.4.7 系统投入运行后，运行中风机自动控制仪表及控制装置，非专业人员不得任意调整、拨弄或改动。检修人员对风机自动控制设备进行试验、检修、消缺处理时，应做好安全措施，对系统进行任何工作必须办理工作票；进行参数修改、限值设定、程序修改、屏蔽故障代码等工作时，必须办理审批手续，经相关部门审核批准，方可进行修改工作。修改完毕后应将修改后的参数及程序进行存档，并移交运行管理人员进行相应的存档。工作完毕应对工作票进行签收和归档管理；在进行监控画面、数据库修改等工作时，应对所有相关联的系统数据进行存档后，方可进行同步更新和检查工作。

5.4.8 对控制室应进行规范性管理，每季度至少对系统进行一次维护，对运行中主要运行数据和曲线定期自动进行保存，对软件、数据库及系统文件进行备份至独立位置，且永久保存，遇有反映设备重大缺陷或故障的记录，应及时、完整地收集并保存并做好备份；磁盘空间及垃圾文件清理，病毒扫描及防病毒软件升级工作也应定期开展，同时定期对控制室监控设备进行速度优化，保证监控系统的正常响应速率及处理速度。

5.4.9 当现场设备或厂站监控系统进行改动后，应及时对相应的上级系统的监控画面进行修改、数据库修改等工作，并进行系统联合调试工作，保证操作设备动作正确性和监控信息准确性，重大改动项目应编制技术方案和项目验收报告，改动后应对改动部分做出正式的报告，报生产运行管理人员进行相应的存档。

5.4.10 应建立严格的安全管理制度，指定专人负责网络安全管理，严禁使用非监控系统专用设备（包括移动存储设备）接入计算机监控系统网络和主机。

5.4.11 设计有 AGC、AVC 功能的风电/光伏机组，其调节范围、响应速度、调节精度及投运率等参数、指标应满足电力行业相关规程及当地电网调度机构的技术要求。

5.4.12 自动控制系统应做定期试验，一般结合机组定检时进行。试验报告中应将试验日期、试验人员、审核人及试验数据填写完整、规范。

5.5 检修技术监督

5.5.1 系统检修过程监督应满足 DL/T 796、DL/T 797、GB/T 19568、GB/T 20319 等国家、行业相关标准及规范要求。

5.5.2 各风电场应结合实际确定风机自动控制设备的检修项目和检修周期并统计造册，应制订维护检修计划，并严格按检修计划检修，不得随意更改或取消，不得无故延期或漏检，不得漏项，切实做到按时实施。检修、校验均应按有关规程进行，并符合检修工作要求，并且安排专人定期对计划性检修及非计划性检修结果进行检查和统计分析。

5.5.3 针对自动控制系统和设备的运行情况、存在的缺陷、经常性维护核查结果，结合上次定期维护总结进行现场查对；根据查对结果及年度维护检修计划要求，确定自动控制装置维护检修的重点项目，制订符合实际情况的对策和措施，并做好有关设计、试验和技术鉴定工作，并做好相应的记录。

5.5.4 计划检修的系统设备，应在机组检修前半个月，按要求，制订完成计划检修项目统计和检修计划的编制。

5.5.5 检修前，应根据需要进行系统软件、数据库备份，进行涉及控制回路、控制参数等的修改工作应履行相应的审批手续，工作完毕后应恢复控制系统与数据库至检修前状态，做好原始记录和调试验收工作。

5.5.6 风机自动控制装置检修作业至少应包含如下内容：

5.5.6.1 检查所有硬件（包括微型计算机、调制解调器、通信设备及不间断电源等）是否正常。

5.5.6.2 检查所有接线是否牢固。

5.5.6.3 检查并测试监控系统的命令和功能是否正常，同时应对监控系统的传输速率以及设备的响应时间进行检测。

5.5.6.4 测试数据传输通道的有关参数是否符合要求。

5.5.6.5 检测及控制设备的检修应随机组检修同时进行，检修完毕的元件（或装置）安装就位后，应进行系统检查和试验，确认正确可靠后方可投入运行。

5.5.6.6 测试风机自动控制系统接地、屏蔽电缆屏蔽层接地、电源中性线接地、机柜外壳安全接地等接地系统对地的绝缘电阻，测试数值应满足有关规程、规范技术要求。风电场监控自动化装置检修项目按表 3 执行。

表 3 风电场监控自动化装置检修项目

序号	分类	检修项目内容
1	计算机控制系统	设备卫生清扫
2		检查工作站（服务器）及其模块，必要时更换备件
3		检查工控机
4		检查报表打印系统与试验
5		检查专用电源系统、性能测试和切换试验，必要时更换设备及熔丝
6		检查、测试接地系统
7		冗余热备用配置设备切换试验
8		检查事故报警系统设备，报警信号定值的修改、校准、核对
9		检查同步时钟装置（GPS）
10		检查通信系统部件，必要时更换
11		检查、测试光纤、网线
12		检测通信网络并进行主备网络切换试验

表3（续）

序号	分类	检修项目内容
13	计算机控制系统	进行数据库整理、备份
14		进行画面更新、完善
15		测试软件功能并备份
16		综合模拟试验控制、保护功能
17		控制、调节、操作权限切换测试
18		检测、试验I/O接点及元件动作特性，检测I/O控制回路
19		远控通道（中调等）数据校核
20		检查、巡检温度测试仪
21		检查、测试自动化测量元件及执行元件
22	风电机组保护系统	对重要的模拟量测点及重要保护功能进行测试
23		校验信号检测回路及元件，取样点确认
24		保护试验、定值确认
25		逻辑功能试验
26	外围辅助控制系统	检查、试验一次元件、开关
27		清扫、检查控制卡件、机柜、报警装置
28		清扫、检查电源装置，进行电缆测试
29		进行系统功能调试
30		报警信号及功能测试
31	仪表部件	检测仪表、元件、变送器、装置的检修、校准
32		计算、调节、控制单元及装置的检修、校准
33		电动执行机构清洁、减速箱油位检查及补油
34		所有操作开关、按钮检查和触点清洗
35		继电器动作及释放电压测试
36	盘台柜及测量取样回路系统	隐蔽的检测元件检查、更换
37		接地系统可靠性检查，设备和线路绝缘测试，电缆和接线整理
38		紧固接线，手轻拉无松动；外露线消除
39		机柜、台盘、接线端子箱内部清洁
40		柜防尘滤网清理、柜门密封处理
41		测量管路严密性试验
42		取源部件的检修、清扫；测量管路、阀门吹扫及接头紧固
43		腐蚀、损坏的仪表管路、阀门和老化、损坏的电缆更换
44		检修工作结束后的屏、盘、台、柜、箱孔洞封堵
45		现场设备防火、防水、防灰堵、防振、防人为误动措施完善
46		测量设备计量标签：管路、阀门、电缆、设备挂牌和标志

5.5.7 系统检修项目应包含有硬件冗余切换测试内容，开展服务器相关检修项目工作时，前应做好数据库备份工作，进行通信冗余切换试验时，应做好通信中断应急处理措施。

5.5.8 自动控制及通信系统操作员站显示画面和数据格式应及时进行维护和更新，始终与各所控厂站的数据保持一致，保证上行数据和下行指令的正确性和及时性。对系统高级应用进行修改的部分，应进行功能性复核测试工作。

5.5.9 每次维护检修后应做好每台风电机的维护检修记录，并存档，对维护检修中发现的设备缺陷，故障隐患应详细记录并上报有关部门。

5.5.10 检修后，在机组投入运行前应进行控制系统调试，调试后的控制系统应满足 DL/T 797 的检修技术要求。新建和改造后的系统，应按设计方案进行功能和性能的测试，测试项目参照 GB/T 20319 相关条款执行。

5.5.11 检修后，应严格按有关规程和规定进行分级验收，加强质量监督管理，并对检修质量作出评定。检修后的监控自动化装置技术指标应达到标准要求。

5.5.12 检修、校验和试验记录，更改的图纸和技术资料，应在检修工作结束后十天内整理完毕归档，同时交生产运行处备案。

5.6 技术监督指标管理

监控自动化技术监督考核指标。

5.6.1 本地控制系统：

5.6.1.1 主要监测参数合格率为 100%。

5.6.1.2 机组启机、停机、事故停机功能正常。保护投入率为 100%（发电机过速等安全链保护在风机运行时必须投入，不能人为屏蔽，否则根据投入保护的数量进行保护投入率统计）。

5.6.1.3 自动控制系统投入率为 100%（风机运行时叶片角度、偏航、功率、油冷却、发电机润滑油脂、加热器等自动调节系统均应正常投入，若因人为软硬件更改等原因导致某项自动系统不能投入，则根据投入自动系统的数量进行自动投入率统计）。

5.6.1.4 监测表计、变送器指示正确并有有效的计量校验合格证。

5.6.2 风机远程监控系统完好，卫星、微波、光纤、移动等通信回路以及交换机等设计、安装和制造无遗留的质量问题，运行正常：

5.6.2.1 通信系统畅通率大于等于 98%。

5.6.2.2 通信系统可用率大于等于 95%。

5.6.2.3 通信设备供电可用率为 100%。

5.7 技术监督管理

5.7.1 监控自动化技术监督工作实行监督请示报告制和岗位责任制，坚持全过程技术监督的原则，对年度热工技术监督计划进行闭环管理，每年至少召开两次热工技术监督工作会议，定期检查监督计划及监督指标完成情况，对重大问题及隐患应及时召开专题会议研究，并形成专题报告。

5.7.2 每年×月×日前将下一年度热工技术监督工作计划进行报送。

5.7.3 每年×月×日前将上一年度热工技术监督工作总结进行报送。

5.7.4 每年×月×日前、次年×月×日前分别将半年、全年技术监督报表进行报送。

5.7.5 发生重大监控自动化技术监督问题、隐患应组织专题研究，及时向国投电力作专题报告。

5.7.6 监控自动化技术监督实行考核制度，制定考核检查方法，定期组织检查、抽查和互查，认真进行各项监控自动化技术监督工作的考核评比。

5.7.7 建立健全设备质量监督的签字验收制度。在电力生产与建设的各个阶段，对质量不符合规定的设备、材料以及安装、检修、改造等工程，技术监督部门和人员有权拒绝签字，并可越级上报。

5.7.8 严格按照国家及行业有关法律法规、规程、标准及反事故措施要求开展技术监督工作。因特殊情况不能按要求执行时，应进行认真组织分析、讨论，经充分论证后，由企业生产分管领导批准，并上报国投电力。

5.7.9 定期组织开展监控自动化专业技术培训和交流，及时宣贯新颁规程、标准等，推广新技术，不断提高企业监控自动化技术监督管理水平。

6 检查与评价

6.1 生产管理部组织对制度进行评价。

6.2 按《技术监督管理制度》相关考核执行。

7 附则

7.1 本实施细则适用于公司监控自动化技术监督管理工作。

7.2 本实施细则由公司生产管理部负责解释。

7.3 本实施细则自颁布之日起开始执行。

8 附件

8.1 监控自动化技术监督网（见附图1）。

8.2 监控自动化技术监督报表（见附表1）。

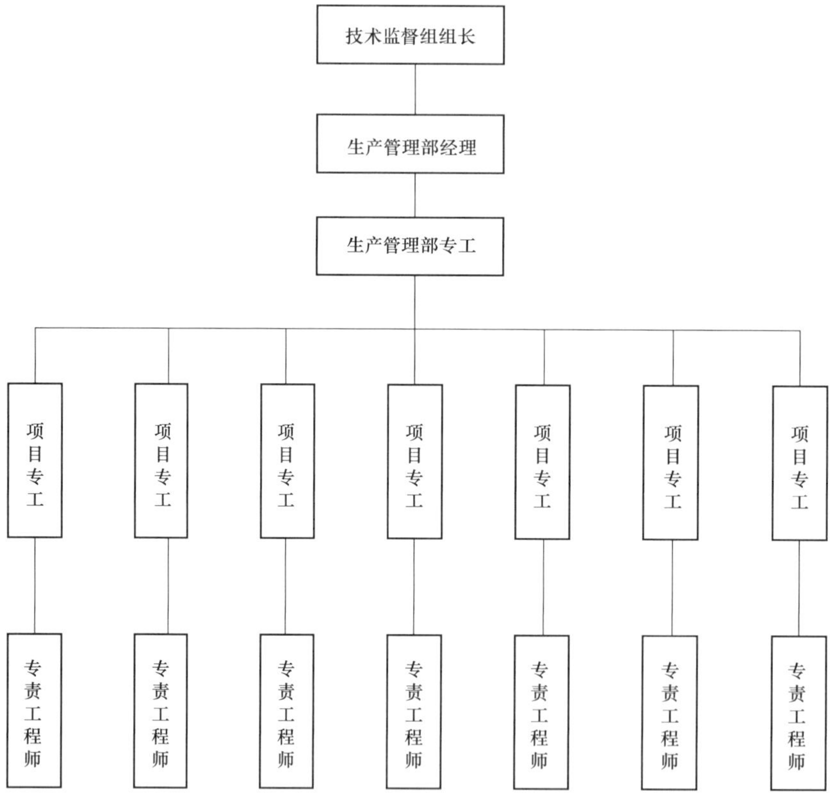

附图1 监控自动化技术监督网

附表1 监控自动化技术监督报表

<table>
<tr><td colspan="6">监控自动化技术监督季度报表</td></tr>
<tr><td colspan="4">填报单位.</td><td colspan="2">填报日期：</td></tr>
<tr><td colspan="2">自动投入率： %</td><td colspan="2">保护投入率： %</td><td colspan="2">主要检测参数正确率： %</td></tr>
<tr><td>安装
数量</td><td></td><td>安装
数量</td><td></td><td>主要检测参数数量、名称</td><td></td></tr>
<tr><td>投入
数量</td><td></td><td>投入
数量</td><td></td><td>合格数量</td><td>投入数量</td></tr>
<tr><td colspan="6">本季度保护定期试验的项目及情况：</td></tr>
<tr><td colspan="6">本季度未投入的自动系统、保护装置的名称和原因：</td></tr>
<tr><td colspan="6">保护动作情况：</td></tr>
<tr><td colspan="6">设备重大异常及事故的发生过程、原因分析及处理措施：
设备名称：
发生时间：
过程、原因及处理措施：</td></tr>
<tr><td colspan="2">批准：</td><td colspan="2">审核：</td><td colspan="2">填表人及联系电话：</td></tr>
</table>

<table>
<tr><td colspan="6">监控自动化监督工作情况年度报表</td></tr>
<tr><td colspan="4">填报单位：</td><td colspan="2">填报日期：</td></tr>
<tr><td>序号</td><td>评价项目</td><td>次数</td><td>误动次数</td><td>原因分析（设备缺陷/备件质量原因/自然磨损）</td><td>正确率</td></tr>
<tr><td>1</td><td>过电压保护动作情况</td><td></td><td></td><td></td><td></td></tr>
<tr><td>2</td><td>过电流保护动作情况</td><td></td><td></td><td></td><td></td></tr>
<tr><td>3</td><td>低电压保护动作情况</td><td></td><td></td><td></td><td></td></tr>
<tr><td>4</td><td>齿轮箱油压保护动作情况</td><td></td><td></td><td></td><td></td></tr>
<tr><td>5</td><td>齿轮箱油温保护动作情况</td><td></td><td></td><td></td><td></td></tr>
<tr><td>6</td><td>齿轮箱油位保护动作情况</td><td></td><td></td><td></td><td></td></tr>
<tr><td>7</td><td>齿轮箱滤芯告警保护动作情况</td><td></td><td></td><td></td><td></td></tr>
<tr><td>8</td><td>发电机驱动端轴承温度保护动作情况</td><td></td><td></td><td></td><td></td></tr>
<tr><td>9</td><td>发电机自由端轴承温度保护动作情况</td><td></td><td></td><td></td><td></td></tr>
<tr><td>10</td><td>主轴承温度保护动作情况</td><td></td><td></td><td></td><td></td></tr>
<tr><td>11</td><td>发电机主碳刷告警保护动作情况</td><td></td><td></td><td></td><td></td></tr>
<tr><td>12</td><td>发电机接地碳刷告警保护动作情况</td><td></td><td></td><td></td><td></td></tr>
<tr><td>13</td><td>扭缆保护动作情况</td><td></td><td></td><td></td><td></td></tr>
<tr><td>14</td><td>振动保护动作情况</td><td></td><td></td><td></td><td></td></tr>
<tr><td>15</td><td>液压系统压力保护动作情况</td><td></td><td></td><td></td><td></td></tr>
<tr><td>16</td><td>液压系统油位保护动作情况</td><td></td><td></td><td></td><td></td></tr>
<tr><td colspan="2">批准：</td><td colspan="2">审核：</td><td colspan="2">填表人及联系电话：</td></tr>
</table>

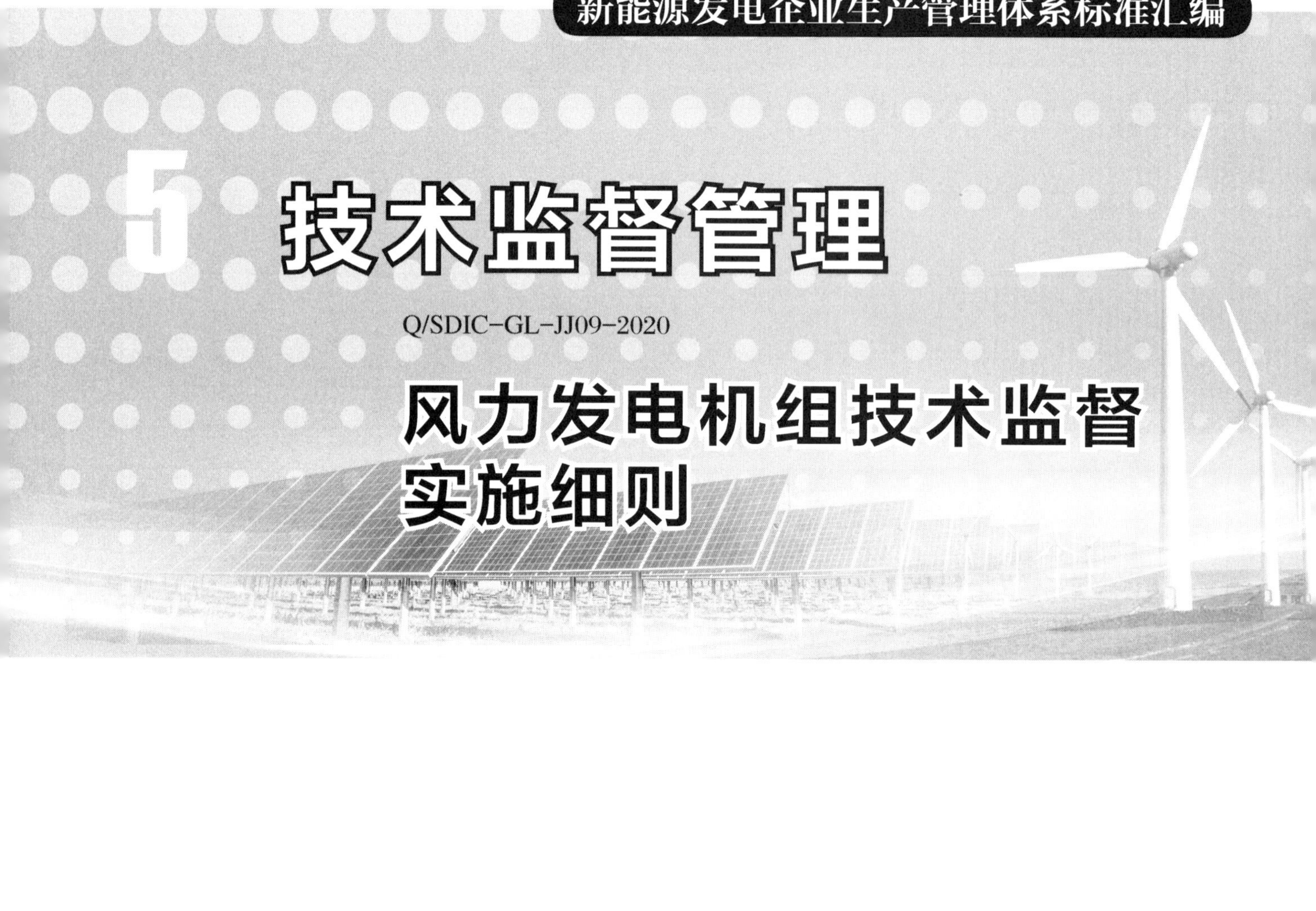

5 技术监督管理

Q/SDIC-GL-JJ09-2020

风力发电机组技术监督实施细则

风力发电机组技术监督实施细则

1 总则

为规范风力发电机组技术监督管理工作，保障机组的安全运行和人身安全，根据国家和行业有关标准、规程及《国投电力控股股份有限公司技术监督实施细则》，制定本实施细则。

2 规范性引用文件

下列文件中的内容通过文中的规范性引用而构成本文件必不可少的条款。其中，注日期的引用文件，仅该日期对应的版本适用于本文件；不注日期的引用文件，其最新版本（包括所有的修改单）适用于本文件。

GB/T 18451.1 风力发电机组设计要求
GB/T 19069 失速型风力发电机组 控制系统 技术条件
GB/T 19072 风力发电机组 塔架
GB/T 19073 风力发电机组 齿轮箱设计要求
GB/T 19568 风力发电机组 装配和安装规范
GB/T 19960.1 风力发电机组 第 1 部分：通用技术条件
GB/T 20319 风力发电机组 验收规范
GB/T 23479.1 风力发电机组 双馈异步发电机
GB/T 25383 风力发电机组 风轮叶片
GB/Z 25427 风力发电机组 雷电防护
DL/T 586 电力设备监造技术导则
DL/T 666 风力发电场运行规程
DL/T 796 风力发电场安全规程
DL/T 797 风力发电场检修规程
DL/T 5191 风力发电场项目建设工程验收规程
NB/T 31018 风力发电机组电动变桨控制系统技术规范
JB/T 10194 风力发电机组风轮叶片
JB/T 10425.1 风力发电机组 偏航系统
JB/T 10427 风力发电机组一般液压系统
中国船级社 风力发电机组规范（2008）

3 职责和分工

3.1 技术监督网职责

3.1.1 贯彻执行上级有关要求，组织制定企业风力机技术监督管理制度、实施细则及技术措施等，组织开展企业监督工作。

3.1.2 建立健全企业以生产副总经理（或总工程师）为领导的三级风力机技术监督网，设置风力机技术监督专责工程师，明确监督网各级岗位职责分工，建立考核机制。

3.1.3 制定企业风力机工作规划、计划及技术指标，经批准后组织实施。

3.1.4 编制风力机技术监督工作总结、报告及有关报表，并按要求报送，重大问题及隐患应专题报告。

3.1.5 负责企业新建、改建、扩建和重大技术改造项目的设计审查、设备选型、监造、出厂验收、安装调试质量监督等工作。
3.1.6 定期组织召开企业风力机技术监督分析会议，总结分析受监设备设施运行、检修、缺陷和试验等情况。
3.1.7 组织研究受监设备异常和事故情况，查找原因并制定有效措施，消除影响安全运行的不利因素，重大问题如实上报。
3.1.8 建立健全受监设备技术资料档案。
3.1.9 根据实际需要，配备风力机技术监督工作所需人员及试验设备，开展培训，不断提高风力机技术监督专业水平。

3.2 技术监督专责工程师职责

3.2.1 贯彻落实国家、行业及国投电力风力机技术监督有关制度、规程和标准，组织协调企业风力机技术监督工作。
3.2.2 负责宣贯风力机技术监督有关文件指示及制度、标准，参与制定企业风力机技术监督有关制度、实施细则及技术措施。
3.2.3 参与制定企业风力机技术监督工作规划、计划、考核办法及技术指标，督促落实年度工作计划。
3.2.4 及时掌握受监设备的工作状态，督促设备消缺工作。
3.2.5 定期组织开展风力机技术监督指标统计、分析工作，组织编写并向上级有关单位和部门报送监督报表、总结。
3.2.6 参加企业风力机技术监督工作会议、检修质量验收和相关事故分析，制定整改方案。
3.2.7 参加企业新建、改建、扩建或重大技术改造项目的设计审查、设备选型和启动验收等工作，组织建立风力机技术档案。
3.2.8 掌握风力机技术领域最新动向，协助开展科技项目攻关，协助解决风力机技术监督工作中的技术问题。
3.2.9 认真行使监督职权，对违反国家、行业、国投电力及本公司有关标准规程、规章制度的行为有制止权；对存在安全隐患的，有建议整改权。
3.2.10 积极参加国投电力、行业及相关单位组织的风力机技术监督活动，组织或参与企业风力机技术监督活动。
3.2.11 技术监督专责工程师的任职要求：
3.2.11.1 熟悉国家、行业及国投电力有关风力机技术监督的法律法规、制度和标准。
3.2.11.2 掌握风力机技术有关知识，具有较为丰富的风力机专业理论知识和实践经验。
3.2.11.3 工作严谨，能够辩证、科学地开展研究分析工作，做到有理、有据。
3.2.11.4 具有较强的组织协调能力，能够指导生产现场作业人员解决工作中遇到的较为复杂的技术问题。
3.2.11.5 具有进取精神，不断了解和掌握新技术、新材料、新方法和新观念。
3.2.11.6 专责工程师工作调动，要办理好相关技术档案交接手续。

4 管理活动的内容与方法

4.1 风力机监督的目的

4.1.1 在规定外部条件、设计工况和载荷情况下，应保证风力发电机组在其设计使用寿命期内安全运行。
4.1.2 风力机监督是技术监督的重要组成部分，是保证发电设备安全运行的重要措施，应按照公司《技术监督管理标准》的规定，在风力发电机组的设计、选材、制造、安装、运行、检修、技术改造各个阶段，实施全过程技术监督和技术管理。
4.1.3 风力机监督必须按照公司《技术监督管理标准》的规定，贯彻“安全第一，预防为主，综合治理”的方针。

4.2　监督范围

风力机监督范围包括风轮、轴承及轴系、联轴器、机舱、控制系统、机舱控制箱（顶柜）、风力机控制柜（底柜）、液压系统、制动系统、塔架、风力机安装基础、齿轮箱、变桨系统、偏航系统、冷却系统。

4.3　监督内容

4.3.1　设计阶段的监督

4.3.1.1　风电场风力机设备的设计选型应根据相关技术标准、运行经验、反事故措施等提出风力机技术监督的意见和要求。

4.3.1.2　叶片气动设计是整个机组设计的基础，为了使风力发电机组获得最大的气动效率，应对叶片进行优化设计。在保证叶片强度和刚度的情况下，设计时应充分考虑腐蚀、冰冻、雷电、沙尘、辐射对叶片的影响，同时应考虑叶片噪声对当地居民的安全和环境产生的不利影响。对于在沿海地区运行的风力发电机组，叶片设计时应考虑盐雾对其各部件的腐蚀影响，并采取相应有效的防腐措施。叶片设计时应充分考虑遭雷击的可能性，并采取相应的雷击保护措施，设计有雷击保护系统。

4.3.1.3　齿轮箱的设计依据 GB/T 19073。

4.3.1.4　主轴应能承受所规定的极限限值状态载荷，包括静载荷和动载荷。所有转动部件在其工作转速范围内，传动轮系、轴系应不发生共振产生过大的振动。

4.3.1.5　塔架的设计主要依据 GB/T 19072。

4.3.1.6　发电机的设计主要依据 GB/T 23479.1。

4.3.1.7　风力机其他部分：液压系统的设计主要依据 JB/T 10427；风力发电机组控制系统的控制和保护功能应符合 GB/T 19069；偏航系统应符合 JB/T 10425.1 相关设计规定，且应采用失效安全设计；变桨系统设计依据 NB/T 31018 规定，应具备同步变桨功能（自动变桨功能和远程手动变桨功能）。

4.3.1.8　风电机组基础沉降观测依据 DL/T 5191 进行设计和验收。

4.3.1.9　运行监测和安全保护系统及振动监测点均应依据 GB/T 19069 等相关标准设计完备。

4.3.1.10　雷电防护系统的设计应依据 GB/Z 25427。

4.3.2　制造阶段的监督

4.3.2.1　对于风电场重要的设备如叶片、塔架、齿轮箱、主轴、轮毂、组装试验等要按 DL/T 586、订货技术协议、风电工程设备制造监理大纲及相关技术标准进行监造和出厂验收。

4.3.2.2　叶片的监造执行 JB/T 10194 的规定。应对叶片制造过程的用胶量、纤维方向等进行现场检验，对部件的加工过程及完成的叶片成品进行目视检验，应特别注意气泡、夹杂起层、变形、变白、变污、损伤、积胶等，对表面涂层也要进行外观目视检验。对叶片及部件内部缺陷可采用 X 射线或超声波等无损检验方法来检验，对有缺陷的叶片进行修补并应在出厂文件中说明。

4.3.2.3　检查出厂验收项目是否齐全，验收是否合格。如调速机构试验检测、偏航机构试验检测、各系统旋转部件间隙检查、主传动对中检查调整、机舱偏转机构齿间距检查调整、液压系统功能试验、控制系统及安全保护的功能试验、机组各工况模拟运行试验、发电系统并网性能试验、其他规定的项目。

4.3.2.4　根据需要可对齿轮箱齿轮及轴的材质和接口尺寸、齿轮表面硬度等进行 H 点验收检查。

4.3.2.5　应对齿轮箱等其他设备和系统的制造加强监督，符合验收要求才能出厂。

4.3.3　安装和试运行阶段的监督

4.3.3.1　叶片等重要设备到达风电场后，应按合同规定由监理单位、施工单位、业主和设备制造厂家共同验收，进行验收并形成验收报告，记录叶片等重要设备的损伤情况和完好程度。

4.3.3.2　设备安装阶段应按照有关标准和技术合同做好安装验收工作。安装检验项目要求如下：

4.3.3.2.1　螺纹连接件的松紧度达到要求。

4.3.3.2.2　焊缝焊接牢固，无裂纹、无夹杂等缺陷，连接强度可靠。

4.3.3.2.3　机械零件的腐蚀保护。

4.3.3.2.4　液压系统管道无泄漏。

4.3.3.2.5 塔架与地基、机舱与塔架的形位公差符合图样要求。
4.3.3.2.6 显示系统、警示标志清楚、齐全。
4.3.3.2.7 操作系统灵活、安全、可靠。
4.3.3.3 投产验收时应进行现场实地查看，对订货相关文件、设计联络文件、监造报告、出厂试验报告、设计图纸资料、开箱验收记录、安装记录、缺陷处理报告、监理报告、调试报告等全部技术资料进行详细检查，审查其完整性、正确性和适用性。
4.3.3.4 投产验收中发现安装施工及调试不规范、项目不全或结果不合格、设备达不到相关技术要求、基础资料不全等不符合风电场风力机监督要求的问题时，应立即整改，直至验收合格。
4.3.4 运行阶段的监督
4.3.4.1 生产运行阶段
4.3.4.1.1 建立健全风电场风力机设备系统的日常维护保养制度，定期开展运行状况分析。
4.3.4.1.2 风电机组操作人员必须认真学习并熟练掌握设备的操作规程和事故处理规程，经培训考试合格后上岗。运行人员应根据计算机显示的风电机组运行参数，检查分析各项参数变化情况，发现异常情况应对该机组进行连续监视，并根据变化情况作出必要处理，同时在运行日志上写明原因，并进行故障记录与统计。
4.3.4.1.3 巡视人员对监控风电机组安全稳定运行负有直接责任，应按要求定期到现场通过目视观察等直观方法对风电机组的运行状况进行巡视检查。检查工作主要包括风电机组在运行中有无异常声响、叶片运行的状态、偏航系统动作是否正常、塔架外表有无油迹污染等。巡检过程中要根据设备近期的实际情况，有针对性地重点检查，尤其是故障处理后重新投运的机组。重点检查启停频繁的机组，重点检查负荷重、温度偏高的机组，重点检查带病运行的机组，重点检查重新投入运行的机组。若发现故障隐患，则应及时报告处理，查明原因，从而避免事故发生，减少经济损失。同时在运行日志上做好相应巡视检查记录。
4.3.4.1.4 对运行中发生的设备异常或故障，应组织进行分析，查明原因予以消除，并制定防范措施。
4.3.4.1.5 对有典型性、频发性缺陷的重要设备，要重点进行技术监督检查和跟踪分析，必要时应进行专题研究，提出有效的整改和防范措施。
4.3.4.2 检修维护阶段
4.3.4.2.1 风电场应按规定对风电机组进行检查维护和检修。检修按照 DL/T 797 和风力机厂家的维护说明书要求进行。
4.3.4.2.2 检修过程中应执行签字验收制度，检修完后应及时编写完成检修工作总结。
4.3.4.2.3 检修资料应齐全、准确，及时存档。

4.4 技术监督资料档案

4.4.1 建立健全风力机监督原始资料、运行检修资料和管理资料档案。
4.4.2 档案内容如下：
4.4.2.1 原始资料档案：
4.4.2.1.1 风力机主要受监设备的设计说明书、图纸。
4.4.2.1.2 风力机主要受监设备的质量保证书、合格证。
4.4.2.1.3 风力机主要受监设备的备品、配件的验收记录。
4.4.2.1.4 风力机主要受监设备的制造、监造、安装检验相关报告。
4.4.2.1.5 风力机设备台账。
4.4.2.2 运行检修资料档案：
4.4.2.2.1 风力机的巡检、定检记录单、统计表。
4.4.2.2.2 风力机设备运行分析报告。
4.4.2.2.3 风力机技术改造报告。

4.4.2.2.4 风力机沉降观测记录。
4.4.2.3 管理资料档案：
4.4.2.3.1 风力发电场技术监督管理办法，风力机监督管理制度、实施细则等。
4.4.2.3.2 国家、行业风力发电场风力机监督范围内的法规、标准、规范。
4.4.2.3.3 风力机技术监督年度工作计划，季度、年度总结，技术监督会议纪要。
4.4.2.3.4 风电场风力机设备巡回检查管理制度。
4.4.2.3.5 人员培训制度。
4.4.3 管理制度：
4.4.3.1 风力机技术监督管理制度及实施细则、考核细则。
4.4.3.2 设备运行规程、检修规程及试验规程。
4.4.3.3 试验设备、仪器仪表管理制度。
4.4.3.4 设备缺陷、事故分析管理制度。
4.4.3.5 试验报告审核制度。
4.4.3.6 工程及委外技术服务管理制度。
4.4.3.7 设备备品配件管理制度。
4.4.3.8 技术资料管理制度。
4.4.3.9 培训管理制度。
4.4.4 技术资料：
4.4.4.1 风力机技术监督有关文件、现行有效的国家标准、行业标准、试验实施导则和反事故措施。
4.4.4.2 风力机技术监督年度工作计划、总结和风力机技术监督会议纪要。
4.4.4.3 制造厂设备全套图纸、说明书、出厂试验报告。
4.4.4.4 设计异动通知单、设备安装验收记录、交接试验报告。
4.4.4.5 系统预防性试验报告。
4.4.4.6 重大设备缺陷和事故分析记录。
4.4.4.7 重大设备隐患处理意见。
4.4.4.8 预防性试验数据资料保存期不少于三个试验周期，主设备数据和资料应长期保存。

4.5 技术监督管理

4.5.1 风力机技术监督工作实行监督请示报告制和岗位责任制，坚持全过程技术监督的原则，对年度风力机技术监督计划进行闭环管理，每年至少召开两次风力机技术监督工作会议，定期检查监督计划及监督指标完成情况，对重大问题及隐患应及时召开专题会议研究，并形成专题报告。
4.5.1.1 每年×月×日前将下一年度风力机技术监督工作计划进行报送。
4.5.1.2 每年×月×日前将上一年度风力机技术监督工作总结进行报送。
4.5.1.3 每年×月×日前、次年×月×日前分别将半年、全年技术监督报表进行报送。
4.5.1.4 发生重大风力机技术监督问题、隐患应组织专题研究，及时向国投电力进行专题报告。
4.5.2 建立风力机技术监督工作的考核奖励与责任处理制度，做到分工明确、职责分明，严格考核与奖惩。
4.5.3 建立基建与生产各阶段电气设备质量监督签字验收制度，对质量不符合规定的设备，各级风力机技术监督人员有权拒绝签字，并可越级上报。
4.5.4 严格按照国家及行业有关法律法规、规程、标准及反事故措施要求开展技术监督工作。因特殊情况不能按要求执行时，应进行认真组织分析、讨论，经充分论证后，由企业生产副总经理（或总工程师）批准，并上报国投电力生产管理部。
4.5.5 设备试验报告是风力机技术监督工作的基础，建立严格的试验报告校对、审核责任制度，并妥善保管试验报告，做到数据准确、随时可查阅。

4.5.6 根据实际情况，配置能满足试验工作要求的试验设备，开展各种试验工作。
4.5.7 设备必须建立维护管理使用制度，保证其误差合格、使用可靠。
4.5.8 根据实际情况大力推进高压电气设备在线监测与诊断工作，开展红外成像测试与局放测试。在线监测装置要有专人维护管理，保证其正常投入运行。
4.5.9 定期组织开展风力机专业技术培训和交流，及时宣贯新颁规程、标准等，推广新技术，不断提高企业风力机技术监督管理水平。

5 检查与评价

5.1 生产管理部组织对规定的执行进行评价。
5.2 本实施细则考核按《技术监督管理标准》相关要求执行。

6 附则

6.1 本实施细则适用于公司风力发电机组技术监督管理工作。
6.2 本实施细则由公司生产管理部负责解释。
6.3 本实施细则自颁布之日起开始执行。

6 生态资源管理

Q/SDIC-GL-ZY01-2020

资源节约与生态环境保护管理制度

资源节约与生态环境保护管理制度

1 总则

1.1 为规范公司资源节约与生态环境保护工作的管理，依据《中华人民共和国节约能源法》等国家、行业标准，为了减少能源和自然资源的消耗，降低对环境的影响，不断提高机组的经济性，促进生产经营与环境保护协调发展，履行企业生态环境保护的社会责任，依据国家生态环境保护有关法律法规、国投集团和国投电力股份有限公司有关规定，结合公司实际情况特制定本办法。

1.2 资源节约与生态环境保护管理坚持遵循国家有关法规和政策、厉行节约、效能统一的原则。

1.3 本办法明确了公司资源节约与生态环境保护管理体系建设、环保设施生产管理、环境监测数据监督管理、环境突发事件应急管理及环保日常监督检查与考核的要求。

1.4 本办法适用于公司各部门及各承包商。

2 规范性引用文件

GB 8978 污水综合排放标准

GB 12348 工业企业厂界环境噪声排放标准

GB 18599 一般工业固体废物贮存和填埋污染控制标准

中华人民共和国节约能源法

中华人民共和国环境保护法

中华人民共和国大气污染防治法

中华人民共和国水污染防治法

中华人民共和国固体废物污染防治法

中华人民共和国环境噪声污染防治法

中华人民共和国环境保护部令第 31 号 环境保护部关于企业事业单位环境信息公开办法

环发〔2015〕4 号 企业事业单位突发环境事件应急预案备案管理办法（试行）

环发〔2015〕175 号 环境监测数据弄虚作假行为判定及处理办法

环水体〔2016〕186 号 排污许可证管理暂行规定

3 术语和定义

3.1 环境：是指影响企业运行和发展的自然因素的总体，包括空气、水、土地、自然资源、人以及它们之间的相互关系。

3.2 环境因素：是指一个企业生产经营活动、产品或服务中与环境发生相互作用的要素。

3.3 污染物：是指企业在生产、生活过程中，排入环境中并引起环境污染或导致环境破坏的物质。

3.4 固体废弃物：是指在生产、消费、生活和其他活动中产生的固态、半固态废弃物质（国外的定义则更加广泛，动物活动产生的废弃物也属于此类），通俗地说，就是“垃圾”。主要包括固体颗粒、垃圾、炉渣、污泥、废弃的制品、破损器皿、残次品、动物尸体、变质食品、人畜粪便等。有些国家把废酸、废碱、废油、废有机溶剂等高浓度的液体也归为固体废弃物。

3.5 危险废物：是指公司产生的列入《国家危险废物名录》的固态、液态废物和置于容器中的气态废物，以及废弃危险化学品。

3.6 生态环境保护设施：是指为使排放污染物达标而采用的设施、装置、设备。主要包括：专用于环境、生态保护和污染防治的设施、装置、设备；既是生产工艺中的一个环节，同时又具有环境保护功能的设施、装置、设备；用于污染物回收与综合利用的设施、装置、设备；为监测工作配套的设施、装置、设备；用于防止潜在突发性污染事故的设施、装置、设备。

3.7 环境绩效：是指一个企业基于其环境方针、目标、指标，控制其环境因素所取得的可测量的环境管理体系成效。

3.8 持续改进：是指强化环境管理体系的过程，目的是根据企业的环境方针，改进整体环境绩效。

3.9 污染预防：是指采用防止、减少或控制污染的各种过程、惯例、材料或产品，可包括再循环、处理、过程更改、控制机制、资源的有效利用和材料替代等。

3.10 环境方针：是指一个企业对其全部环境绩效的意图与原则的陈述，它为建立企业的行为及环境目标、指标提供了一个框架。

3.11 环境目标：是指一个企业依据其环境方针规定自己所要实现的总体环境目标，如可行应予以量化。

3.12 环境指标：是指直接来自环境目标，是为实现环境目标所需规定并满足的具体环境绩效要求，它们适用于企业或其局部，如可行应予以量化。

3.13 资源节约：是指加强管理，做好节约各类资源相关工作，采取技术上可行、经济上合理的措施，在能源生产环节降低消耗、减少损失，提高能源转换效率。

3.14 各项目：是指公司所管辖的已建成投产及新建、在建新能源项目的统称。

4 职责和分工

4.1 资源节约与生态环境保护工作领导小组

4.1.1 公司生态环境保护总体工作和资源节约总体工作由资源节约与生态环境保护工作领导小组负责，建立工作会议制度，研究决定生态环境保护重大事项，领导小组组长由公司党委书记、总经理担任；副组长由公司党委副书记、副总经理；成员由公司各职能部门、各项目负责人组成。

4.1.2 公司党委书记、总经理是资源节约与生态环境保护工作第一责任人，对本单位资源节约与生态环境保护工作负主要领导责任。

4.1.3 负责建立资源节约与生态环境保护工作组织体系，成立资源节约与生态环境保护领导小组，建立三级资源节约与生态环境保护管理网络，开展全面的、全员的、全过程的资源节约与生态环境保护管理工作。

4.1.4 负责建立资源节约与生态环境保护监督体系，实现资源节约与生态环境保护监督工作专业化、常态化和规范化。

4.1.5 负责监督、检查、贯彻执行国家的资源节约与生态环境保护法律、法规、方针、政策和电力行业的标准、规范以及国投电力的各项规定、部署和工作要求。

4.1.6 负责审定公司的资源节约生态环境保护发展规划、计划。

4.1.7 负责建立公司资源节约与生态环境保护相关制度，并监督落实。

4.1.8 负责公司的主要资源节约与生态环境保护工作任务及指标并对完成情况进行考核。

4.1.9 负责审批各项目环境责任事件的处理意见和建议。

4.1.10 研究公司其他重大资源节约与生态环境保护事项。

4.2 资源节约与生态环境保护办公室（生产管理部）

4.2.1 资源节约与生态环境保护工作领导小组下设办公室，挂靠生产管理部，是公司资源节约与生态环境保护工作领导小组的日常办事机构，归口管理公司的生态环境保护工作。办公室主任由生产管理部负责人担任，副主任由安健环管理部负责人担任，成员由生产管理部专职管理人员和各项目负责人担任。

4.2.2 认真贯彻执行国家和地方生态环境保护政策、法律法规和标准，严格执行电力行业生态环境保护的方针、政策、规章、制度、标准。

4.2.3 对公司的资源节约与生态环境保护工作进行监督管理，并负责将资源节约与生态环境保护工作目标纳入公司对各项目的年度绩效考核指标。

4.2.4 组织制定公司有关环保监督的管理制度、标准、技术措施等，拟订资源节约相关制度；制订生态环境保护规划和环保工作年度计划；制定公司中长期资源节约发展规划、年度工作计划；并组织落实。

4.2.5 分解国投电力下达的资源节约与生态环境保护工作任务和考核指标，确定当期资源节约与生态环境保护工作的指标目标和具体要求、措施，制定公司资源节约和环境环保年度工作计划和目标，将工作任务和考核指标分解到各有关部门、项目和班组并进行考评。

4.2.6 负责对各项目的资源节约与生态环境保护管理工作进行指导、监督、检查和考核，并提出整改意见和考核意见；负责核定各项目的资源节约与生态环境保护管理指标完成情况，提出考核意见并进行考核。

4.2.7 负责监督、指导各项目环保设施安全稳定运行，落实污染物达标排放和总量控制目标等。

4.2.8 参与公司重大环保改造项目技术方案审查，监督环保改造符合国家政策要求。

4.2.9 负责监督、指导各项目生态环境保护应急管理工作。

4.2.10 组织并指导公司资源节约与生态环境保护的宣传、交流工作，开展人员教育和技术培训工作，推广国内外资源节约与生态环境保护先进技术、管理经验；组织开展与同行资源节约与生态环境保护工作的对标和分析，查找存在的问题和不足，提出改进措施并督促落实，形成有效的闭环管理。

4.2.11 组织制定公司生态环境保护考核制度，检查各项目生态环境保护考核工作开展情况。对突发环境事件和环境保护违法违规行为提出惩处建议；督促并协调各项目加强与各级政府的沟通联系，协调各项目对突发环境事件和生态环境保护违法违规行为的应急处置和调查处理；将资源节约与生态环境保护工作目标纳入公司对各项目的年度绩效考核指标；对任期内不依法治理污染而造成污染加剧或发生重大污染事故的项目，以及对弄虚作假的项目，要按有关规定追究项目主要负责人责任；对生态环境保护组织体系不健全、奖惩制度不明确、不按时报送生态环境保护统计数据、工作报告质量较差以及发生数据严重错误现象的项目，给予通报及考核。

4.2.12 组织各项目开展生态环境保护科研、推广项目先进的科技成果、环保监督的工作经验，不断提高环保监督的技术水平。

4.2.13 负责统计、分析各项目报送生态环境保护数据和资源节约数据，建立相关技术档案，并及时报送国投电力归口管理部门。

4.2.14 审核各项目编制的应急预案或处置方案，并组织进行预案演练。

4.2.15 负责制定资源节约与生态环境保护相关技术改造计划及资金计划，对重大项目进展情况进行监督及检查，确保达到预期效果。

4.2.16 组织各项目开展资源节约及绿色生产等方面的专项申报，争取国家政策支持，对申报项目的实施、资金管理、使用情况进行监督检查。

4.3 安健环管理部

4.3.1 对突发环境事件和生态环境保护违法违规行为的惩处提出相关意见；

4.3.2 参与生态环境保护有关工作的考核。

4.4 项目场站职责

4.4.1 贯彻执行国家和地方政府生态环境保护和资源节约法律法规和方针政策，落实公司资源节约与生态环境保护规章制度、标准、工作要求、资源节约和环境保护规划和年度计划。

4.4.2 设定资源节约与生态环境保护兼职管理人员，负责本项目资源节约与生态环境保护日常工作。

4.4.3 负责编制项目资源节约与生态环境保护年度计划并组织实施，负责环境治理年度资金计划上报和治理工作。

4.4.4 积极推行项目清洁生产和节能降耗工作。

4.4.5 负责项目生态环境保护设施安全稳定运行、技术监督、污染源监测、污染物达标排放、总量减排、环保收费（税）缴纳及废气、废水、固体废物处理工作，保证污染物达标排放以及排放总量满足要求。

4.4.6 负责本项目资源节约与生态环境保护指标的统计和报送工作，建立资源节约与生态环境保护工作档案。

4.4.7 负责生产过程中各类资源节约与节能降耗等工作。

4.4.8 制定并实施环保风险控制措施，存在重大安全环保风险及时上报资源节约与生态环境保护办公室。对有可能在异常或紧急情况下造成污染事件或事故的生产作业活动，编制应急预案或处置方案并上报审核，尽可能减少对环境产生的影响，并进行预案演练。

4.4.9 负责及时处理与环保相关设备的重要缺陷，提出提高设备健康水平和防止环保事故的措施，并制定整改方案。

4.4.10 组织开展本项目环境技术培训工作。

4.4.11 负责开展本项目资源节约与生态环境保护新技术、新工艺等的应用工作。

4.4.12 负责开展本项目资源节约与生态环境保护的教育、宣传、培训等工作。

4.4.13 负责本项目生态环境保护应急管理工作，配合突发环境事件和生态环境保护违法违规行为的调查分析；负责处理本项目生态环境保护事件、事故和纠纷，并及时向公司和相关政府部门报告。

4.4.14 配合上级单位和环保部门组织现场环保检查、环保督察、环境审核等各项工作。

4.4.15 对本项目的资源节约与生态环境保护工作进行自查、整改，制订和实施本项目自查、整改计划；配合公司开展资源节约与生态环境保护工作监督检查工作。

4.4.16 完成公司及各级政府环保管理部门下达的相关本项目的其他资源节约与生态环境保护专项工作。

4.4.17 新建项目负责建设期环境影响评价、环境保护设施“三同时”、竣工环境保护验收和后评价工作；采取有效措施，防止建设周期内对周围环境造成不良影响；并按照国家及地方的相关要求，开展环境监理及水土保持监理工作；建设期结束后须及时修整和恢复在建设过程中受到影响的生态环境，对造成的水土流失进行治理。

5 管理活动的内容与方法

5.1 管理机制

5.1.1 资源节约与生态环境保护工作实行公司、项目分级管理。公司负责监督、指导、协调和专业化管理，承担主管责任；各项目负责具体落实资源节约和环境保护工作，承担直接责任。

5.1.2 公司负责人为资源节约与生态环境保护工作第一责任人，对本单位生态环境保护工作负主要领导责任；分管负责人统筹组织各项制度和措施的落实，对资源节约与生态环境保护工作负分管领导责任；各项目相关分管负责人必须按照“党政同责”“一岗双责”的要求，统筹抓好资源节约与生态环境保护工作。

5.1.3 公司建立由资源节约与生态环境保护工作领导小组、资源节约与生态环境保护工作办公室、各项目组成的三级资源节约与生态环境保护管理网络，开展全面的、全员的、全过程的资源节约与生态环境保护管理工作。

5.2 生态环境保护管理

5.2.1 公司各项目应按照国家和地方的法律法规的要求，落实生态环境保护主体责任，应满足清洁生产、生态保护、水土保持的要求，生产过程中排放的各类污染物指标、总量等必须严格执行企业排污许可证中要求，未达到相关要求的，必须进行治理和改造，重点做好生态环境保护工作。

5.2.2 公司针对资源节约与生态环境保护工作建立资源节约与生态环境保护工作领导小组，资源节约与生态环境保护工作办公室，各项目兼职资源节约与生态环境保护管理人员三级资源节约生态环境保护管理体系和监督体系。

5.2.3 资源节约与生态环境保护办公室将污染物治理、在线监测、环保数据监控和传输等环保设备纳入主设备管理并制定相关管理制度。

5.2.4 资源节约与生态环境保护办公室制定具有实际执行性的环境事件应急预案，定期进行应急演练，保证发生生态环境污染事件能够及时处理，减少损失。

5.2.5 资源节约与生态环境保护办公室根据生态环境保护政策变化和环保设施状况，科学、合理地制订环保改造计划，统筹安排污染治理资金，并专款专用。

5.2.6 各项目按要求强化现场生活污水排放管理和作业环境治理，制定和完善环保设施的检修维护、运行管理制度和规程，环保设施纳入主要生产设备管理范围，及时进行维护整改，确保其投运率及完好率达到环保设施要求。

5.2.7 各项目做到监督组织机构、规章制度、资料台账、仪器、设备管理规范化，按照环保监督工作要求，配备必要的环保监督、监测和计量设备、仪表。完善环保管理基础台账及技术监督标准，及时准确上报各项环保数据和材料。

5.2.8 各项目加强生态环境保护重要事项报告管理，及时填报资源节约与生态环境保护事件报告单。与当地政府主管部门签订相关环保协议及文件时，应及时上报公司；当发生生态环境保护重大违规、环境保护责任事件、环保主管部门处罚和通报时，应立即上报公司相关部门。

5.2.9 在建、新建项目生态环境保护管理：

5.2.9.1 在建、新建项目前期阶段应及时开展环境影响评价和水土保持方案的编制工作，环境影响评价文件及水土保持方案必须在项目开工建设前取得相关主管部门的审批手续。试生产结束后，项目应严格按照有关要求，开展环保竣工验收工作。

5.2.9.2 未经审批部门审查或审查后未予以批准的，不得开工建设。

5.2.9.3 建设项目招标文件中应有明确的生态环境保护条款，全面落.实设计文件中提出的污染防治对策措施。

5.2.9.4 在建、新建项目环保设施必须执行“三同时”制度，建设过程中应严格按照国家生态环境保护法律法规和环境影响评价批复的要求，采取有效措施，防止对周围环境造成不良影响；并按照国家及地方的相关要求，开展环境监理及水土保持监理工作。建设期结束后须及时修整和恢复在建设过程中受到影响的生态环境，对造成的水土流失进行治理。

5.2.10 各项目生态环境保护措施：

5.2.10.1 生态环境保护设施应正常运行和维护，不得擅自降低运行效率、停运或拆除，发生故障时应及时修复。

5.2.10.2 项目生活污水通过污水处理系统处理后作为绿化用水，禁止随意排放。

5.2.10.3 生活污水处理装置定期进行维护检查，做好相应记录并存档。

5.2.11 固废、危废处理：

5.2.11.1 各项目固废、危废必须委托经政府部门批准并具有相关资质的单位进行处理，并留存处理单据、记录进行存档。

5.2.11.2 生活垃圾应当遵守当地人民政府环境卫生行政主管部门的规定定点倾倒、堆放，不得随意扔撒和堆放。建筑垃圾应集中堆放、定期清运到垃圾处理场或就地掩埋，运输垃圾的车辆应采取密封、盖布等防流溢、遗洒措施，做好相关记录并存档。隧道、路基弃渣应合理调配，尽量用于路基和站场填方，减少弃渣场数量，弃渣场应做好挡护，整平压实，防止水土流失。

5.3 资源节约监督管理

5.3.1 在建、新建项目积极研究应用资源节约新技术、新工艺、新流程，加强基建期设备安装质量控制、系统调试、投产后运行的调节和系统调整。

5.3.2 生产管理部加强各项目对标管理，建立指标对标体系，合理选择对标标杆，通过对标分析，找出差距，提出改进措施，不断提高资源节约管理和能效水平。

5.3.3 各项目能源计量装置的配备和管理应按国家和电力行业的有关规定及要求执行。能源计量装置的选型、精确度、测量范围和数量，应能满足能源定额管理的需要，并建立校验、使用和维护制度。

5.3.4 各项目要严格区分非生产用能和生产用能，对非生产用能应安装计量仪表，加强管理。

5.3.5 生产管理部应加强运行管理工作，集控中心及时调整、优化运行方式，保证发电设备安全、稳定、经济运行。生产管理部要有针对性地编制中长期资源节约技术革新和改造规划，并组织实施。对行之有效的资源节约措施和成熟经验，积极推广应用。

5.3.6 各项目资源节约技术改造要严格按照公司有关规定执行，项目实施后进行后评价并编制评价报告。

5.3.7 各项目加强对员工的宣传和培训，制定计划并组织实施，提高员工的资源节约思想意识和专业技能水平。

5.3.8 生产管理部积极开展小指标竞赛、合理化建议、岗位技能竞赛等活动，表彰先进，促进资源节约工作广泛、深入开展，不断降低能耗水平。

5.3.9 生产管理部从提高发电设备效率、节约用水等方面入手开展资源节约工作。不断优化运行方式，积极研究提高发电运行效率的方法。

5.4 科技及培训

5.4.1 公司应坚持以科技创新为导向，加大科技投入力度，促进资源节约、综合利用及清洁生产的研究和推广，促进公司环保技术水平的发展。

5.4.2 生产管理部应及时跟踪国内外环保新技术、新工艺、新产品的发展和应用。促进资源节约，促进公司环保技术水平的发展。

5.4.3 各项目加强环保宣传和教育工作，提高环保专业人员的技术水平、管理水平和业务素质。

5.5 突发环境事件管理

5.5.1 突发环境事件分为一般、较大、重大和特别重大四个等级，具体规定见附件 8.2。

5.5.2 各项目应开展突发环境事件风险评估，编制重点工作岗位的现场处置预案，制定环境风险防范措施和生态环境保护突发事件应急预案，资源节约与生态环境保护工作办公室及时掌握公司各项目突发环境事件应急准备、演练和预案备案情况。

5.5.3 各项目应将突发环境事件应急管理纳入项目应急管理体系，制定切合实际的突发环境事件应急预案，报公司资源节约与生态环境保护办公室审核并按程序报政府环保部门备案，资源节约与生态环境保护办公室对存在重大环境风险的应将应急预案备案情况上报国投电力归口管理部门备案。

5.5.4 项目发生突发各类环境事件，应按照规定立即启动突发环境事件应急预案，组织开展应急救援，最大限度减少人员伤亡和财产损失，及时上报公司。公司发生一般及以上突发环境事件的，应及时上报国投电力，任何项目和个人不得迟报、漏报、谎报或瞒报。

5.5.5 资源节约与生态环境保护办公室应建立公司突发环境事件经验反馈机制，认真吸取事件教训，避免类似问题重复发生。

5.6 统计与报告

5.6.1 公司资源节约与生态环境保护统计监测体系由生产管理部统计分析人员、各项目兼职资源节约与生态环境保护统计人员组成，各项目应加强资源节约的计量、统计等基础工作，建立资源消耗统计台账。各项目及资源节约与生态环境保护工作办公室应按照国家和行业规定的口径、范围、折算标准和方法对能源消耗指标进行定期收集、汇总和分析，保证计数据的完整性和准确性。

5.6.2 各项目应按时报送相关资源节约与生态环境保护材料（节能减排报表、年度治理计划、年度资金计划），并保证报送的质量。报表类按月度报送，于每月 3 日前报送上月度数据（如遇节假日顺延 2 日）；当月指标同比或环比增减幅度超过 3%，或发生影响能源消耗的重大事项，应及时在报表中详细说明；总结报告每半年报送一次（7 月 3 日前报送上半年情况，次年 1 月 3 日前报送下半年及全年情况）；分析报告每季度报送一次，重点对变化幅度同比超过 10%的指标进行分析说明。

5.6.3 总结报告的主要内容应包括：

5.6.3.1 各项目生态环境保护组织管理、统计监测和考核体系建设情况。

5.6.3.2 各项目生态环境保护主要指标完成情况，包括节能量、污染物排放等指标。

5.6.3.3 各项目修订的生态环境保护相关制度和环境保护资金投入情况。

5.6.3.4 各项目生态环境保护工作采取的重大措施、取得的成果及典型案例，包括淘汰落后产能、技术创新、结构调整、重大科技成果、发展低碳经济、资源回收利用、保护生态环境、节能改造、污染治理、节能服务、推广利用节能环保新技术、新工艺等方面。

5.6.3.5 各项目生态环境保护重点工作完成情况、存在主要问题与原因。

5.6.3.6 对公司生态环境保护工作的意见和建议。

5.6.4 生产管理部与各项目应当加强资源节约重要事项报告管理，及时填报资源节约与生态环境保护事件报告单。与政府主管部门签订相关目标责任书、取得的重要科研成果及其他重要的资源节约事件（如重大资源节约项目改造完成投运等），应及时总结并报告上级公司；对资源节约重大违规以及未能完成各级政府有关部门资源节约考核目标等重要事项，须在一日内（24h）报告上级公司。

6 检查与评价

6.1 检查

6.1.1 资源节约与生态环境保护检查要求

6.1.1.1 公司每年组织一次对各项目资源节约与生态环境保护工作的现场督查检查；各项目半年度组织一次资源节约与生态环境保护自查。

6.1.1.2 公司根据国家资源节约与生态环境保护形势、政策要求及上级指示要求，不定期开展专项检查。各项目可根据实际需要不定期开展专项自查。

6.1.2 资源节约与生态环境保护检查组

6.1.2.1 公司组织的检查，成员由生产分管领导、各项目负责人、生产管理部、安健环管理部负责人及部门相关专业管理人员组成；公司总经理根据工作需要参加检查。

6.1.2.2 项目组织的自查，成员由项目负责人、项目技术管理人员、生产管理部、安健环管理部相关专业管理人员组成。

6.1.2.3 为保证检查效果，公司组织的检查可以聘请中介机构或有关专家、抽调项目专业人员和管理人员作为检查组成员共同参加检查。

6.1.3 资源节约与生态环境保护检查依据

6.1.3.1 资源节约与生态环境保护相关法律、法规。

6.1.3.2 各级政府主管部门、行业组织对资源节约与生态环境保护工作的相关规定、标准等。

6.1.3.3 公司资源节约与生态环境保护相关管理制度、工作要求等。

6.1.3.4 公司下达的资源节约与生态环境保护工作阶段性和年度工作任务、考核指标等。

6.1.4 资源节约与生态环境保护检查程序

6.1.4.1 开展资源节约与生态环境保护公司检查前，由生产管理部牵头组织成立检查组，编制重点检查内容、选定检查组长、职责分工和时间安排等。

6.1.4.2 现场检查前，由检查组组织召开检查会议。检查组介绍检查背景、内容、程序及相关工作要求，听取被检查项目简要汇报。

6.1.4.3 检查组根据被检查项目生产（施工）的具体情况，选择检查地点和查阅资料。

6.1.4.4 现场检查和资料检查结束后，检查组集中讨论，形成统一意见后，召开检查通报会向被检查单位通报检查情况。

6.1.4.5 发现的资源节约与生态环境保护问题，检查组应向被检查项目进行反馈并书面通报。被检查项目应按照整改意见，制订整改措施和实施计划，并将整改情况按要求报告公司生产管理部。

6.1.4.6 资源节约与生态环境保护检查期间，检查人员应遵守被检查单位安全管理等方面的规定和要求，认真细致，充分了解情况，详细记录存在的问题，所提出的问题必须有依有据。

6.1.5 资源节约与生态环境保护检查内容

6.1.5.1 各项目资源节约与生态环境保护管理制度体系建设情况。

6.1.5.2 各项目对资源节约与生态环境保护工作的认识和重视程度是否符合国家相关政策要求。
6.1.5.3 各项目资源节约与生态环境保护工作依法合规情况。
6.1.5.4 各项目落实各级政府主管部门、行业组织、上级公司对资源节约与生态环境保护工作的相关规定、标准、要求等情况。
6.1.5.5 检查要点参照但不限于附件 8.3 资源节约与生态环境保护监督检查要点和《国投电力控股股份有限公司火电企业/水电企业/新能源企业生产管理检查评价标准》中资源节约与生态环境保护相关规定的内容。

6.2 考核

6.2.1 考核管理要求

6.2.1.1 资源节约及生态环境保护办公室把生态环境保护工作纳入项目年度经营考核当中，对未完成年度生态环境保护工作目标的项目扣除项目相应绩效分值。
6.2.1.2 生态环境保护工作考核目标的由公司资源节约及生态环境保护办公室，结合公司年度预算提出，经公司资源节约与生态环境保护领导小组审核通过报公司批准后下发。
6.2.1.3 项目发生重大生态环境保护责任事件，结合公司《国投白银风电有限公司薪酬和绩效考核管理办法》相关规定扣除项目负责人相应绩效分值，取消项目和相关责任人当年度考核评优和各类先进的评选资格，当年绩效考评予以降级处理。
6.2.1.4 资源节约及生态环境保护办公室对出现下列情况的，将在项目负责人年度绩效考核中予以扣分处理，并不得参加年度评优，情节严重的公司领导班子将约谈项目主要负责人。情况如下：未完成当年公司下达的生态环境保护考核目标；未完成各级政府部门要求的生态环境保护指标而被通报批评或处罚；上报的生态环境保护有关数据不真实、不准确、不及时；其他符合生态环境保护考核和责任追究制度规定的情形。
6.2.1.5 对项目生态环境保护组织体系不健全、奖惩制度不明确、不按时报送生态环境保护统计数据、工作报告质量较差以及发生数据严重错误现象的项目，资源节约及生态环境保护办公室将给予通报及考核。
6.2.1.6 资源节约及生态环境保护办公室对项目生态环境保护年度考核指标和重点工作任务的执行情况实施动态监控和督导。
6.2.1.7 资源节约及生态环境保护办公室根据实际情况和工作需要，会同相关部门或第三方机构等，通过现场核查、专项审计等方式，对项目报送情况的真实性、准确性进行抽查，发现瞒报、谎报的，扣除项目负责人当年绩效相关分值，需要责任追究的按照本办法严肃追究有关项目和个人的责任。
6.2.1.8 资源节约及生态环境保护办公室每年对资源节约与生态环境保护工作总结一次，对资源节约与生态环境保护管理、监督和宣传教育等方面做出显著成绩的部门和个人按公司有关规定给予一定奖励。对在公司资源节约及生态环境保护工作中做出优异贡献的，报请公司给予特殊奖励。

6.2.2 责任追究

6.2.2.1 资源节约及生态环境保护领导小组对各项目和职能部门生态环境保护的责任追究做出决定。对项目生态环境保护责任追究对象包括项目总经理、项目副总经理（经理助理）。
6.2.2.2 责任追究方式依次包括：警示约谈、通报批评、调离岗位、降职（降级）、解聘、解除劳动合同。以上处理方式，可以单独使用，也可以合并使用。
6.2.2.3 项目有下列违法违规行为的，根据具体情况，视情节轻重程度进行处理，并对项目年度综合考评提出考核意见，对相关责任人员进行相应处分。
6.2.2.3.1 贯彻落实党中央、国务院决策部署不坚决不彻底，生态环境保护责任制执行不到位，项目负责人未切实履行生态环境保护工作第一责任人责任的。
6.2.2.3.2 由于认识不到位、措施不得力、责任不落实，未完成公司、各级政府部门下达的生态环境保护各项目标要求或发生生态环境保护事件的。

6.2.2.3.3 谎报、瞒报或故意迟报、漏报生态环境保护事故及责任事件的。
6.2.2.3.4 有违反生态环境保护法律法规行为，造成较大损失和影响的。
6.2.2.3.5 拒绝、阻碍生态环境保护监督检查，拒不执行上级有关决定、指令、要求的。
6.2.2.3.6 重大活动期间、重要时段和重污染天气期间未严格落实国家和地方空气质量保障措施要求，被相关部门通报或处罚的。
6.2.2.3.7 通过暗管、渗井、渗坑、灌注或者篡改、伪造监测数据，或者不正常运行防治污染设施等逃避监管的方式违法排放污染物的。
6.2.2.3.8 违反法律规定，未取得排污许可证排放污染物的。
6.2.2.3.9 被政府部门实施责令限产、停产、查封、扣押通报、处罚的。
6.2.2.3.10 被相关机构提起公益诉讼或生态环境损害赔偿的。
6.2.2.3.11 被新闻媒体曝光或导致群体性事件的。
6.2.2.3.12 违反国家和公司生态环境保护有关规定，应接受责任追究的其他情形。
6.2.2.4 项目发生重大、特别重大突发环境事件，对有关责任人按照下列方式处理：
6.2.2.4.1 对主要责任人给予解除劳动合同处理。
6.2.2.4.2 对次要责任人给予降级处分至解除劳动合同处理。
6.2.2.4.3 对负有主要领导责任的项目经理给予解除劳动合同处理，对负有领导责任的项目副经理（经理助理）给予降级至撤职处分。
6.2.2.4.4 对负有主要领导责任的主管部门正职、副职给予降级、撤职处分，对负有领导责任的其他部门正职、副职给予调离岗位至撤职处分。
6.2.2.5 发生较大突发环境事件，对有关责任人按照下列方式处理：
6.2.2.5.1 对主要责任人给予解除劳动合同处理。
6.2.2.5.2 对次要责任人给予通报批评至撤职处分。
6.2.2.5.3 对负有主要领导责任的项目经理给予撤职处分，对负有领导责任的项目副经理（经理助理）给予通报批评至降职处分。
6.2.2.5.4 对负有主要领导责任的公司主管主管部门正职、副职给予降级至撤职处分；对负有领导责任的其他部门正职、副职给予通报批评至降级处分。
6.2.2.6 发生一般突发环境事件，对有关责任人按照下列方式处理：
6.2.2.6.1 对主要责任人给予降级处分至解除劳动合同处理。
6.2.2.6.2 对次要责任人给予通报批评至降级处分。
6.2.2.6.3 对负有主要领导责任的项目经理给予通报批评至撤职处分，对负有领导责任的项目副经理（经理助理）给予警示约谈至调离岗位。
6.2.2.6.4 对负有主要领导责任的主管部门正职、副职给予警示约谈至降级处分，对负有领导责任的其他部门正职、副职进行警示约谈至通报批评。
6.2.2.6.5 对于项目环保设施运行不稳定、整改不及时，环保问题整改落实和环保监管信息系统运维及应用等生态环境保护工作不到位的，根据具体情况，视情节严重程度进行通报、督办，并对项目年度综合考评提出考核意见；对相关责任人员进行批评教育。
6.2.2.7 项目突发环境事件存在迟报、漏报行为的，对负有责任的项目经理、项目副经理（经理助理）及主管部门负责人按同一事件等级规定上限进行惩处，对项目年度绩效考评从严考核。
6.2.2.8 存在谎报、瞒报突发环境事件行为或事件发生后阻碍调查、擅离职守，对负有责任的项目经理、项目副经理（经理助理）及主管部门负责人按上一事件等级规定上限进行惩处。
6.2.2.9 发生突发环境事件，对项目年度绩效考评按照下列方式进行考核：
6.2.2.9.1 发生重大、特别重大突发环境事件，视情节严重程度考核年度经营考核分值；
6.2.2.9.2 发生较大及一般突发环境事件，由资源节约及生态环境保护办公室、安健环管理部对项目年度经营业绩提出考核意见。

6.2.2.10　资源节约及生态环境保护办公室根据各项目生态环境保护工作开展情况，对突发环境事件和生态环境保护违法违规行为提出考核建议考核结果报告公司资源节约与生态环境保护领导小组审批。

6.2.2.11　政府部门组织调查的突发环境事件，若对相关责任人员的处理意见严于本制度的，从其规定，同一起事件不重复处罚。

6.2.2.12　因责任追究需对项目及公司有关责任人进行警示谈话、通报批评、调离岗位、降职（降级）、解聘或解除劳动合同处理的，由生产管理部根据国家、地方政府及有关部门对生态环境保护违法违规事实和责任的认定等，依据本办法会商公司有关部门，提出对有关责任人的处理建议，报公司资源节约与生态环境保护小组批准后，通过总经理办公会落实执行。

6.2.2.13　公司对项目突发环境事件、生态环境保护违法、违规、违纪行为有关责任人的惩处意见应报送国投电力控股有限公司生产管理部备案。

6.3　评价项目与指标

公司生产管理部对本办法规定的管理活动进行检查并对表1所列的指标进行评价，依据评价结果提出考核意见。

表1　评价项目与指标

序号	评价项目	评价标准	责任部门	考核部门（机构）
1	未经公司环保办公室审批同意，擅自闲置、关闭或拆除污染防治设施的，由资源节约与生态环境保护工作办公室责令立即使用或恢复原状	处罚项目××元，属于个人责任的，处罚××元	项目	资源节约与生态环境保护办公室
2	造成环境污染事故或发生污染未及时采取措施或未及时通报有关部门的，由资源节约与生态环境保护工作办公室对事故项目予以通报	处罚项目××元，属于个人责任的，处罚××元	项目	资源节约与生态环境保护办公室
3	资源节约与生态环境保护材料上报不及时或存在重大错误	通报批评，根据后果严重情况处罚项目××元，属于个人责任的，处罚××元	项目	资源节约与生态环境保护办公室

7　附则

7.1　本制度适用于公司资源节约与生态环境保护管理工作。

7.2　本制度由公司生产管理部负责解释。

7.3　本制度自发布之日起施行。

8　附件

8.1　年度环保工作总结（见附表1）。

8.2　突发环境事件分级标准（见附表2）。

8.3　资源节约与生态环境保护监督检查要点（见附表3）。

附表1 年度环保工作总结

一、本项目生态环境保护组织管理、统计监测和考核奖惩体系建设情况
二、本年度出台的生态环境保护相关制度和生态环境保护资金投入情况
污染物治理改造项目开工×项，完工×项，总资金投入约为××万元。

污染物治理改造统计报表

序号	公司名称	项目名称	项目主要内容	计划总投资万元
1				
2				
合计				

三、项目本年度生态环境保护工作采取的重大措施、取得的成果及典型案例，包括能源消费总量和强度双控、淘汰落后产能、技术创新、结构调整、重要科研成果、发展低碳经济、资源回收利用和循环经济、保护生态环境、节能改造、污染治理（包括超低排放、废水、固废治理等）、节能服务、推广应用节能环保新技术和新工艺等方面。
四、本项目生态环境保护重点工作完成情况、存在主要问题与原因
（一）重点项目推进完成情况
请简述环保重点项目完成情况。
（二）存在的主要问题与原因
请对指标完成过程中存在的问题进行深入分析，对重点项目推进过程中存在的困难和问题进行简要描述。
（三）下一年生态环境保护工作重点
1. ××年指标控制目标及控制措施。
2. 重点项目计划安排。
3. 其他重点工作。
五、本项目是否存在偷排、漏排、超排行为，本年度获得的生态环境保护表彰奖励、发生的重大违规和环保事故等重要事项以及接受各级政府有关部门生态环境保护考核情况等重要事项。
请简述本项目年内污染物达标排放情况；年内获得表彰奖励的事项、时间及金额；发生重大违规和环保事故被考核的具体情况、时间及相应处理结果。
六、生态环境保护管理工作推进情况，排污许可证工作开展情况，排污费缴纳、自行监测等事项。

附表2 突发环境事件分级标准

一、特别重大突发环境事件
凡符合下列情形之一的，为特别重大突发环境事件：
（1）因环境污染直接导致30人以上死亡或100人以上中毒或重伤的。
（2）因环境污染疏散、转移人员5万人以上的。
（3）因环境污染造成直接经济损失1亿元以上的。
（4）因环境污染造成区域生态功能丧失或该区域国家重点保护物种灭绝的。
（5）因环境污染造成设区的市级以上城市集中式饮用水水源地取水中断的。
（6）Ⅰ、Ⅱ类放射源丢失、被盗、失控并造成大范围严重辐射污染后果的；放射性同位素和射线装置失控导致3人以上急性死亡的；放射性物质泄漏，造成大范围辐射污染后果的。
（7）造成重大跨国境影响的境内突发环境事件。
二、重大突发环境事件
凡符合下列情形之一的，为重大突发环境事件：
（1）因环境污染直接导致10人以上30人以下死亡或50人以上100人以下中毒或重伤的。
（2）因环境污染疏散、转移人员1万人以上5万人以下的。
（3）因环境污染造成直接经济损失2000万元以上1亿元以下的。
（4）因环境污染造成区域生态功能部分丧失或该区域国家重点保护野生动植物种群大批死亡的。
（5）因环境污染造成县级城市集中式饮用水水源地取水中断的。
（6）Ⅰ、Ⅱ类放射源丢失、被盗的；放射性同位素和射线装置失控导致3人以下急性死亡或者10人以上急性重度放射病、局部器官残疾的；放射性物质泄漏，造成较大范围辐射污染后果的。
（7）造成跨省级行政区域影响的突发环境事件。
三、较大突发环境事件
凡符合下列情形之一的，为较大突发环境事件：
（1）因环境污染直接导致3人以上10人以下死亡或10人以上50人以下中毒或重伤的。
（2）因环境污染疏散、转移人员5000人以上1万人以下的。
（3）因环境污染造成直接经济损失500万元以上2000万元以下的。
（4）因环境污染造成国家重点保护的动植物物种受到破坏的。
（5）因环境污染造成乡镇集中式饮用水水源地取水中断的；Ⅲ类放射源丢失、被盗的；放射性同位素和射线装置失控导致10人以下急性重度放射病、局部器官残疾的；放射性物质泄漏，造成小范围辐射污染后果的。

附表 2（续）

（6）造成跨设区的市级行政区域影响的突发环境事件。 四、一般突发环境事件 凡符合下列情形之一的，为一般突发环境事件： （1）因环境污染直接导致 3 人以下死亡或 10 人以下中毒或重伤的。 （2）因环境污染疏散、转移人员 5000 人以下的。 （3）因环境污染造成直接经济损失 500 万元以下的。 （4）因环境污染造成跨县级行政区域纠纷，引起一般性群体影响的。 （5）Ⅳ、Ⅴ类放射源丢失、被盗的；放射性同位素和射线装置失控导致人员受到超过年剂量限值的照射的；放射性物质泄漏，造成厂区内或设施内局部辐射污染后果的；铀矿冶、伴生矿超标排放，造成环境辐射污染后果的。 （6）对环境造成一定影响，尚未达到较大突发环境事件级别的。 上述分级标准有关数量的表述中，“以上”含本数，“以下”不含本数。

附表 3　资源节约与生态环境保护监督检查要点

一、各级政府、上级公司下达的资源节约与生态环境保护阶段性和年度工作任务、考核指标进展和完成情况。 二、各类节能降耗、污染物治理、资源综合利用等工作的开展情况。 三、水土保持、土壤修复和物种保护等相关生态环境保护工作的开展情况。 四、建设项目生态环境保护“三同时”执行情况、资源节约与生态环境保护技术改造项目进展情况。 五、一般工业固体废弃物及危险废弃物管理情况、厂界噪声达标及治理情况、生产、生活环境管理情况。 六、排污许可证制度执行情况、环保税依法申报缴纳情况、项目碳排放管理情况。 七、资源节约与生态环境保护统计监测体系建立情况。 八、资源节约与生态环境保护工作及相关指标行业对标开展情况。 九、资源节约与生态环境保护风险防控体系及应急管理体系建立情况。 十、资源节约与生态环境保护设施（含监测设备）配置及运行情况。 十一、资源节约与生态环境保护专项资金使用情况。 十二、资源节约与生态环境保护的教育、宣传、培训、信息公开等工作的开展情况。 十三、电力等行业的资源节约与生态环境保护技术监督工作开展情况。

新能源发电企业生产管理体系标准汇编

7 工程管理

Q/SDIC-GL-GC01-2020

工程建设基本管理制度

工程建设基本管理制度

1 总则

为规范工程建设管理，明确工程建设管理工作的职责、管理活动的内容、方法、检查与考核等要求。特制定本实施细则。

2 职责和分工

2.1 业务发展部门

2.1.1 负责编制项目开发申请报告。

2.1.2 负责组织编制项目投资方案，组织公司内部审查及上报工作。

2.1.3 负责组织风（光）能资源评价、可行性研究、项目核准等项目前期工作。

2.2 工程管理部门

2.2.1 负责编制并上报《建设管理方案》。

2.2.2 负责审核并上报《总体设计报告》。

2.2.3 负责编制并上报基建项目年度投资计划。

2.2.4 负责督促工程项目单位依法取得建设用地、城乡规划、环境保护、消防、安全、施工等方面的许可。

2.2.5 负责督促工程项目单位完成土地征用、“五通一平”等前期工作。

2.2.6 负责基建项目工程质量、进度、计划、概算、信息和结算的审核与监督管理。

2.2.7 负责组织基建项目各阶段工程验收工作。

2.3 采购管理部门

2.3.1 负责基建项目招标采购工作。

2.3.2 负责基建项目合同监督管理。

2.4 财务管理部门

负责基建项目编制筹资方案及年度资金落实。

2.5 工程项目单位

2.5.1 在业务发展部门指导下，参与编制项目投资方案。

2.5.2 负责编制《开工申请报告》。

2.5.3 依法取得建设用地、城乡规划、环境保护、消防、安全、施工等方面的许可。

2.5.4 完成土地征用、“五通一平”等前期工作。

2.5.5 负责基建项目的进度、安全、质量管理。

2.5.6 负责基建项目的合同执行和工程结算相关工作。

2.5.7 负责工程信息的收集、整理、传递和归档，完成档案归档验收。

2.5.8 负责组织单位工程验收。

3 管理活动的内容与方法

3.1 工程管理内容

主要管理工作内容包括：工程开工准备管理、工程招标管理、工程设计管理、工程造价管理、工程安全管理、工程质量管理、工程进度管理、工程过程管理、工程竣工阶段管理和工程信息管理等。

3.2 工程开工准备管理

3.2.1 业务发展部门编制项目开发申请报告报国投电力审批，国投电力批准后，由业务发展部门负责委托设计（咨询）单位开展项目前期工作，按照风（光）能资源评价、可行性研究、项目核准分阶段进行；在项目核准后，业务发展部门组织编制完成项目投资方案，经公司审核批准后上报国投电力。

3.2.2 在项目投资方案获得国投电力同意后，公司应及时组建工程项目公司（或工程管理机构），开展设计单位和监理单位、主要设备和主要参建单位的选定工作，做好资金筹措、设计资料交付、工程管理制度建设、建设项目管理规划编制等工作，并落实开工条件。

3.2.3 工程管理部门负责编制《建设管理方案》，经公司审定后报国投电力审批。

3.2.4 工程管理部门负责组织依法取得建设用地、城乡规划、环境保护、消防、安全、施工等方面的许可，并负责组织完成土地征用、“五通一平”等前期工作。

3.2.5 财务管理部门负责建设项目筹资方案及年度资金落实方案，经国投电力审批后，报董事会批准执行。

3.2.6 待项目设备、建安招标完成，项目具备开工条件后，工程项目单位编制《开工申请报告》和《施工组织方案》，经工程管理部门审核和公司审批后，报国投电力备案。

3.2.7 工程项目开工条件：

3.2.7.1 项目获得省或市级发改委的核准批复（或核准备案）。

3.2.7.2 项目《投资方案》通过国投电力审批。

3.2.7.3 项目《建设管理方案》已通过国投电力审批。

3.2.7.4 项目《总体设计报告》已通过国投电力委托的专业咨询公司组织的评审，并出具了审查意见。

3.2.7.5 项目法人机构已组建，管理机构和各项规章制度已建立。

3.2.7.6 项目资本金和其他工程建设资金已落实，手续齐备。

3.2.7.7 项目招标计划已通过国投电力审批，工程设计、工程监理和工程施工招标完毕，合同已签订。

3.2.7.8 项目《开工申请报告》和《施工组织方案》已编制完成，并向国投电力报备。

3.2.7.9 项目已取得建设和规划主管部门选址意见书、建设用地规划许可证、建设工程规划许可证（一书两证）和施工许可证。

3.2.7.10 项目已完成征地、拆迁和施工场地“五通一平”工作。

3.2.7.11 项目信息网络系统已建立。

3.2.7.12 项目质量管理网络、质量目标已确定，质量管理体系已经建立。并与电力工程质量监督机构取得联系，办理了相关质量监督手续。

3.2.7.13 项目安全管理委员会已经成立，安全网络、安全目标已确定，安全管理体系已建立。

3.2.7.14 项目工程管理机构已经建立，各参建单位人员到位，设计图纸到位，具备连续施工的条件。

3.2.7.15 项目已取得接入系统设计审查意见，电力消纳及工程送出通过专题研究，达到规划及设计的经济性效果，满足投产进度要求。

3.2.8 工程项目单位在确认各项开工条件均已得到落实，项目《开工申请报告》完成备案后，即可组织项目开工建设。

3.3 工程招标管理

3.3.1 物资采购部门依照国家招投标法规及国投电力相关规定，并在有关部门的监督下，依法组织工程项目的招标、开标和评标。

3.3.2 由国投电力负责组织的招标项目，应将招标相关文件报送国投电力商务管理部，由国投电力商务管理部组织进行招标工作，物资采购部门配合国投电力完成招标采购工作。

3.4 工程合同管理

3.4.1 物资采购部门组织与中标人进行合同谈判，依据招投标等文件，按照“平等、自愿、公平”原则，签订合同。

3.4.2 公司相关职能部门、工程项目单位应严格履行合同，并及时总结分析合同执行中存在的问题；采购管理部门负责合同执行的监督、检查，并向公司提交书面检查报告。

3.4.3 在合同执行过程中发现有显失公平、条款有误或对方有欺诈行为等情形，或因政策调整、市场变化等客观因素，已经或可能导致公司利益受损，职能部门或工程项目单位应当按规定程序及时报告，按照规定权限和程序办理合同变更或解除事宜。

3.4.4 合同履行过程中发生纠纷的，职能部门或工程项目单位应当依据国家相关法律法规，在规定时效内与对方当事人协商并按规定权限和程序及时报告。合同纠纷经协商一致的，双方应当签订书面协议；合同纠纷经协商无法解决的，应当根据合同约定选择仲裁或诉讼方式解决。

3.4.5 财务管理部门根据合同条款和公司付款管理流程办理付款业务。

3.4.6 物资采购部门负责合同台账管理，对合同进行统计、分类和归档，登记合同的订立、履行和变更等情况，并对合同履行的情况进行分析评估。

3.5 工程设计管理

3.5.1 工程管理部门负责组织《总体设计报告》的审查、收口工作，相关文件须报国投电力组织审查。

3.5.2 工程项目单位按照国投电力新能源《设计导则》及《总体设计管理规定》，对设计单位提出设计总体要求。应要求设计单位遵循技术先进、安全可靠、经济适用、节能环保的原则开展设计工作，积极应用经运行实践或工业试验证明的先进技术、先进工艺、先进材料和先进设备，应充分发挥设计的龙头作用，提高设计质量、优化设计方案、控制工程造价。设计方案应充分考虑到建设费用和生产运行期间的运行维护、各种消耗等费用，按照项目全寿命期经济效益最大的原则择优选择设计方案。

3.5.3 工程管理部门负责设计变更的管理。在国投电力批准的总体设计基础上，应积极进行施工图阶段的设计优化，严格控制各种引起造价增加的设计变更。工程建设过程中发生的重大设计变更（单项费用超过100万元以上）项目，必须报国投电力审批同意后实施；单项费用在100万元以下的变更由公司负责审批、实施。

3.5.4 工程项目单位负责组织、协调工程设计过程中的具体工作，承办设计联络等会议，协调解决工程外部接口方面的有关问题；组织施工图审查和交付工作，并督促设计单位在施工图设计过程中，按照审查意见，全面落实优化设计方案；监督监理单位做好施工图会审和交底工作。

3.6 工程进度管理

3.6.1 工程管理部门负责各建设项目工程进度的管理，审核各项目年度进度计划，参加各项目月度协调会，对各项目月度进度计划进行考核。

3.6.2 工程管理部门负责编制建设项目里程碑计划，并根据备案里程碑计划编制年度建设计划和投资计划，经国投电力审查，报董事会批准后执行。

3.6.3 工程管理部门根据建设项目里程碑计划和工程建设目标，编制各年度考核管理目标，报公司批准后负责组织实施。

3.6.4 建设项目年度计划下达后，实施过程中确因客观原因需对进度计划和投资计划调整时，由工程管理部门提出申请报告，经公司办公会审定后上报董事会批准。

3.6.5 工程开工以升压站（或开关站）主体土建工程开工（扩建项目的以主体基础工程开工）为时间节点。工程项目单位应按照基本建设程序，认真抓好项目立项、公司组建、设计审查、接入系统审查、建设资金筹措、现场征地拆迁、主体施工招标和监理招标、五通一平、施工图纸交付等开工条件的落实，实现高标准开工。开工条件不完全具备的，不得仓促开工。

3.6.6 工程项目单位负责现场的施工进度管理，包括：

3.6.6.1 批准承包人编制的施工计划和施工进度表。

3.6.6.2 负责工程进度的日常监督、管理，对照施工进度表检查掌握实际进度，审查其是否满足总进度计划的要求，对已经产生的施工进度偏差进行分析，督促承包人及时作出调整。

3.6.6.3 负责每月组织协调会，解决工程建设中的设计、设备、资金问题以及电力消纳、配套送出工程进度问题，确保主体工程投产发电的需要。

3.6.6.4　负责工程进度计划动态管理，及时调整工程实际进度与计划进度的偏差，使之满足总工期的要求。

3.7　工程质量管理

3.7.1　工程质量管理的基本依据是：

3.7.1.1　国家相关法律、法规规定。

3.7.1.2　国家、行业颁发的相关技术规程、规范、质量检验标准及检验办法。

3.7.1.3　工程合同文件及其技术条款、技术规范、设计及厂供图纸。

3.7.1.4　设计变更做出的修改补充图纸和设计变更通知。

3.7.2　工程质量管理应贯穿于项目设计、监理、施工的招投标与合同签署、执行的全过程，坚持以预防为主的原则。

3.7.3　工程合同中的质量要求应明确，对其引用标准、规程、规范要准确恰当。在合同中应明确合同双方质量管理的权利和义务。

3.7.4　工程施工阶段的质量管理由工程项目单位负责，工程管理部门监督。

3.7.5　工程施工过程中必须坚持事前管理、事中管理和事后管理的全过程质量管理，建立健全质量管理体系。严格施工过程的质量检查验收管理，对重要部位、隐蔽工程等，坚持跟班质量检查、验收；对影响工程质量的因素（决策、设计、材料、机构、环境、施工工艺、施工方案、操作方法、技术措施、管理制度、施工人员素质、管理人员素质、资金等）进行控制和管理。

3.7.6　监理单位必须根据项目特点编制监理大纲、监理规划及监理实施细则，报工程项目单位审批。

3.7.7　工程项目单位根据规程、规范，对工程项目质量进行评定，建立质量档案。

3.7.8　质量事故的处理依据国投电力工程建设质量管理方面的要求执行。

3.8　工程安全管理

3.8.1　工程安全管理主要包括安全目标、安全监督和保障体系、安全责任制、安全文明施工管理、安全检查与评价、事故调查与处理、安全考核与奖惩等管理工作。

3.8.2　公司是工程建设安全管理的责任主体，对于各工程建设项目，应制定并落实工程安全管理制度；组建工程安全管理委员会，落实各级安全责任制；建立健全各级安全监督和保证体系。

3.8.3　工程项目单位应做好工程安全文明施工策划，制定年度安全技术措施并组织实施；编制《建设项目安全生产标准化实施方案》及执行计划，并负责落实执行。

3.8.4　公司安健环管理部门负责组织工程现场安全例行检查和整改。

3.8.5　工程项目单位检查并督促各参建单位严格执行安全管理规章制度和措施；组织本单位和各参建单位现场安全培训；制定工程应急预案及处置方案，并定期组织演练。

3.8.6　根据国投电力的有关规定，按时上报工程安全统计和事故报表。

3.9　工程造价管理

3.9.1　工程造价管理主要包括控制概算、设计变更、建设资金筹集和融资成本控制、工程建设过程审计、竣工决算等方面的管理工作。

3.9.2　工程概算由设计（咨询）单位编制。业务发展部门负责组织可研阶段概算审核，工程管理部门负责组织总体设计阶段概算审核，报国投电力审批。

3.9.3　工程概算的调整：

3.9.3.1　严格控制概算外项目的发生，若发生概算外项目须由工程管理部门审核，经公司办公会审定后上报董事会批准。

3.9.3.2　建设项目实施过程中，因特殊原因，确需调整工程概算的，工程项目单位应提出概算调整申请，由工程管理部门审核，经公司办公会审定后上报董事会批准。

3.9.3.3　工程建设过程中，不得擅自将单位工程（单项）结余资金、基本预备费，用于概算外项目、增加规模及建构筑物的超标准装修等；因特殊情况确需使用的，须报国投电力履行审批手续。

3.9.4 工程管理部门和工程项目单位依据董事会批准的投资计划，共同负责工程造价的控制。重点做好以下工作：

3.9.4.1 制定并落实工程造价管理制度。

3.9.4.2 督促设计单位严格遵守设计标准和建设标准，做好设计工作。

3.9.4.3 负责组织施工方案优化，合理安排工程进度和建设资金的使用。

3.9.4.4 加强财务管理，优化资金结构，降低财务费用。

3.9.4.5 严格控制工程装修和非生产设施费用的使用。

3.9.4.6 以《总体设计报告》收口概算为工程造价管理最终目标，对项目工程造价进行动态跟踪和控制；按时完成工程结算和工程竣工决算工作，及时备案。

3.9.5 工程管理部门和工程项目单位应严格控制工程变更，确需变更的，应当按照规定的权限和程序进行审批。

3.9.6 在工程施工期间，应重点从以下几方面做好费用控制工作：

3.9.6.1 熟悉设计图纸和设计要求，对工程费用容易突破的部分和环节，制定造价控制重点。

3.9.6.2 对工程设计变更，事前要认真进行技术经济合理性的预测和分析。

3.9.6.3 严格工程签证，凡涉及工程支出的停工签证、用工签证、材料代用、价格认定等签证，要严格按制度核签。

3.9.6.4 按合同规定，认真对工程量进行复核，按时、按量结算工程进度款。

3.9.6.5 及时进行工程费用分析，提出控制工程投资的方案和措施。

3.10 工程信息管理

3.10.1 工程信息包括工程文件、统计报表和图纸资料等。

3.10.2 工程项目单位负责工程信息的收集、整理、传递和归档；工程管理部门负责汇总、审核及上报各类工程报表。

3.10.3 工程项目单位接到各有关单位的图纸、资料、文件，应及时进行签收、登记、处理；工程管理部门负责组织重要设施和部位图纸的审查。

3.10.4 设计（咨询）单位移交的设计制造图纸、设计通知书等有关图纸、资料办理签收登记手续后，应及时送交监理单位审核。监理单位审核后返回的图纸、资料再行登记，然后按照需要分送。

3.10.5 工程项目单位负责检查工程有关图纸、资料是否正确、完整、清晰，是否满足工程建设及设备检验、安装、调试、运行、维护等方面的要求，对不符合要求的及时要求有关单位补充。

3.10.6 工程项目单位对检查合格的图纸、资料，按照档案管理规定要求进行整理、归档。

3.10.7 工程项目单位在工程移交生产前，负责完成档案归档验收工作。

3.11 工程验收与竣工管理

3.11.1 工程日常质量验收由监理单位和工程项目单位负责组织，并联系工程质量监督部门进行质量监督。

3.11.2 工程验收分为单位工程验收、启动验收、移交生产验收和竣工验收四个阶段。

3.11.3 工程项目单位成立单位工程验收组，负责组织单位工程验收；公司成立工程移交生产验收组、启动验收委员会、竣工验收委员会，工程管理部门负责组织启动验收、移交生产验收、工程竣工验收等工作。

3.11.4 当工程项目全部建设完工，应及时编制竣工决算，委托竣工决算审计；未实施竣工决算审计的工程项目，不得办理竣工验收手续。

3.11.5 工程设计内容全部建成，同时工程决算审计备案完成后，工程管理部门及时向国投电力申请工程竣工验收。

3.11.6 工程管理部门负责按规定筹建工程竣工验收委员会，并配合国投电力开展工程竣工验收工作。

3.11.7 工程管理部门组织召开工程竣工验收会，要求各参建单位向工程竣工验收委员会提交工程竣工报告，检查各类工程竣工验收报告及审计报告，讨论并通过“工程竣工验收鉴定书”。

3.11.8 工程项目完工验收证书办理并颁发之日，相应工程项目的质保期即开始起算；工程项目单位负责督促承包人在工程质保期内组织完成工程缺陷问题的处理。

3.11.9 工程项目竣工验收报告由工程管理部门报送国投电力备案。

3.12 工程后评价

业务发展部门负责项目后评价工作。工程管理部门配合后评价工程项目建设预期目标的实现情况等，对存在的问题提出责任追究及考核建议。

4 检查与考核

公司工程管理部门对本标准规定的管理活动进行检查并评价，依据评价结果提出考核意见。